Uni-Taschenbücher 224

UTB

Eine Arbeitsgemeinschaft der Verlage

Birkhäuser Verlag Basel und Stuttgart
Wilhelm Fink Verlag München
Gustav Fischer Verlag Stuttgart
Francke Verlag München
Harper & Row New York
Paul Haupt Verlag Bern und Stuttgart
Dr. Alfred Hüthig Verlag Heidelberg
Leske Verlag + Budrich GmbH Opladen
J.C.B. Mohr (Paul Siebeck) Tübingen
C.F. Müller Juristischer Verlag – R. v. Decker's Verlag Heidelberg
Quelle & Meyer Heidelberg
Ernst Reinhardt Verlag München und Basel
K.G. Saur München · New York · London · Paris
F.K. Schattauer Verlag Stuttgart · New York
Ferdinand Schöningh Verlag Paderborn · München · Wien · Zürich
Eugen Ulmer Verlag Stuttgart
Vandenhoeck & Ruprecht in Göttingen und Zürich

Johann Maier / Kurt Schubert

Die Qumran-Essener

Texte der Schriftrollen
und Lebensbild der Gemeinde

Ernst Reinhardt Verlag München/Basel

JOHANN MAIER, geb. 17. 5. 1933 in Arriach (Österreich), 1951/
1956 Studium der ev. Theologie in Wien, 1953/1954 in Zürich,
1956/1960 Studium der Judaistik, Semitistik und Alten Geschichte in Wien, 1959 Dr. theol. in Wien, 1960 Dr. phil. in
Wien, 1960/1961 Studienaufenthalt an der Hebr. Universität
Jerusalem, 1964 Habilitation für Judaistik in Wien, 1964/
1966 Privatdozent an der FU Berlin, 1966 o. Prof. für Judaistik an der Universität zu Köln.

KURT SCHUBERT, geb 1923 in Wien, Matura Wien 1941, Dr.
phil. Universität Wien 1945, Univ.-Doz. für hebräische und
aramäische Sprache 1949 an der Philosoph. Fakultät der Universität Wien, Verleihung des Titels a. o. Univ.-Prof. 1955,
Betrauung mit der a. o. Lehrkanzel für Judaistik an der Phil.
Fakultät der Universität Wien 1959, o. Univ.-Prof. für Judaistik und Vorstand des neu gegründeten Instituts für Judaistik
an der Phil. Fakultät der Universität Wien seit 1966.

CIP-Kurztitelaufnahme der Deutschen Bibliothek

Die **Qumran-Essener:** Texte d. Schriftrollen u.
Lebensbild d. Gemeinde / Johann Maier; Kurt
Schubert. — [7.—9. Tsd.]. — München; Basel: E.
Reinhardt, 1982.
  (Uni-Taschenbücher; 224)
  ISBN 3-497-00695-5
NE: Maier, Johann [Hrsg.]; GT

ISBN 3-497-00695-5

Einbandgestaltung: Alfred Krugmann, Stuttgart
Satz und Druck: Buchdruckerei Loibl, Neuburg

Printed in Germany

VORWORT

Die Qumrantexte, ihr Verhältnis zur jüdischen Religionsgeschichte der zwischen- und neutestamentlichen Zeit und ihr Verhältnis zum Christentum, sind nach wie vor nicht nur Gegenstand solider wissenschaftlicher Forschung, sondern auch Werkzeug einer sich auf sie berufenden polemischen Literatur, die auf diese Weise die Originalität Jesu und somit auch des Christentums überhaupt in Frage stellen möchte. Es ist daher sinnvoll, wenn in einer handlichen Textausgabe die Texte selbst und ein Versuch, sie zu verstehen, einer größeren Öffentlichkeit dargeboten werden. Zum besseren Verständnis möchte ich nur darauf hinweisen, daß das im einführenden Teil »Regelbuch« genannte Werk im Textteil heißt »Ein Entwurf für das Israel der Endzeit«. Der Unterschied rührt daher, daß man entweder den ganzen Text als auf die Endzeit bezogen erachtet oder nur seinen Schlußteil. Wenn nur der Schlußteil so verstanden wird, dann beziehen sich die vorstehenden Anweisungen auf die Zeit der Geschichte der qumranessenischen Gemeinschaft selbst und innerhalb dieser auf die verheirateten Gemeindemitglieder. Ferner sei noch darauf hingewiesen, daß unter Isaia, bzw. Isaias, derselbe Prophet des Alten Testaments gemeint ist wie unter Jesaja, bzw. Jesaias.

Kurt Schubert

INHALT

A. LEBENSBILD DER GEMEINDE
von Prof. Dr. Kurt Schubert

B. TEXTE DER SCHRIFTROLLEN

übersetzt von Prof. Dr. Johann Maier

ANHANG

A. LEBENSBILD DER GEMEINDE

I. DIE BESPRECHUNG DER TEXTE

Um terminologische Schwierigkeiten zu vermeiden, werden folgende Bezeichnungen verwendet: Jene Bücher, die in der hebräischen Bibel, dem sogenannten Masoretentext, enthalten sind, werden als biblische oder alttestamentliche Bücher bezeichnet; jene Bücher, die über den hebräischen Kanon hinaus nur im griechischen Kanon der Septuaginta stehen, werden als deuterokanonische Bücher bezeichnet. Jene Bücher aber, die weder in dem einen noch in dem anderen Kanon enthalten sind, werden unter dem Gesamttitel »Pseudepigraphen« zusammengefaßt.

1. Biblische Texte des hebräischen Kanons

Von fast allen biblischen Texten wurden mehr oder weniger große Textfragmente in den Höhlen gefunden. Die meisten dieser Texte sind in der auch heute noch im Druck üblichen Quadratschrift geschrieben, einige aber in der älteren phönikischen Buchstabenschrift.

Isaiarolle a (von *Millar Burrows* herausgegeben): Diese Rolle besteht aus 17 mit Zwirn zusammengenähten Pergamentstücken und ist in 54 Kolumnen untergeteilt. Sie ist 7,34 m lang und 24,5—27 cm hoch. Die Isaiarolle a bietet den vollständigen Text des Propheten Isaia und beweist, daß die Textüberlieferung der Masoreten auf guten Traditionen aufgebaut war. Nichtsdestoweniger bietet die Rolle eine Reihe von für den Fachmann interessanten Varianten, die jedoch nicht von allgemeinem Interesse sind. Wie in einigen anderen Texten findet sich auch in dieser Rolle häufig die sogenannte Pleneschreibung als Lesestütze für die Aussprache der Vokale. Ebenso wie in anderen Rollen sind einige Endungen und volle Vokale noch erhalten, die im masoretischen Hebräisch vollständig weggefallen sind oder zu Murmelvokalen wurden.

Isaiarolle b (von *E. L. Sukenik* herausgegeben): Im Gegensatz zur Isaiarolle a ist diese Rolle in keinem guten Erhaltungszustand. Sie ist auf Pergament geschrieben und besteht

ebenso wie die Rolle a aus mehreren zusammengenähten Stük-
ken. Doch nur ein einziges dieser Pergamentstücke, das vorletzte
Stück, enthaltend die Kapitel 52—61, ist noch als ganzes erhalten. Aber auch hier fehlt am unteren Rand mehr als ein Drittel.
Ein einigermaßen zusammenhängender Text beginnt mit Kapitel 41 und läuft fort bis zum Ende der Rolle. Aber auch schon
von den früheren Kapiteln sind Fragmente erhalten, das erste
Fragment aus Kapitel 10. Es ist somit ein reiner Zufall, daß
diese Rolle gerade die Teile des Deutero- und Tritoisaia enthält, denn, wie die Fragmente der Kapitel 10—39 beweisen,
waren auch die älteren Teile einmal Bestandteil dieser Rolle.
Auch sie beweist im großen und ganzen die gute Textüberlieferung der Masoreten und steht auch in orthographischer Hinsicht dem Masoretentext näher als die Rolle a, indem sie weniger
Lesestützen bringt als diese. Aus den beiden Isaiarollen ergibt
sich, daß zur Zeit ihrer Abfassung zwei Orthographien nebeneinander verbreitet waren, die eine wahrscheinlich altherge-
bracht, mit weniger Lesestützen, die sich dann auch die Masoreten zu eigen machten, und eine andere mit mehr Lesestützen,
die wahrscheinlich dem »Hausgebrauch« gedient hat.

2. Deuterokanonische Schriften

In der Höhle 2 wurden zwei Fragmente des Buches J e s u s
S i r a c h gefunden und in der Höhle 4 drei Fragmente des
Buches T o b i a s , davon eines in hebräischer Sprache auf
Leder und zwei in aramäischer Sprache, je eines auf Leder und
auf Papyrus (noch nicht veröffentlicht).

3. Pseudepigraphen

a) Sektenschriften
*(solche Pseudepigraphen, die bisher noch durch keine Sekundär-
übersetzung bekannt wurden)*

α) Aus Höhle 1

H a b a k u k k o m m e n t a r (von *Millar Burrows* herausgegeben): Die Rolle besteht aus zwei zusammengenähten

Lederstücken mit insgesamt 13 Kolumnen. Mit Ausnahme eines Fragmentes, das das linke Stück der Kolumne 1 und das rechte Stück der Kolumne 2 enthält, ist sie 141,9 cm lang. Wenn man für die Kol. 1–2 eine Durchschnittslänge gemäß der Länge der anderen Kolumnen annimmt, so muß die Rolle ursprünglich etwa 160 cm lang gewesen sein. Sie ist heute mit einer maximalen Höhe von 13,7 cm erhalten, doch fehlt der untere Rand aller Kolumnen. Der Text der Kolumnen 3–13, soweit er nicht zum verlorengegangenen unteren Rand gehört, ist verhältnismäßig gut erhalten, doch die ersten beiden Kolumnen weisen arge Beschädigungen auf. Die Rolle bietet einen Kommentar zu den ersten beiden Kapiteln des Buches Habakuk. Der Verfasser versucht die vom Propheten geschilderten Ereignisse in dem Sinn zeitgeschichtlich umzudeuten, daß sie auf seine eigenen Lebensumstände hinweisen. Er benützt dabei ausschließlich Pseudonyme und nennt keine Eigennamen, weder von Personen noch von Gruppen. Auf der Seite des Verfassers steht der »Lehrer der Gerechtigkeit« mit seinem Anhang, deren Leben ein »Dienst der Wahrheit« ist. Der Lehrer der Gerechtigkeit wird als der Prophet der Endzeit aufgefaßt, dem auch das geoffenbart wurde, was den Propheten in ihrer Verkündigung verborgen geblieben war. Vom Verfasser wird der Glaube an die Botschaft und absolute Prophetenwürde des Lehrers der Gerechtigkeit gefordert, wenn man der auserwählten Gemeinde des »Neuen Bundes« angehören will. Gegen den Lehrer der Gerechtigkeit stehen zumindest zwei Gruppen: a) Der »Lügenmann« mit den »Männern der Gewalttat« und den »Abtrünnigen«; b) Der »Frevelpriester« und seine Gruppe. Als eventuelle dritte Gruppe, die aber einmal den Anhängern des Lehrers der Gerechtigkeit sehr nahegestanden haben muß, wird noch ein »Haus Absalom« erwähnt. Aus dem Inhalt der Rolle geht hervor, daß die beiden großen Gegner des Lehrers der Gerechtigkeit selbst in arge Streitigkeiten untereinander verwickelt waren. Unter dem Frevelpriester dürfte der König Alexander Jannai (103–76) zu verstehen sein, und mit den Männern der Gewalttat, respektive Abtrünnigen, werden höchstwahrscheinlich die Pharisäer gemeint (der Terminus »Ab-

trünnige« dürfte auch noch andere, nicht pharisäische Gruppen
mit umfaßt haben), während die Gruppe des Lehrers der Gerechtigkeit, der selbst nicht überzeugend mit einer historischen
Person identifiziert werden kann, in den weiteren Verband
essenistischer Gemeinschaften gehört haben mag.

Außerdem wurden in Höhle 1 fragmentarische Kommentare
zu M i c h a , Z e p h a n i a und P s a l m e n gefunden (von
Barthélemy-Milik herausgegeben). Im Micha-Kommentar wird
wie im Hab.-Kom. der Lehrer der Gerechtigkeit und der Lügenprediger erwähnt.

K r i e g s r o l l e (von *E. L. Sukenik* herausgegeben, kommentiert und bearbeitet von *Jigael Jadin)*: Die Kriegsrolle besteht aus 5 zusammengenähten Fragmentstücken, wobei das
fünfte Stück nur mehr als ein kleiner Rest erhalten ist. Wie beim
Habakukkommentar und der Isaiarolle b fehlt auch hier das
untere Ende des Textes. Die Rolle ist 2,90 m lang, etwa 16 cm
hoch erhalten und umfaßt 19 Kolumnen. Aus dem Inhalt dieser
Rolle geht hervor, daß die Gemeinde, aus der sie stammt, auf
einen endzeitlichen Krieg der »Söhne des Lichts« gegen »die
Söhne der Finsternis« wartete. Nur die Gemeinde selbst gehört
zu den Söhnen des Lichts, während alle anderen entweder zu
den »nichtigen Heiden« (d. h. heilsgeschichtlich nicht relevanten
Heiden) oder zu den »Frevlern am Bunde« gezählt werden. Die
erwählten Mitglieder der Gemeinde leben zur Zeit in der Wüste,
die als Heilsort empfunden wird, wo sich die messianische Erlösung zu offenbaren beginnen soll (vgl. Isaias 40, 3). Während
einer Endzeit von 40 Jahren sollen die Feinde Gottes von den
Gemeindemitgliedern, denen die Engel beim letzten Kampf beistehen werden, nacheinander bekämpft und besiegt werden;
damit soll die Gottesherrschaft über die ganze Welt ausgebreitet
werden. Während der Sabbatjahre wird nicht gekämpft, weil
diese Jahre der Ruhe und dem Gottesdienst gewidmet sein
sollen. Im Gegensatz zu Pharisäern und Sadduzäern zählte
diese Gemeinde die Jahre nach einem Sonnenkalender und nicht
nach einem Mondkalender. Der endzeitliche Kampf wird bis in
die letzten Einzelheiten geschildert. Dreimal werden die Söhne
des Lichts auf Grund eigener Kraftanstrengung siegen und drei-

mal die Söhne der Finsternis; in der siebenten Runde aber wird die »starke Hand Gottes« den entscheidenden Sieg herbeiführen.

Hymnenrolle (von *E. L. Sukenik* herausgegeben, kommentiert und bearbeitet von *Jacob Licht*): Die Rolle ist in zwei getrennten Teilen erhalten; der erste Teil besteht aus drei Pergamentstücken mit insgesamt 12 Kolumnen, der zweite Teil besteht aus etwa 70 größeren oder kleineren Fragmenten, aus denen man noch 6 weitere ganze Kolumnen und eine Reihe unvollständiger Kolumnen zusammenstellen konnte. Sie ist bis 32 cm hoch erhalten. Diese Rolle bringt die Theologie der Gemeinde in Gebetform und legt dabei großen Nachdruck auf die allumfassende Vorsehung Gottes und auf die Erwählung des Einzelnen. Einige vermuten, daß ihr Verfasser der Lehrer der Gerechtigkeit war.

Sektenkanon (von *Millar Burrows* unter dem Titel *Manual of Discipline* herausgegeben): Der Sektenkanon besteht aus fünf Lederstreifen, die einen fortlaufenden Text von 11 Kolumnen, die nur am unteren Rand leicht beschädigt sind, bieten. Auch der Beginn der ersten Kolumne ist nicht mehr ganz vollständig erhalten. Im gegenwärtigen Zustand ist die Rolle etwas mehr als 1,80 m lang und etwa 24 cm hoch. Inhaltlich ist der Sektenkanon in vier Abschnitte unterteilt, eine Einleitung, einen gnostisch anmutenden Lehrteil, den eigentlichen Statutenteil und einen abschließenden Hymnus. Die Vorschriften des Statutenteiles sowie manche Elemente der Einleitung stehen in nahem Zusammenhang mit den Berichten des *Josephus Flavius* und *Philons* von Alexandrien über den Essenismus. Hauptsächlich aus diesen Teilen kann die Zugehörigkeit dieser Schriften zum weiteren Kreis essenistischer Gemeinschaften erschlossen werden. Der gnostisch anmutende Lehrteil weist enge Beziehungen zur stoisch-platonischen Popularphilosophie auf. Ebenso ist es möglich, daß die Ausformung der hier vorhandenen Licht-Finsternis-Lehre von iranischen Vorstellungen nicht ganz unbeeinflußt ist. Es wird das gegenseitige Verhältnis von Licht und Finsternis geschildert, denen beide ihnen zugehörige Engelmächte übergeordnet sind. Licht und Finsternis sind beide von

Gott geschaffen, doch »zur festgesetzten Zeit seiner Heimsuchung« wird Er die Finsternis auf ewig vernichten. Im abschließenden Hymnus wird, wie in der oben genannten Hymnenrolle, auch die Frage nach dem Verhältnis der menschlichen
Willensentscheidung zur göttlichen Vorsehung gestellt.

R e g e l b u c h (von *Barthélemy-Milik* herausgegeben): Das
Regelbuch besteht aus zwei verhältnismäßig nicht besonders
schlecht erhaltenen Kolumnen sowie aus einer Reihe von Fragmenten, die mehrere Lobpreisungen enthalten. Nach der Meinung der Herausgeber waren der obengenannte Sektenkanon
und dieses Regelbuch ursprünglich eine einzige Rolle, wobei das
Regelbuch als Fortsetzung des Sektenkanons zu denken wäre.
Wie dem auch sei, das Regelbuch handelt von anderen Gegeben-
heiten und geht von anderen Voraussetzungen aus als der
Sektenkanon. Während der Sektenkanon von einer Mönchsgemeinde handelt, sind die verheirateten Gemeindeglieder
Gegenstand der Vorschriften des Regelbuches. In der zweiten
Kolumne wird außerdem noch von einer höchstwahrscheinlich
rituellen Mahlzeit gesprochen, bei der Brot und Most eine
wesentliche Rolle spielten. An dieser Mahlzeit, die am Ende der
Tage in der messianischen Zeit stattfinden soll, nehmen zwei
Messiasse teil, ein hohepriesterlicher Messias und ein Laienmessias aus dem nichtpriesterlichen Teil des Volkes Israel. Letz-
terer ist, wie aus dem Vergleich mit anderen Texten hervorgeht,
mit Sicherheit mit dem neuen David-Messias gleichzusetzen.
Der priesterliche Messias ist hierarchisch dem Laienmessias übergeordnet, er steht an der Spitze der Priester, und der Laienmessias an der Spitze der Offiziere. Die nur mehr fragmen-
tarisch erhaltenen Lobpreisungen gelten zuerst den Gemeinde-
gliedern im allgemeinen, dann dem (wahrscheinlich messianischen) Hauptpriester, so dann den anderen Priestern, und
schließlich dem davidisch-messianischen Fürsten der Gemeinde
(vgl. Ez. 37, 25).

Das G e n e s i s - A p o k r y p h o n (von *Avigad-Jadin*
herausgegeben) besteht aus vier zusammengenähten, nicht gleich
langen Lederstücken, die heute noch etwa 31 cm hoch sind. Die
gegenwärtige Länge der Rolle, bei der Anfang und Ende fehlen,

ist 2,83 m. Gut lesbar sind nur die Kolumnen 20—22 erhalten
und halbwegs lesbar noch einige weitere Kolumnen. Diese
Schrift konnte lange nicht geöffnet werden. Sie war ursprünglich
Eigentum des syrischen Erzbischofs Athanasius Samuel und
sollte von der American School of Oriental Research veröffentlicht werden, die aber nicht wagte, die Rolle zu öffnen. Daher
wurde sie erst 1956, nachdem sie von der hebräischen Universität mit den übrigen Rollen des syrischen Erzbischofs gekauft
worden war, geöffnet und veröffentlicht. Im Gegensatz zu
den bisher genannten Texten ist diese Rolle in aramäischer
Sprache geschrieben. Sie enthält Teile einer Lamech-, Noach-
und Abrahamtradition, die mit entsprechenden Abschnitten
im Buch der Jubiläen und im äthiopischen Henochbuch verwandt ist.

β) Aus den anderen Höhlen

In der *Höhle 4* wurden elf noch nicht veröffentlichte Manuskripte des S e k t e n k a n o n s gefunden, zwei davon auf
Papyrus. Zum Teil sollen sie einige Varianten gegenüber dem
Exemplar des Sektenkanons aus Höhle 1 enthalten. Ebenfalls
in Höhle 4 wurden vier noch nicht veröffentlichte Exemplare
der K r i e g s r o l l e gefunden, die zum Teil abweichende Lesarten dieser Schrift darstellen sollen. Auch sechs noch nicht veröffentlichte Exemplare der H y m n e n r o l l e , eines davon
auf Papyrus, wurden in Höhle 4 gefunden. In Höhle 3 fanden
die Ausgräber zwei K u p f e r r o l l e n , die zwar schon im
Jahre 1956 geöffnet, aber noch nicht veröffentlicht wurden. Sie
sollen Angaben über vergrabene Schätze enthalten, wobei einige
dieser Schätze unter dem Grab des Priesters Zaddok, des
Stammvaters der zaddokidischen Priester, versteckt sein sollen.
(Einige Fragmente einer älteren Fassung der *Kriegsrolle*
wurden von *Claus-Hunno Hunzinger*, Zeitschrift für die alttestamentliche Wissenschaft 69 [1957], S. 131—151, veröffentlicht.)

In der Höhle 4 wurde auch noch ein e s o t e r i s c h e s
W e r k gefunden, dessen Worte, wie üblich im Hebräischen,
von rechts nach links geschrieben sind, die einzelnen Buchstaben

aber von links nach rechts. Außerdem fanden sich hier vermischt phönikische, hebräische, griechische und Geheimbuchstaben. Obwohl dieses Werk noch nicht veröffentlicht ist, läßt schon diese seine außergewöhnliche Art darauf schließen, daß es eine Geheimlehre der Gemeinschaft enthalten muß.

Ein anderer noch nicht veröffentlichter Text aus Höhle 4 enthält eine himmlische Liturgie, die mit der sogenannten *Merkaba*-Literatur verwandt sein soll. Durch diese Schrift, sofern sie wirklich enge Beziehungen zu den späteren rabbinisch-gnostischen Merkaba-Texten aufweisen sollte, wären die Anfänge der jüdischen Gnosis als Elemente der Lehre dieser Gemeinschaft erwiesen.

In Höhle 4 wurden auch noch *Kommentare* zu den Büchern Isaia, Hosea, Nachum und Psalmen gefunden. Die Kommentare zu Psalm 37 und zum Propheten Nachum wurden schon veröffentlicht (*J. M. Allegro*, Palestine Exploration Quarterly 86 (1954), S. 69–75; Journal of Biblical Literature 75 (1956), S. 89–95). Im Kommentar zu Psalm 37 wird, wie im Habakukkommentar aus Höhle 1, der »Lehrer der Gerechtigkeit« erwähnt und im Kommentar zum Propheten Nachum erscheinen zum erstenmal in diesen Texten historische Namen. Es handelt sich hier um Demetrius, den König der Griechen, anscheinend der Seleukide Demetrius III. (88 v. Chr. von den Pharisäern gegen Alexander Jannai zu Hilfe gerufen) und um Antiochus, wobei entweder Antiochus III. (223–187) oder Antiochus IV. (175–164) gemeint ist.

Ebenfalls in Höhle 4 wurden auch noch eine Reihe von messianischen, zumindest teilweise schon veröffentlichten (*J. M. Allegro*, Journal of Biblical Literature 75 [1956], S. 174–187), Texten gefunden:

Patriarchensegen: Hier wird der Messias aus dem Hause David »Messias der Gerechtigkeit, Sproß Davids« genannt.

Messianisches Florilegium: Hier wird im Anschluß an die Nathanweissagung über David (2. Sam. 7, 11–14) der Davidmessias geschildert, der am Ende der Tage gemeinsam mit dem »Toralehrer« auftreten wird. Es ist sehr wahrscheinlich, daß das Pseudonym »Toralehrer«, das auch im Damaskusdokument belegt ist, sich auf den priesterlichen Messias bezieht.

Messianische Testimonia: Hier folgen folgende Bibelstellen aufeinander: Dt. 5,28—29 (mit Bezug auf Mose); Dt. 18,18—19 (Prophet wie Mose); Num. 24,15—17 (Bileamspruch); Dt. 33,8—11 (Mosesegen über Levi); Josua 6,26 (Fluch über den Erbauer der Stadt Jericho). Die messianischen Testimonia handeln also von derselben Messiaslehre, die auch im Sektenkanon 9,11, »bis zum Kommen des Propheten und der Messiasse aus Aharon und Israel« vorausgesetzt wird. Zuerst wird auf den neuen Propheten wie Mose hingewiesen, dann folgen die durch den Bileamspruch symbolisierten Messiasse aus Aharon und Israel und schließlich wird noch die priesterliche Spitze der ganzen Gemeinde durch den Mosesegen über Levi hervorgehoben.

Im Kommentar zu Isaia 11,1—4 wird wieder der Davidmessias geschildert, der über alle Völker herrschen und sie mit dem Schwerte richten wird. Is. 11,3 wird hier in dem Sinn gedeutet, daß der Davidmessias nicht nach eigenem Ermessen, sondern gemäß der Unterweisung durch die Priester richten wird.

b) Solche Pseudepigraphen, die bisher schon durch Sekundärübersetzungen oder mittelalterliche hebräische Abschriften bekannt waren

Damaskusdokument (veröffentlicht von: *Salomon Schechter,* Documents of Jewish Sectaries I, Fragments of a Zadokite Work, Cambridge 1910; *Leonhard Rost,* Die Damaskusschrift, Berlin 1933, Lietzmanns Kleine Texte; *Chaim Rabin,* The Zadokite Documents, Oxford 1954): In der Höhle 6 wurde ein Fragment des Damaskusdokuments gefunden und in der Höhle 4 wurden sieben fragmentarische Manuskripte, eines davon auf Papyrus, entdeckt. Das Damaskusdokument ist bereits aus mittelalterlichen Abschriften bekannt, die um die Jahrhundertwende in der Geniza der Karäer Synagoge in Altkairo gefunden wurden. Inhaltlich steht es sowohl dem Habukukkommentar als auch dem Sektenkanon nahe und bringt außerdem noch einen kurzen historischen Abriß über die Geschichte der Gemeinde. Die Fachleute stimmen nicht darin überein, ob die in diesem Text geschilderte Auswanderung nach Damaskus wirklich stattgefunden hat oder ebenfalls nur symbolisch aufzufassen ist. Auch hier begegnen uns der »Lehrer der Gerechtigkeit«, der »Lügenprediger« und der Begriff »Neuer Bund«. Es wird aber zumindest teilweise eine andere Sozialstruktur vorausgesetzt als im Sektenkanon.

In der Höhle 1 wurden sechs kleine hebräische Fragmente des J u b i l ä e n b u c h e s gefunden, in der Höhle 2 zwei hebräische Fragmente desselben Buches und in der Höhle 4 fünf hebräische Fragmente, eines davon auf Papyrus. Diese Fragmente des Jubiläenbuches beweisen, daß die lateinischen und äthiopischen Übersetzungen den Originaltext verhältnismäßig gut wiedergeben.

In der Höhle 4 fand man zehn fragmentarische aramäische Manuskripte des H e n o c h b u c h e s, die zum Teil ausführlicher sind als der äthiopische Henoch. In allen zehn Manuskripten fehlt der Teil 2, die sogenannten Bilderreden, Kap. 37—71, also genau jene Stellen, die vom Menschensohn-Messias handeln. Das Fehlen der Vorstellung vom Menschensohn-Messias in den essenistischen Texten von Chirbet Qumran dürfte daher nicht zufällig sein. Sowohl in Höhle 1 als auch in Höhle 4 wurden auch noch aramäische Fragmente des T e s t a m e n t u m L e v i gefunden. Durch diese Funde ist erwiesen, daß die genannten Pseudepigraphen religionsgeschichtlich in den Bereich der oben genannten Sektenschriften gehören, also aus dem Raum der essenistischen Gemeinschaften stammen. Neuerlich wurden unter den den Bearbeitern vorliegenden Textfragmenten auch noch Teile des T e s t a m e n t u m N a p h t a l i in hebräischer Sprache identifiziert. Sowohl das Tst. Levi als auch das Tst. Naphtali gehören zum größeren Corpus der Testamente der 12 Patriarchen, die ihre endgültige Textgestalt von einem (juden)-christlichen Redaktor erhalten haben.

(In diese Aufzählung wurden nur jene Texte aufgenommen, die in mehreren oder nicht allzu kleinen Fragmenten vor-

liegen; alle jene Texte, die aus sehr kleinen Fragmenten bestehen und über die aus diesem Grunde nichts Wesentliches
gesagt werden kann, wurden ausgelassen.)

II. DIE KANONFRAGE

Aus der Tatsache, daß in den Höhlen von Qumran sowohl
biblische als auch außerbiblische Texte gefunden wurden, ergibt
sich die Frage, ob alle diese Texte oder nur ein Teil derselben
von der religiösen Gemeinschaft, in deren Bereich sie gelesen
wurden, als heilige und göttlich inspirierte Schriften angesehen
wurden. Eine endgültige und in jeder Hinsicht befriedigende
Antwort ist kaum möglich. Einerseits ist es sicher, daß eine
Gemeinschaft, die sich auf das unmittelbar bevorstehende Ende
der Tage vorbereitete, keine »profane« Literatur gekannt
hat. Andererseits ist es sehr wahrscheinlich, daß nicht alle
Texte für die Sektenmitglieder von gleicher Heiligkeit waren.
Wenn z. B., wie es heißt, die elf noch nicht veröffentlichten
Fragmente des Sektenkanons aus Höhle 4 zum Teil einige
Varianten im Vergleich mit jenem Exemplar aus Höhle 1 enthalten sollen, so ist es sehr wahrscheinlich, daß es sich hier
um eine Schrift gehandelt hat, die in ihrem konkreten Wort-
laut nicht als inspiriert galt, sondern eben nichts anderes ent-
hielt als die Regeln der Gemeinschaft, die im Laufe der Zeit
den Umständen angemessene Modifikationen erfahren haben.
Somit können Texte als von untergeordneter Heiligkeit für
die Gemeinschaft betrachtet werden, die in mehreren Manuskripten verschiedene untereinander wesentlich abweichende
Lesarten enthalten. Nichts desto weniger aber dürfte der
Kanon der essenistischen Gemeinschaft beim Toten Meer um-
fangreicher gewesen sein als der spätere masoretische. Als
kanonisch dürften außer den üblichen Büchern der hebräischen
Bibel jene Schriften gegolten haben, die solche konkrete Sekten-
lehren dieser Gemeinschaft enthalten, die in anderen Schriften
als unumstößliche Voraussetzung anerkannt werden. So könnte

z. B. das Jubiläenbuch als kanonische Schrift gegolten haben, weil in Kap. 6, 22–38 ein als Gottes Wille auf den himmlischen Tafeln aufgezeichneter Kalender von 364 Tagen, d. h. 52 Wochen angegeben wird. Es handelt sich hier also um einen Sonnenkalender, während Pharisäer und Sadduzäer nach einem Mondkalender rechneten. In der Kriegsrolle wird dieser Kalender des Jubiläenbuches vorausgesetzt und somit dürfte die Auffassung des Jubiläenbuches, daß der Sonnenkalender auf den himmlischen Tafeln aufgezeichnet sei, für die Gemeinde als eine kanonische Lehre gegolten haben. Es werden somit außer den üblichen Büchern des Alten Testamentes noch weitere Schriften von der Gemeinde als inspiriert betrachtet worden sein, doch über die genauere Begrenzung dieser Schriften lassen sich gegenwärtig noch keine näheren Angaben machen.

Gewisse apokalyptische Offenbarungen, wie z. B. die die Endzeit betreffenden Äußerungen des Lehrers der Gerechtigkeit, dürften als kanonisch gegolten haben, weil von dem Verfasser des Habakukkommentars 7, 4, 5, der Lehrer der Gerechtigkeit als inspirierter Prophet angesehen wurde, »dem Gott alle Geheimnisse der Worte seiner Diener, der Propheten, mitgeteilt hat«. Außerdem heißt es noch im Habakukkommentar 8, 1, 2, daß diejenigen vor dem Gericht gerettet werden, die an den Lehrer der Gerechtigkeit glauben, d. h. im Sinn des Verfassers des Habakukkommentars, daß nur jene gerechtfertigt werden, die die konkrete endzeitliche Verkündigung des Lehrers als Gottes Wort annehmen.

Eine ursprünglich mit der priesterlich-revisionistischen Gruppe, der die Texte aus Qumran entstammen, verwandte konservativ bürgerliche Partei entwickelte sich in den letzten Jahrzehnten des 2. Jahrhunderts vor Christus zur Partei des Pharisäismus. Das wichtigste Element der Kontroverse zwischen dem neu entstehenden Pharisäismus und den priesterlichen Radikalisten von Qumran war die endzeitliche Verkündigung. Die Pharisäer lehnten es ab, die verschiedenen apokalyptischen Enunziationen als inspiriert anzuerkennen. In diesem Sinn ist uns ein tannaitischer Ausspruch erhalten: »Nachdem Haggai, Zacharia und Malachia, die letzten Propheten, gestorben waren,

schwand der heilige Geist aus Israel« (Tossephta Soṭa XIII, 2;
Joma 9b; Soṭa 48b; Sanhedrin 11a). Durch diesen Ausspruch
grenzte der Pharisäismus die prophetischen Bücher mit dem
Kanon der kleinen Propheten ab und lehnte alle jene pseud-
epigraphen Schriften ab, die mit dem Anspruch prophetischer
Inspiration veröffentlicht wurden. Der erweiterte Kanon der
Leute von Chirbet Qumran bedingte also auch die Abgrenzung
des engeren Kanons unserer hebräischen Bibel.

III. DAS ALTER DER TEXTE

Die Frage nach dem Alter der Handschriften selbst ist nicht
unmittelbar mit der Frage nach dem Alter der Texte verbunden. Die Handschriften können zum Teil erheblich jünger
sein als die Texte, allerdings können die Texte nicht jünger sein
als die Handschriften. So sind z. B. unter den Qumran-Rollen
die biblischen Texte wesentlich älter als ihre Handschriften,
während die Sektenschriften, z. T. wenigstens, nicht (viel) älter
sein müssen als ihre Handschriften. Natürlich besteht auch hier
die Möglichkeit, daß der Inhalt des Textes 100—150 Jahre
älter ist als die Handschrift, aber im großen und ganzen ist die
Frage der inneren Datierung der Rollen untereinander weniger
wichtig als ihre prinzipielle chronologische Einordnung in die
zwischentestamentliche Zeit. Für die Bestimmung des Alters der
Texte stehen uns folgende Kriterien zur Verfügung:

a) Das Leinen, in das die von den Beduinen im Jahre 1947
gefundenen Rollen gewickelt waren, wurde nach dem sogenannten Radiocarbon-Verfahren untersucht und dabei wurde festgestellt, daß das Leinen im Jahre 33 nach Christus plus/minus
200 Jahre hergestellt wurde, also in der Zeit von 168 v. Chr.
bis 233 n. Chr. Dadurch sind von vornherein jene Theorien
widerlegt, die die Texte als mittelalterliche Fälschung bezeichnen.

b) In den Höhlen wurde eine Keramik gefunden, die jener
des Klosters von Qumran zugehört. Die Auffindung eines

Schreibraumes mit Tintenfässern im Kloster stellt auch ihrerseits die Verbindung zwischen dieser klösterlichen Niederlassung und den in den Höhlen gefundenen Texten her. Somit ergibt der archäologische Befund der Ausgrabung der Klosterruine eine entscheidende chronologische Bestimmung für die Zeit, da die Texte in den Höhlen verborgen wurden. Aus archäologischen Argumenten, auf die weiter unten bei der Darstellung der Grabung in Qumran noch eingegangen werden soll, ergibt sich mit Sicherheit, daß dieses Kloster im Jahre 68 n. Chr. zerstört wurde. Somit ist auch das Jahr 68 n. Chr. der Terminus antequem für die Abfassung der Texte.

c) Paläographische Argumente: Bis vor kurzem gab es als Vergleichsmaterial nur den sogenannten *Papyrus Nasch,* der die 10 Gebote und den Anfang des Schma'-Jisraelgebetes enthält, der aber selbst in die Zeit vom 2. Jahrhundert v. Chr. bis zum 2. Jahrhundert n. Chr. datiert wurde. Im Verlaufe der Grabungen im Wadi Muraba'at, etwa 15 km südlich von Qumran, die vom 21. Januar bis 3. März 1952 stattfanden, wurden aber Texte aus der Bar-Kochba-Zeit (132–35) gefunden, die eindeutig datiert sind. Die Texte stellen eine spätere Schriftform dar als die Qumran-Texte. Somit weist also auch das paläographische Argument in die Richtung des archäologischen.

d) Die inhaltliche Untersuchung einiger Texte ergibt, daß sie die Zeit vor dem Jahre 80 v. Chr. schildern, da der Lehrer der Gerechtigkeit ein Zeitgenosse des Alexander Jannai (103–76 v. Chr.) gewesen sein dürfte. Einige Gelehrte (*Stauffer* und *Rowley*) datieren den Lehrer der Gerechtigkeit sogar in die Zeit der Religionsverfolgung unter Antiochus IV. (175–164 v. Chr.), doch dürfte dieser Ansatz zu früh sein.

IV. FUNDGESCHICHTE

Im Frühjahr 1947 fanden Beduinen aus dem Stamm der Ta'amira zufällig die Höhle 1 und förderten aus ihr folgende Texte zutage: Isaia-Rolle a, Isaia-Rolle b, Habakukkommen-

tar, Sektenkanon, Kriegsrolle, Hymnenrolle und Genesis
Apokryphon. Die Texte, die sich heute bereits alle im Besitz der
hebräischen Universität Jerusalem befinden, kamen ursprünglich nur zum kleineren Teil in ihre Obhut. Der größere Teil
wurde vom Abt des orthodox-syrischen St.-Markus-Klosters in
der Altstadt von Jerusalem, Mar Athanasius Ješue Samuel,
erworben, der seine Texte (Isaia-Rolle a, Habakukkommentar,
Sektenkanon und Genesis Apokryphon) der American School
of Oriental Research zur Veröffentlichung überließ. Diese
brachte die ersten drei genannten Texte auch schon im Jahre
1950/51 in mustergültigen Ausgaben heraus, doch wagten es
die Amerikaner nicht, die außerordentlich brüchige Rolle des
Genesis-Apokryphons zu öffnen. Diese Rolle wurde erst, nachdem alle Texte aus dem Besitz des syrischen Erzbischofs von
der hebräischen Universität gekauft worden waren, im Jahre
1956 in Jerusalem geöffnet und teilweise veröffentlicht. Die
Beduinen haben ursprünglich die nähere Lokalisation der
Fundhöhle verheimlicht, doch gelang es dem belgischen Ka-
pitän *Philippe Lippens* aus dem Stabe der Vereinten Nationen
in Palästina mit Unterstützung der Antiken-Abteilung des
Staates Jordanien und der arabischen Legion Ende Januar
1949 die Höhle zu finden. Vom 15. Februar bis 5. März 1949
fanden Grabungen in der Höhle statt, die die unbedingte Echt-
heit des Fundes der Beduinen erwiesen. Aus den in der Höhle
gefundenen Krugscherben konnte ein Krug zusammengesetzt
werden, der in seinen Formen genau mit der Form eines Kruges
übereinstimmte, den die Beduinen Professor Sukenik von der
hebräischen Universität verkauft hatten. Außerdem wurden
in der Höhle auch Textfragmente gefunden, die Lücken in den
von den Beduinen verkauften Manuskripten ausfüllen. Es
fand sich in der Höhle auch noch eine Reihe weiterer Manuskripte, als wichtigstes wohl das sogenannte Regelbuch mit den
anschließenden Lobpreisungen.

Im Jahre 1951 machten sich die Gelehrten der École Biblique
Dominicaine in der Altstadt von Jerusalem und der Antiken-
Abteilung des Haschimitischen Königreiches Jordanien, die auch
im Jahre 1949 die archäologische Untersuchung der Fundhöhle

durchgeführt hatten, an die Ausgrabung der Klosterruine von
Chirbet Qumran, die mit dem Höhlenfund in engstem Zusammenhang steht. Doch schon während dieser Grabung wurden
die Archäologen auf eine neue Fährte gelenkt, da Beduinen aus
einer Gegend etwa 15 km südlich von Qumran neue Texte
zum Kauf anboten. So wurden vom 21. Januar bis 3. März
1952 im Wadi Muraba'at vier Höhlen archäologisch untersucht.
Der wichtigste Fund aus diesen Höhlen dürfte wohl ein Brief
des Bar Kochba mit dessen eigener Unterschrift sein. Die Funde
im Wadi Muraba'at stehen in keinem sachlichen Zusammenhang
mit den Funden von Qumran.

Im Frühjahr 1952 fanden die Ta'amira-Beduinen die sogenannte Höhle 2 von Qumran. Vom 10. bis 29. März 1952 unter-
suchten die Archäologen daher die ganze Umgebung von Qumran systematisch und entdeckten auch am 14. März 1952 die
sogenannte Höhle 3 von Qumran, in der die zwei Kupferrollen
gefunden wurden.

Im Sommer 1952 wurden im Gebiet von Chirbet Mird verschiedene weder mit Qumran noch mit den Funden aus Wadi
Muraba'at in Zusammenhang stehende syrische, griechische
und arabische Texte gefunden. Auch nabatäische Papyri aus
einem anderen Herkunftsort der weiteren Umgebung wurden
zum Kauf angeboten. Da diese Funde nicht in unseren Zusammenhang hineingehören, sollen sie vorläufig auch nicht näher
behandelt werden.

Anfang September 1952 fanden wieder dieselben Ta'amira-
Beduinen die sogenannte Höhle 4 von Qumran und am 13. September 1952 wurden Fragmente aus der sogenannten Höhle 6
zum Verkauf angeboten. Vom 22. bis 29. September 1952 fanden Grabungen in der Höhle 4 statt, die sich als die ergiebigste
aller bisher gefundenen Höhlen erwies. Die sogenannte Höhle 5
von Qumran wurde in der Zeit vom 22. bis 24. September 1952
entdeckt und untersucht und die Höhle 6 am 27. September
identifiziert. Während der vierten Grabung in der Klosterruine
von Qumran, die vom 2. Februar bis 6. April 1955 dauerte,
wurden die Höhlen 7–10 gefunden, und knapp vor der fünften
Grabung, also Februar 1956, entdeckte man die Höhle 11.

V. DIE GRABUNGEN
IN DER KLOSTERRUINE VON CHIRBET QUMRAN

Die Grabungen fanden an folgenden Daten statt:
1) 24. November bis 12. Dezember 1951
2) 9. bis 24. April 1953
3) 13. Februar bis 14. April 1954
4) 2. Februar bis 6. April 1955
5) 18. Februar bis 28. März 1956

Bereits seit der Mitte des vergangenen Jahrhunderts fanden die Ruinen von Chirbet Qumran bei den Archäologen Beachtung, doch identifizierten sie den Platz mit einem römischen Kastell oder gar mit dem untergegangenen Gomorrha. Durch die Funde in den Höhlen ist Chirbet Qumran seit 1949 neuerdings in den Vordergrund des Interesses gerückt. Schon anläßlich der Untersuchung der ersten Fundhöhle im Frühjahr 1949 wurde das Ruinenfeld oberflächlich angegraben. Obwohl durch diese probeweise Untersuchung noch keine Verbindung mit der Höhle hergestellt werden konnte, grub man ab 1951 systematisch, wodurch diese Verbindung mit vollkommener Sicherheit erwiesen werden konnte.

Bei der ersten Grabung fand man ein Hauptgebäude von 30 x 37 m und eine Anzahl von Münzen, die der Schicht II angehören. Schon anläßlich dieser Grabung entdeckte man den großen Hauptfriedhof im Osten der Ruine mit etwa 1000 Gräbern, der durch eine Schicht von Kieselsteinen zu erkennen ist. Die Gräber, in denen keinerlei Beigaben oder Schmuck gefunden wurden, sind alle so in der Nord-Süd-Richtung angeordnet, daß der Kopf der Bestatteten nach Süden liegt.

Im Jahre 1953 konnte festgestellt werden, daß an der Klosterruine mehrere Bauperioden nachweisbar sind und daß es sich um kein Wohnhaus, sondern um ein »Gemeindehaus« mit den entsprechenden für die Gemeinschaft notwendigen Wirtschaftsgebäuden gehandelt hat. Die Bewohner selbst werden entweder in Zelten in der näheren Umgebung oder gar in den Höhlen genächtigt haben. Man fand auch den aus dem oberen Geschoß heruntergestürzten Schreibraum mit zwei Tintenfäs-

sern. In diesem Scriptorium wurde wahrscheinlich ein großer
Teil der gefundenen Texte geschrieben.

Im Jahre 1954 wurden die dem Hauptgebäude im Süden
vorgelagerten Objekte ausgegraben, darunter auch ein Versammlungssaal. Unmittelbar südlich daran anschließend fand
man einen Geschirr-Abstellraum mit 1080 Bechern, Tellern,
Schüsseln und Platten, aber kein Kochgeschirr, also das Service
der Gemeinde. Auf dem mit Mörtel verputzten Boden im
Westen des Versammlungssaales, der auch als Speisesaal gedient
hat, ist der Platz des Vorsitzenden durch einen mit Steinfliesen
gepflasterten Kreis erkennbar. Der Versammlungssaal war 22 m
lang und 4,50 m breit.

Während der Grabung 1955 wurde die westliche Hälfte des
Geländes freigelegt und ein vom Hauptgebäude getrenntes
Handwerksgebäude gefunden. Nördlich davon war noch ein
Hof und ein Bad.

1956 wurde der Rest des Geländes gesäubert, die Friedhöfe
wurden untersucht und die Grabung in En Fešcha, einer etwa
3 km südlich von Chirbet Qumran gelegenen Dependance des
Klosters, wurde begonnen.

Zu den Wirtschaftsräumen des Klosters gehörten Küche, Ställe,
Speicherräume und eine Töpferwerkstätte mit zwei Töpferöfen.
Interessanter aber als diese Funde sind jene, die auf die spezielle
Eigenart der Bewohner dieser Klosterruine ein Licht werfen.
Man fand ein besonders ausgebautes Wasserleitungssystem. Die
Wasserleitung selbst speiste eine Reihe von Zisternen, die mit
Ausnahme von zweien sämtlich Stiegen haben, die mindestens
die Hälfte ihrer Größe einnehmen. Es ist möglich, daß diese
Zisternen als Bäder gedient haben, doch wurden auch bei Jeru-
salem ähnliche Zisternen gefunden, ohne daß man von ritueller
Verwendung derselben weiß. Aber von zwei kleinen und sehr
gepflegten Bassins in der Anlage von Chirbet Qumran ist deren
Verwendung zu Badezwecken gesichert. Eine einzige, mit keinerlei Stiegen versehene große Zisterne hat bestimmt als Re-
servoir gedient. Es ist somit für die Gemeinde belegt, daß sie
auf Reinhaltung besonders achtete und daß somit auch rituelle
Bäder zu ihrer Lebensführung gehörten. Der oben erwähnte

Versammlungssaal mit dem für den Vorsitzenden besonders bezeichneten Platz und dem südlich davon gelegenen Geschirr-Abstellraum beweist, daß die Mahlzeiten in Gemeinschaft eingenommen wurden, wobei einer der Teilnehmer präsidierte. Aus dem Sektenkanon und dem Regelbuch geht hervor, daß dieser Präsident aus priesterlichem Geschlecht war und daß bei den gemeinsamen Mahlzeiten auch Brot und Most, die von ihm gesegnet wurden, eine besondere Rolle spielten.

An vielen nicht überdachten Orten fand man Depots von in Tongefäße hineingepreßten Tierknochen; die Knochen, die nicht mehr miteinander in Verbindung waren, wurden nachweisbar erst eingesammelt, als das Fleisch schon entfernt war. Aus den Knochen selbst kann man feststellen, daß die dazugehörigen, nach jüdischem Ritus zum Genuß erlaubten Tiere entweder gekocht oder gebraten waren. Bei den gemeinsamen Mahlzeiten, über welche der Segen gesprochen wurde, hat man also — zumindest zu gewissen Zeiten — auch Fleisch zu sich genommen und die ungenießbaren Reste nicht achtlos weggeworfen, da ja auch über sie der Segen gesprochen war. Auch heute noch werfen fromme Juden Gebetbücher oder rituelle Gegenstände, wenn sie schon alt und abgenützt sind, nicht weg, sondern lassen dieselben beerdigen oder in einer sogenannten Geniza aufbewahren. Von besonderem Interesse für die nähere Bestimmung der Gemeinschaft von Qumran ist auch der Friedhof. Der Friedhof im Osten hat mit einer einzigen Ausnahme nur in Richtung Nord-Süd ausgerichtete Gräber; hier befinden sich ausschließlich männliche Leichen. Es finden sich keine wie immer gearteten Grabbeigaben. Ein einziges sicher weibliches Grab in dieser Anlage ist außerhalb der üblichen Reihung und von anderer Art. Weiter östlich davon fand man einen weiteren Friedhof, dessen Gräber weniger sorgsam angelegt und nach verschiedenen Himmelsrichtungen orientiert sind. Hier waren auch Gräber von Frauen und Kindern, wobei in zwei Frauengräbern 1 Bronzering, 19 Steinperlen und 2 Ohrringe gefunden wurden. Nördlich und südlich von Qumran wurden noch Gräber entdeckt, wobei auch hier wieder Frauen und Kinder gefunden wurden. In einem Frauengrab lagen 2 Ohrringe und 30 Perlen. Daraus ergibt sich also, daß auf dem großen Friedhof im Osten des Klosters anscheinend Mönche bestattet wurden, während die verheirateten Mitglieder der Gemeinde, unter ihnen auch Frauen, abgesondert davon beigesetzt sind. Dieser Grabungsbefund paßt gut zum Inhalt der Texte, da z. B. der Sektenkanon die Statuten einer Mönchsgemeinde enthält, während das Regelbuch die Bestimmungen für die Verheirateten darbietet.

Der Grabungsbefund bezüglich der Bewohner der Siedlung und die geographische Lage von Chirbet Qumran rufen den Bericht von Plinius dem Älteren (Naturalis Historia 5, 17) ins Gedächtnis, nach dem die jüdische Gruppe der Essener ohne Frauen und Geld, gemeinschaftlich unter Palmen am Westufer des Toten Meeres im Gebiet von En Gedi gelebt haben soll. Wenn man in Betracht zieht, daß sehr viele Bestimmungen des Sektenkanons und des Damaskusdokuments weitgehende Ähnlichkeit mit den Berichten des Philo von Alexandrien und des Josephus Flavius über die Lebensweise der Essener aufweisen, so wird man wohl zu dem Schluß kommen müssen, daß diese Gemeinschaft in den weiteren Bereich essenistischer Gruppen einzuordnen ist (vgl. VIII).

Die Grabungen in Qumran ergaben folgende Schichten: Ia) Das Gemeindehaus wurde auf aus dem achten Jahrhundert stammende Grundmauern im 2. Teil der Regierungszeit des Johannes Hyrkan (135–104 v. Chr.) errichtet, wobei sich die Gemeinde mit äußerst bescheidenen Verhältnissen zu begnügen hatte. Ib) Unter der Regierungszeit des Alexander Jannai (103–76 v. Chr.) nahm die Gemeinde einen größeren Aufschwung und dürfte auch während der ganzen Periode Ib ihre Blütezeit gehabt haben. Im Jahre 31 v. Chr. wurde das Gebäude durch ein Erdbeben zerstört und als Folge davon verlassen. II) Erst unter der Regierungszeit des Herodes Archälaos (4 v. bis 6 n. Chr) wurde das Gebäude wieder von Angehörigen derselben Gemeinschaft aufgebaut und bestand bis zum Juni des Jahres 68 n. Chr., als Vespasian mit der 10. römischen Legion von Caesarea nach Jericho zog und dabei auch an das

Tote Meer kam. Bei dieser Gelegenheit wurde das Kloster zerstört. Die Texte dürften unmittelbar davor in den Höhlen versteckt worden sein.

Die römischen Truppen besetzten das Gebäude, doch ließen sie den Großteil der Wasserversorgung verfallen und füllten einige Zisternen mit Bauschutt aus. Daraus ist zu erkennen, daß diese Besiedlung mit unserer Gemeinde, der aus rituellen Gründen an der Wasserversorgung und den Zisternen gelegen war, nichts mehr zu tun hatte. Nachdem die römischen Truppen den Platz verlassen hatten und dieser einige Zeit unbewohnt geblieben war, wurde er während des zweiten jüdischen Aufstandes, 132–135 n. Chr., kurze Zeit als Partisanenstützpunkt der Anhänger des Bar Kochba benützt.

Die Datierung des Gebäudes und der einzelnen Schichten wird sowohl durch die daselbst gefundene Keramik und die verschiedenen, während der einzelnen Bauperioden vorgenommenen Umbauten als auch ganz besonders durch reiche Münzfunde ermöglicht. Die ältesten gefundenen Münzen stammen aus der Zeit des Johannes Hyrkan, und aus der Zeit des Alexander Jannai ist eine große Zahl von Münzen erhalten. Die Münzfunde reichen dann noch bis in die ersten Regierungsjahre von Herodes dem Großen. Das durch einen Bericht von Josephus Flavius auf das Jahr 31 v. Chr. genau datierbare Erdbeben verursachte eine auch durch die Münzfunde belegte Lücke in der Besiedlung des Platzes. Die Spuren dieses Erdbebens sind auch an der Klosterruine erkennbar. Erst aus der Zeit des Herodes Archälaos gibt es wieder Münzfunde, die bis in das 3. Jahr des jüdisch-römischen Krieges, also das Jahr 68–69 reichen. Außerdem fand man noch ein Depot von Silbermünzen, das möglicherweise nichts mit der Gemeinde zu tun hat und das Versteck eines Mannes ist, der während der Zeit, da das durch die Einwirkung des Erdbebens zerstörte Gebäude verlassen war, seinen Schatz dort vergrub. Der Platz, an dem die Silbermünzen gefunden wurden, war nach der Wiederaufnahme der Besiedlung in Periode II nicht mehr ganz gereinigt und der Boden dieser Periode darüber gelegt worden. Zwei der Krüge, in denen das Silbermünzendepot gefunden wurde, weisen außerdem eine Form auf, die mit der in Qumran üblichen Keramik nichts zu tun hat.

Auch die Grabungsergebnisse weisen also in die Zeit von etwa 120 v. Chr. bis 68 n. Chr., wobei die Hauptblüte der Gemeinde etwa um 100 bis 50 v. Chr. anzusetzen ist. Dies paßt gut zur wahrscheinlichsten Datierung des Lehrers der Gerechtigkeit in die Zeit des Alexander Jannai.

VI. DIE VORGÄNGER DER ESSENISTISCHEN GEMEINDE VON CHIRBET QUMRAN

1. In nachexilischer Zeit

a) Die Priestertradition

Die Qumran-Gemeinde hatte eine priesterliche Spitze. Die Priester der Gemeinde heißen entweder »Söhne Aharons« (z. B. Sektenkanon 9, 7) oder »Söhne Zadoks« (z. B. Regelbuch 1, 24). Wie für die liberalen Sadduzäer war also auch für die Qumran-Priester die Herleitung ihrer Genealogie vom Priester Zadok notwendig. Zadok war nach 2. Sam. 8, 17; 15, 24; 20, 25; 1. Kg. 1, 8 neben Ebjatar Priester zur Zeit Davids, und Salomo setzte ihn als Priester an die Stelle Ebjatars (1. Kg. 2, 35). In nachexilischer Zeit galt die Zugehörigkeit zum Hause Zadok als Voraussetzung zur Legitimation zum Priesteramt. In Ezechiels Vision des neuen Tempels sollen nach 40, 46 die Söhne Zadoks allein die Befugnis haben, Opfer darzubringen, und 44, 15 heißt es ausdrücklich: »Die levitischen Priester, die Söhne Zadoks, die den Dienst in meinem Heiligtum besorgt haben, als die Söhne Israels von mir abgeirrt sind, sie sollen sich mir nähern, um mir zu dienen, und vor mir stehen, um mir Fett und Blut darzubringen, Ausspruch des Herrn JHWH.« Auch nach den Priesterlisten 1. Chr. 5, 27—41 und 6, 35—38 steht der Name Zadok an der gleichen beherrschenden Stelle in dem für legitimes Priestertum unbedingt notwendigen Stammbaum. Wenn sich die Qumran-Priester auch aus Gründen, auf die später noch des Näheren eingegangen werden soll, vom Jerusalemer Kult distanzierten, der von in ihren Augen unreinen Priestern verwaltet wurde, so bereiteten sie sich doch, wie u. a. auch aus der zweiten Kolumne der Kriegsrolle hervorgeht, auf einen Kult in der Endzeit vor, der von ihnen, den einzig legitimen Nachkommen Zadoks, verwaltet werden sollte. Prof. *Ethelbert Stauffer* ordnete daher vollkommen zurecht die Qumran-Texte in den größeren Bereich einer Priestertradition ein, die nach seiner Meinung vom Priesterkodex bis zu Johannes dem Täufer und zur johanneischen Schule in Ephesus führt (*E. Stauffer*, Probleme der Priestertradition, ThLZ 81 [1956], 135—150).

b) Die Zwei-Messias-Lehre

Die Spitzen der nachexilischen Gemeinde waren zunächst nebeneinander ein zadokidischer Priester, Jehoschua ben Jehozadak (nach 1. Chr. 5,41 wurde Jehozadak von Nebukadnezar ins Exil geführt), und ein davidischer Statthalter, Zerubbabel ben Schealtiel (nach 1. Chr. 3,17 gehört Schealtiel zum Hause David). So wie nach der Ansicht des Chronisten David durch die Vorbereitungen, die er für den Tempelbau und Tempeldienst getroffen hatte, der eigentliche Erbauer des ersten Tempels war, dessen Werk Salomo nur vollendete, so galt auch der David-Sproß (Zach. 3, 8; 6, 12) Zerubbabel als der Erbauer des zweiten Tempels (Zach. 4, 9). Erst als konkrete messianische Hoffnungen mit der Person des Zerubbabel verbunden wurden (Hag. 2, 20 bis 23), dürfte er von der persischen Zentralregierung abberufen worden sein. Jedenfalls wurde nach ihm kein davidischer Statthalter mehr eingesetzt und die weltliche mit der geistlichen Gewalt in der Hand des Hohepriesters vereint. Zach. 6, 9—13 stellt dann in der gegenwärtigen Fassung einen Versuch dar, dieser neuen Situation gerecht zu werden und sie zu legitimieren. Beide Kronen werden auf das Haupt des Jehoschua ben Jehozadak, des Hohepriesters, gesetzt (6, 11). Diese durch die äußeren politischen Umstände für die Geschichtszeit geschaffene Situation ist aber keine endgültige. In der messianischen Zeit soll die ideale Ämter-Zweiteilung wieder eingeführt werden. Dann wird neben dem messianischen Hohepriester ein neuer David-

sproß aufstehen (6, 12), der gemäß Jerem. 23, 5 und 33, 15 ohne
Zweifel mit dem messianischen David-König gleichzusetzen ist.
»Dieser wird den Tempel JHWH's aufbauen, und er wird
prächtig sein und wird sitzen und herrschen auf seinem Thron.
Auch der Priester wird auf seinem Throne sein und der Rat des
Friedens wird zwischen beiden sein« (6, 13). Das messianische
Konzept dürfte hier also etwa folgendes sein: So wie auf David
und Zadok die Errichtung des ersten Tempels zurückzuführen
ist, so geht jene des zweiten Tempels auf Zerubbabel und Jehoschua zurück. Aber auch diese selbst wurden, nachdem die an
Zerubbabel geknüpften messianischen Hoffnungen nicht in Erfüllung gegangen sind, selbst zu Typen für das wirkliche messianische Zeitalter. In diesem Zusammenhang gehört auch Zach. 3,
8 und die Weissagung von den zwei »Ölsöhnen«, d. h. Gesalbten, Messiassen, Zach. 4, 11–14. Die Lehre, daß in der Endzeit
ein priesterlicher und ein davidischer Messias nebeneinander
herrschen sollen, wurde nun in der essenistischen Qumran-
Gemeinde zu einem zentralen Theologumenon (vgl. X). Es hat
also auch in dieser Hinsicht die Vorstellungswelt der Qumrantexte konkret feststellbare Voraussetzungen im nachexilischen
biblischen Schrifttum.

c) Einflüsse im Werke des Chronisten

Es ist die auffälligste Eigenart des chronistischen Geschichts-
werkes, daß es sowohl in besonderem Maße prozadokidisch als
auch prodavidisch ist. Davids Jugendgeschichte und vor allem
wenig vorteilhafte Episoden aus seinem Leben wie z. B. die
Batschewa-Affäre werden vom Chronisten unterdrückt; dafür
aber verbreitet er sich über David als den eigentlichen Bau-
herrn des ersten Tempels und als den Organisator des Kultes in
einer Weise, die weit über den Bericht von 2. Sam. hinausgeht
(vgl. *J. M. Grintz*, The Life of David in Samuel und Chronicle
[hebr.], Beth Mikra 1 [1956], 69–75; *J. Botterweck*, Zur Eigenart der chronistischen Davidgeschichte, Festschrift für Viktor
Christian, Wien 1956, 12–31). Auch die unter a) genannten
Priestergenealogien mit der besonderen Hochschätzung des
Priesters Zadok sind für die Darstellungsweise des Chronisten

charakteristisch. David wird also von ihm schon als Prototyp des Messias und als Tempelerbauer geschildert, neben dem dann das zadokidisch-priesterliche Element bei der eigentlichen Kultgestaltung die entscheidende Rolle spielt. Die für die Theologie des Zacharia charakteristische Annahme eines messianischen Hohepriesters und eines messianischen Davidsprosses als Tempelerbauer dürfte wohl auch für die genannte Eigenart der chronistischen Geschichtsdarstellung verantwortlich sein.

2. Die Bewegung der »Frommen« der Makkabäerzeit

Zu Beginn des 2. Jahrhunderts v. Chr. bildete sich in Palästina eine Gruppe von extrem religiösen Juden, die die Sündhaftigkeit ihrer Zeit dazu veranlaßte, an ein bald bevorstehendes Ende der Zeiten zu glauben. Aus ihren Kreisen dürfte der Redaktor des Buches Daniel gestammt haben. Besonders jene Kapitel des Danielbuches, die eine apokalyptische Geschichtstheologie enthalten (Kap. 2 u. 7–12), weisen in dieses Milieu. Berechnungen über die Dauer der Endzeit und über den Termin des Endes wurden zum erstenmal in diesen Kreisen angestellt, die von einer eschatoligisch-messianischen Naherwartung erfüllt waren. Die spätere Apokalyptik steht geistig und historisch mit ihnen in Zusammenhang.

Von den Zeitgenossen wurden diese Leute C h a s s i d i m »Fromme« genannt. Von einer späteren Perspektive aus nennt sie das rabbinische Schrifttum *Chassidim rišonim* »Frühere Fromme«. In den beiden Makkabäerbüchern wird der hebräische Terminus Chassidim durch die griechische Form *Asidaioi* wiedergegeben. Ob ihrer Frömmigkeit werden sie in den rabbinischen Quellen auch noch 'anše ma'aśe »Männer der Tat« genannt. Diese Chassidim setzten sich von der sündigen Umwelt ab und führten ein Leben in den Höhlen der Wüste Juda (1. Makk. 2, 29 f., 31. 41). Aus den etwas späteren Qumrantexten geht hervor, daß man nicht nur in die Wüste geflüchtet war, um vor den syrischen Interventionstruppen sicher zu sein, sondern daß man die Wüste auch als Heilsort erachtete, an dem sich die göttliche Erlösung zuerst offenbaren werde. Is. 40, 3

dürfte eine solche Einstellung veranlaßt haben. Jedenfalls heißt
es im Sektenkanon von Qumran 8, 12—14: »Wenn sie sich in
Israel gemäß diesen Verordnungen zur Gemeinde zusammen-
schließen, müssen sie sich vom Wohnhort der Sünder absetzen,
um in die Wüste zu gehen, dort den Weg des Herrn zu bereiten,
so wie geschrieben steht: Bereitet in der Wüste den Weg des
Herrn, machet gerade in der Steppe den Pfad für unseren
Gott.« Auch in der Kriegsrolle 1, 2 wird die Gemeinschaft selbst
als »Emigration der Wüste« bezeichnet. Selbst die Wahl des
Platzes im Nordwesten des Toten Meeres in der Wüste Juda für
das Kloster von Qumran und auch der Wüstenaufenthalt von
Johannes dem Täufer dürfte von solchen Überlegungen mitbe-
stimmt gewesen sein.

Über die Geschichte dieser Chassidim und ihre konkrete Lebensweise sind wir nur sehr dürftig orientiert, doch erlauben die
Qumrantexte manche vorsichtigen Rückschlüsse in dieser Richtung. Ursprünglich hatten sie wohl, wie aus 1. Makk. 2, 29—42
hervorgeht, mit dem Aufstand des Mathatias nichts zu tun,
doch standen sie den Aufständischen sehr nahe, weil es beiden
Gruppen um die Wiederherstellung der religiösen Ordnung
ging. Unter Judas Makkabäus, mit dessen Auftreten die
Chassidim ihre apokalyptisch-endzeitlichen Ideale verbanden,
dürften sie mindestens teilweise zu dessen treuer Gefolgschaft
gezählt haben (2. Makk. 14, 6). In diesem Sinn dürfte auch die
Schafsapokalypse Henoch 90 zu verstehen sein, wo es heißt:
»90, 9. Ich sah, daß jenen Lämmern Hörner sproßten, und die
Raben ihre Hörner niederwarfen; ich sah, daß ein großes Horn
(i. e. Judas) bei einem von jenen Schafen (i. e. Mathatias) her-
vorsproßte, und ihre Augen wurden geöffnet. . . . 12. Jene
Raben kämpften und fochten mit ihm und suchten sein Horn
zu beseitigen, hatten aber keine Gewalt über es.« Auch die
Worte des Alkimos an Demetrius I., daß die Asidaioi besondere
Kriegstreiber seien (2. Makk. 14, 6), dürfte nach Hen. 90, 19
nicht unrichtig sein: »Ich sah, daß den Schafen ein großes
Schwert überreicht wurde, und die Schafe zogen gegen alle
Tiere des Feldes, um sie zu töten, und alle Tiere und Vögel des
Himmels flohen vor ihnen.« Auch an anderen Stellen des He-

nochbuches sowie in den Qumrantexten ist die Vorstellung eines endzeitlichen Rachekrieges der auserwählten Gerechten gegen ihre und Gottes Feinde belegt. Die Motive aber, die die Chassidim und die Makkabäer zu den Waffen greifen ließen, waren verschiedene. Während die Chassidim auf die endzeitliche Errichtung des Gottesreiches hofften, gaben sich die Makkabäer mit der Erringung der Religionsfreiheit und mit deren politischer und militärischer Sicherung zufrieden und trieben mit der Zeit sogar eine ausschließlich profane Machtpolitik. An einer solchen waren aber die Chassidim wegen ihrer allgemein endzeitlichen Stimmung nicht interessiert. Daher schlossen sie auch mit dem Hohepriester Alkimos, der aus einem aharonidisch-priesterlichen Geschlecht stammte, und mit seinem Protektor, dem syrischen Feldherrn Bacchides, Frieden (1. Makk. 7, 12 bis 15). Doch wurden ihre Erwartungen enttäuscht und Bacchides ließ 60 von ihnen hinrichten (7, 16). Damit sind eigentlich unsere Nachrichten über die Chassidim schon erschöpft, doch wissen wir aus den Qumrantexten, aus der frührabbinischen Literatur und von Josephus Flavius, daß sich beide »Parteien«, die auf die Chassidim-Bewegung zurückgehen, sowohl die essenistischen Gruppen als auch die Pharisäer, aus zum Teil jeweils verschiedenen Gründen im Laufe der folgenden Zeit immer mehr vom makkabäisch-hasmonäischen Herrscherhaus distanzierten.

Das alttestamentliche Gesetz wurde von den Chassidim besonders streng gehalten. Nach 1. Makk. 2, 32. 36. 38 lehnten sie es sogar ab, sich am Sabbat gegen die Feinde zu verteidigen und zu den Waffen zu greifen. Eine interessante Parallele aus dem Bereich der Qumran-Essener bietet Kriegsrolle 2, 8 f., wo es bezüglich des Krieges in einer Endperiode von 40 Jahren heißt: »In den Sabbatjahren aber findet keine Musterung zum Einrücken statt, denn dies ist ein Sabbat der Ruhe für Israel.« Auch das Damaskus-Dokument berichtet von einer sehr rigorosen Sabbatheiligung in diesen Kreisen, die bis zur Hintanstellung der Lebensrettung geht. 11, 16 f. heißt es: »Wenn ein Mensch am Sabbat in eine Wasserquelle oder in einen Teich fällt, so darf man ihn nicht mit einer Leiter, einem Strick oder sonst einem

Gerät herausholen.« Als Baraita (d. h. tannaitische Lehre, vor
200 n. Chr.) wird Nidda 38 a von den Chassidim rišonim berichtet, daß sie selbst bei der Kinderzeugung darauf achteten,
keinen Termin zu wählen, der eine Geburt an einem Sabbat
wahrscheinlich machte, da sie auch die Geburt für eine Sabbat-
entweihung hielten. Nach Šabbat 121 b sollen sie sogar Schlangen und Skorpione am Sabbat nicht getötet haben. Es ist also
die sehr strenge Sabbatbeachtung in den Kreisen der Chassidim
verhältnismäßig gut belegt. Jedenfalls geht daraus hervor, daß
sie viel strenger dabei verfuhren als später die Pharisäer, für die
»jede Lebensgefahr den Sabbat verdrängte« (Joma VIII, 6)
und die daher auch gestatteten, einer Frau bei der Geburt zu
helfen und zu diesem Zwecke eine Hebamme von einem Ort an
einen anderen kommen zu lassen (Šabbat XVIII, 3).

Berakot V, 1 heißt es, daß sie eine Stunde darauf aufgewandt
hätten, um in die richtige Gebetsintention zu kommen. Nachdem sie eine Stunde gebetet hatten, verweilten sie in derselben
Haltung noch eine weitere Stunde (Berakot 32 b). Nach einer in
Baba Qamma 30 a überlieferten Baraita pflegten sie Dornen
und Glasscherben so zu vergraben, daß sie dem Pfluge nicht
mehr hinderlich waren. Sukka V, 4 werden auch noch besondere
religiöse Hymnen erwähnt, die in den Kreisen der Chassidim
rišonim bekannt gewesen sein sollen. Vielleicht sind auch die
Hymnen der Hymnenrolle von Qumran ähnliche liturgische
Dichtungen aus den Kreisen der Qumran-Essener.

VII. DIE ENTSTEHUNG DER ESSENISTISCHEN
GEMEINDE VON CHIRBET QUMRAN
und ihr Verhältnis zu Pharisäern und Sadduzäern

Das treibende Element, das zur Bildung der C h a s s i d i m -
Bewegung geführt hatte, war die eschatologische Naherwartung
und das Wissen, daß der Tempelkult in Jerusalem von unreinen
und sündigen Priestern verwaltet werde. Es fanden sich daher
Priester und Laien aus zum Teil jeweils verschiedenen Voraus-

setzungen in dieser Bewegung zusammen. Gemeinsam lehnten sie die Assimilationspolitik der syrischen Könige und ihre Einmischung in die inneren jüdischen Angelegenheiten ab, die den abtrünnigen Juden einflußreiche Stellen verschaffte. Die Priester innerhalb der Chassidim-Bewegung hielten auch noch die Opfer, die von den unreinen Priestern in Jerusalem dargebracht wurden, für einen Abscheu vor Gott, und außerdem dürften sie auch eine andere Kalender- und Feiertagsordnung gutgeheißen haben (vgl. VIII, 3, d).

Von einer ersten Entfremdung zwischen den Chassidim und Judas und seinen Brüdern wird schon anläßlich der Amtseinsetzung des Alkimos berichtet (1. Makk. 7, 10–14). Später, als dann die makkabäisch-hasmonäischen Könige nur mehr ausschließlich profan-politische Ziele verfolgten, wurden sie von den weiterhin apokalyptisch-eschatologisch denkenden Nachfolgern der Chassidim entschieden abgelehnt. *Diese Nachfolger aber sind jene Leute, von denen die Qumrantexte Zeugnis ablegen* und aus deren Milieu sie stammen. Die Opposition gegen die Hasmonäer wird wohl spätestens auf Grund des Volksbeschlusses des Jahres 141 v. Chr. entstanden sein, als dem Simon und seinen Nachkommen vom Volk die höchste geistliche und die höchste weltliche Würde zuerkannt wurde (1. Makk. 14, 41). Zur Zeit des Alexander Jannai (103–76), da auch die Qumran-Gemeinde in der ersten großen Blüte stand (vgl. V Ende), erreichte die Auseinandersetzung mit den Hasmonäern ihren Höhepunkt.

Die Qumran-Gemeinde selbst war in ihrem Kern priesterlich orientiert. Dissidente Priester aus dem Hause Zadok (vgl. VI, 1, a) bildeten ihr Zentrum. Mit ihnen zusammen gehörten auch Laien wesentlich zur Gemeinde, die sich selbst als »Haus der Heiligkeit für Israel und Fundament des Allerheiligsten für Aharon« (Sekt. Kan. 8, 5 f.) verstand.

Aber nicht nur die Qumran-Essener, sondern auch die P h a r i s ä e r gehen auf die Bewegung der Chassidim zurück. Bei ihnen nahmen aber die Priester keine so dominierende Stelle ein wie in der Qumran-Gemeinde. Überhaupt waren sie nicht so straff organisiert. Man könnte die Pharisäer eher als demokratisch bezeichnen, weil bei ihnen mehrere Gesetzesdeutungen möglich waren und, auch wenn sie einander widersprachen, in hohem Ansehen standen. Solch eine Einstellung wäre bei den Qumran-Essenern unmöglich gewesen, da das einzelne Mitglied der Obrigkeit unbedingten Gehorsam leisten mußte und auch die Prophezeiungen des Lehrers der Gerechtigkeit als für den Glauben verpflichtend angesehen wurden (Hab. Kom. 8, 1–3). Das wichtigste Unterscheidungsmerkmal zwischen den beiden Gruppen dürfte aber die verschiedene Einstellung zur apokalyptischen Naherwartung gewesen sein. Die Qumran-Essener hielten an den messianischen Hoffnungen der Chassidim fest, obwohl sich die ersten Erwartungen nicht erfüllt hatten. Die Qumrantexte selbst geben sowohl Zeugnis von der Enttäuschung dieser Erwartungen als auch von der Tatsache, daß man trotz aller Enttäuschungen an diesen Hoffnungen festhielt. Die Pharisäer hingegen waren in diesen Dingen durch die Erfahrung skeptisch geworden. Bezeichnend dafür ist es, daß aus der Zeit vor der Zerstörung Jerusalems im Jahre 70 n. Chr. aus tannaitisch-pharisäischen Kreisen kein einziger akut-messianischer Ausspruch überliefert ist, während die Pseudepigraphen dieser Zeit voll von solchen Äußerungen sind. Auch im Neuen Testament scheinen die Pharisäer der Botschaft vom kommenden Gottesreich eher skeptisch als aufgeschlossen gegenüberzustehen. Besonders paradigmatisch für die phariäsische Haltung ist auch die Rede Gamaliels I. im Sanhedrin, Apg. 5, 34–39.

Die Pharisäer trennten sich also von den priesterlichen Gesetzesfanatikern von Qumran und ihrer akut-messianischen Naherwartung und dürften daher auch schon aus diesem Grund Perušim, »Getrennte, Dissidenten«, genannt worden sein. Der Habakukkommentar nennt sie dementsprechend auch Bogdim, »Abtrünnige«. Da die Pharisäer schon zur Regierungszeit des Johannes Hyrkan (135–104) als Gruppe belegt sind (Josephus, Ant. 13, 10, 5. 6; Qiddušin 66 a), die sich mit ihm überwarf, müssen sie wohl spätestens zu dieser Zeit als eine wesentlich aus Gesetzesgelehrten bestehende, mehr oder minder fest umrissene Gruppe entstanden sein.

Die S a d d u z ä e r verdanken ihren Namen der Priesterfamilie des Zadok (vgl. VI, 1, a). Abstammungsmäßig gehörten ihre Priester also derselben Familie an wie die Priester der Qumran-Essener, gesinnungsmäßig war aber eine tiefe Kluft zwischen beiden. Die sadduzäischen Priester gehörten dem liberalen Großbürgertum an und lehnten nicht nur die apokalyptischen Spekulationen, die Engellehre und die Auferstehungslehre ihrer revisionistischen Priesterkollegen ab, sondern sie anerkannten auch nicht die sogenannte »Mündliche Thora« der Pharisäer, d. h. die pharisäische Anpassung des Gesetzes an die neuen Zeitumstände. In diesem Sinne kann man die Sadduzäer in gewisser Hinsicht als die Nachfahren der Hellenisten bezeichnen, wenngleich sie auch deren radikalste Forderungen aufgegeben hatten.

Es ergibt sich also etwa folgendes G e s a m t b i l d für die jüdischen Gruppen in der Zeit von 200 v. Chr. bis 70 n. Chr. Nachdem Antiochus III. 198 v. Chr. Palästina den Ptolemäern abgenommen und zu seinem großsyrischen Reich geschlagen hatte, kam es bald zu syrischen Eingriffen in die inner-jüdische Selbstverwaltung in Jerusalem. Dieses syrische Verhalten wurde von jenen jüdischen Gruppen gutgeheißen, denen an einer äußerlichen Anpassung des Judentums an den hellenistisch-synkretistischen Zeitgeist gelegen war. Den traditionstreuen Juden aller Schattierungen mußte dieses Verhalten als Abfall von der Väterreligion erscheinen. Einige Extremisten, deren Zentrum wohl – zumindestens in späterer Zeit, da die Qumrangemeinde schon existierte – dissidente Priester aus dem Hause Zadok waren, empfanden diesen Mißstand als sicheres Zeichen dafür, daß es so nicht weitergehen könne und daß Gott selbst bald eingreifen werde, um diesem Treiben ein Ende zu setzen. So entstanden wohl die apokalyptisch-endzeitlichen Naherwartungen. Weil diese Menschen in der Erwartung des kommenden Gottesreiches lebten, befolgten sie das Gesetz besonders streng und empfanden sich, wie später die Qumranleute, als auserwählte Büßergemeinde, als solche, die von der Sündhaftigkeit umgekehrt sind (z. B. Hymnenrolle, Tafel 2, 9). Diese »Frommen«, die ursprünglich mit der makkabäischen Bewegung nichts zu tun hatten, schlossen sich ihr zunächst an und erwarteten während der Zeit der Religionsverfolgung (168–164) mit der

Neueinrichtung des Kultes anscheinend auch das endzeitliche Ereignis (vgl. die Zahlenangaben in Daniel 7, 25; 8, 14; 9, 27; 12, 7. 11 f., die alle einen Zeitraum von etwa dreieinhalb Jahren vor Augen haben). Als dieses ausgeblieben war, dürften sie es weiterhin für die allernächste Zeit erwartet haben (vgl. VI, 2).

Als auch diese Hoffnungen wieder enttäuscht wurden, gaben viele die messianische Naherwartung auf und suchten ein gesetzestreues Leben mit den Bedingungen einer fortdauernden Weltzeit in Einklang zu bringen. Diese wurden dann in den Quellen als Pharisäer bekannt. Andere aber glaubten, daß trotz allem Verzuge die Endzeit vor der Tür stehe, »denn das allerletzte Ende zieht sich in die Länge . . . und alle Endzeiten Gottes werden ihrer Ordnung gemäß kommen, so wie Er es für sie in den Geheimnissen Seiner Klugheit (vorher) bestimmt hatte« (Hab.Kom. 7, 7–14). Diejenigen nun, die sich mit der Fortdauer des gegenwärtigen Äons abgefunden hatten, schienen ihnen als die »Abtrünnigen des Endes der Tage, . . . die nicht glauben, wenn sie alles hören, was über das letzte Geschlecht kommen werde« (Hab.Kom. 2, 5–7). So entstanden die essenistischen Gruppen und die Pharisäer, zwischen denen gemäß den Qumrantexten sehr schlechtes Einvernehmen bestand, obwohl sie beide zum hasmonäischen Herrscherhaus in Opposition standen, das sich mit den Sadduzäern verbündet hatte.

Wenngleich auch die apokalyptische Geistesrichtung in den Chassidim der Makkabäerzeit und dann in der Qumran-Gemeinde ihren Mutterboden hatte, so können nicht alle apokalyptischen Gruppen ohne weiteres mit den Qumran-Essenern identifiziert werden. In dieser Hinsicht scheint es bedeutsam, daß in sämtlichen zehn Henoch-Manuskripten aus der Höhle 4 der an apokalyptischen Erscheinungen reiche Teil der Bilderreden fehlt (vgl. I, 3, b). Apokalyptisch-endzeitliche Erwartungen hat es höchstwahrscheinlich also auch außerhalb der Qumran-Gruppe gegeben. Die Masse des weder pharisäisch noch sadduzäisch eingestellten Judentums der zwischentestamentlichen Zeit war keine in sich geschlossene Einheit. Am besten werden diese – zum Teil sicher divergierenden Gruppen – mit dem neutestamentlichen Ausdruck als solche, die auf das »Reich

'Gottes« warten, zusammengefaßt. Für nähere Bestimmungen ist auch trotz der neuen Funde das Quellenmaterial noch viel zu dürftig. In den weiteren Bereich dieser messianisch-endzeitlichen Bewegungen gehörten auch noch der Täuferkreis (vgl. XI, 1) und die Zeloten. Es ist jedoch unmöglich, besonders bei der Bestimmung des Verhältnisses zu den letzteren, irgendwelche genaueren Angaben zu machen. Manche Erwähnung des Am ha'areṣ in den rabbinischen Quellen dürften Angehörige solcher Gruppen vor Augen haben.

VIII. DIE ESSENISTISCHE GEMEINDE VON CHIRBET QUMRAN

Einer der wichtigsten Zeugen für die Lebensweise der Essener ist der Historiker *Josephus Flavius,* der im zweiten Kapitel seiner Selbstbiographie berichtet, daß er selbst einige Zeit bei den Essenern zugebracht habe. Daneben finden sich noch wertvolle Nachrichten bei *Philo* von Alexandrien und ein kurzer Hinweis bei *Plinius,* Naturalis Historia 5, 17. Dazu kommen noch einige Mitteilungen der Kirchenschriftsteller. Diese Quellen, an deren Zuverlässigkeit bisweilen ernstlich gezweifelt wurde, fanden durch die Qumrantexte eine weitgehende Bestätigung. Doch lassen sich nicht nur Übereinstimmungen, sondern manchmal auch Abweichungen feststellen. So enthalten die Qumrantexte manche Vorstellungen (z. B. Bund, Endzeiterwartung, Lehrer der Gerechtigkeit), die in den Nachrichten des Philo und Josephus über die Essener fehlen, und andererseits berichten diese Autoren auch einige Einzelheiten über die Lebensgewohnheiten der Essener, für die in den Qumrantexten keine Belege zu finden sind. Diese Diskrepanzen erklären sich zum Teil dadurch, daß die antiken Autoren für ein heidnisches oder assimiliert-hellenisiertes jüdisches Leserpublikum schrieben, das manche jüdischen Vorstellungen der Essener nicht verstanden oder gar an ihnen Ärgernis genommen hätte. So wird z. B. die essenische Auferstehungshoffnung bei Josephus zu einem Glauben an die Unsterblichkeit der Seele (Bellum 2, 8, 11; Ant. 18, 1, 5), worunter sich auch der antike Heide etwas vorstellen konnte. Diesen Vorstellungen zuliebe dürften Philo und Josephus auch die apokalyptisch-endzeitlichen Ideale verschwiegen haben. Zum anderen Teil dürften die Unterschiede zwischen den Lehren der Qumrantexte und den antiken Nachrichten über die Essener sowohl auf den zeitlichen Abstand zwischen den meisten Qumrantexten und Philo und Josephus als auch auf die Tatsache zurückzuführen sein, daß der Essenismus aus mehreren zum Teil nicht ganz einheitlich organisierten Gruppen bestand.

1. Die nicht-monastische Gruppe

Nach seinem ausführlichen Bericht über die monastischen Essener berichtet Josephus (Bellum 2, 8, 13) auch von einem anderen Zweig dieser Gemeinschaft, »der in Lebensart, Sitten und Gebräuchen mit dem anderen ganz übereinstimmt, in der Ansicht über die Ehe dagegen von ihnen abweicht«. Diese Gruppe lehnte die Fortpflanzung nicht prinzipiell ab, doch lebte auch sie nach dem allgemein essenistischen Enthaltsamkeitsideal und verurteilte jegliche geschlechtliche Lust. Als Beleg aus dem Bereich der Qumrangemeinde kann dafür zunächst angeführt werden, daß außer auf dem großen Hauptfriedhof auch Frauen- und Kindergräber gefunden wurden (vgl. V). Auch das Regelbuch erwähnt Frauen und Kinder, enthält Vorschriften über die Großjährigkeit und legt genau fest, daß kein männliches Mitglied der Gemeinde vor dem vollendeten 20. Lebensjahr heiraten dürfe (I, 10). Auch das Damaskusdokument setzt mindestens teilweise die Ehepraxis voraus (7, 6 a f). Auch jene Stellen des Damaskusdokuments, die Privatbesitz kennen, dürften sich auf die nicht monastischen Gemeindeangehörigen beziehen (9, 10–16; 11, 12; vgl. VIII, 2, a).

2. Die monastische Gruppe

a) Bestimmungen für die Aufnahme in die Gemeinschaft

Die essenistische Mönchsgemeinde kannte Postulat, Noviziat und volle Mitgliedschaft. Nach Josephus (Bellum 2, 8, 7) mußte

sich der Postulant »außerhalb des Ordens ein Jahr lang derselben Lebensweise unterziehen wie die Mitglieder«. Auch der
Sektenkanon kennt diese Vorschrift, doch gibt er nicht an, wie
lange das Postulat zu dauern hat. 6, 13–15 heißt es: »Und jedermann, der sich aus Israel freiwillig dem ›Rate der Gemeinde‹
anschließen will, den prüft der an der Spitze der Vollmitglieder
stehende Vorsteher in bezug auf seinen Verstand und seine
Werke und, wenn er zur Zucht imstande ist, dann läßt er ihn in
den Bund eintreten, um zum Recht zurückzukehren und sich von
jeglichem Unrecht abzukehren. Dabei unterweist er ihn in allen
Satzungen der Gemeinde.«

Über das darauffolgende zweijährige Noviziat heißt es bei
Josephus, Bellum 2, 8, 7: »Hat er in diesem Zeitraum die Mäßig-
keitsprobe bestanden, so tritt er der Genossenschaft um einen
Schritt näher. Er nimmt an der reinigenden Wasserweihe teil,
wird jedoch zu den gemeinsamen Mahlzeiten noch nicht zugelassen. Nachdem er nämlich seine Standhaftigkeit dargetan hat,
wird nun in zwei weiteren Jahren auch sein Charakter geprüft,
und erst, wenn er in dieser Beziehung gleichfalls würdig erscheint, wird er förmlich in den Orden aufgenommen.« Der
Sektenkanon 6, 15–23 gibt nähere Angaben über die beiden
Noviziatsjahre: »Dann, wenn er kommt, sich vor die Vollmitglieder hinzustellen (nach dem Postulat), werden alle über
ihn befragt, und so, wie die Vollmitglieder über ihn Beschluß
fassen, wird er aufgenommen oder abgewiesen. Wenn er in den
›Rat der Gemeinde‹ aufgenommen wird, darf er die Reinheit
der Vollmitglieder noch nicht anrühren, bis daß sie seinen Verstand und seine Werke ein volles Jahr lang geprüft haben. Er
darf auch noch nicht Anteil haben am Vermögen der Vollmitglieder. Und, wenn er so ein Jahr inmitten der Gemeinde zugebracht haben wird, dann beraten die Vollmitglieder über ihn
entsprechend seinem Verstande und seinen Werken in der Tora.
Und wenn man über ihn Beschluß faßt, ihn nach dem Worte
der Priester und der Mehrheit der Männer ihres Bundes in die
Gemeinde aufzunehmen, dann übergibt man auch sein Vermögen und seine Arbeitskraft dem Manne, der der Aufseher
über die Arbeit der Vollmitglieder ist. Der schreibt es auf ein

Sonderkonto und gibt es noch nicht für die Vollmitglieder aus. Er selbst darf das Getränk der Vollmitglieder noch nicht berühren, bis daß er ein zweites volles Jahr inmitten der Männer der Gemeinde zugebracht hat. Und wenn er dieses zweite Jahr vollendet hat, dann prüft man ihn nach dem Worte der Vollmitglieder, und wenn über ihn beschlossen wird, ihn in die Gemeinde aufzunehmen, dann schreibt man ihn in der Ordnung seines Ranges inmitten seiner Brüder auf sowohl für die Tora und das Recht als auch für die Reinheit und für die Gütergemeinschaft. So gehört nun sein Rat und sein Rechtsspruch der Gemeinde an.«

Auffällig ist, daß von der »reinigenden Wasserweihe«, von der Josephus berichtet, in diesen Aufnahmebestimmungen nichts enthalten ist, daß aber sonst weitgehende Übereinstimmung herrscht. Andererseits aber ist aus dem Ausgrabungsbefund von Chirbet Qumran (vgl. V) bekannt, daß die Gemeinschaft auf Reinigung durch Wasser höchsten Wert gelegt und offensichtlich auch rituelle Bäder gekannt hat (vgl. VIII, 3, b).

Weiter berichtet Josephus a. a. O.: »Bevor er indes bei dem gemeinsamen Mahl erscheinen darf, muß er den Ordensangehörigen einen furchtbaren Eid schwören, daß er die Gottheit ehren, seine Pflichten gegen die Menschen erfüllen . . ., stets die Ungerechten hassen und den Gerechten beistehen, sowie daß er Treue gegen jedermann und besonders gegen die Obrigkeit üben wolle . . . Ferner muß er schwören, falls er selbst einmal zu befehlen habe, nie ob seiner Macht sich brüsten und weder in Kleidung noch in sonst einem Schmuck es seinen Untergebenen zuvortun zu wollen. Des weiteren verpflichtet er sich, stets die Wahrheit zu lieben und die Lüge zuschanden zu machen, seine Hände von Diebstahl und seine Seele von dem Makel unrechten Gewinns reinzuhalten, den Ordensbrüdern nichts zu verheimlichen, anderen dagegen keines ihrer Geheimnisse zu offenbaren, und sollte man ihn auch bis zum Tode martern; endlich, die Lehrsätze des Ordens niemand auf anderem Wege mitzuteilen, als er sie selbst kennengelernt, den Straßenraub zu verabscheuen, die Bücher der Sekte und die Namen der Engel geheimzuhalten.«

Im Sektenkanon 6, 20 ist zwar nicht expressis verbis von einem »gemeinsamen Mahl« die Rede, aber immerhin doch vom »Getränk der Vollmitglieder«, das der Novize noch nicht einmal im letzten Noviziatsjahr berühren darf. Trotzdem sind aber gemeinsame Mahlzeiten, die anscheinend rituellen Charakter gehabt haben, auch in den Qumrantexten belegt (vgl. VIII, 3, a) und auch aus dem Ausgrabungsbefund ergibt sich, daß die Qumran-Gemeinde einen großen gemeinschaftlichen Speiseraum hatte (vgl. V). Die Bestimmungen des Ordenseides — Verehrung Gottes, Hassen der Sünder und Beistand den Gerechten — finden sich sehr ähnlich formuliert auch im Sektenkanon 1, 2–4: »[. . . .] zu tun, was gut und recht vor Ihm ist, sowie Er durch Mose und alle Seine Diener, die Propheten, befohlen hatte, und zu lieben jedermann, den Er erwählt, und zu hassen jedermann, den Er verachtet.« Die strenge hierarchische Ordnung der Gemeinde, von der besonders der Sektenkanon Zeugnis (z. B. 5, 23) ablegt, kann als Parallele zur Nachricht des Josephus angesehen werden, daß die Essener den Ordensoberen Gehorsam leisten mußten. In diesem Sinn kann auch das Sekt.Kan. 8, 1 erwähnte Kommitee von 12 Laien und 3 Priestern genannt werden, die eine sehr wichtige Funktion in der Gemeinde einnahmen. Außerdem kannte die Gemeinschaft noch das Amt eines Aufsehers (z. B. Sekt.Kan. 6, 12, 20), eines Vorstehers (z. B. Sekt.-Kan. 6, 14) und eines Unterweisers (z. B. Sekt.Kan. 3, 13; 9, 12). Das Regelbuch (I, 24 f; II, 16) und die Kriegsrolle (II, 1, 7) kennen auch noch die sogenannten »Häupter der Väter der Gemeinde«. Gewisse Verwaltungsstellen waren Priestern vorbehalten und Priester und Leviten hatten ihre fest umgrenzten Funktionen. So heißt es z. B. Sekt.Kan. 9, 7: »Nur die Söhne Aharons herrschen über das Recht und das Vermögen.« Das Regelbuch (II, 14 f.) kennt außerdem noch Anführer von Tausendschaften, Hundertschaften, Fünfzigschaften, Zehnerschaften, Richter und Wächter. Nach Kriegsrolle 4, 1–5 dürften diese zumindest teilweise militärische Funktionen gehabt haben.

Von der trotz aller Ordenshierarchie herrschenden Gleichheit unter den Sektenmitgliedern, bei denen sich die Vorgesetzten durch keinerlei Kleidung und Schmuck auszeichneten, ist in den Qumrantexten bisher noch nicht die Rede gewesen, doch läßt sich eventuell zum Vergleich anführen, daß auf dem großen Ostfriedhof von Qumran nur Männerleichen ohne irgendwelchen Schmuck gefunden wurden (vgl. V).

So wie sich der Essenernovize nach Josephus verpflichten mußte, »seine Seele von dem Makel unrechten Gewinnes reinzuhalten«, heißt es auch Sekt.Kan. I, 11 f.: »Alle, die sich freiwillig zu seiner Wahrheit bekennen, müssen all ihr Wissen, ihre Kraft und ihr Vermögen in die Gemeinde Gottes bringen.« Auch Sekt.Kan. 6, 19 war anläßlich der Bestimmungen über die Aufnahme der Novizen von einer Vermögensübergabe die Rede und 10, 19 sagt der Beter: »Nach sündhaftem Vermögen habe ich kein Verlangen.« In diesen Zusammenhang gehört auch die Feststellung, daß mindestens im monastischen Teil der Gemeinde weitgehend Gütergemeinschaft geübt wurde. Josephus sagt dazu Bellum 2, 8, 3: »Es besteht nämlich die Vorschrift, daß jeder, der der Sekte beitreten will, sein Vermögen der Gesamtheit abtreten muß«; und Ant. 18, 1, 5 berichtet er, daß sie »vollkommene Gütergemeinschaft« praktiziert hätten. Das ist eine deutliche Parallele zu der oben zitierten Stelle Sekt.Kan. I, 11 f. Auch *Philo* berichtet sowohl in seiner Schrift Quod omnis probus liber sit Kap. 12 als auch in der »Apologetik der Juden« (Eusebius, praep. evang. 8, 11) von der essenischen Praxis der Gütergemeinschaft. Wie weit jedoch die vollkommene Gütergemeinschaft auch bei den verheirateten (und vielleicht auch bei manchen unverheirateten) Mitgliedern der Gemeinde ging, wissen wir nicht, da das Damaskusdokument Privatbesitz voraussetzt (z. B. 9, 10—16). Diese Schwierigkeit kann nicht dadurch überwunden werden, daß man eine Entwicklungsgeschichte der Gemeinde vom Privatbesitz zum Gemeinschaftsbesitz annimmt. Sicher aber ist, daß bereitwillig auf sich genommene Armut als Voraussetzung zu einem gottgefälligen Leben, ja sogar als Gnadenstand angesehen wurde (vgl. IX, 1, b).

So wie die Essener nach dem Bericht des Josephus den Ordensmitgliedern gegenüber aufgeschlossen, aber gegen alle übrigen Menschen streng verschwiegen sein mußten, heißt es Sekt.-

Kan. 4, 5 f. von den Werken der Gerechten: »Sich einschränken, zu wandeln in der Klugheit aller, und zu verbergen für die Wahrheit die geheimen Erkenntnisse.« Noch deutlicher heißt es 9, 17, daß man »den Rat der Tora inmitten der Sünder verbergen, diejenigen, die den rechten Weg wählen, aber Erkenntnis der Wahrheit und Recht der Gerechtigkeit lehren müsse«. Zur Verpflichtung der Essener zur Standhaftigkeit, »sollte man sie auch bis zum Tode martern«, gibt es eine Parallele in Sekt. Kan. 1, 16–18: »Alle, die in die Ordnung der Gemeinde eingehen, sollen vor Gott in den Bund treten, um alles zu tun, was Er befohlen hatte, und sich nicht von Ihm abzukehren aus Furcht, Angst, Not oder Drohung zur Zeit der Herrschaft Belials.« Unter den Büchern der Sekte, die Josephus erwähnte, werden wohl die in der Gemeinde verbreiteten Pseudepigraphen gemeint sein, in denen auch manche angelologischen Stücke enthalten sind.

Aus dieser ausführlichen Gegenüberstellung der Aufnahmebestimmungen in Qumran mit dem entsprechenden Bericht des Josephus über die Zulassung zum Essenismus kann der Leser wohl selbst schließen, daß man die Qumrangemeinschaft in den weiteren Kreisen essenistischer Gruppen einzuordnen hat.

b) Die Disziplinarordnung der Gemeinschaft

Laut Sekt. Kan. 2, 19 wurden die Bundesverpflichtungen anscheinend alljährlich im Rahmen einer feierlichen Zeremonie erneuert und den Mitgliedern nochmals ins Gedächtnis gerufen. Wer daher gegen sie verstieß, hatte mit verschiedenen, abgestuften Strafsanktionen zu rechnen, die Bußfristen im Umfang von 10 Tagen, 30 Tagen, 60 Tagen, 3 Monaten, 6 Monaten, einem und zwei Jahren und den gänzlichen Ausschluß vorsahen (Sekt. Kan. 6, 24–9, 2). Auch Josephus berichtet Bellum 2, 8, 8, daß schwere Sünder ausgeschlossen, manchmal aber aus Mitleid wieder aufgenommen würden.

c) Aus der Ordenspraxis

In seiner Jugendschrift Quod omnis probus liber sit Kap. 12 berichtet *Philo* über die Essener, daß sie als Philosophie nicht

Logik und Physik, sondern Ethik betrieben, und zwar im Anschluß an die von Gott geoffenbarten väterlichen Gesetze. »Diese studieren sie immer, besonders jedoch am Sabbat, den sie durch Arbeitsenthaltung und Versammlung an geweihter Stätte heiligen. Dort sitzen sie dem Alter nach und hören zu, wie einer aus den Büchern vorliest, ein anderer, besonders Kundiger, das Unverständliche deutet, indem er es als Symbol verstehen lehrt und den tieferen Sinn herausstellt.« Ähnlich heißt es in Sekt.-Kan. 6, 8 f.: »Dies ist die Sitzordnung für die Vollmitglieder, jedermann in seiner Ordnung. Zuerst sitzen die Priester, an zweiter Stelle die Ältesten, und der Rest des Volkes sitzt jedermann in seiner Ordnung.« Auf das Amt eines Schriftgelehrten scheint Sekt.Kan. 6, 6 f. hinzuweisen, wo geboten ist, daß in einer Gemeinschaft von mindestens zehn Mitgliedern auch ein Mann sein müsse, der immerwährend die Tora studiert. Daß die Gläubigen von Qumran die Bibel symbolhaft verstanden, geht aus dem Habakukkommentar und ähnlichen Schriften unzweideutig hervor.

Über die essenischen Zusammenkünfte heißt es bei Josephus, Bellum 2, 8, 5, »daß weder Geschrei noch sonstiger Lärm je ihr Haus entweiht, sondern ein jeder den anderen reden läßt, wie ihn die Reihe trifft«, und Bellum 2, 8, 9, »daß sie es für ehrenvoll halten, dem Alter und der Mehrheit Gehorsam zu erweisen« und »daß, wenn zehn von ihnen beisammensitzen, keiner gegen den Sinn der übrigen neun redet.« Damit kann Sekt.Kan. 6, 10 f. verglichen werden: »Nicht darf ein Mann in die Worte seines Bruders hineinreden, bevor dieser zu sprechen aufgehört hat. Auch soll er nicht sprechen, bevor die Reihe an ihn kommt, wie es vor ihm aufgeschrieben steht.«

Aus den angeführten Stellen Sekt. Kan. 6, 6 und Bellum 2, 8, 9 sowie aus Sekt.Kan. 6, 3 und Regelbuch 2, 22, wo geboten ist, daß die Regel für die gemeinsamen Mahlzeiten (vgl. VIII, 3, a) zutrifft, wenn zehn Mitglieder beisammen sind, dürfte hervorgehen, daß mindestens 10 Mitglieder für gemeinschaftliche religiöse Verrichtungen notwendig waren. Auch das heutige synagogale Judentum kennt die Vorschrift, daß ohne Minjan, d. h. zehn Männer, kein Gemeindegebet gesprochen werden kann. In

Sekt.-Kan. 10, 1—8 ist auch eine feststehende Gebetsordnung erhalten. Jeden Tag wurden Gebete gesprochen: »Am Anfang der Herrschaft des Lichtes (i. e. zur Terz), am Höhepunkt seines Umlaufes (i. e. zur Sext) und wenn es wieder zu seiner festgesetzten Stelle zurückkehrt (i. e. zur Non), am Anfang der Nachtwachen, wenn Er Seine Schatzkammern öffnet (i. e. am Abend) . . . . am Höhepunkt des Umlaufes der Nacht (i. e. um Mitternacht) und wenn sie wieder vor dem aufgehenden Licht zurückkehrt (i. e. am Morgen).« Entsprechend dem Tageslauf waren nach dem Schema Anfang-Mitte-Ende auch die monatlichen Gebete geregelt: »Am Anfang der Festzeiten für die Tage des Monats, auch wenn sie ihren Höhepunkt erreicht haben und wenn sie einer in den anderen übergehen.« Besondere Gebete wurden noch an den Festtagen gesprochen, und auch für die einzelnen Jahreszeiten galten besondere Gebetsbestimmungen.

Ferner enthielten die Statuten der Gemeinschaft folgende Hauptpunkte: Niemand darf in der Vollversammlung etwas gegen seinen Nächsten vorbringen, wenn er ihn nicht schon vorher vor Zeugen zurechtgewiesen hat. Die Mitglieder essen, beten und beraten sich gemeinsam. Ein Drittel der Nächte müssen sie wachen, beten und Schriftstudien betreiben. Daneben gab es noch eine Reihe konkreter einzelner Vorschriften, die einzeln anzuführen hier der Raum nicht erlaubt.

3. Die Lehren der Qumran-Essener

a) Das Gemeinschaftsmahl

Besondere Schwierigkeiten macht das Verständnis des essenistischen Gemeinschaftsmahles, das von manchen Forschern in nahen Zusammenhang mit dem christlichen Abendmahl gebracht wurde. Bellum 2, 8, 5 berichtet Josephus: »Nach der Reinigung begeben sie sich in ein besonderes Gebäude . . . und versammeln sich hier gereinigt . . . im Speisesaal. . . . Ehe das Mahl beginnt, spricht der Priester ein Gebet, und vor dem Gebet darf niemand etwas verzehren. Nach dem Mahle betet er wiederum.« Ein solcher Speisesaal mit benachbartem Geschirrabstellraum wurde in der Ruine von Qumran ausgegraben und es

ist sehr wahrscheinlich, daß der dort erkennbare, mit Steinfliesen gepflasterte Kreis den Platz des präsidierenden Priesters
bezeichnete (vgl. V). Auch Sekt.Kan. 6, 4–6 ist von einem
solchen Mahle die Rede: »Wenn sie sich zu Tisch setzen, um zu
essen oder um den Most zu trinken, soll der Priester zuerst seine
Hand ausstrecken, um zuerst Brot und Most zu segnen und zu
trinken.« Im Regelbuch, 2, 11–21 wird dasselbe Mahl – aber so
wie es in der messianischen Zeit unter dem Vorsitz des Priestermessias stattfinden soll – beschrieben. Nach Josephus (Bellum 2,
8, 7) darf nur ein Vollmitglied an den gemeinsamen Mahlzeiten
teilnehmen und nach Sekt.Kan. 6, 20 darf der Novize noch
nicht das Getränk der Vollmitglieder berühren. Bei der Grabung
in Qumran wurden an unüberdachten Plätzen Tierknochen-
ossuarien gefunden, die die Knochen von gekochten oder ge-
bratenen Tieren enthielten. Die Vermutung, daß es sich dabei
um die Knochen solcher Tiere handelt, über die vor dem Genuß
ihres Fleisches ein Segen gesprochen worden war und deren Reste
deshalb auch unter den sakralen Folgen dieses Segens standen,
liegt sehr nahe. Man bestattete sie daher in Ossuarien, da gehei-
ligte Knochen nicht achtlos weggeworfen werden konnten.

Dieser Tatbestand veranlaßte manche zu dem voreiligen
Schluß, im »Essenermahl« ein Vorbild der christlichen Eucharistie
zu erblicken. Eine solche Vermutung erscheint aber nach allem,
was aus den Texten herausgelesen werden kann, nicht gerechtfertigt. Hier scheinen zwar die Speisen gesegnet, in gewissem
Sinn sogar geheiligt worden zu sein, sie wurden aber nicht als
Zeichen der Stiftung des Neuen Bundes behandelt. Auch kann
dieser Segen nicht mit der Person des Messias oder mit der
Erinnerung an den Messias in Zusammenhang gestanden sein,
da man noch in der Erwartung des messianischen Ereignisses
war. Trotzdem aber darf man nicht außer acht lassen, daß dieses
Mahl arkanen Charakter hatte, da nicht einmal die Novizen
daran teilnehmen durften, und daß es nach einem streng ge-
regelten Zeremoniell eingenommen wurde. Man wird es daher
auch nicht nur als gewöhnliches, gemeinsam eingenommenes
Mahl mit Tischgebet bezeichnen können. Somit hatten zwar die
gemeinschaftlichen Mahlzeiten in den essenistischen Gemeinden

rituellen Charakter, aber keinen der christlichen Eucharistie
vergleichbaren sakralen Sinn. Allerdings ist es jedoch gut möglich, daß die frühchristliche Agape mit diesen Mahlzeiten in
einem religionsgeschichtlichen Zusammenhang steht. (Vgl. dazu
K. G. Kuhn, Über den ursprünglichen Sinn des Abendmahles
und sein Verhältnis zu den Gemeinschaftsmahlen der Sekten-
schrift. Evang. Theol. 10 [1950/51], 508–27; *J. van der Ploeg,*
The Meals of the Essenes, Journal of Semitic Studies 2 [1957],
163–165.)

In diesen Zusammenhang gehört vielleicht noch eine Sekt.-
Kan. 5, 16 f. erhaltene Vorschrift, daß es den Mitgliedern der
Gemeinschaft verboten war, Gastfreundschaft von Außenstehenden anzunehmen: »Nicht darf er aus ihrem Besitz etwas essen
oder trinken und gar nichts aus ihrer Hand annehmen, das er
nicht bezahlt hätte.« Der Grundgedanke für diese Vorschrift
dürfte wohl der sein, daß jeglicher Besitz, der nicht bewußt in
den Dienst der Gemeinschaft gestellt wurde, unrein ist und daher auch denjenigen unrein macht, der etwas davon annimmt.

b) Bäder und Waschungen

Josephus berichtet mehrfach, daß rituelle Waschungen in
essenischen Kreisen verbreitet waren. Bellum 2, 8, 5 heißt es, daß
sich die Eessener vor den gemeinsamen Mahlzeiten in kaltem
Wasser gewaschen hätten, gemäß 2, 8, 9 sollen sie sich auch nach
der Verrichtung der Notdurft gewaschen haben, »als ob sie sich
dadurch verunreinigt hätten«, und auch die älteren Mitglieder
sollen sich, wenn sie von den jüngeren berührt worden sind,
gewaschen haben, »wie wenn ein Ausländer sie verunreinigt
hätte« (Bellum 2, 8, 10). Auch aus dem Ausgrabungsbefund von
Chirbet Qumran ergibt sich, daß diese Gemeinde auf Waschungen besonderen Wert gelegt hatte (vgl. V). Im Damaskusdokument 10, 11 ist vorgeschrieben, daß das Reinigungswasser nicht
schmutzig sein darf und daß es nicht weniger sein darf, als daß
es einen Mann gänzlich bedeckt. Aus dem Sektenkanon aber
geht hervor, daß diese Waschungen nicht Selbstzweck waren,
sondern für sinnlos erachtet wurden, wenn sie nicht mit einer
echten Zuwendung zu Gott verbunden wurden, Sekt.-Kan. 3,

4–6: »Nicht kann (der Sünder) rein werden im Entsühnungs-
wasser und sich nicht in Seen und Flüssen heiligen, auch nicht
rein werden in jeder Art von Waschwasser. Vollkommen unrein
bleibt er, solange er die Gesetze Gottes verachtet und sich nicht
in Zucht nimmt in der Gemeinde Seines Rates«; 5, 13: »Nicht
darf (der Sünder) im Wasser die Reinheit der Männer der Heiligkeit anrühren, denn nicht wird man rein, außer wenn man
von seiner Bosheit umgekehrt ist.«

c) Verhältnis zum Opferkult

Das Verhältnis der essenistischen Gruppen zum Opferkult
war lange Zeit sehr unklar. Bei *Philo* quod omnis probus liber
sit, Kap. 12 heißt es, daß sich die Frömmigkeit der Essener nicht
in Tieropfern, sondern in reiner Gesinnung äußere, und Ant. 18,
1, 5 berichtet *Josephus* über die Essener: »Wenn sie Weihegeschenke an den Tempel schicken, bringen sie kein Opfer dar,
weil sie heiligere Reinigungsmittel zu besitzen vorgeben. Aus
diesem Grunde ist ihnen der Zutritt zum gemeinsamen Heiligtum nicht gestattet und sie verrichten demgemäß ihren Gottesdienst gesondert.« Diese Mitteilung besagt, wörtlich verstanden,
daß die Essener den Jerusalemer Kult immerhin so weit anerkannt hätten, daß sie Weihegeschenke an den Tempel schickten,
daß sie aber andererseits einen eigenen Gottesdienst gehabt
hätten. Letztere Feststellung ist bestimmt nicht in dem Sinne zu
verstehen, daß bei ihnen ein eigener Opferkult geübt worden
wäre, wie aus den Qumrantexten unzweideutig hervorgeht.

Dissidente Priester aus dem Hause Zadok dürften die Gemeinde gegründet haben, jedenfalls aber waren sie sicher ihr
hierarchisches Zentrum (vgl. VII). Somit scheint es von vornherein gegeben, daß die Gemeinde zum Jerusalemer Kult ein
fest umrissenes Verhältnis gehabt haben muß. Wie aus den
Qumrantexten hervorgeht, hatten sich die Qumran-Priester
vollkommen vom Jerusalemer Heiligtum distanziert, weil dieses von in ihren Augen unreinen Priestern betreut wurde, die die
Feste an falschen Tagen (vgl. VIII, 3, d) und ohne heiligmäßige
Gesinnung begingen, warteten aber darauf, bis sie in der eigentlichen Endzeit die Opfer wieder selbst darbringen könnten.

Eine deutliche Absage an den Jerusalemer Opferkult findet sich im Damaskusdokument 6, 12: »Alle, die in den Bund eingehen, dürfen nicht in das Heiligtum kommen, um dort sinnlos Seinen Altar anzuzünden.« Ähnlich heißt es Sekt.-Kan. 9, 3–5: »Wenn dies in Israel geschieht, entsprechend all diesen Verordnungen für das Fundament des Geistes der Heiligkeit, für die ewige Wahrheit, (so geschieht es), um den sündhaften Frevel und den sündigen Abfall zu entsühnen, und zum Wohlgefallen (Gottes) für das Land mehr als durch Opferfleisch und Opferfett. Hingegen aber ist das Opfer der Lippen (i. e. Gebet) für das Recht wie Wohlgefallen der Gerechtigkeit und die Vollkommenheit des Weges ist wie eine wohlgefällige Opfergabe.« Über den Kult der Endzeit im gereinigten Jerusalem heißt es Kriegsrolle 2, 5: »Diese sollen sich hinstellen über die Brandopfer und die Schlachtopfer, um einen wohlgefälligen Rauch zum Gefallen Gottes zu bereiten, um für Seine ganze Gemeinde zu entsühnen und das tägliche Opfer vor Ihm auf dem Altare der Herrlichkeit darzubringen.« Diesen Kult in der Endzeit dürfte wohl auch Damaskusdokument 11, 18–20 betreffen: »Nicht darf man Brandopfer, Speiseopfer, Weihrauch und Holz durch einen auch nur in einer Beziehung unreinen Mann schicken, um ihm so zu gestatten, den Altar zu verunreinigen.«

Somit ergibt sich als Gesamtergebnis, daß die Gemeinde zwar nicht prinzipiell opferablehnend war, sich aber von dem Jerusalemer Opfer vorübergehend, solange das Zeitalter Belials andauert, distanzierte. Dann aber wird sie selbst die priesterliche Gemeinde der Endzeit sein. (Vgl. dazu *Jean Carmignac*, L'Utilité ou Inutilité des Sacrifices Sanglants dans la Règle de la Communauté, Revue Biblique 63 [1956], 524–532.)

d) Das Kalender-Problem

Einer der wichtigsten Gründe dafür, daß die Qumranpriester die Opfer ihrer Jerusalemer Kollegen ablehnten, war die verschiedene Kalenderrechnung. Am Jerusalemer Tempel galt ein Mondkalender und für die Qumran-Essener ein Sonnenkalender. Somit hatten die einen Feiertag, wenn die anderen Wochentag hatten. Nach Jubiläen 6, 22–38 ist ein Jahr von

364 Tagen, d. h. 52 Wochen, als Gotteswille auf den himmlischen Tafeln aufgezeichnet, aber gegen diese gottgewollte Ordnung wird laut 6, 36—38 verstoßen werden: »Und es wird Leute geben, die den Mond genau beobachten; denn dieser verdirbt die Zeiten und geht von Jahr zu Jahr zehn Tage vor. Deswegen werden ihnen Jahre kommen, wo sie den Tag des Zeugnisses verderben und zu einem gewöhnlichen Tage machen und einen unreinen Tag zum Fest ... Deswegen gebiete ich dir und lege dir Zeugnis ab, damit du ihnen bezeugst; denn nach deinem Tode werden deine Kinder verderbt handeln, daß sie das Jahr nicht zu ausschließlich 364 Tagen halten, und deswegen werden sie Neumond und Zeit und Sabbat und Feste auflösen und alles Blut mit allem Fleische essen.« Dieselbe Kalenderrechnung findet sich auch Henoch 74, 10; 82, 6. Sowohl Jubiläen- als auch Henochtexte wurden in den Höhlen von Qumran gefunden (vgl. II, 3, b); auch ist im Damaskusdokument 16, 3 f. das Jubiläenbuch als Quelle zitiert. Es besteht somit kein Zweifel, daß dieser solare Kalender der Kalender der Qumran-Essener war, die großen Wert darauf legten, »die Zeiten nicht vorzuverlegen und sich bei allen Festzeiten nicht zu verspäten« (Sekt.Kan. 1, 14 f.). In diese Richtung weist auch Kriegsrolle 2, 1 f., wo die Anzahl der Väter der Gemeinde entsprechend der Anzahl der Wochen des Sonnenjahres mit 52 und die Anzahl der Häupter der Priesterwachen mit 26 angegeben wird. 26 ist die Hälfte von 52; jede Priesterwache soll also zweimal im Jahr je eine Woche an die Reihe kommen. Die Qumran-Essener glichen also die Anzahl der Priesterwachen ihrer Kalenderrechnung an, während 1. Chr. 24, 1—18; 25, 9—31 sowie der spätere Brauch (Ant. 7, 14, 7; Taʿaniṯ IV, 2; Taʿaniṯ 27 a, b) nur 24 Priesterwachen kennen.

Angesichts der sonst im Judentum üblichen Kalenderrechnung nach dem Monde erhebt sich die Frage, wie die Qumran-Essener zu einem Sonnenkalender gekommen sind und noch obendrein der Meinung sein konnten, daß dieser Kalender der ursprünglichere war. Einige beziehen die Notiz Daniel 7, 25 »Zeiten und Sitte zu ändern« darauf, daß unter Antiochus IV. der Mondkalender eingeführt worden sei, während vorher in der nachexilischen Kultgemeinde der Sonnenkalender üblich gewesen sein soll. Eine deutliche Schwäche dieser Annahme besteht aber darin, daß es nicht erklärbar ist, warum die Hellenisten auch nach den makkabäischen Siegen und nach der Wiedereinweihung des Tempels 164 v. Chr. noch so viel Einfluß und Macht besessen hätten, daß sie die Beibehaltung eines fremden Kalenders durchsetzen konnten. Wenn der Sonnenkalender für die nachexilische Gemeinde wirklich maßgebend gewesen wäre, würde man auch erwarten, daß in der Chronik genau so wie in der Kriegsrolle 26 statt 24 Priesterwachen genannt worden wären. Es ist somit zumindestens fraglich, ob der Sonnenkalender tatsächlich vor der Intervention von Antiochus IV. allgemein üblich gewesen ist.

e) Vorsehung und Prädestination

Nicht nur der Sonnenkalender ist auf den himmlischen Tafeln eingetragen, sondern auch das ganze Weltgeschehen bis zum letzten Gericht ist auf ihnen aufgezeichnet (z. B. Jubiläen 5, 13). Deutlich heißt es Henoch 81, 1. 2: »Er sagte zu mir: Henoch, betrachte die Schrift der himmlischen Tafeln, lies, was darauf geschrieben ist, und merke dir alles Einzelne. Ich betrachtete alles auf den himmlischen Tafeln . . . über alle Taten der Menschen und aller Kinder des Fleisches, die auf Erden bis zum letzten Gericht sein werden.« In diesem Sinn kann auch Sekt.-Kan. 3, 15 f. verstanden werden: »Vom Gott der Erkenntnisse stammt alles Seiende und Gewordene und, bevor die geschaffenen Dinge noch Sein erlangten, richtete Er alle ihre Ordnungen zurecht, und, wenn sie existent geworden sind, erfüllen sie ihr Tun zu ihren Bezeugungen gemäß dem Plane Seiner Majestät, woran es nichts zu ändern gibt.« Diese Vorherbestimmung reicht bis zum Ende der Welt. Nach Hab.Kom. 7, 13 f. werden »die Endzeiten Gottes ihrer Ordnung gemäß kommen, so wie Er es für sie in den Geheimnissen Seiner Klugheit (vorher) bestimmt hatte«. Auch die Kriegsrolle 1, 10 kennt den »Tag, den Er seit jeher für den Vernichtungskrieg gegen die Söhne der Finsternis bestimmt hat«. Es dürfte somit keinem Zweifel unterliegen, daß Gottes Vorsehung nach der Theologie der

Qumran-Essener das Weltgeschehen in all seinen Einzelheiten umfaßte. So spricht der Beter in der Hymnenrolle 1, 24: »Alles ist vor Dir in einer Gedächtnistafel für alle ewigen Zeiten und die Perioden der Anzahl der Jahre der Welt in all den für sie festgesetzten Zeiten eingegraben.«

Auch das menschliche Geschick wird weitgehend durch die göttliche Vorsehung bestimmt. Nach Josephus Ant. 13, 5, 9 lehren die Essener, »daß alles unter der Macht des Verhängnisses steht und bei den Menschen nichts vorkommt, das nicht vom Geschicke bestimmt ist.« In der Hymnenrolle 4, 29 f. heißt es, daß der Mensch »vom Mutterleib an in Sünde« ist und, wer den rechten Weg zu gehen imstande ist, von Gott für Seinen Bund erleuchtet wurde (4, 5). Daher nannten sich die Sektenmitglieder auch bene raṣon »Söhne des (göttlichen) Wohlgefallens« (4, 33 f.) oder beḥire raṣon »Erwählte des (göttlichen) Wohlgefallens« Sekt.Kan. 8, 6). Nur der von der erwählenden Gnade Gottes Getroffene, der auch das göttliche Gnadenangebot angenommen hat, gehört zu den Erwählten des Wohlgefallens, den homines Bonae Voluntatis. Besonders deutlich kommt die Verlorenheit des auf sich selbst allein vertrauenden Menschen und die Bedeutung der göttlichen Vorsehung in einem Hymnus zum Ausdruck (Hymnenrolle, 15, 12–20): »Ich habe erkannt in Deinem Verstande, daß nicht in der Hand des Fleisches [seine Pfade sind und nicht beim] Menschen selbst sein Weg und nicht kann der Mensch (von sich aus) recht machen seinen Schritt. Ich erkannte auch, daß in Deiner Hand der Trieb einer jeden Seele ist, [und all] sein [Tun] bestimmtest Du, bevor Du ihn geschaffen hast. Wie könnte da irgend jemand Deine Worte verändern? Nur Du hast den Gerechten [geschaffen] und vom Mutterleib an bestimmtest Du ihn für den ›Kairos des Wohlgefallens‹, sich in acht zu nehmen in Deinem Bunde und zu wandeln in allem, (was Du befohlen hast), und [reichlich] an ihrem Erbarmen [zu erweisen] in der Fülle Deiner Gnade und aufzutun alle Bedrängnis seiner Seele für das ewige Heil und den ewigen Frieden, wobei es keinen Mangel gibt. So hast Du seine Würde über das Fleisch erhoben. Auch die Frevler hast Du geschaffen für die [Endzeit] Deines [Zor]nes und vom Mutterleib an hast Du sie

für den Tag der Abrechnung bestimmt, denn sie wandelten auf
einem unguten Weg, verachteten Deinen Bund, verabscheuten
Deine [Wahrheit], hatten kein Gefallen an dem, was Du befohlen hast, und erwählten das, was Du hassest. Denn ent[spre-
chend den Geheimnissen] Deines [Verstandes] hast Du sie
bestimmt, an ihnen ein großes Gericht zu vollziehen.«

Ohne Zweifel reicht hier die deterministische Auffassung des
menschlichen Schicksals sehr weit. Den Gerechten wie den Sündern ist schon vom Mutterleib an von Gott ihr Schicksal bestimmt. Dennoch aber werden die Sünder für ihr frevelhaftes
Tun bestraft, weil sie sich willentlich vom Bunde Gottes entfernt
und erwählt haben, was Gott haßt. Die Guten wiederum, die
sich der Gemeinde des wahren Bundes zugehörig wissen, gehören einer Büßergemeinschaft an, deren Mitglieder »sich freiwillig bekennen, umzukehren von allem Übel und festzuhalten
an allem, was Er zu seinem Wohlgefallen befohlen hat« (Sekt.-
Kan. 5, 1), wofür sie auch von Gott belohnt werden. Die Vorherbestimmung Gottes schließt also Lohn und Strafe nicht aus.
Es bleibt somit noch die Frage offen, ob die Qumran-Essener an
eine absolute Prädestinationslehre glaubten. Sollte dies der Fall
gewesen sein, so wurde sie keineswegs konsequent durchgedacht.
Man hat vielmehr den Eindruck, daß für sie alles – auch die
Taten der einzelnen Menschen – im Wissen Gottes beschlossen
sind, daß aber dadurch der Mensch noch nicht absolut deter-
miniert ist, denn er hat die Möglichkeit, weiter zu sündigen oder
umzukehren. Wer aber bereits die Sündhaftigkeit verlassen und
sich Gott zugewandt hat, weiß auch, daß er dadurch zu den
von Anfang an Erwählten des göttlichen Wohlgefallens gehört.

f) Die Licht-Finsternis-Lehre, die Lehre von den beiden Geistern und die Angelologie der Gemeinschaft

Eng verbunden mit der Frage der göttlichen Vorsehung ist die
Licht-Finsternis-Lehre der Gemeinschaft. Für die gesamte Welt-
schöpfung ist Gott allein verantwortlich. So heißt es in dem
Hymnus, der den Sektenkanon abschließt (11, 11): »Durch
Seine Erkenntnis wurde alles, und alles, was ist, richtet Er ge-
mäß Seinem Plane zurecht. Außer durch Ihn geschieht nichts.«

Die Schöpfung selbst vollzieht sich aber, indem in ihr bis zum Ende der Welt die Kräfte des Lichtes und der Finsternis gleicher Weise wirksam sind, denn Gott »hat die Geister des Lichtes und der Finsternis geschaffen und gründete auf ihnen jegliches Werk« (Sekt.Kan. 3, 25). Auch im Menschen wirken diese beiden Geister »bis zur festgesetzten Zeit Seiner Heimsuchung« (Sekt.Kan. 3, 18; 4, 19) und »entsprechend dem Besitzanteil des Menschen an der Wahrheit und an der Gerechtigkeit haßt er das Unrecht und entsprechend seinem Erbteil am Lose des Unrechts tut er darin Böses und verabscheut die Wahrheit, denn zu gleichen Teilen teilte sie (d. h. die Geister des Rechts und des Unrechts) Gott zu bis zum festgesetzten Ende und (bis zur) neuen Schöpfung« (Sekt.Kan. 4, 24 f.). Wenn aber die »festgesetzte Zeit der Heimsuchung« Gottes gekommen sein wird, wird Er »dem Unrecht ein Ende setzen und . . . es auf ewig austilgen. Dann wird die Wahrheit auf der Erde für alle Zeiten aufsprossen, die sich unter der Herrschaft des Unrechts auf den Wegen des Frevels gewälzt hat, (dessen Dauer) bis zur festgesetzten Zeit des Gerichtes bestimmt ist« (Sekt.Kan. 4, 18–20). Die dualistische Lehre der Qumran-Essener hatte also einen eschatologischen Charakter.

Die Kräfte des Lichtes und der Finsternis sind gute und böse Engel, die von einem Fürsten der Lichter und einem Engel der Finsternis angeführt werden. So heißt es im Sektenkanon 3, 20 bis 24: »In der Hand des Fürsten der Lichter ist die Herrschaft über alle Söhne der Gerechtigkeit, (die daher auch) auf den Wegen des Lichtes wandeln, und in der Hand des Engels der Finsternis ist jegliche Herrschaft über die Söhne des Unrechts, die (daher auch) auf den Wegen der Finsternis wandeln. Der Engel der Finsternis verschuldet aber auch das Irren aller Söhne der Gerechtigkeit, und alle ihre Sündhaftigkeit, ihre Vergehen, ihre Schuld und ihre sündigen Werke stehen unter seiner Herrschaft entsprechend dem geheimen Ratschluß Gottes bis zu der von Ihm bestimmten Zeit des Endes. Und all ihre (d. h. der Söhne der Gerechtigkeit) Plagen und die festgesetzten Zeiten ihrer Bedrängnis stehen unter der Herrschaft seiner ›Anfechtung‹ und aller Geister seines Loses (deren Absicht es ist), die Söhne des Lichtes straucheln zu machen. Der Gott Israels aber und der Engel Seiner Wahrheit stehen allen Söhnen des Lichtes bei.«

Der Fürst der Lichter und der Engel der Finsternis führen in den Qumrantexten mehrere Namen. An der zitierten Stelle heißen sie auch »Engel Seiner Wahrheit« und Mastema, ein Ausdruck, der die personifizierte Anfechtung bezeichnen soll. In der Kriegsrolle 13, 10 heißt es, daß Gott seit jeher den Fürsten des Lichtes als Helfer für die Söhne des Lichtes bestimmt hatte, und Kriegsrolle 17, 6 wird anscheinend dieser Engel Michael genannt. Die böse Kraft heißt auch ganz einfach nur Belial. Die Zeit, in der sich die Gemeinschaft gebildet hatte, wird daher als »Herrschaft Belials« (z. B. Sekt. Kan. 1, 18) empfunden, die mit dem Sieg der Kräfte des Lichtes zu Ende sein wird. In der Kriegsrolle 17, 5 f. wird der Engel der Finsternis somit auch noch als »Fürst über die Herrschaft des Frevels« bezeichnet.

Außer diesen beiden Anführern kannte die Gemeinschaft ihnen untergeordnete Engel. In der Hymnenrolle 13, 8 ist von einer »Heerschar der göttlichen Geister« die Rede und 10, 8 heißt es von Gott: »Siehe, Du bist der Fürst der Göttlichen, der König der Würdigen, und der Herr über jeden Geist.« Unter den Begriffen »Göttliche« und »Würdige« sind hier eindeutig Engel gemeint. Auch sonst kennt die Hymnenrolle noch andere Umschreibungen für den Begriff Engel wie z. B. Engel des Angesichtes, Geister der Heiligkeit, Geister der Erkenntnis, Himmelssöhne, Göttersöhne, Helden der Kraft, Helden des Wunders und Himmelsrecken. Die auferstandenen Mitglieder der Sekte werden nach der Auffassung der Hymnenrolle in die Gemeinschaft der Engel aufgenommen. So heißt es 11, 10—13: »Um Deiner Herrlichkeit willen reinigtest Du den Menschen von Sünde, sich Dir zu heiligen von allem unreinen Greuel und sündhaftem Abfall, in Gemeinschaft zu sein mit den Söhnen Deiner Wahrheit und im Losanteil mit Deinen Heiligen, zu erheben vom Staub und Gewürm die Toten zum ewigen Reich und vom verkehrten Sinn zu Deinem Verstand, und sich hinzustellen vor Dich mit der ewigen Heerschar und den Geistern der Erkenntnis.« Aber nicht erst die Toten, sondern auch schon zu Lebzeiten haben die Mitglieder der Gemeinde Gemeinschaft mit

den guten Engeln. So heißt es in der Hymnenrolle 3, 21—23:
»Ich habe erkannt, daß es eine Hoffnung gibt für den, den Du
aus Staub gebildet, für das ewige Reich, und von großer Sünde
reinigtest Du den verkehrten Sinn, sich hinzustellen gemeinsam
mit der Heerschar der Heiligen und in Gemeinschaft zu kommen
mit der Gemeinde der Himmelssöhne. So bestimmtest Du dem
Manne das Los der Ewigkeit, mit den Geistern der Erkenntnis
im gemeinsamen Lobgesang Deinen Namen zu preisen und
Deine Wundertaten vor all Deinen Werken zu verkünden.« Die
Sektenmitglieder nehmen also gemäß ihrer Auffassung an der
himmlischen Liturgie teil. Ihr Gottesdienst und ihr Gebet dürfte
daher für sie nichts anderes gewesen sein als ein Teil dieser
Liturgie. Die Verbindung mit den Engeln erachteten die Sektenmitglieder für dermaßen eng, daß gemäß Regelbuch 2, 3—9 nur
levitisch reine Menschen an den Gemeindeversammlungen teilnehmen durften, »da die Engel der Heiligkeit in ihrer Gemeinde
sind«.

Diese enge Verbindung der Gemeinde mit den Engeln in der
Theologie der Qumran-Essener hatte natürlich auch zur Folge,
daß für sie nicht nur ihre Gemeinde selbst (vgl. IX, 2, a), sondern
auch die Engel am eschatologischen Ereignis teilnehmen. Beide
sind Werkzeuge der Rache Gottes. So heißt es in der Kriegsrolle
1, 10 f., daß an dem Tage, den Gott seit jeher für den Vernichtungskrieg gegen die Söhne der Finsternis bestimmte, »die Gemeinde der Göttlichen und die Gemeinschaft der Menschen zur
großen Verfolgungsschlacht antreten werden«. Noch deutlicher
heißt es Kriegsrolle 7, 6, daß nur levitisch reine Männer am letzten Krieg teilnehmen dürfen, »weil die Engel der Heiligkeit mit
ihren Heeren gemeinsam sind«; und 12, 7—9 preist der Beter
Gott dafür, daß Gott selbst mit Seiner himmlischen Heerschar
beim Endkampf der Gemeinde beistehen werde. Auch in der
Hymnenrolle 3, 35 f. wird dieser Engelskampf des Endes der
Tage geschildert: »Die Heerschar des Himmels erhebt ihre
Stimme und es wanken und beben die Pfeiler der Welt. Der
Krieg der Himmelsrecken breitet sich aus über die Welt und
hört nicht auf bis zu dem für ewig beschlossenen Ende. — Nichts
ist dem gleich!«

Sehr ähnliche angelologische Auffassungen sind auch in den zum Qumran-Bereich gehörigen Pseudepigraphen belegt. So heißt es z. B. im Testamentum Levi Kap. 3, daß im zweiten Himmel »alle Geister der Vergeltung zur Rache an den Menschen« sind, während der dritte Himmel jene Heerscharen beherbergt, »die am Tage des Gerichts die Rache an den Geistern des Irrtums und an Belial nehmen sollen«. Das fünfte Kapitel des Jubiläenbuches und noch deutlicher der angelologische Teil des Henochbuches führen die Sündhaftigkeit der Welt auf die bösen Geister zurück, die beim letzten Gericht unter Teilnahme der guten Engel vertilgt werden sollen. Hen. 6 handelt vom Fall der bösen Engel, Kap. 7 und 8 schildern, wie diese die Erde verderben und Kap. 9 erheben Michael, Uriel, Raphael und Gabriel Klage vor Gott über das Geschehene und weisen dabei auf Gottes umfassendes Vorauswissen hin, denn »Du weißt alles, bevor es geschieht. Du siehst dies und läßt sie gewähren. Du sagst uns nicht, was wir deswegen zu tun haben« (9,11). Kap. 10 schildert, wie Uriel mit der Verkündigung der Sintflut an Noah betraut wird und wie Raphael, Gabriel und Michael mit der Vernichtung der gefallenen Engel beauftragt werden. Anschließend folgt noch ein eschatologischer Ausblick. In Kap. 15, 8–12 werden die bösen Geister mit den Riesen gleichgesetzt, die von gefallenen Engeln und Menschentöchtern gemeinsam gezeugt wurden (Gen. 6, 2. 4; Hen. 7, 2; 15, 3; Jub. 5, 1) und 16, 1 heißt es, daß diese verderblich wirken werden, »bis zum Tag des großen Endgerichts, wo die Welt für die Wächter (i. e. Engel) und die Gottlosen völlig zu Ende gehen wird«.

In diesen Zusammenhang dürfte auch die kurze Mitteilung des Josephus (Bellum 2, 8, 7) gehören, daß die Essener die Namen der Engel geheim hielten.

g) Der Geist im Menschen

Das Wort ruaḥ, »Geist«, ist in den Qumrantexten oft nur sehr schwer zu übersetzen, weil es einerseits den Geist im Menschen, seine Geistesrichtung, seine seelische Veranlagung, und andererseits eine geistige Kraft außerhalb des Menschen, die ihn beeinflußt, bedeuten kann oder gar beide Bedeutungen gemeinsam hat. Sekt.Kan. 3, 18 heißt es, daß Gott dem Menschen »zwei Geister gegeben hätte, um mit ihnen bis zur festgesetzten Zeit Seiner Heimsuchung zu wandeln«, und 4, 23 wird behauptet: »Bis hierher streiten die Geister des Rechts und des Unrechts im Herzen des Mannes.« In der Hymnenrolle 15, 13 kann man ruaḥ nicht anders als durch »Seele« wiedergeben: »Ich habe erkannt, daß in Deiner Hand der Trieb einer jeden Seele ist.« In der Kriegsrolle 14, 7 bedeutet ruaḥ sogar nur die seelische Bereitschaft, den Willen. Wenn sich die Sektenmitglieder selbst hier ʾanwe ruaḥ, »Arme im Geiste« nennen, so meinen sie damit, daß sie die Bereitschaft zur Armut besitzen. So wie in der Hymnenrolle 3, 22 die »Geister der Erkenntnis« genannt werden, ist Sekt.Kan. 4, 4 der »Geist der Erkenntnis« eine menschliche Tugend. Sekt.Kan. 3, 18 f. und 4, 23 werden »Geister der Wahrheit und des Unrechts« genannt und Sekt.Kan. 4, 21 wird »der Geist der Wahrheit« als eine menschliche, von Gott gegebene Qualität geschildert. Die Geister, die im Kosmos wirken, wirken somit auch im Menschen. Der Mensch wird aber nicht nur von den Geistern bestimmt, sondern sein eigener Geist ist ihm auch untertan. Zwischen beiden besteht eine Wechselbeziehung. Hier erhebt sich dieselbe Frage, die schon im Abschnitt über Vorsehung und Prädestination (VIII, 3, e) gestellt wurde, wie weit die göttliche Beeinflussung des Menschen geht und wo die Grenzen des menschlichen Willens sind. Da der Mensch in gewisser Hinsicht selbst ein Geistwesen ist, ist er auch den Geistern nicht völlig unterworfen. Er kann auch zur Rechenschaft dafür gezogen werden, ob er dem guten oder dem bösen Geist in seiner Seele Raum gegeben hat. (*Friedrich Nötscher,* Geist und Geister in den Texten von Qumran, Mélanges Bibliques rédigés en l'Honneur de André Robert, 1957, 305–315.)

h) Erkenntnis, Geheimlehren, Gnosis und Apokalyptik

Sekt.Kan. 3, 15 wird die ganze Weltschöpfung auf den »Gott der Erkenntnisse« bezogen, der sie noch vor dem eigentlichen Schöpfungsakt selbst in seinem Denken geplant hatte. Diese Schöpfungsordnung aber ist dem Sein immanent, »woran es nichts zu ändern gibt« (3, 16). Daß hier wie später bei *Philo,* vor allem im Baumeistergleichnis zu Beginn seines Werkes über die Weltschöpfung, und in einer auf R. Hoschaja den Großen zurückgehenden Aggada im Midrasch Genesis rabba Par. 1 der Einfluß platonisch-stoischer Popularphilosophie wirksam ist, liegt klar auf der Hand. Die göttliche Schöpfungsordnung selbst ist den gewöhnlichen sündigen Menschen verschlossen, doch teilte Er sie denen mit, die Er für Seinen Bund erwählt hat. Diese Erkenntnisse sind geheimer Arkanbesitz der Gemeinde, in der Hymnenrolle werden sie raze pele', »wunderbare Geheimnisse« genannt. Nachdem er Gottes Schöpfungstat gepriesen hat, bekennt der Verfasser der Hymnenrolle 1, 21: »Dies habe ich erkannt aus Deinem Verstande, denn Du hast mein Ohr für die wunderbaren Geheimnisse geöffnet.« Von sich aus ist der Mensch vollkommen außerstande, diese göttlichen Geheimnisse zu verstehen: »Niemand kann Deine Gesetze begreifen und niemand in Deine Geheimnisse schauen. Was ist schon der Mensch – Staub ist er, aus Staub ist er geknetet und zum Staube kehrt er zurück, daß Du ihn solch wunderbare Dinge verstehen und das Geheimnis Deiner Wahrheit wissen läßt« (Hymnenrolle 10, 2–5). Wenn der Verfasser der Hymnenrolle auch selbstbewußt ausrufen kann, »Durch mich hast Du das Antlitz vieler erleuchtet«, so muß er dennoch im selben Atemzug demütig bekennen: »denn Du ließest mich wissen Deine wunderbaren Geheimnisse« (4,27).

Die Erkenntnis, deren die Mitglieder der Gemeinschaft gewürdigt werden, erhebt sie nicht nur über die übrigen Menschen, sondern verbindet sie auch mit den Engeln (vgl. VIII, 3, f.). So heißt es in Sekt.Kan. 11, 3–8: »Denn aus dem Urquell Seiner Erkenntnis tat Er mein Licht auf und auf Seine Wunderwerke blickte mein Auge . . . und aus dem Urquell Seiner Gerechtigkeit (stammen) die Satzungen des Lichts in meinem Herzen, auf Grund Seiner wunderbaren Geheimnisse blickte mein Auge auf das ewige Sein: eine Heilserkenntnis, die vor dem Manne der Erkenntnis verborgen ist, und kluge Einsicht (die verborgen ist) vor den Menschenkindern, den Urquell der Gerechtigkeit, die Ansammlung der Stärke und den Ort der Herrlichkeit (kabod). Von der Gruppe des Fleisches gab Gott denen, die Er erwählt hatte, diese (Erkenntnisse) zum ewigen Besitz und ließ sie teilhaben am Lose der Heiligen, und mit den Himmelssöhnen verband Er ihre Gemeinschaft zum Rate der Gemeinde.« Auf die Erkenntnis wird hier ein noch größerer Nachdruck gelegt als in der Weisheitsliteratur des Alten Testaments. Erkenntnis in diesem Sinn bedeutet für die Mitglieder der Qumran-Gemeinschaft insofern eine Heilstatsache, als sie außerhalb der Gruppe niemandem zuteil werden kann. Nur derjenige ist zu einer solchen Erkenntnis fähig, den Gott für seinen Bund erleutet hat (Hymnenrolle 4, 5).

Zusammenfassend kann also gesagt werden, daß die als Heilsbesitz der Gemeinde geltende Erkenntnis im Wissen um Gottes Schöpfungswerk und Seine Vorsehung besteht und daß die Sektenmitglieder, die dieses Wissen haben, mit den Engeln gemeinsam eine Gemeinschaft bilden.Gegenstand dieser besonderen Einsicht ist u. a. der Ort der Herrlichkeit (kabod) Gottes. Die Sekte kannte also esoterische Geheimlehren, die sehr stark an ähnliche Lehren erinnern, die später auch aus der rabbinischen Literatur bekannt sind. Schon in der Mischna Chagiga II heißt es: »Man darf Inzestgesetze nicht vor dreien, Schöpfungsgeheimnisse vor zweien und kosmische Schöpfungsgeheimnisse (ma'aśe merkaba) vor einem einzigen vortragen, außer er ist weise und wissend aus seiner eigenen Erkenntnis. . . . Jeder der vor der Herrlichkeit (kabod) seines Schöpfers nicht den gehörigen Respekt hat, für den wäre es besser, wenn er nicht geboren worden wäre.« Wie aus einem Vergleich von Tossephta Chagiga II, 1 mit Chagiga 14 b (bar) hervorgeht, können die Begriffe kabod und ma'aśe merkaba synonym gebraucht werden. Die Herrlichkeit des Schöpfers bedeutet also etwa dasselbe wie »kosmische Schöpfungsgeheimnisse«. Wenn es an der zitierten Stelle der Hymnenrolle von Qumran heißt, daß die Mitglieder der Gemeinschaft den Urquell der Gerechtigkeit, die Ansammlung an Stärke und den Ort der Herrlichkeit (kabod) zu sehen bekommen, so dürfte dies wohl einen ähnlichen Sinn haben.

Die Sphäre der Herrlichkeit Gottes dachten sich die rabbinischen Mystiker von Engeln bevölkert, die die unbefugten Eindringlinge wieder zurückweisen sollten. So heißt es Chagiga

15 b: »Selbst den Rabbi Akiba wollten die Dienstengel hinaustreiben. Da sagte zu ihnen der Heilige, gepriesen sei Er: Lasset diesen Greis, denn er ist würdig, sich meiner Herrlichkeit (kabod) zu bedienen.« Wenn sich die Qumranleute, die den Ort der kabod zu schauen glaubten, in einer Gemeinschaft mit den Engeln dachten, so dürfte wohl auch hier eine sehr ähnliche Auffassung dafür verantwortlich gewesen sein. Der angelologische Teil des äthiopischen Henochbuches, der in besonders nahem Kontakt mit den entsprechenden Lehren der Qumran-Essener steht, enthält in Kap. 14 den Bericht von der Himmelfahrt des Henoch, der in mancher Hinsicht als literarisches Vorbild für ähnliche Aufstiegsschilderungen aus späterer Zeit (etwa Mitte des ersten Jahrtausends n. Chr.) aus Kreisen rabbinischer Mystiker gewertet werden kann. Auch die Lehre von den Gegensatzpaaren des Sektenkanons (4, 16. 25) war den späteren rabbinischen Mystikern bekannt. So wie es im Sektenkanon heißt, daß die Menschen zu gleichen Teilen Potentialität im Guten wie im Bösen haben, heißt es Chagiga 15 a in einem Gespräch zwischen Acher und Rabbi Meir: »Zu allem, was der Heilige, gepriesen sei Er, geschaffen hat, machte Er auch ein Gegenstück . . . Er schuf Fromme und Gottlose, Er schuf das Paradies und die Hölle. Jeder hat zwei Anteile, einen im Paradies und einen in der Hölle. Der Fromme, der sich verdient gemacht hat, erhält seinen und seines Nächsten Anteil im Paradies; der Gottlose, der sich schuldig gemacht hat, erhält seinen und seines Nächsten Anteil in der Hölle.« Auch in einer späteren jüdisch-mystischen Schrift, dem Buche Jeṣira (um 500 n. Chr.), ist dieselbe Auffassung belegt. In der Höhle 4 sollen außerdem noch Fragmente eines esoterischen Werkes und einer himmlischen Liturgie gefunden worden sein, die Beziehungen zur Merkaba-Literatur aufweist (vgl. I, 3, a, β).

Es scheint somit unabweisbar, daß die Geheimlehren der Qumranleute mit den seit der Zeit Jochanan ben Zakkais, der ein Zeitgenosse der Zerstörung des Tempels im Jahre 70 n. Chr. war, in rabbinischen Kreisen belegten esoterischen Lehren in Zusammenhang zu bringen sind, und es bleibt nur mehr die Frage offen, ob man beide Lehren als jüdische Gnosis bezeichnen soll. Eine solche Bezeichnung ist nur dann gerechtfertigt, wenn das religionshistorische Phänomen der heidnischen und heidenchristlichen Gnosis mit dieser Erscheinung der jüdischen Religionsgeschichte in einen historischen und psychologischen Zusammenhang zu bringen ist. Sonst wäre es nur ein Streit um Worte und Begriffe. Die dargestellten jüdischen esoterischen Lehren kennen nicht wie die heidnische Gnosis einen guten transzendenten Gott und einen bösen Weltschöpfergott, denn die ganze Weltschöpfung, nicht nur die Geister des Lichtes, sondern auch die der Finsternis, gehen auf den einen und einzigen Schöpfergott zurück. Auch kennen weder die Qumrantexte noch die rabbinischen Merkaba-Spekulationen die Vorstellung eines göttlichen Lichtfunkens, der aus der Weltsphäre befreit werden müßte, wenn auch in späteren kabbalistischen Lehren diese Idee nicht gänzlich unbekannt ist. Trotzdem aber scheint mir ein sehr enger Kontakt zwischen den zitierten jüdischen Geheimlehren und der Gnosis zu bestehen. Nicht nur, daß für beide *Erkenntnis* ein Heilsbesitz ist, daß auch die rabbinischen Merkaba-Mystiker den Aufstieg der Seele durch die sieben Himmel kennen und daß sie sich die himmlische Welt, wie die heidnischen Gnostiker das Pleroma von den Archonten, von Schaden stiftenden Engeln bevölkert dachten, sondern auch beide hatten ein durchaus negatives Verhältnis zum gegenwärtigen Weltzustand.

Schon öfters wurde ein Zusammenhang zwischen Gnosis und Apokalyptik vermutet. Die Qumrantexte haben diese Vermutung noch wesentlich verstärkt. Beide sind Ausdruck eines durchaus ähnlichen Weltgefühls. Der Gnostiker, der an der Welt verzweifelt, will über die Welt hinaus in die Sphäre der göttlichen Transzendenz, er will gleichsam aus der Geschichte flüchten, in der er keinen Sinn mehr finden kann. Der Apokalyptiker hingegen hat die Offenbarung, daß die Welt gut geschaffen wurde. Er kann nicht Gott allein für seine eigenen Mängel verantwortlich machen. Aber auch er steht zur konkreten Welt und zur konkreten Geschichte wie der Gnostiker, nur bleibt er im ganzen geschichtsverbunden und weltverbunden, die er beide in der jetzigen Form aufgehoben und neu-

geschaffen wissen will, er erstrebt die neue Welt und den neuen
Äon. Während der Gnostiker aus der Welt flüchten will, sucht
der Apokalyptiker mit der Welt den gegenwärtigen Zustand
zu verlassen. Die Apokalyptik ist somit der jüdische Ausweg
aus der gnostischen Anfechtung und daher aufs engste mit der
Gnosis verbunden. Nun aber geht aus den Qumrantexten
unzweifelhaft hervor, daß die Gemeinde in einer akuten Endzeiterwartung gelebt hatte (vgl. IX, 2). In einer Reihe von apokalyptischen Schriften, wie z. B. der Abrahamsapokalypse, die
wie die Qumrantexte auf essenistischen Ursprung zurückgehen
dürfte, wie auch schon bei der Apokalypse in Daniel Kap. 7 ist
die Schau der himmlischen Sphäre mit einer eschatologischen
Einsicht in den göttlichen Schöpfungsplan bis zum Ende der
Welt verbunden. Der Zweck der apokalyptischen Offenbarung
ist auch sonst zumeist ein akut-eschatologischer, auch wenn sie
nicht mit einer Einsicht in die himmlische Sphäre in Verbindung
gebracht wird. Auch die Licht-Finsternis-Spekulationen der
Qumranleute selbst hatten eine solche endzeitliche Spitze. Dies
wird besonders deutlich aus Sekt.Kan. 4, 18 f., einer Stelle, die in
dem Abschnitt über die beiden Geister und ihr Wirken in der
Welt und im Menschen enthalten ist: »Gott aber wird im geheimen Ratschluß Seines Verstandes und in der Weisheit Seiner
Herrlichkeit dem Unrecht ein Ende setzen, und zur festgesetzten
Zeit der Heimsuchung wird Er es für immer austilgen. Dann
wird für alle Zeiten die Wahrheit auf der Erde aufsprossen.«
Akute Endzeiterwartung und Tendenz zu mystischen Spekulationen gehen also im Judentum oft Hand in Hand. In diesem
Sinne ist es auch auffällig, daß es mitunter dieselben tannaitischen
rabbinischen Lehrer waren, von denen akut eschatologische Aussagen überliefert sind, die sich auch mit Merkaba-Mystik be-
schäftigen. Wenn sich auch schon Jochanan ben Zakkai, der, wenn
überhaupt, nur sehr schwache akut-messianische Hoffnungen
hatte, mit Merkaba-Mystik beschäftigt hatte, so war diese dennoch besonders im Kreise um Rabbi Akiba verbreitet (vgl. Chagiga 14b), also in einer Generation, deren akute messianische
Naherwartung zum Bar-Kochba-Aufstand (132–135) geführt
hatte. Auch in den späteren Hekalot-Traktaten, die etwa aus der

Zeit vom vierten bis siebenten Jahrhundert n. Chr. stammen, wird die Erkenntnis der Merkaba-Sphäre mit verschiedenen Darstellungen des Weltendes und messianischen Berechnungen verbunden. So heißt es z. B. in Hekaloṭ rabbati 16,5: »Wann wird er die himmlische Majestät sehen? Wann wird er die Endzeit der Erlösung hören? Wann wird er sehen, was ein Auge noch nicht gesehen hat? Wann wird er aufsteigen und es dem Samen Abrahams künden?«

Apokalyptik als Einsicht in die göttliche Sphäre, und Apokalyptik als Ausdrucksform akut-eschatologischen Denkens sind also beide sowohl aus dem weiteren Raum des Essenismus wie später aus den Kreisen der Rabbinen belegt. Wenn man bedenkt, daß sich weder die Apokalyptiker noch die Gnostiker in der gegenwärtigen Welt geborgen fühlten, daß Gnosis wie Apokalyptik eine Antwort auf die damit verbundenen menschlichen Fragen geben wollen und daß die jüdischen mystischen Spekulationen etliche Motivähnlichkeiten mit denen der heidnischen Gnosis aufweisen, so wird man diese jüdische Mystik nicht nur als jüdische Heterodoxie, sondern auch als jüdische Gnosis bezeichnen müssen. Durch die nähere Bezeichnung als jüdische Gnosis wird sie von der heidnischen ohnehin hinlänglich unterschieden, der gemeinsame Deckbegriff Gnosis soll aber die religionsgeschichtliche Zusammengehörigkeit der beiden Phänomene kennzeichnen. Man wird also nicht fehlgehen, in manchen Stellen der Qumrantexte die Ansatzpunkte für die jüdische Gnosis zu erblicken. Von großer Bedeutung ist in diesem Zusammenhang, daß eine der gnostischen Schriften von Chenoboskion, der sogenannte »Traktat über die drei Naturen«, der eine systematische Darlegung der valentinianischen Gnosis okzidentaler Färbung gibt, Angaben über jüdisch-palästinensische Traditionen enthält, die augenscheinlich dem Sektenkanon von Qumran entnommen sind. Es heißt dort, daß gemäß diesen Lehren das Wirken Gottes zweifach und der Ursprung von Gut und Böse sei und daß Gott die Schöpfung durch seine Engel vollbringe. Damit kann verglichen werden Sekt.Kan. 3,25: »Er hat die Geister des Lichtes und der Finsternis geschaffen und gründete auf ihnen jegliches Werk.«

Den antiken Nachrichten über die Essener sind zwar keine direkten Parallelen zu den eben geschilderten Phänomenen zu entnehmen, doch enthalten sie manche Hinweise, die im dargestellten Sinn verstanden werden können. So berichtet z. B. *Philo* in Kap. 12 seiner Schrift quod omnis probus liber sit, daß sich die Essener zwar nicht mit formaler Logik beschäftigten, doch mit jener philosophischen Disziplin, deren Gegenstand die Existenz Gottes und die Erschaffung des Universums ist. Möglicherweise gehört auch eine kurze Notiz des *Josephus* Bellum 2, 8, 7 hierher, daß die Essener die Bücher der Sekte und die Namen der Engel geheim hielten. Eine andere Mitteilung, Bellum 2, 8, 6, daß sie aus ihren Schriften Wurzeln zur Bannung von Krankheiten und die Eigenschaften der Steine kennen lernen wollten, hat wohl mit diesen mystisch-gnostischen Lehren direkt nichts zu tun, sie beweist aber, daß in essenischen Kreisen mancherlei geheime Lehren verbreitet waren. Ant. 13, 11, 2; 15, 10, 5; 17, 13, 3 berichtet Josephus, daß gewisse Essener die Gabe der Prophetie und der Traumdeutung besessen hätten. Dies weist in die Richtung der oben geschilderten Zusammenhänge, da sich die Mitglieder der Qumrangemeinde rühmen, Einblick in die wunderbaren Geheimnisse Gottes zu besitzen.

4. Unterschiede zwischen den antiken Nachrichten über den Essenismus und den Qumrantexten

Schon in der Einleitung zu diesem Kapitel wurde auf einige Unterschiede hingewiesen, die weitgehend daraus zu erklären sind, daß Philo und Josephus für ein hellenistisches Leserpublikum schrieben, dem sie einige Lehren mundgerecht machen, andere sogar vorenthalten mußten. Daß vor allem Philo — auch in seinen anderen Schriften — durch die Methode der Allegorie auf solche Weise vorging, ist allgemein bekannt. Auch das Werk des Josephus hat einen apologetischen Charakter, demzuliebe er gezwungen war, alle jene Seiten in der Schilderung des Essenismus zu unterdrücken, die auf Griechen und Römer wenig vorteilhaft gewirkt hätten. Man wird daher ein für alle-

mal aufhören müssen, die Essener ausschließlich durch die hel-
lenisierende Brille dieser beiden Autoren zu betrachten und
diese beiden Schilderungen, weil sie sehr viel Richtiges enthalten,
auch in anderen Punkten als Standard und Norm zu nehmen.
So fehlen bei Philo und Josephus so gut wie vollständig jene
Lehren über Bundestheologie und Endzeit, die im nächsten
Kapitel behandelt werden, oder sie mußten sich eine arge Um-
deutung gefallen lassen. Daher darf man getrost in allen jenen
Punkten die Berichte des Philo und Josephus aus dem Qumran-
material ergänzen, wo diese von ihrem Standpunkt aus guten
Grund hatten, darüber zu schweigen. Wo aber auch noch andere
Diskrepanzen – vor allem in organisatorischen und kultischen
Details – bestehen, bedürfen sie eingehendster Untersuchung
und sorgsamster Beachtung.

Zu den erstgenannten Eigenheiten der Qumrantexte gehört
auch die Person des in einigen Handschriften erwähnten Lehrers der Gerechtigkeit, der allem Anschein nach nicht der Grün-
der aller essenistischen Gemeinschaften zusammen war, wohl
aber die Qumrangruppe gegründet haben dürfte (vgl. VIII).
Zu seiner Zeit war, wie aus dem Habakukkommentar hervorgeht, die messianische Naherwartung auf ihrem Höhepunkt,
und damit verbunden hoffte die Gemeinde auf einen endzeitlichen Rachekrieg gegen die Gottesfeinde, zu denen nach ihrer
Meinung nicht nur die sündigen Israeliten, sondern auch alle
Heiden zählten (vgl. IX, 2, a). Das Erscheinen des Lehrers der
Gerechtigkeit hatte noch ein starkes Anwachsen dieser Hoffnungen und Gefühle zur Folge gehabt. Wie hätten nun Josephus
Flavius oder Philo eine solche Persönlichkeit in ihrer Darstellung unterbringen sollen, ohne dadurch den Zweck ihrer Schriften vollkommen verfehlt zu haben? In diesen Zusammenhang
gehört auch Philos Darstellung quod omnis probus liber sit Kap.
12, wo er berichtet, daß die Essener vollkommen friedlich und
friedfertig gewesen seien und keinerlei Waffen und Schilde
erzeugt hätten. Diese Nachricht ist auf Grund der Qumrantexte, besonders der Kriegsrolle, als unzutreffend und falsch zu
bezeichnen.

Bellum 2, 8, 5 berichtet Josephus von den Essenern: »Auf eine eigentümliche Art verehren sie die Gottheit. Bevor nämlich die Sonne aufgeht, sprechen sie kein unheiliges Wort, sondern sie richten an das Gestirn gewisse altherkömmliche Gebete, als wollten sie seinen Aufgang erflehen.« Wenn auch dieser Bericht in seiner Formulierung eine hellenistische Ausdrucksweise verrät, so ist darin doch mehr oder weniger deutlich von einer Art Sonnenverehrung die Rede. Die bisher gefundenen Texte bieten zwar keine direkte Parallele zu diesem Bericht, doch scheint eine Hochschätzung der Sonne in den Kreisen der Qumran-Essener sehr wahrscheinlich. Im Gegensatz zum übrigen Judentum zählten die Qumran-Essener die Jahre nach einem Sonnenkalender (vgl. VIII, 3, d). Auf dem großen Ostfriedhof von Qumran sind die Leichen alle in Nord-Süd-Richtung bestattet, also mit dem Kopf in Richtung zur Sonne. Es scheint demnach, daß auch hier der Bericht des Josephus auf eine gute Überlieferung zurückgeht.

Bellum 2, 8, 7. 9 heißt es, daß schon der Essenerpostulant vom Orden ein Lendentuch, ein weißes Gewand und eine kleine Axt zum Vergraben der Exkremente erhalten habe. Zu diesem Bericht ist in den Qumrantexten gar kein Vergleichsmaterial zu finden. Nach Philo in quod omnis probus liber sit Kap. 12 hätten die Essener auch außerhalb der Gemeinde in bürgerlichen Berufen gearbeitet und ihren Verdienst in die gemeinsame Kasse abgeliefert. Auch diese Nachricht steht bisher noch isoliert da. Obwohl im Sektenkanon deutlich von der gemeinsamen Kasse die Rede ist (vgl. VIII, 2, a), so scheint die Möglichkeit eines Verdienstes außerhalb der Gemeinschaft selbst auf Grund der Verordnungen des Sektenkanons nicht sehr wahrscheinlich. Mag sein, daß Philo hier eine andere essenistische Gruppe vor Augen hatte als die Qumran-Essener.

Über den Umfang des Essenismus und die innerhalb seines Rahmens möglichen eventuellen Gruppen sind wir trotz der Qumrantexte noch ungenügend unterrichtet. Auch das Verhältnis des Essenismus zu anderen jüdischen Gruppen wie Täuferbewegung und Zeloten wurde zwar viel klarer als bisher, aber trotzdem sind wir auch heute noch auf diesem Gebiet auf Vermutungen und Wahrscheinlichkeitskonjunkturen angewiesen.

Hierher gehört auch der übereinstimmende Bericht von Philo
und Josephus (quod omnis probus liber sit, Kap. 12 = Ant. 18,
1, 5), daß es über 4000 Essener gegeben hätte. Es hat den
Anschein, als ob sich beide Berichte nur auf die monastischen
Essener und nicht auch auf die verheirateten Mitglieder der
essenistischen Gruppen bezögen. Was die essenischen Siedlungen
betrifft, so liegen hier selbst bei den antiken Autoren widerspre-
chende Nachrichten vor. *Plinius* (Naturalis Historia 5, 17) berichtet von einer mönchischen Essenerniederlassung am Westufer des Toten Meeres. Er dürfte dabei Qumran im Auge gehabt
haben. *Philos* Berichterstattung widerspricht sich sogar selbst. In
dem oben zitierten Zusammenhang sagt er, daß die Essener in
Dörfern gewohnt und die Städte wegen der Sündhaftigkeit ihrer
Bewohner gemieden hätten, und in seiner »Apologetik der
Juden« (Fragmente bei *Eusebius*, Praeparatio Evangelica 8,11):
»Sie wohnen in vielen Städten von Judäa und in vielen Dörfern, und bilden große und volkreiche Gemeinschaften.« Die
letzte Mitteilung deckt sich mit *Josephus* Bellum 2, 8, 4: »Sie
haben keine eigene Stadt, sondern in jeder Stadt leben ihrer
viele.« Auch das Damaskusdokument 7, 6a f. setzt mehrere
Niederlassungen der Gemeinschaft – hier expressis verbis von
verheirateten Gemeindemitgliedern – voraus: »Wenn sie gemäß
der seit altersher bestehenden Ordnung des Landes in Lagern
leben, Frauen nehmen nach der Sitte der Tora und Kinder zeugen, dann sollen sie sich dem Gesetz gemäß verhalten.« Ebenso
wird in Sekt. Kan. 6, 2 von »allen ihren Niederlassungen« gesprochen, worunter, wie aus dem Zusammenhang hervorgeht,
wahrscheinlich mönchische Siedlungen gemeint sind. Wir sehen
also auf Grund der auch bis heute noch verbliebenen Unklar-
heiten, daß es trotz der Qumrantexte noch manche zu lösende
Probleme in der Entwicklungsgeschichte des Essenismus gibt.
Einige der noch offenen Fragen werden sicher noch beantwortet
werden können, wenn einmal alle Texte von den Höhlen von
Qumran veröffentlicht sein werden.

IX. GEMEINDETHEOLOGIE UND
ENDZEITERWARTUNG DER QUMRAN-ESSENER

1. Die Bundestheologie

a) Bund und Erwählung

Im Anschluß an die Lehre der alttestamentlichen Propheten
erachtete sich die Qumrangemeinde als auserwählten R e s t
Israels, der am Ende der Tage aus dem Läuterungsgericht Gottes
hervorgehen soll. Im Damaskusdokument 2, 14–3, 20 ist die
heilsgeschichtliche Resttheologie der Gemeinde kurz zusammengefaßt. Zuerst, heißt es, fielen die Engel wegen ihrer unzüchtigen Gedanken (vgl. VIII, 3, f) und zeugten Söhne, die wie
Zedern hoch und groß wie Berge waren. Darauf starben die
Menschen auf Erden. Auch die Söhne Noahs fielen der Sünde
zum Opfer, nicht aber Abraham, Isaak und Jakob. Diese wurden dafür als Freunde Gottes und als Seine Bundespartner für
ewig anerkannt. Die Söhne Jakobs aber sündigten wieder in
Ägypten, und während der Wüstenwanderung wurde ihnen
dafür heimgezahlt. So wurden »die Ersten, die in den Bund
eingegangen sind«, bestraft und dem Schwert übergeben, »weil
sie den Bund Gottes verlassen hatten, ihren eigenen Willen taten
und sich von ihren unzüchtigen Gedanken verleiten ließen.
Unter denen aber, die übrig geblieben sind, die die Gebote
Gottes bewahrt hatten, errichtete Gott Seinen Bund mit Israel
für ewig.« Über diese Auswahl des letzten Restes berichtet
Dam.Dok. 1, 4–10: »Als Gott des Bundes mit den Ersten eingedenk war, ließ er einen Rest aus Israel übrig, den Er nicht der
Vertilgung überantwortete. Und in der Endzeit des Zornes, 390
Jahre (vgl. Ezechiel 4, 5), nachdem Er sie in die Hand Nebukadnezars, des Königs von Babel, gegeben hatte, suchte Er sie
heim und es sproßte auf aus Israel und aus Aharon (vgl. VII)
die Wurzel einer Pflanze, um Sein Land in Besitz zu nehmen
und auf Seinem besten Boden zu gedeihen. Da sahen sie ihre
Sünden ein und erkannten, daß sie sündhafte Menschen seien.
20 Jahre lang waren sie wie Blinde, die herumirren. Da blickte
aber Gott auf ihre Taten, denn reinen Herzens hatten sie Ihn

gesucht, und ließ ihnen den Lehrer der Gerechtigkeit erstehen, um sie auf dem Wege seines Herzens zu führen.« Vom Anfang bis zum Ende also — in dem die Gemeinde zu leben glaubte — spart sich Gott einen erwählten Rest auf (Dam.Dok. 2, 11). In der Kriegsrolle 13, 8 wird der Überzeugung Ausdruck verliehen, daß Gott diesem erwählten Rest beim endzeitlichen Kampf beistehen wird. Die Strafen Gottes kommen nur deshalb über das Volk, um durch sie den Rest zu läutern. Angesichts der allgemeinen Sündhaftigkeit weiß der Verfasser der Hymnenrolle 6, 7 f. um die Kleinheit der Schar der Erwählten, »denn ich habe erkannt, daß Du nur einen kleinen Teil zum Leben erhebst aus Deinem Volke und einen Rest aus Deinem Besitz«.

Als Gegenpol zu dieser Restauffassung heißt es in den Texten, daß die Bosheit und die Frevler keinen Rest haben werden, der die festgesetzte Zeit von Gottes Heimsuchung überdauert. Das Schicksal der Bösen und der bösen Geister ist es laut Sekt.Kan. 4, 14, »ohne jedweden Rest« vergehen zu müssen. Dasselbe Schicksal wird ihnen auch Dam. Dok. 2, 6 f. prophezeit.

Ebenfalls im Anschluß an ein alttestamentliches Vorbild, Is. 60, 21, verglich sich die Gemeinde mit der Wurzel oder dem Schößling einer *Pflanze,* die nur als kleines, zartes Kraut in die Erde eingesetzt wurde, sich aber zu einem prachtvollen Baume auswachsen wird. Schon Dam. Dok. 1, 7 war von der Wurzel einer Pflanze, die aus Israel und Aharon aufsproßte, die Rede. Noch deutlicher heißt es im Sekt.Kan. 8, 4–6: »Wenn dies in Israel geschieht, ist fest der Rat der Gemeinschaft in Wahrheit für die Pflanze der Ewigkeit, ein Heiligtum für Israel und ein Allerheiligstes für Aharon.« In der Hymnenrolle 6, 15; 8, 6. 10 begegnen nebeneinander die Begriffe »Pflanze der Ewigkeit« und »Pflanze der Wahrheit«. So heißt es auch im äthiopischen Henochbuch 10, 16 zu Beginn einer Schilderung der messianischen Herrlichkeit: »Erscheinen soll die Pflanze der Gerechtigkeit und Wahrheit«. Auch nach Hen. 93, 10 (Zehnwochenapokalypse) sollen am Ende der siebenten Woche »die auserwählten Gerechten der ewigen Gerechtigkeitspflanze« ausgesucht werden.

Obwohl sich die Gemeinde nur als Rest einer viel größeren massa damnata empfand, war sie der Überzeugung, daß dieser kleine, unscheinbare Rest der einzige Schößling sei, dem die Verheißungen Israels zukommen. Wer nicht zum Rest gehört, gehört eigentlich auch nicht mehr zum Heilsvolk Israel. Die Frevler am Bunde (Dan. 11, 32) halten es mit den sündigen Heiden und zählen daher lt. Kriegsrolle 1, 1 f. zu den Söhnen der Finsternis. Die Gemeinde als Söhne des Lichtes, als Pflanze der Gerechtigkeit und Wahrheit und als erwählter Rest fühlte sich deshalb als das eschatologische Gesamtisrael. So verwundert es uns nicht, wenn wir in der ersten Zeile des Regelbuches lesen: »Dies ist die Ordnung für die ganze Gemeinde Israels am Ende der Tage.«

In diesem Sinn ist auch die *Bundestheologie* der Gemeinde zu verstehen. Der mit den Erzvätern geschlossene Bund ist unauflöslich. Gemäß Dam. Dok. 3, 4 sind Abraham, Isaak und Jakob Bundespartner für ewig. Weil aber der Großteil des Volkes immer zur Sünde neigte und nur ein kleiner Rest den Versuchungen widerstehen konnte, mußte auch der Bund mit dem Rest erneuert werden. Den alttestamentlichen Ansatzpunkt für diese Auffassung bot den Qumranleuten Jerem. 31, 31, wo es heißt, daß in der Endzeit Gott mit Israel einen neuen Bund schließen werde, der auch vom Volk nicht mehr gebrochen werden kann. Diesen erneuerten Bund dachte sich der Verfasser des Habakukkommentars 2, 3 schon gekommen, denn den Apostaten vom Neuen Bund wird vorgeworfen, daß sie nicht an den Bund Gottes geglaubt hätten. Auch im Dam. Dok. 20, 12 begegnet dieselbe Auffassung, wo es von den Gefolgsleuten des Lügenmannes heißt, »daß sie den Bund Gottes und den Vertrag zurückgewiesen haben, den man im Lande Damaskus errichtet hatte, der der Neue Bund ist«. Ob es sich bei dem Lande Damaskus um Damaskus im geographischen oder nur im übertragenen Sinn handelt, kann in diesem Zusammenhang nicht entschieden werden; sicher ist jedenfalls, daß dabei von einem Auszug der Gemeinde aus dem sündigen Jerusalem die Rede ist. Ob aber Damaskus vielleicht nur als eine Umschreibung für Qumran oder ähnliche Plätze zu verstehen ist, wie einige meinen, ist unwesentlich. Der dort erneuerte Bund ist aber laut Sekt. Kan. 4, 22 ein Bund auf ewig. Wer diesem Bund angehört, weiß, daß ihn Gott dazu erwählt hat, denn der auf sich allein gestellte

Mensch wäre zur Bundestreue nicht imstande. So heißt es in der Hymnenrolle 2, 28: »Wenn mein Herz wie Wasser zerfließt, stärkst Du meine Seele in Deinem Bunde«; und 7, 19 f. dankt der Verfasser: »Denn in Deiner Gerechtigkeit hast Du mich hingestellt für deinen Bund.« Die Konzeption des Neuen Bundes bei den Qumran-Essenern kommt somit nahe an die der neutestamentlichen Schriften heran, erreicht sie aber nicht, worauf näher hinzuweisen erst später Gelegenheit sein wird (vgl. XI, 3).

Hierher gehört auch das *Erwählungsbewußtsein* der Gemeinde und ihrer einzelnen Mitglieder. In der Gemeinde sind laut Sekt. Kan. 1, 4 »alle, die Gott erwählt hatte«. 8, 6 werden sie »Erwählte des (göttlichen) Wohlgefallens« und 9, 14 »Erwählte der Zeit« genannt. So nennen sich die Sektenmitglieder in der Hymnenrolle 4, 33 f. auch »Söhne Seines Wohlgefallens«. Als solche haben sie Einsicht in die göttlichen Geheimnisse (Sekt.-Kan. 11, 7; vgl. VIII, 3, h) und haben die Aufgabe, den endzeitlichen Rachekrieg gegen die Heidenvölker zu führen (Hab. Kom. 5, 4; vgl. IX, 2, a). Die Hymnenrolle legt auf die individuelle Erwählung des einzelnen Gemeindemitgliedes einen größeren Nachdruck als auf die Erwählung der Gemeinde als ganzer. Dies ist im literarischen Aufbau der Hymnenrolle begründet, die das Schicksal des einzelnen Menschen zum Gegenstand hat. So sagt der Verfasser 2, 13 von sich selbst aus: »Du richtetest mich auf als Panier für die Erwählten der Gerechtigkeit und als Erkenntnis-Verkünder in den wunderbaren Geheimnissen«; und 15, 23: »Ich wünschte, in die Gemeinde Deiner Heiligkeit zu kommen, weil ich erkannt habe, daß von allen Du sie erwählt hast und sie auf ewig Dir dienen werden«; »denn Du bist gerecht und Wahrheit sind Deine Erwählten« (14, 15). Der auserwählte Rest empfand sich als eine Büßergemeinschaft, die sich »willig bekannte, von allem Bösen umzukehren und an allem festzuhalten, was Er zu Seinem Wohlgefallen befohlen hatte« (Sekt. Kan. 5, 1).

b) Armut als Zeichen der Bundestreue

In den Qumrantexten, wie vielfach schon in der nachexilischen alttestamentlichen Literatur, bedeutet Armut nicht

nur einen sozialen Stand, sondern weitgehend einen religiösen
Begriff. Nach der Theologie der Gemeinde sind Unzucht und
Verlangen nach weltlichem Vermögen die Sünden schlechthin,
die alle anderen Sünden bedingen. Durch das Geld gewinnt
Belial, der Teufel, Besitzrecht am Menschen; der Reiche, der
seinen Reichtum zusammenrafft und um seinen Bestand besorgt
ist, hat dadurch dem Teufel Tür und Tor zu seiner Seele geöffnet.
»Man kann nicht Gott und dem Mammon zugleich dienen«
(Mt. 6, 24; Lk. 16, 13) könnte genau so gut auch in jedem der
Texte vom Toten Meer stehen, denn der Mammon ist Werkzeug
und Waffe des Teufels. So sagt der Beter in Sekt. Kan. 10, 19:
»Nach sündhaftem Vermögen habe ich kein Verlangen«, und in
der Hymnenrolle 15, 23: »Ich habe erkannt, daß kein Vermögen
Deine Wahrheit aufwiegen kann.« Wenn auch der einzelne
durch Reichtum verunreinigt und zur Sünde verleitet werden
kann, so ist doch Vermögen an sich noch nicht sündhaft, denn
auch die Gemeinde selbst verfügte über ein gemeinschaftlich ver-
waltetes Vermögen (vgl. VIII, 2, a) und im Hab. Kom. 12, 9 f.
wird dem Frevelpriester vorgeworfen, daß er in den Städten
Judäas »Vermögen von Armen« geraubt hätte. Auch im Sekt.-
Kan. 9, 8 ist von dem »Vermögen der Männer der Heiligkeit«
die Rede, das gemäß 9, 7 von aharonidischen Priestern verwaltet
werden soll. Der konkrete Beamte, der das Vermögen von den
Novizen bei der Aufnahme in den Orden übernahm, führte den
Titel eines Aufsehers über die Arbeit der Vollmitglieder (6, 20).
Auch die noch nicht veröffentlichte Kupferrolle soll Angaben
über vergrabene Schätze enthalten. Das Vermögen der Gemeinde kam dadurch zustande, daß die Neuaufgenommenen,
mindestens so weit es sich um die monastische Gruppe handelte,
ihr Privatvermögen abzuliefern verpflichtet waren (Sekt. Kan.
1, 11 f.). Aber alles Vermögen, das nicht in den Dienst der Gemeinde gestellt wurde, galt als unrein, denn »das Vermögen der
Männer der Heiligkeit, die vollkommen wandeln, darf nicht
mit dem Vermögen der Männer des Betruges vermischt werden«
(9, 8).

Die Armut der Sektenmitglieder, besser ihre Bereitschaft zur
Armut, galt für sie als Gnadenstand, an dem sie ihre Erwählung

erkennen konnten. In der Hymnenrolle 2,31 f. setzt sich der Verfasser selbst mit dem Armen gleich: »Ich preise Dich, o Herr, denn Dein Auge ruht auf mir und Du errettetest mich vor dem Eifer der Lügenprediger; aus der Gemeinde der Heuchler befreitest Du den Armen, dessen Blut sie zunichte machen, es ausgießen wollten wegen Deines Dienstes.« Der Arme gehört also zur Gemeinde der Erwählten, seine Armut ist eine charismatische Begabung, und demgemäß spricht die Hymnenrolle 5,22 auch von den 'ebjone hesed, den »Armen der Gnade«, den Armen aus Gnade. Die Sekte vom Toten Meer war keine proletarische Bewegung, die denen, die auf dieser Erde nicht zum Zug gekommen sind, eine himmlische Kompensation für ihre irdische Armut versprach, sondern sie verlangte die Zustimmung des Menschen zur Armut auch dann, wenn er rein äußerlich gesehen begütert war. Diese Forderung ging in der mönchischen Gemeinschaft so weit, daß die einzelnen Mitglieder ihr Vermögen an eine gemeinsam verwaltete Kasse ablieferten und selbst in Gütergemeinschaft lebten. Infolge dieser Bereitschaft nannten sich die Gemeindemitglieder in der Kriegsrolle 14,7 auch selbst 'anwe ruah, »Arme des Geistes«, Arme im Willen, d. h. Arme mit innerer Zustimmung. Auch hier sind wieder die Beziehungen zum Neuen Testament besonders auffällig, doch sollen sie erst in einem anderen Zusammenhang näher erörtert werden (vgl. XI, 2, c).

Diese charismatische Armut war eschatologisch bestimmt. Schon Is. 61,1 f. heißt es, daß den Armen die messianische Freiheit verkündigt werden soll: »Der Geist meines Herrn, des HERRN, ruht auf mir, weil mich der HERR gesalbt hat, den Armen die Frohbotschaft zu bringen, zu heilen, die gebrochenen Herzens sind, auszurufen Freiheit für die Gefangenen und Lösung der Fesseln für die Gebundenen, auszurufen das Jahr des Wohlgefallens des HERRN und den Tag der Rache unseres Gottes, zu trösten alle Trauernden.« Wie aus der Hymnenrolle 18,14 hervorgeht, wurde diese Isaiastelle von den Qumranleuten theologisch verwertet. Die Nazarethaner gerieten dann in messianische Begeisterung, als sie sie aus dem Munde Jesu hörten (Lk. 4,18 f.), und Jesus selbst soll sie zitiert haben, als er von den Johannesjüngern bezüglich seiner Messianität befragt wurde (Mt. 11,5; Lk. 7,22). In diesem Sinn heißt es auch in einem Gebet in der Kriegsrolle 11,7–9: »Durch Deine Gesalbten, die Seher von Bezeugungen, teiltest Du uns die Endzeiten der Kriege Deiner Hände mit, Dich an unseren Feinden machtvoll zu erweisen, die Scharen Belials fallen zu machen, die sieben nichtigen Völker, durch die Armen Deiner Erlösung.« Ähnlich heißt es 11,13: »Denn in die Hand der Armen wirst Du die Feinde aller Länder ausliefern«, und 13,14: »Mit den Armen ist die Hand Deiner Stärke.« Die Armen sind also nicht nur passiv von Gott Erlöste, sondern sie haben auch die aktive Aufgabe, den endzeitlichen Rachekrieg Gottes zu führen (vgl. IX, 2, a).

Wer also der Gemeinschaft angehörte, empfand sich als Armer im dargestellten Sinn. Demgegenüber ist die Frage zweitrangig, ob sich die Sektenmitglieder selbst vor der Welt als Arme bezeichnet haben, ob man den Ausdruck »Arme« als Selbstbezeichnung der Gemeinschaft ansehen darf. Aus den zitierten Stellen geht dies nicht unbedingt hervor, doch im Habakukkommentar 12, 3. 6. 10 dürfte der Ausdruck 'ebjonim, »Arme«, eine Gemeindebezeichnung sein. Noch deutlicher ist im Kommentar zu Psalm 37 aus Höhle 4 in 2, 10 von einer »Gemeinde der Armen« die Rede. Man wird also wohl den Terminus »Arme« als eine der zahlreichen Selbstbezeichnungen der Gemeinde ansehen dürfen. Somit scheint es sehr wahrscheinlich, daß auch der Name der judenchristlichen Sekte der Ebioniten, die von essenistischen Auffassungen stark beeinflußt war, von der Bezeichnung 'ebjonim der Qumran-Essener abzuleiten ist.

2. Die Endzeiterwartungen

a) Der eschatologische Rachekrieg

Die Gemeinde von Qumran bereitete sich auf einen eschatologischen Rachekrieg gegen ihre und Gottes Feinde vor. Von diesem Krieg, der am Ende der Tage stattfinden soll, berichtet nicht nur die Kriegsrolle, die speziell diesem Thema gewidmet ist, sondern auch in fast allen anderen Texten wird mehr oder weniger deutlich auf ihn hingewiesen. In der Gemeinde von Qumran, die selbst am Ende der Tage zu leben glaubte (vgl. IX, 2, c), geschah nichts ohne eschatologische Zweckbestimmung. Weil sie sich für den erwählten endzeitlichen Rest Israels hielt, lebten ihre Mitglieder streng asketisch und galt für sie ein charismatisches Armutsideal; aus diesem Grund hielten sie sich aber auch für die auserwählte Heerschar, die gemeinsam mit den Engeln (vgl. VIII, 3, f.) zum letzten Krieg gegen die Bösen, die Knechte Belials, antreten wird. Die Gemeinde vermochte nicht zwischen *dem* Bösen und *den* Bösen zu trennen, die beide für sie identisch waren. So heißt es im Sekt. Kan. 8, 6 f.: »(Aufgabe) der Auserwählten des (göttlichen) Wohlgefallens ist es, die Erde zu entsühnen und den Frevlern heimzuzahlen.« Noch deutlicher ist dieser Gedanke im Habakukkommentar ausgesprochen, wo es 5, 3–5 heißt: »Die Erklärung ist die, daß Gott Sein Volk durch die Hand der Heidenvölker nicht gänzlich austilgen wird, sondern durch die Hand Seiner Auserwählten wird Gott Gericht halten an allen Heidenvölkern; und wenn diese gezüchtigt werden, werden auch alle Frevler aus seinem eigenen Volk büßen müssen.« Genau so heißt es zu Beginn der Kriegsrolle 1, 1 f.: »Dies ist das Buch der Kriegsregel: Der Anfang ist der Kampf der Söhne des Lichtes, ihn zu beginnen gegen das Los der Söhne der Finsternis, gegen die Heerschar Belials, gegen die Schar Edoms, Moabs und der Söhne Ammons und gegen die Heerschar der Bewohner Philistäas und die Scharen der Kittäer von Assur — und mit ihnen zusammen sind die Frevler am Bunde.« Bei der Darstellung der endzeitlichen Rache an den Gegnern der auserwählten Gerechten finden die Paränesen des Henoch besonders scharfe Worte. Nach Hen, 91, 12 werden »die Sünder den Händen der Gerechten übergeben werden«. Hen. 95, 3–7 heißt es: »Fürchtet euch nicht vor den Sündern, ihr Gerechten; denn der Herr wird sie in eure Hände übergeben, damit ihr nach eurem Belieben über sie Gericht haltet. . . Weh euch, die ihr eurem Nächsten Böses zufügt, denn nach eurem Tun soll euch vergolten werden . . . . . . Weh euch Sündern, weil ihr die Gerechten verfolgt, denn ihr werdet dahingegeben und verfolgt werden, ihr Ungerechten, und ihr (i. e. der Gerechten) Joch wird schwer auf euch lasten.« Hen. 96, 1: »Hofft, ihr Gerechten, denn plötzlich werden die Sünder vor euch umkommen, und ihr werdet über sie nach eurem Belieben herrschen.« Hen. 98, 12: »Weh euch, die ihr Werke der Ungerechtigkeit liebt, warum hofft ihr für euch auf Gutes? Wisset, daß ihr in die Hände der Gerechten gegeben werdet, sie werden euch die Hälse abschneiden und euch erbarmungslos töten.« Ähnlich heißt es auch Jubil. 23, 30: »Dann heilt der Herr Seine Diener, sie erheben sich und schauen tiefen Frieden; dann vertreiben sie ihre Feinde. Die Gerechten sehen es und danken und jubeln in Freude bis in alle Ewigkeit; denn sie schauen an ihren Feinden all ihr Gericht und ihren Fluch.«

Am deutlichsten wird wohl diese eschatologische Kampfesstimmung im Gebet vor der Schlacht, das der Priester zu den Soldaten spricht: »Steh auf, o Held, führ deine Gefangenen fort, Mann der Kraft, plündere deine Beute, Täter der Kraft, leg deine Hand auf den Nacken deiner Feinde und setz deinen Fuß auf die Hügel der Erschlagenen. Zerschlag die Völker, deine Feinde und dein Schwert verzehre das sündige Fleisch. Füll an dein Land mit Herrlichkeit und deinen Besitz mit Segen. Viel Vieh sei auf deinen Äckern, Silber, Gold und Edelsteine in deinen Palästen. Zion, freu dich über die Maßen, erstrahle im Lobgesang, Jerusalem, und freut euch, alle Städte von Juda. Halt offen deine Tore auf Dauer, einzusammeln darinnen die Macht der Völker. Ihre Könige werden dir dienen und im Staub liegen werden vor dir all deine Bedrücker« (Kriegsrolle 12, 10–14).

Der eschatologische Krieg wird nach der Darstellung der Kriegsrolle beginnen, »wenn die Emigration der Söhne des Lichtes aus der Wüste der Völker zurückkehrt, um in der Wüste von Jerusalem zu lagern« (1, 3). Wie schon die Chassidim rišonim erachteten die Qumran-Essener im Anschluß an Is. 40, 3 die Wüste als Heilsort, von wo das messianische Ereignis seinen Ausgang nehmen werde (vgl. VI, 2). D. h. der Krieg der Söhne des Lichtes gegen die Söhne der Finsternis wird zu Beginn der messianischen Zeit stattfinden. Er soll 40 Jahre dauern (2, 8–14; vgl. IX, 2, d). In diesem Zeitraum wird jedes siebente Jahr, also jedes Sabbatjahr, nicht gekämpft. Aber auch die Feinde werden nach der Darstellung der Kriegsrolle in diesen Jahren keinen Gegenangriff wagen, sondern sie sind anscheinend froh darüber, nicht selbst angegriffen zu werden. Der letzte Krieg kann sich ganz planmäßig vollziehen, der Beschluß Gottes, als dessen Gerichtsvollzieher sich die Qumrangemeinde glaubte, kann durch nichts mehr aufgehalten werden. Die 35 Kriegsjahre selbst werden in vier Abschnitte untergeteilt. Die ersten sechs Kriegsjahre bis zum ersten Sabbatjahr kämpft die ganze Gemeinde zusammen, da es gilt, das heilige Land von Feinden zu säubern. In den nächsten neun Jahren kämpfen nur mehr einzelne Verbände gegen weiter entfernt wohnende Feinde. In den restlichen zweimal zehn Jahren bekämpfen und besiegen dafür bestimmte Verbände die Söhne Hams und die Söhne Japhets. Auch der Verlauf des Krieges, die Truppenbereitstellung, die Trompetenkommandos und die Ausrüstung der Söhne des Lichtes werden in der Kriegsrolle in allen Einzelheiten geschildert. Den Feinden kommt dabei keinerlei aktive Rolle zu, ja sie werden sogar schon im vorhinein als »Gefallene« bezeichnet. Der letzte Krieg hat also derart schematischen Charakter, daß er unwirklich wirkt. Ein solcher Eindruck wurde aber vom Verfasser der Kriegsrolle beabsichtigt. Nur dann wird Gottes wirkliche Größe allen deutlich und offenbar, wenn jene Mächte, die jetzt den Ablauf der Geschichte bestimmen, am Ende der Welt vollkommen machtlos rein passives Objekt geworden sind. An diesem letzten Kampf nehmen mit den Söhnen des Lichtes als entscheidende Faktoren auch die Engel Gottes teil (vgl. VIII, 3, f.). Doch vorher soll es noch zu Kämpfen kommen, die Gott nicht beeinflussen wird. Bei diesen Kämpfen werden die Söhne des Lichtes drei Runden gewinnen, und drei Runden werden die Heerscharen Belials die Sieger sein, »im siebenten Los aber unterwirft die starke Hand Gottes Belial, und alle Engel seiner Herrschaft und alle Männer seines Loses trifft die ewige Vertilgung« (1, 13–15). Dies ist der Zeitpunkt, da Gott der Gemeinde der Armen Seiner Erlösung jene Macht über Seine und ihre Feinde geben wird (vgl. IX, 1, b), auf die die Qumranleute so sehnsüchtig warteten, wie aus den oben zitierten Texten eindeutig hervorgeht. Bei den Qumran-Essenern war also ein allgemeiner eschatologisch bestimmter Feindeshaß verbreitet.

In diesem Zusammenhang muß auch noch die kurze Notiz des *Josephus* (Bellum 2, 20, 4) verstanden werden, daß ein Essener namens Johannes im jüdisch-römischen Krieg (66–70) mit dem Kommando über das strategisch außerordentlich wichtige Dreieck Lydda-Jaffa-Emaus, das die Verbindung von Jerusalem zur Meeresküste beherrscht, betraut wurde. Auch *Hippolyt* (Adv.-Haer. 10, 26) spricht von einem zelotischen Zweig der Essener, wenngleich auch sein Bericht, obwohl er auf guten Quellen beruhen dürfte, stark legendären Charakter trägt.

Durch diese kriegerische Endzeiterwartung können also alle jene Berichte als unhistorisch erwiesen werden, die von den Essenern als friedfertigen Mönchen sprechen, die die Herstellung und Benützung von Kriegshandwerkszeug abgelehnt hätten (vgl. VIII, 4). Andererseits aber wurden ideengeschichtliche Verbindungen vom Essenismus zum Zelotismus wahrscheinlich, über die aber nach dem gegenwärtigen Stand der Forschung noch keine näheren Angaben gemacht werden können.

b) Die Kittäer

In der Endzeit soll nach der Erwartung der Qumrangemeinde ein böses Heidenvolk auftreten, das als Zeichen des Gotteszornes und als Gottesgeißel gegen das Volk Israel ziehen, aber am Ende mitsamt allen anderen Gottlosen von den Söhnen des Lichtes besiegt werden wird. Der Verfasser des Habakukkommentars 2, 10–13 bezieht den Vers Hab. 1, 6: »Denn siehe, Ich erwecke die Chaldäer, das böse und das schnelle Volk« folgendermaßen auf jenes stolze Volk der Endzeit: »Die Deutung bezieht sich auf die Kittäer, die schnell und stark im Kriege sind und die Kraft haben, viele zu vernichten.« Nach 9, 4–7 werden sie am Ende der Tage allen Reichtum beschlagnahmen, den die letzten Priester Jerusalems zusammengerafft haben. In Hab.-Kom., Kol. 3, 4 und 6 werden sie ausführlich geschildert. Sie schlagen und plündern die Städte, Furcht und Schrecken vor ihnen lastet auf allen Völkern, ihre Pferde und ihr Vieh — Kriegselefanten oder Troß — zerstampfen die Erde, über

Könige und Fürsten spotten sie und über starke Heere setzen sie
sich hinweg. Ihre Herrscher erobern spielend leicht die Festun-
gen der Völker. Auf diese Weise vermehren sie ständig ihren
Reichtum, d. h. nach der Meinung des Verfassers, daß sie, da
Reichtum ein Werkzeug des Teufels ist (vgl. IX, 1 b), immer
mehr zu ihrem eigenen endzeitlich-endgültigen Untergang selbst
beitragen. Ihr Reichtum kommt nicht nur durch Plünderungen
zustande, sondern auch alle Völker müssen ihnen Jahr für Jahr
Steuern zahlen. Bei ihren Kriegszügen sind sie sehr grausam,
Jünglinge, Männer und Greise, Frauen und Kleinkinder töten
sie mit dem Schwert, und nicht einmal mit den noch Unge-
borenen haben sie Erbarmen. Soweit die allgemeinen Angaben,
doch enthält der Hab.Kom. auch speziellere Aussagen über die
Kittäer. Nach 3, 11 kommen sie von weither, von den Inseln des
Meeres. Über ihre Herrscher heißt es 4, 10–12, daß sie »im Rate
ihres ›Sündenhauses‹ einer vor dem anderen einhergehen, indem
sie einer nach dem anderen herrschen«. 6, 3–5 ist deutlich von
einem Feldzeichenkult bei den Kittäern die Rede: »Die Deutung
ist die, daß sie ihren (Feld)zeichen opfern und ihnen ihr Kriegs-
gerät Gegenstand kultischer Verehrung ist.«

Aber auch ihre Macht ist begrenzt wie alles, was der Gesetz-
lichkeit dieser Welt unterworfen ist und von Belial regiert und
bestimmt wird. Wenn Gott »zur festgesetzten Zeit Seiner Heimsuchung« (Sekt.Kan. 3, 18; 4, 18) das Böse für immer austilgen
wird (vgl. VIII, 3, f) und die Macht des Teufels gebrochen sein
wird, wird auch die Herrlichkeit der Kittäer ein Ende nehmen.
Weil nun die Söhne des Lichtes nach ihrer eigenen eschatologischen Konzeption eine aktive Rolle in dem endzeitlichen Drama
spielen sollen (vgl. IX, 2, a), fällt ihnen auch die Vernichtung
der Kittäer zu. Gemäß Kriegsrolle 1, 2 sollen sie u. a. auch gegen
die Kittäer von Assur ziehen, mit denen die Frevler am Bunde
verbündet sind. So heißt es 15, 2 f.: »Und alle Kriegsleute sollen
zu Felde ziehen gegen den König der Kittäer und gegen das
ganze Heer Belials, die mit ihm vorherbestimmt sind für den
Tag der Rache in ›Gottesschwert‹.«

Hier erhebt sich nun die in der Fachwelt im Zusammenhang
mit der Datierung des Habakukkommentars viel diskutierte

Frage, wer wohl die Kittäer seien, welches historische Volk das
Vorbild für sie abgegeben habe. Dieses mit viel Aufwand diskutierte Problem kann aber nicht absolut und bindend so beantwortet werden, daß die eine Deutung die Möglichkeit der Rich-
tigkeit der anderen vollkommen ausschlösse. Nur zwei Völker
kommen dafür überhaupt in Betracht, Griechen (d. h. Dia-
dochenstaaten) und Römer. Alle anderen Völker im Süden und
Osten Palästinas kommen deshalb nicht in Frage, weil schon im
Alten Testament die Kittäer für den äußersten Westen stehen
(Jer. 2, 10) und weil sie auch nach der Schilderung des Hab.-
Kom. »von weither, von den Inseln des Meeres« kommen
sollen. Die Inseln der Kittäer werden außer Jer. 2, 10 auch noch
Ezech. 27, 6 genannt, wo sie als Lieferanten von Holz zum
Schiffbau erwähnt werden. Die allgemeine Schilderung der
Kittäer im Habakukkommentar weist auf ein boshaftes Volk
der Endzeit, das keinerlei Rücksicht kennt. Dabei opfern sie
sogar ihren Feldzeichen. Nun ist ein Feldzeichenkult bei den
römischen Heeren der Kaiserzeit belegt und daher wollten viele
in den Kittäern die Römer sehen. Doch gibt es Quellen, die
diesen Brauch auch bei den seleukidischen Heeren nicht für ganz
ausgeschlossen erscheinen lassen. Jene, die in den Kittäern die
Seleukiden aus der Zeit der makkabäischen Kämpfe sehen wollen, sehen in ihrem Vieh, das die Erde zerstampft, Kriegselefanten, aber auch diese Deutung ist nicht zwingend, da das
Hebräische ein eigenes Wort für Elefant kennt. Andererseits
könnte aber auch die Vorliebe des Verfassers für Pseudonyme
und Umschreibungen so weit gehen, daß er das Wort »Vieh«
für »Elefanten« gebraucht. Einen anderen Ansatzpunkt für
weitreichende Kontroversen bot der Hinweis des Hab.Kom.,
daß die Herrscher der Kittäer einer nach dem anderen ihre
Funktion ausüben. Hierin sah man eine Andeutung auf die
einander ablösenden Provinzstatthalter der Römer oder auf die
seleukidische Dynastie, die durch Thronwirren völlig zerrüttet
war und Könige und Gegenkönige aufzuweisen hatte. Den
hiermit in Zusammenhang stehenden Terminus »Sündenhaus«
erachtete man dementsprechend als Umschreibung für den römischen Senat oder für die seleukidische Dynastie. Die Hinweise

des Habakukkommentars über die Kittäer sind also so allgemein gehalten, daß aus ihnen kein Schluß auf die zeitliche Abfassung des Kommentars gezogen werden kann, weil eben die Kittäer selbst nicht mit Sicherheit als Seleukiden oder Römer bestimmt werden können. Sie sind das böse Volk der Endzeit schlechthin, sowohl Seleukiden wie Römer trugen zum äußeren Bild ihrer Schilderung bei. Ein wichtiger Hinweis für die Datierung des Kommentars ist die Angabe, daß die Kittäer am Ende der Tage den Reichtum der Priester Jerusalems beschlagnahmen werden, d. h. wohl, daß sie zur Zeit seiner Abfassung in Palästina noch nicht zur Macht gekommen waren. Man wird also den Hab.Kom. zu einer Zeit ansetzen müssen, da die Seleukiden nicht mehr und die Römer noch nicht in Palästina herrschten. Das Jahr 63 v. Chr. ist somit terminus antequem.

Auch die alttestamentlichen und die übrigen Erwähnungen der Kittäer in der Qumranliteratur führen nicht weiter. Gen. 10,4 = 1. Chr. 1,7 werden sie Söhne Jawans genannt, gehören also zu den Griechen (Jawan = Jonien). Nach Is. 23, 1, 12 haben sie Handelsbeziehungen mit Tyrus, und Jer. 2, 10 und Ezech. 27, 6 werden die Inseln der Kittäer erwähnt. 1. Makk. 1, 1 und 8, 5 werden die Griechen mit dem Namen Kittäer bezeichnet. Alexander der Große, der aus dem Lande der Kittäer ausgezogen war, war König in Griechenland gewesen, bevor er den Perserkönig Darius besiegte und an seiner Stelle Großkönig geworden war. Bei Daniel 11, 30 wieder bedeutet die Volksbezeichnung Kittäer die Römer. Gerade in der für die Qumrantexte zeitlich in Betracht kommenden Literatur betrifft also der Terminus Kittäer Griechen wie Römer. Es besteht somit ohne weiteres die Möglichkeit, daß auch in den Qumrantexten selbst der Fall ähnlich liegt. Daher kann man nicht vom Terminus her die geschilderten historischen Umstände verstehen wollen, sondern umgekehrt erst nach dem Verständnis der historischen Anspielungen den Volksbegriff Kittäer näher bestimmen. Da aber auch die historischen Anspielungen sehr zweideutig sind, erscheint eine nähere Bestimmung der Kittäer fast aussichtslos.

Diejenigen, die in den Kittäern die Griechen sehen wollen, finden für ihre Auffassung einen Beleg in der Kriegsrolle, wo

1,2 die Kittäer von Assur und 1,4 die Kittäer in Ägypten
genannt werden. Es liegt nun wirklich nahe, hier an Seleukiden
und Ptolemäer zu denken, zwingend notwendig ist aber eine
solche Deutung auch nicht. 1,4 ist unmittelbar vor der Erwähnung der Kittäer eine Lücke im Text, deren Inhalt nicht mit
Sicherheit ergänzt werden kann, und außerdem ist hier nicht
von den Kittäern Ägyptens, sondern nur von den Kittäern in
Ägypten die Rede. Es ist somit auch durchaus möglich, daß hier
nicht mehr gesagt werden wollte, als daß die Kittäer in Ägypten und die Kittäer von Assur ethnographisch zusammen-
gehören. Aber auch ein solches Verständnis läßt die beiden möglichen Deutungen auf Griechen und Römer offen, denn man
kann vom Standpunkt der gemeinsamen griechischen Kultur
und des gemeinsamen griechischen Ursprungs sowohl Seleukiden
und Ptolemäer als Kittäer bezeichnen, als man auch sagen kann,
daß die Römer in Syrien und Ägypten überall dieselben, nämlich Römer, seien. Etwas aufschlußreicher ist eine Bemerkung
im Nachumkommentar aus Höhle 4, wo es 1,3 heißt: »Die
Könige von Jawan (d. h. Griechenland) von Antiochus bis zum
Auftreten der Herrscher der Kittäer.« Unter dem genannten
Antiochus ist entweder Antiochus der Große, III. (223–187)
oder noch wahrscheinlicher Antiochus IV. (175–164) gemeint.
Die Zeit wird von ihm, der als König von Griechenland bezeichnet wird, bis zum Auftreten der Kittäer-Herrscher gerechnet. Hier dürften also im Gegensatz zu 1. Makk. 1,1 die Kittäer
im Unterschied zu den Griechen gemeint sein, d. h. wohl, daß
sie hier mit den Römern gleichzusetzen wären. Das Verständnis
dieser Stelle bietet aber keinen Schlüssel für die Deutung der
Kittäer in den anderen Rollen. Auch die Ableitung des Namens
der Kittäer läßt nicht mehr erkennen, als daß sie aus dem
Westen kommen. Aller Wahrscheinlichkeit nach stammt er von
der Stadt Kition an der Südküste von Cypern.

Der Gedanke eines Kampfes gegen eine böse feindliche
Macht der Endzeit ist schon aus dem Alten Testament bekannt.
Ezech. 38,1–39,29 personifiziert Gog aus dem Lande Magog
dieses letzte feindliche Heer. Besonders deutlich heißt es Joel
4,9f. in der Umkehrung des Bildes vom Friedensreiche (Jes. 2,4;

Micha 4, 3): »Ruft es aus unter den Völkern, rüstet zum Krieg!
Entbietet die Helden! Auf und heran ihr Kriegsleute alle. Eure
Pflugscharen schmiedet um zu Schwertern und eure Winzer-
messer zu Lanzen! Der Schwache soll sagen: Ein Held bin ich.«

c) Das Ende der Tage und die Endzeit des Frevels

Die Qumran-Essener wie ihre Vorgänger, die Chassidim
rišonim, lebten in einer akuten Endzeiterwartung (vgl. VII).
Der Begriff 'aḥarit ha-jamim »Ende der Tage« hat daher auch
wie die später in der rabbinischen Literatur belegten Termini
»Kommende Welt« und »Zukunft« keinen einheitlichen Charakter. Er bedeutet einerseits die Endzeit dieser Welt im weiteren Sinn und andererseits die eigentliche Endperiode mit
Kriegen und darauffolgender Heilszeit. Dementsprechend kann
nur vom Zusammenhang auf die Bedeutung des Terminus geschlossen werden, die auch in ein und demselben Text variieren
kann. Im Hab.Kom. 2, 5—9 wird im ersteren Sinn von den Apostaten des Endes der Tage gesprochen, die die eschatologische
Botschaft des priesterlichen Lehrers der Gerechtigkeit nicht anzunehmen bereit sind. Diese Apostaten sind also offenbar Zeitgenossen des Verfassers. Dennoch aber spricht er vom Ende der
Tage auch wie von etwas Zukünftigem. 9, 6 heißt es, daß am
Ende der Tage der Reichtum der letzten Priester Jerusalems
dem Heere der Kittäer übergeben werden soll. Im ersteren Sinn
empfand sich die Qumrangemeinde auch als das Israel des Endes
der Tage (Regelbuch 1, 1).

Ohne jeden Zweifel hatte die Qumrangemeinschaft im Laufe
ihrer Geschichte manche Enttäuschung ihrer eschatologischen
Naherwartung hinzunehmen. Schon die Naherwartungen der
Chassidim waren enttäuscht worden (vgl. VII). Das Jahr 164
v. Chr. brachte zwar die Restauration des Kultes, aber noch
lange nicht das messianische Ereignis. In der zeitlich bald danach
anzusetzenden Schafs-Apokalypse und der Zehnwochen-Apokalypse des Henochbuches (Hen. 90; 93 + 91, 12—17) folgt
die eigentliche Endzeit ebenso auf eine nur kurze Periode
von vormessianischer Wirrsal. Das Ende der sechsten Woche
ist in der Zehnwochen-Apokalypse durch die Zerstörung des

Tempels 586 v. Chr. bestimmt. Zu diesem Zeitpunkt »wird das ganze Geschlecht der auserwählten Wurzel zerstreut« (Hen. 93, 8). »Danach erhebt sich in der siebenten Woche ein abtrünniges Geschlecht . . . . . An ihrem Ende werden ausgesucht die auserwählten Gerechten der ewigen Gerechtigkeitspflanze« (Hen. 93, 9 f.). »Danach hebt eine andere Woche an, die achte, die der Gerechtigkeit, und ein Schwert wird ihr verliehen werden . . . Danach wird in der neunten Woche das gerechte Gericht der ganzen Welt geoffenbart werden . . . die Welt wird für den Untergang aufgeschrieben . . . Danach findet in der zehnten Woche, im siebenten Teil, das große, ewige Gericht statt, wobei Er die Strafe an den Engeln vollzieht. Der erste Himmel wird vergehen, dann erscheint ein neuer Himmel« (Hen. 91, 12–17). Der Verfasser, der die siebente Woche mit dem Exil beginnen läßt und augenscheinlich zu den auserwählten Gerechten zu zählen glaubte, die sich am Ende dieser Woche zusammenfinden, erwähnt noch mit keinem Wort eine Enttäuschung seiner messianischen Naherwartung. Unmittelbar auf die Erwählung der »auserwählten Gerechten der ewigen Gerechtigkeitspflanze« folgt die Heilszeit mit dem erwarteten eschatologischen Rachekrieg (vgl. IX, 2, a). Für ein Zeitalter messianischer Wehen ist in dieser apokalyptischen Konzeption noch kein Platz. Die möglicherweise etwas später anzusetzende Schafs-Apokalypse kennt schon Ansätze zu dieser Auffassung. Die Schafe werden angegriffen und arg bedrängt. Da wächst auf einem der Schafe ein großes Horn, das nicht überwältigt werden kann (90, 9. 12). Dieses Horn hatte aber noch etlichen Angriffen standzuhalten, bevor den Schafen ein großes Schwert zur Rache übergeben wurde (90, 19). Darauf folgt dann noch die Schilderung eines jüngsten Gerichts und des neuen Jerusalem. Das alte Haus wurde eingewickelt und seine Säulen wurden hinausgeschafft. Dann brachte der Herr der Schafe »ein neues Haus, großer und höher als jenes erste und stellte es an dem Ort des ersten auf« (90, 28 f.). »In jenem Haus kamen alle Umgebrachten und Zerstreuten zusammen.« Auch das den Schafen verliehene Schwert wurde hier niedergelegt und versiegelt (90, 33 f.).

Je länger sich aber das erwartete Weltende verzögerte, desto mehr konzipierte man die Vorstellung von einer »Endzeit des Frevels«. Knapp bevor Satan abtreten muß, bietet er noch all seine Kraft auf, um die Erde in seinen Besitz zu bringen. Dies würde ihm auch gelingen, wenn ihm nicht die Qumrangemeinde als auserwählter Rest (vgl. IX, 1, a) Widerstand leistete. In dieser Zeit der letzten Auseinandersetzung hat Belial aber auch mehr Macht über die Menschen denn je zuvor. Nicht nur die konventionellen Sünden nehmen dann zu, sondern auch die Menschen werden in einer Weise schuldig, die vorher undenkbar gewesen wäre. Besonders deutlich wird dies Henoch 100, 1 f.: »In jenen Tagen werden die Väter mit ihren Söhnen an einem Ort erschlagen und Brüder sinken miteinander in den Tod, bis die Ströme mit ihrem Blute fließen. Denn keiner wird seine Hand mitleidig vom Erschlagen des Sohnes oder Enkels zurückhalten, noch ein Sünder von der Tötung seines verehrten Bruders. Vom Morgen bis zum Abend werden sie einander morden«; und 99, 4 f.: »In jenen Tagen werden die Völker in Aufruhr kommen . . . die, welche Not leiden, werden ihre Kinder zerfleischen . . . Fehlgeburten werden ihnen abgehen.« Im Anschluß an die Bilder der alttestamentlichen Propheten kennen auch die zum Qumranbereich gehörigen Pseudepigraphen die Auffassung, daß dann auch der Zustand der äußeren Natur wegen der Sünde der Menschen verschlechtert werden wird. Henoch 80, 2 heißt es: »In den Tagen der Sünder werden die Jahre verkürzt werden . . . alle Dinge auf Erden werden sich ändern und zu ihrer Zeit nicht erscheinen; der Regen wird ausbleiben und der Himmel wird ihn festhalten.« Ähnlich Jubil. 23, 18: »Die Erde wird wegen all ihres Tuns untergehen; dann gibt es weder Samen von Wein noch Öl, denn lauter Untreue ist ihr Tun.« Sekt.Kan. 1, 18 heißt diese Zeit einfach »Herrschaft Belials« und im Hab.Kom. 5, 7 f. und Dam.Dok. 6, 10. 14 »Endzeit des Frevels«. In den späteren rabbinischen Texten wird diese Schlußperiode vor den »Tagen des Messias« dann »Wehen der Messiaszeit« genannt. Diese Auffassung bewahrte die Gemeinde davor, durch die enttäuschte messianische Naherwartung an ihrer Erfüllung irre zu werden. Je schlechter es wird, um so näher ist

auch das Ende. Kein äußeres Mißgeschick konnte die Gemeindemitglieder somit von ihrem Vertrauen in die bevorstehende
messianische Zukunft abbringen. Ein deutliches Zeugnis für
diese Glaubenszuversicht der Gemeinde ist Hab.Kom. 7, 7 f.
10–14: »Die Deutung ist die, daß sich das allerletzte Ende in
die Länge zieht und länger braucht, als die Propheten gesagt
haben, denn die Geheimnisse Gottes sind wunderbar ... Die
Deutung bezieht sich auf die Männer der Wahrheit, die das
Gesetz erfüllen, deren Hände auch dann im Dienste der Wahrheit nicht lässig werden, wenn sich das allerletzte Ende über
sie hinaus verzögert, denn alle Endzeiten Gottes kommen ihrer
Ordnung gemäß, wie Er es für sie in den Geheimnissen Seiner
Klugheit (vorher) bestimmt hatte.« Ähnlich heißt es auch in
der Kriegsrolle 1, 11 f: »Dies ist die Zeit der starken Bedrängnis
für das Volk, das Gott erlöst, und bei all seinen Nöten gab es
noch keine dergleichen vom Anbruch bis zur Vollendung der
ewigen Erlösung.«

Die Endzeit des Frevels wurde somit zu einem integrierenden
Bestandteil der eschatologischen Konzeption der Qumrangemeinde; sie wurde zu einem Teil des Endes der Tage. Nachdem schon einmal während der Zeit der Religionsverfolgung
unter Antiochus IV. die Chassidim rišonim das messianische Ereignis als unmittelbar bevorstehend erwartet hatten, wurden
mit dem Auftreten des Lehrers der Gerechtigkeit (vgl. X)
die messianischen Hoffnungen nochmals entflammt und wieder
enttäuscht, wie aus Kol. 7 des Hab.Kom. ziemlich eindeutig
hervorgehen dürfte. So betrifft nach Hab.Kom. 2, 7 die Botschaft
des Lehrers »das letzte Geschlecht«, während er laut Dam.Dok.
1, 11 f. »den letzten Geschlechtern kundtat, was Gott im allerletzten Geschlecht an der Gemeinde der Abtrünnigen tun
werde«. Dieser eschatologischen Einstellung entsprechend wird
in den Qumrantexten die Vokabel keṣ »Ende« für »Zeit«
gebraucht, denn die eigene Zeit ist eben die Endzeit. Um aber
dennoch den gesamten Komplex der Endzeit von der wirklichen
Endzeit unterscheiden zu können, sprach der Hab.Kom. auch
vom »Ende der Endzeit«. 7, 1 f. heißt es: »Und es sprach Gott
zu Habakuk, aufzuschreiben, was über das letzte Geschlecht

kommen werde; das Ende der Endzeit aber teilte er ihm (noch) nicht mit.« Aus diesen wenigen hier angeführten Zitaten kann man einen guten Einblick in die sich infolge der Verzögerung des Endes entwickelnde Endzeitlehre der Gemeinde gewinnen. Der Prophet Habakuk, wie übrigens auch die anderen Propheten des Alten Testamentes, kann nur allgemeine Aussagen über das Ende machen. Diesen weiteren Zeitraum nennt hier der Verfasser des Kommentars das letzte Geschlecht. Das an seinem Ende kommende Ende der Endzeit wurde von Gott erst dem Lehrer der Gerechtigkeit mitgeteilt (Hab.Kom. 7, 4 f.). Doch auch seine Botschaft betrifft nach Hab.Kom. 2,7 wiederum das letzte Geschlecht, das hier anscheinend mit dem Ende der Endzeit identisch ist, und Dam.Dok. 1, 11 f. wird seine Botschaft bereits als für die letzten Geschlechter bestimmt dargestellt; das Ende hatte sich also wiederum verzögert. Daraus ist auch ersichtlich, wie außerordentlich stark in manchen jüdischen Kreisen die Messiaserwartung im Zeitalter Jesu war.

Die Endzeitlehre der Qumran-Essener kannte also keine streng einheitliche eschatologische Terminologie und, wie es scheint, waren auch die diesbezüglichen Auffassungen der Gemeinde ziemlich verworren. Sicher aber ist, daß die Sehnsucht nach Erlösung, das Verlangen nach einem neuen Weltzustand (vgl. IX, 2, f.) und der feste Glaube an die bald bevorstehende Wiederherstellung der Welt im neuen Äon dafür verantwortlich waren. Nichts konnte die Gemeinde von der festen Glaubensüberzeugung abbringen, daß zur festgesetzten Zeit Seiner Heimsuchung Gott das Böse für immer austilgen wird (Sekt.Kan. 4, 18 f.). Das Ende des Frevels wird sich aber äußerst dramatisch gestalten. Die Gemeinde selbst zieht zum letzten entscheidenden Krieg aus (vgl. IX, 2, a), zu welchem auch die Engel Gottes vom Himmel heruntersteigen werden (vgl. VIII, 3, f). Nach der Darstellung der Hymnenrolle werden dann Erdbeben unsere Erde erschüttern und Unwetter und Feuerfluten sich über sie ergießen: »Die Mauerfundamente werden bersten wie ein Schiff auf hoher See und die Wolken werden laut rauschen. Die Erdbewohner und die Seefahrer werden erschreckt sein wegen der Menge des Wassers« (3,13 f.). »Wenn das Lot auf Gericht

zeigt und das Los des Zornes auf die Verlassenen fällt, das Ausgießen der Wut auf die Verborgenen und es Endzeit des Zornes
ist für alles Böse, dann sind überall Todeswehen ohne Rettung,
und die Flüsse Belials strömen über alle Ufer (wie) Feuer, das
frißt mit all seinen Zungen, zu vernichten alles feuchte und
trockene Holz aus seinen Bächen, und es breitet sich aus mit zuk-
kenden Zungen, bis nichts mehr davon übrigbleibt. An den
Fundamenten der Erde wird es fressen und am Bogen des Fest-
landes, die Pfeiler der Berge werden verbrennen und die Wurzeln des Gesteins werden zu Bächen von Pech. Es wird sich
durchfressen bis zur großen Urtiefe und bis zur Unterwelt werden vordringen die Bäche Belials. Die tiefsten Gründe des Meeres werden brüllen beim lauten Beben des Schlammes, die Erde
wird aufschreien wegen des Unbills, das an ihr geschieht. Da
bersten all ihre Pfeiler und werden wahnsinnig alle, die auf ihr
sind. Sie wanken wegen des großen Unglücks, denn Gott donnert in der Fülle Seiner Kraft und es bebt der Himmelsthron
Seiner Heiligkeit in der Wahrheit Seiner Majestät« (3,27—34).
In diesem Zusammenhang wird wohl auch die Bemerkung des
Hippolytus zu verstehen sein, daß nach der Meinung der Essener am Ende der Tage ein Weltenbrand stattfinden soll (adv.
haer. 10, 27).

d) Die Dauer der Endzeit

Innerhalb der Endzeitspekulationen der Qumran-Essener
wurde auch die Frage nach der Dauer des Endes aufgeworfen.
Im Anschluß an die 40jährige Wüstenwanderung (Ex. 16,35)
wurde auch für die Endzeit dieselbe Dauer berechnet. Im Kommentar zu Psalm 37 aus Höhle 4 heißt es zu Vers 10: »Noch
ein wenig und es gibt keinen Bösewicht mehr; ich (!) schaue auf
seinen Platz hin und ihn gibt es nicht mehr: Die Deutung bezieht sich auf den ganzen Frevel, denn wenn 40 Jahre vorüber
sein werden, wird es auf Erden keinen Bösewicht mehr geben.«
Demgemäß soll auch nach Kriegsrolle 2,6—14 der letzte Krieg
in all seinen Phasen 40 Jahre dauern (vgl. IX, 2, a). Auch im
Dam.Dok. 20, 14 f. werden »vom Tage an, da der einzige Lehrer
(i. e. Lehrer der Gerechtigkeit, vgl. X) hinweggenommen wurde,
bis daß alle Kriegsleute aufgebraucht sein werden, die mit dem

Mann der Lüge zurückgekehrt sind, etwa 40 Jahre« gerechnet.
Nach einer halben Endzeit, also nach 20 Jahren, kam laut Dam.-
Dok. 1, 10 f. der Lehrer der Gerechtigkeit. Auch aus diesen Berechnungen ist zu erkennen, daß die Gemeinde das erwartete
Ende hinausschieben mußte. Zuerst sollte der Lehrer der Gerechtigkeit schon in der halben Endzeit kommen, dann wurden
die 40 Jahre von seinem »Hinweggenommenwerden« an gerechnet und schließlich wurden sie allgemein für den letzten Krieg
in Anspruch genommen.

Eine ähnliche Symbolik dürfte die Zahl 40 auch haben, wenn
es im Neuen Testament heißt, daß Jesus 40 Tage in der Wüste
zugebracht und gefastet habe, bevor er vom Teufel versucht
wurde (Lk. 4, 2), und daß er nach seiner Auferstehung vor der
Himmelfahrt noch 40 Tage lang seinen Vertrauten erschienen
sei (Apg. 1, 3). Auch schon Moses (Ex. 34, 28) und Elias (1. Kg.
19, 8) sollen 40 Tage gefastet haben.

e) Lohn und Strafe beim letzten Gericht und die Auferstehung der Toten

Obwohl, wie besonders aus der Hymnenrolle hervorgeht,
die Qumrangemeinde der Überzeugung war, daß sie der erwählte letzte Rest des Volkes Israel sei (vgl. IX, 1, a), erwartete
sie sehnsüchtig das Ende der Tage mit dem Gericht über die
Bösen und der Belohnung der Guten. Ihre Mitglieder wußten
zwar schon, daß sie zum Heile erwählt seien, doch warteten
sie auf die eschatologische Realisierung desselben. In Sekt. Kan.
4, 7. 8. 12–14 wird diese Erwartung deutlich ausgesprochen:
»(Schicksal der Guten) Fülle des Friedens in der Länge der Tage,
Samenfrüchte mit allem Segen der Ewigkeit, ewige Freude am
ewigen Leben und die Krone der (göttlichen) Herrlichkeit mit
ihrer Pracht im ewigen Licht. . . . . (Das Schicksal der Bösen)
führt zur Fülle der Plagen durch alle Verderberengel, zur ewigen
Vertilgung im überschäumenden, rächenden Zorn Gottes, zur
ewigen Mißhandlung und zur dauernden Schande mit der
Schmach der Vertilgung im Höllenfeuer. Und das ganze Ende
ihrer Generationen (wird) in Trauer der Bekümmernis (sein)
und bittere Mühsal (wird sein), wenn (sie) das Verderben der

Finsternis (trifft), bis daß sie vollkommen bis auf das letzte Restchen ausgetilgt sein werden.« Auch in Dam.Dok. 2, 5 f. wird den Widerspenstigen und Gesetzesverächtern die göttliche Strafe, die von den Verderbengeln vollstreckt werden wird, »in Feuerflammen« angekündigt. Auch in den zum Qumranbereich gehörigen Pseudepigraphen spielt die Höllenvorstellung eine große Rolle. Man hat fast den Eindruck, daß sich die romanischen und gotischen Künstler bei ihren Darstellungen des letzten Gerichts von solchen und ähnlichen Bildern inspirieren ließen. So heißt es Henoch 10, 13: »In jenen Tagen werden sie in den feurigen Abgrund geführt, in die Qual und in den Kerker, worin sie für immer eingesperrt werden«; 90, 26: »Ich sah in jener Zeit, wie sich mitten auf der Erde ein ähnlicher Abgrund voller Feuer öffnete . . . . alle wurden gerichtet, verurteilt und in jenen Feuerpfuhl geworfen«; 100, 9: »Weh euch Sündern, denn ihr werdet in loderndem Feuer brennen«; 103, 8: »In Finsternis, Ketten und Feuerflammen kommt euer Geist, wenn das große Gericht stattfindet. Weh euch! Ihr werdet keinen Frieden haben.« Ähnlich heißt es Henoch 27, 1–3: »Da fragte ich, wozu dient dieses gesegnete Land ganz voller Bäume und wozu diese verfluchte Schlucht dazwischen? Da antwortete mir Uriel, einer der heiligen Engel, der bei mir war, und sprach zu mir: Diese verfluchte Schlucht ist für die ewig Verfluchten bestimmt . . . Hier ist die Stätte ihres Gerichts. In den letzten Tagen wird sich an ihnen das Schauspiel eines gerechten Gerichts in Gegenwart der Gerechten endgültig vollziehen.«

Auch die Schilderung der endzeitlichen Herrlichkeit im Henochbuch weist wie die Höllendarstellung Parallelen zum Sektenkanon auf. Hen. 10, 16–22 ist eine solche ausführliche Schilderung erhalten: »Jedes schlechte Werk soll ein Ende finden! Erscheinen soll die Pflanze der Gerechtigkeit und Wahrheit! . . . Die Werke der Gerechtigkeit und Wahrheit werden für immer in wirklicher Freude gepflanzt werden. Dann erblühen alle Frommen und leben, bis sie tausend Kinder zeugen, und vollenden in Frieden alle Tage ihrer Jugend und ihres Alters. Dann wird die ganze Erde in Gerechtigkeit bestellt . . . Alle lieblichen Bäume werden darauf gepflanzt, ebenso Wein-

stöcke, und die eingepflanzten Weinstöcke bringen Trauben in
Überfluß. . . . Die Erde bleibt dann rein von aller Verderbnis,
aller Sünde, aller Plage und aller Qual . . . von Geschlecht zu
Geschlecht bis in Ewigkeit.«

Sowohl den Lohn als auch die Strafe stellten sich die Qumran-Essener in äußerst anthropomorphen Bildern vor. Sie
glaubten daher an ein Fortdauern der Leiblichkeit nach dem
Tode oder an eine neue Leiblichkeit beim letzten Gericht. Diese
Auffassung setzt mindestens im Ansatz den Glauben an eine
Auferstehung der Toten voraus. Josephus Flavius berichtet Ant.
18, 1, 5 zwar nur von einem essenischen Glauben an die Unsterblichkeit der Seele; diese Darstellungsweise dürfte aber nichts
anderes als ein Zugeständnis an seine griechischen Leser sein.
Dieselbe Tendenz wird noch deutlicher Bellum 2, 8, 11, wo er
die essenischen Jenseitslehren der griechischen Vorstellung von
der Insel der Seligen anpaßt: »Den Guten sei ein Leben jenseits
des Ozeans beschieden und ein Ort, den weder Regen, noch
Schnee, noch Hitze belästige . . . Den Bösen dagegen weisen sie
eine finstere Höhle von ewigen Qualen zu.« Der hellenisieren-
den Darstellungsweise des Josephus wird also grundsätzlich zu
mißtrauen sein, denn die Essener waren keine hellenistisch-
synkretistische Gruppe, sondern eine jüdische apokalyptische
Bewegung. Schon die alttestamentlichen Schriftpropheten schil-
derten das Ende der Tage in äußerst weltlichen Bildern. Das
Ende ist für die Propheten ein geläutertes Diesseits und kein
farbloses Jenseits. Diese diesseitsgerichtete Endzeiterwartung
ist in der Apokalyptik noch viel deutlicher ausgeprägt, da die
Apokalyptiker wegen der Mangelhaftigkeit der gegenwärtigen
Welt den Anbruch der kommenden Welt sehnsüchtigst erwarteten. Somit ergibt sich mit innerer Konsequenz von selbst, daß
auch die Auffassung vom Leben nach dem Tod und vom Leben
in einem neuen Äon nicht spiritualisiert werden konnte, sondern noch mehr materialisiert werden mußte. Es ist auch eine
altbekannte Tatsache, daß in der Apokalyptik die Ansätze im
Alten Testament, die von einer Auferstehung der Toten sprechen, zur Auferstehungshoffnung schlechthin geworden sind.
Dabei ist es natürlich selbstverständlich, daß sich diese Hoff-

nung langsam entwickelte und noch nicht in dogmatischem Sinn formuliert wurde. Man konnte sich einfach ein Leben ohne Körperlichkeit — wie auch sonst im alten Orient — nicht vorstellen und daher mußte auch das jenseitige Leben ein körperliches sein. Erst nachdem unter griechischem Einfluß die Vorstellung von einem ausschließlichen Weiterleben der Seele auch im palästinensischen Judentum Anhänger gefunden hatte, sahen sich im ersten und zweiten nachchristlichen Jahrhundert die Rabbinen genötigt, die Auferstehung der Toten als Glaubenssatz zu formulieren (Sanhedrin X, 1, 2, ḥelek). Doch auch dann waren die Auffassungen keineswegs einheitlich, da man sich das Jenseits für die Gerechten entweder vollständig anthropomorph oder mehr spiritualistisch dachte und auch bezüglich der Frevler die Höllenstrafe als dauernd oder als vorübergehend annahm und außerdem noch der Meinung war, daß gewisse Gruppen von Sündern nicht einmal an der Auferstehung zum Gericht teilhaben sollten.

Die Auferstehungsvorstellungen blieben somit auch im pharisäischen Judentum bis in die talmudische Zeit noch ziemlich uneinheitlich, wenn auch die Auferstehungserwartung im allgemeinen anerkannt und verbreitet war. Demnach ist nicht zu erwarten, daß die Qumrantexte und die zum Qumranbereich gehörigen Pseudepigraphen in dogmatischem Sinn bindende Aussagen über die Auferstehung der Toten machen. Schon Daniel 12, 2 ist die Auferstehungshoffnung ausgesprochen, also in einem Text, der unzweifelhaft noch vor der Qumransekte anzusetzen ist. Sie war also schon bei den Chassidim rišonim bekannt, bei jener Gruppe, aus der die Qumrangemeinde hervorgegangen ist (vgl. VII). So sollen nach 2. Makk. 7, 9–14 drei der sieben gemarterten Brüder gesagt haben: »Ruchloser, du kannst uns aus diesem Leben befördern; der König der Welt aber wird uns zu einem neuen, immerwährenden Leben erwecken . . . Ich hoffe, meine Glieder von Gott wieder zu erhalten. . . . Wenn wir auch durch Menschengewalt das Leben lassen müssen, so bleibt uns doch der Trost einer von Gott geschenkten Hoffnung, daß wir von Ihm wieder erweckt werden. Für dich allerdings gibt es keine Auferstehung zum Leben.« Aus den zum Qumranbereich gehörigen Pseudepigraphen seien nur wenige Beispiele erwähnt. So

heißt es im Testamentum Juda 25, 4: »Die in Traurigkeit gestorben sind, werden in Freude auferstehen«; Test.Zebulon 10, 1–3:
»Und jetzt, meine Kinder, betrübt euch nicht, daß ich sterbe . . .
denn ich werde wiederum auferstehen in eurer Mitte . . . Über
die Gottlosen aber wird der Herr ein ewiges Feuer bringen und
wird sie vertilgen bis in die nachfolgenden Geschlechter.«
Henoch 92, 3: »Der Gerechte wird aus dem Todesschlaf auferstehen.« Demgemäß heißt es in der Hymnenrolle 11, 12, daß
Gott die »(gerechten) Toten vom Staub und Gewürm erheben«
werde. Aus diesen Texten ist eindeutig ersichtlich, daß mindestens die Gerechten auferstehen sollen. Das Schicksal der Bösen
aber soll »Schmach und Vertilgung im Höllenfeuer« sein. Wann
aber diese Höllenstrafe beginnen und wie lange sie dauern
sollte, darüber geben die Texte keine eindeutige Auskunft, und
man hat den Eindruck, daß auch die diesbezüglichen Vorstellungen der Gemeinde sehr uneinheitlich waren.

Wenngleich man sich auch meistens die Auferstehung der
Gerechten körperlich vorstellte, so ist dennoch im Jubiläenbuch
23, 30 f. auch die umgekehrte Auffassung belegt: »Und dann
wird Gott seine Knechte heilen, und sie werden sich erheben
und tiefen Frieden schauen und werden ihre Feinde vertreiben . . . Und ihre Gebeine werden in der Erde ruhen und ihr
Geist wird viel Freude haben.« Daß die hier vertretene Auffassung von einem körperlosen Zustand in der neuen Welt aber
nicht wortwörtlich gemeint war, geht aus den beiden vorher-
gehenden Versen hervor: »Dann gibt es keinen Alten und keinen
Lebenssatten mehr, denn sie werden alle Kinder und junge
Leute sein. Alle ihre Tage verleben und vollenden sie in Frieden
und Freude, denn dann gibt es keinen Satan und keinen Bösen
mehr, der sie verdirbt!«

Zusammenfassend kann also festgehalten werden, daß die
anthropomorphen Auffassungen vom Jenseits und vom Ende
der Tage dazu führten, daß die Qumran-Essener auch dann an
ein Fortdauern der Leiblichkeit glaubten, wenn sie mit einem
Vergehen der Leiber selbst rechneten. Aus diesen Ansätzen entwickelte sich im Laufe der Zeit die als Glaubenssatz formulierte
Auferstehungshoffnung.

f) Die neue Schöpfung

In Sekt.Kan. 4, 25, heißt es, daß Gott die beiden Kräfte des Lichtes und der Finsternis »bis zum festgesetzten Ende und bis zur neuen Schöpfung« gleicherweise auf Erden wirken läßt (vgl. VIII, 3, f). Demgemäß wird der Zustand nach der Vernichtung des Bösen als neue Schöpfung bezeichnet. Auch das Henochbuch kennt diese Auffassung. Nach Hen. 91, 16 wird der erste Himmel verschwinden und ein neuer Himmel erscheinen. 90, 29 ist auch speziell von einem neuen Jerusalem und einem neuen Tempel die Rede. In Höhle 1 wurden im Jahre 1949 von den Ausgräbern auch einige sehr kleine Fragmente gefunden, die allem Anschein nach das neue Jerusalem beschreiben. Aus diesen Andeutungen geht hervor, daß die Qumrangemeinde auf eine kosmische Neuordnung hoffte, durch die alle Mangelhaftigkeit des gegenwärtigen Äons ein für allemal behoben werden sollte (vgl. IX, 2, c). Diese Neuordnung war das Ziel ihrer apokalyptischen Spekulationen. In den späteren Apokalypsen, die nicht mehr in den weiteren Rahmen der essenistischen Texte gehören, wurde dieser Gedanke dann noch weiter ausgebaut.

X. DER LEHRER DER GERECHTIGKEIT UND DIE BEIDEN MESSIASSE

Die Messiaserwartungen der Qumrangemeinde werden in Sekt.Kan. 9, 10 f. in einem Satz zusammengefaßt: »Sie sollen nach den früheren Rechtssatzungen gerichtet werden, nach denen sich die Männer der Gemeinschaft in Zucht zu nehmen begonnen hatten, bis zum Kommen des Propheten und der Messiasse aus Aharon und Israel.« Daraus geht eindeutig hervor, daß die Qumran-Essener drei messianische Funktionäre erwarteten, zwei Messiasse und einen Propheten. Die Erwartung eines messianischen P r o p h e t e n ist nicht nur im Neuen Testament allgemein bekannt, sondern auch schon im Alten Testament angedeutet. Dt. 18, 15. 18 ist die Verkündigung eines neuen

Propheten, der wie Mose sein wird, enthalten. Malachia 3, 23 ist die Wiederkunft des Propheten Elias angekündigt. Seine Aufgabe wird die Versöhnung der Menschen sein. Er muß »das Herz der Väter den Söhnen und das Herz der Söhne den Vätern zuwenden« (3, 24). Er muß also die menschliche Disposition für das messianische Zeitalter schaffen, indem er die Sünder zur Umkehr bewegt. Im ersten Makkabäerbuch sind zwei wertvolle Belege für die Erwartung eines messianischen Propheten im zweiten Jahrhundert v. Chr. Aus diesen beiden Hinweisen geht hervor, daß der letzte Prophet auch religionsgesetzliche Fragen zu beantworten hat, das heißt wohl, daß man in ihm den letzthin kompetenten Interpreten des mosaischen Gesetzes erwartete. Laut 1. Makk. 4, 46 soll er über die Steine des von den Syrern entweihten Brandopferaltars entscheiden: »Die Steine aber legten sie auf dem Tempelberg auf einem geeigneten Platz nieder, bis ein Prophet erstünde, der ihnen über sie Bescheid geben könne«. Auch als im September 141 v. Chr. dem Hasmonäer Simon und seinen Nachkommen vom Volk die höchste geistliche und weltliche Macht zugesprochen wurde, wurde dieser Beschluß bis auf Widerruf durch den messianischen Propheten gefaßt: »Und nun haben die Juden und die Priester ihre Zustimmung gegeben, daß Simon ihr Hegemon und Hohepriester für immer sein solle, bis daß ein zuverlässiger Prophet erstehe« (1. Makk. 14, 41).

Für die Qumran-Essener war nun der L e h r e r d e r G e r e c h t i g k e i t dieser erwartete letzte Prophet. Nach Hab.-Kom. 7, 4 f. soll ihm »Gott alle Geheimnisse der Worte Seiner Diener, der Propheten, mitgeteilt« haben. Wie aus dem Zusammenhang hervorgeht, waren diese Geheimnisse in erster Linie eschatologischen Charakters. Der Lehrer war für seine Gemeinde der Verkünder des nahenden Weltendes (vgl. IX, 2, c). Dementsprechend heißt es über ihn auch Dam.Dok. 1, 11 f., daß »er den letzten Geschlechtern kundtat, was Gott im allerletzten Geschlecht an der Gemeinde der Abtrünnigen tun werde«. Es kam aber nicht so, wie es der Lehrer der Gerechtigkeit vorausgesagt hatte. Das Ende verzögerte sich trotz seiner Botschaft. Einige werden da wohl an seinem prophetischen Auftrag irre

geworden sein. In Hab.Kom. 5, 9–11 wird eine Haus Absalom
genannte apostatische Gruppe getadelt, die – anscheinend wider
Erwarten der Gemeinde – dem Lehrer nicht gegen den Lügenmann geholfen hatte. 8, 1 f. dagegen wird wieder jenen Geset-
zestreuen, die an seine Botschaft und Würde geglaubt hatten,
versichert, »daß sie Gott aus der Stätte des Gerichtes retten«
werde. Aus 11, 4–8 ist zu entnehmen, daß der Lehrer geflüchtet
war und in seinem »Exilhaus« vom Frevelpriester verfolgt
wurde, der ihn »im Zorn seiner Wut verschlingen« wollte. Diese
ganze Begebenheit trug sich an einem Tage zu, der für die Gemeinde der Versöhnungstag, der größte Feier- und Ruhetag, für
den Frevelpriester aber ein gewöhnlicher Wochentag war, da die
Qumran-Essener und das übrige Judentum zwei verschiedene
Kalender hatten (vgl. VIII, 2, d). Einige Interpreten glauben,
daß der Lehrer bei dieser oder einer anderen Gelegenheit vom
Frevelpriester getötet wurde. Diese Deutung ist möglich, aber
auf Grund der bisher vorliegenden Texte noch keineswegs zwingend. Zwei wichtige Stellen im Dam.Dok. 8, 21 b und 20, 14
sprechen nur davon, daß er »hinweggenommen« wurde. Seine
Getreuen aber ließen sich dadurch nicht irremachen und glaubten, daß er am Ende vom Ende nochmals kommen werde. So
heißt es Dam.Dok. 6, 10 f.: »Aber außerdem werden sie nichts
begreifen, bis daß der Lehrer der Gerechtigkeit am Ende der
Tage auf(er)stehen wird.«
Aus dem Vergleich von Hab.Kom. 2, 5–9 mit 7, 4 f. und aus
dem Kommentar zu Psalm 37 aus Höhle 4 geht hervor, daß der
Lehrer der Gerechtigkeit wie später auch Johannes der Täufer
aus priesterlichem Geschlecht stammte. Von einem priesterlichen
Propheten der Endzeit ist auch im Testamentum Levi 2, 10 die
Rede: »Du wirst nahe bei dem Herrn stehen und wirst Sein
Diener sein und wirst den Menschen Seine Geheimnisse ver-
künd igen, und über den, der Israel erlösen soll, wirst du Botschaft bringen.« Auch im Testamentum Benjamin 9, 2 heißt es,
»daß der Höchste Sein Heil unter der Aufsicht des einzigen Propheten schicken werde«. Weil der Lehrer aus einer priesterlichen
Familie stammte, setzten ihn einige Forscher mit dem erwarteten Priestermessias gleich. Demnach sollte der Lehrer also mes-

sianischer Prophet und Messias aus Aharon zugleich sein. Gegen diese Deutung spricht aber die eingangs zitierte Formel aus dem Sektenkanon, die einen Propheten und die Messiasse aus Aharon und Israel erwähnt. Somit kann der Prophet nicht gut mit einem der beiden Messiasse gleichzusetzen sein. Auch die Dam.-Dok. 8, 21 b, f. erwähnte Zeitbestimmung »vom Tage an, da der Lehrer der Gemeinschaft (d. h. Lehrer der Gerechtigkeit) hinweggenommen wurde, bis zum Kommen der Messias(se) aus Aharon und Israel« wäre kaum verständlich, wenn der Lehrer und der Priestermessias aus Aharon dieselbe Person wären. Der einzige Ausweg aus dieser Schwierigkeit wäre die Annahme, daß der Lehrer ursprünglich zwar messianischer Prophet war, nach seiner Wiederkunft aber messianischer Hohepriester sein wird. Zu einer solchen Deutung geben jedoch die bisher vorliegenden Texte keinen Anlaß.

Die alttestamentliche Grundlage für die Z w e i m e s s i a s -
l e h r e bot der Bileamspruch Numeri 24, 17 b: »Es wird aufgehen ein Stern aus Jakob und aufstehen eine Zuchtrute aus Israel.« Den Stern setzten die Qumran-Essener mit dem Priestermessias gleich und das Wort Zuchtrute, das auch Szepter heißen kann, mit dem davidischen Laienmessias. An mehreren Stellen der Qumrantexte und der Testamente der zwölf Patriarchen wird dieser Bileamspruch als Beleg für die endzeitliche Heilszuversicht der Gemeinde zitiert und es ist sehr wahrscheinlich, daß er überall ein Hinweis auf die beiden Messiasse sein sollte. Die Symbole Stern und Szepter (Zuchtrute) finden sich auch einzeln als Attribute des Priester- bzw. des Laienmessias.

In allen rituellen und religiösen Belangen ist der P r i e -
s t e r m e s s i a s dem Laienmessias übergeordnet, so wie die Priester auch sonst in kultischen Dingen über den Laien stehen. Im Regelbuch 2, 11—21 ist von einem rituellen Mahl (vgl. VIII, 3, a) die Rede, das in der messianischen Zeit stattfinden soll: »Und dies ist die Sitzordnung der Männer des ›Namens‹, der Berufenen der ›festgesetzten Zeit‹ für den Rat der Gemeinschaft, wenn Gott den Messias (d. h. Laienmessias) mit ihnen gehen läßt: Zuerst kommt der Priester, das Haupt der ganzen Gemeinde Israels (d. h. Priestermessias), und alle Väter aus den

Söhnen Aharons, die Priester, die Berufenen der ›festgesetzten Zeit‹, die Männer des ›Namens‹, und sie nehmen vor ihm Platz, ein jeder entsprechend seiner Würde. Dann nimmt der Messias aus Israel (d. h. Laienmessias) Platz und vor ihm nehmen die Häupter der Tausendschaften Israels Platz, jeder entsprechend seiner Würde, entsprechend seiner Position in ihren Lagern und Zügen. Und alle Häupter der Väter der Gemeinde mit den Weisen der Gemeinde der Heiligkeit nehmen vor ihnen Platz, ein jeder entsprechend seiner Würde. Und wenn sie sich zum Tisch der Gemeinschaft versammeln, oder (sich versammeln), um den Most zu trinken, soll der gemeinsame Tisch gedeckt werden. Beim Ausgießen des Mostes, um zu trinken, darf niemand vor dem Priester (d. h. Priestermessias) zuerst seine Hand zu dem Brot und zu dem Most ausstrecken, denn er segnet zuerst das Brot und den Most und streckt zuerst seine Hand zu dem Brote aus. Dann streckt der Messias aus Israel seine Hände zu dem Brote aus, und darnach sprechen alle Mitglieder der Gemeinde den Segen, jeder entsprechend seiner Würde.« Auch in den Testamenten der zwölf Patriarchen ist dieselbe Vorstellung belegt. Hier repräsentiert der Name Levi, der Stammvater der Priesterfamilien, den hohepriesterlichen Messias, während der Name Juda auf den davidischen Laienmessias hinweist. So heißt es Test. Simeon 7, 1 f.: »Und nun, meine Söhne, hört auf Levi und Juda und steht wider diese beiden Stämme nicht auf, denn aus ihnen wird euch die Erlösung Gottes erstehen. Denn der Herr wird euch einen Hohepriester aus Levi erwecken und aus Juda einen König.« Noch deutlicher Test. Juda 21, 1–3: »Und nun, meine Söhne, befehle ich euch, liebet den Levi . . . denn mir gab Gott die Königsherrschaft und ihm gab Er das Priestertum, und er ordnete die Königsherrschaft dem Priestertum unter. Mir gab er die auf der Erde und ihm diejenige im Himmel.« Von einem hohepriesterlichen Messias ist auch noch ausdrücklich im Test. Ruben 6, 8 die Rede: »Deshalb befehle ich euch, auf Levi zu hören; denn er wird das Gesetz des Herrn erkennen und wird anweisen zum Gericht und zu Opfern für ganz Israel bis zur Vollendung der Zeiten des hohepriesterlichen Messias.«

Der L a i e n m e s s i a s sollte demnach aus dem Stamme Juda, d. h. aus dem Geschlecht Davids kommen, er sollte der erwartete Sohn Davids sein. In den Qumrantexten wird er nicht nur mit der Zuchtrute, die gemäß Genesis 49, 10 »von Juda nicht weichen« soll, verglichen, sondern er wird auch mit anderen davidisch messianischen Attributen aus dem Alten Testament bezeichnet. Im Kommentar zum Patriarchensegen aus Höhle 4 wird er »Messias der Gerechtigkeit, Sproß (vgl. Jer. 23, 5; 33, 15; Zach. 3, 8; 6, 12) Davids« und in den fragmentarischen Lobpreisungen, die wahrscheinlich zum Regelbuch gehören, im Anschluß an Ezech. 34, 24; 37, 25 »Fürst der Gemeinde« genannt. Im Dam.Dok. 7, 20 f. heißt es von ihm: »Die Zuchtrute ist der Fürst der ganzen Gemeinde, und wenn er aufstehen wird, zerschmettert er alle Söhne Seths.« Die Aufgabe dieses Fürsten der Gemeinde, der in den oben genannten fragmentarischen Lobpreisungen mit davidisch-messianischen Attributen aus Is. 11, 2–5 und Micha 4, 13 eingeführt wird, ist es, »das Reich Seines Volkes aufzurichten«, d. h. das Gottesreich auf Erden zu errichten. Auch nach dem Kommentar zum Patriarchensegen aus Höhle 4 wird dem davidischen Messiassproß »der Bund des Reichen Seines Volkes für alle Zeiten gegeben«. Der davidische Messias ist also der kämpfende Messias. Daher betritt der Messias Israels laut Regelbuch 2, 14 f. den Versammlungssaal an der Spitze der Häupter der Tausendschaften Israels, d. h. der Generäle. Er ist der Heerführer der Gemeinde, da die Priester, die sonst immer der Gemeinde vorstehen, an den Kämpfen nicht teilnehmen dürfen, um sich nicht durch das Blut der Gefallenen zu verunreinigen. So heißt es in der Kriegsrolle 9, 7–9: »Wenn die ›Gefallenen‹ fallen werden, dann trompeten die Priester von Ferne und kommen nicht bis zu den Gefallenen, um sich nicht mit dem Blute ihrer Unreinheit zu beflecken; denn sie sind Heilige und dürfen nicht das Salböl ihres Priesteramtes mit dem Blut der nichtigen (d. h. heilsgeschichtlich nicht relevanten) Völker entweihen.« Das Kriegshandwerk ist also Sache der Laien und daher steht in militärischen Dingen der Laienmessias, der »Fürst der ganzen Gemeinde«, an erster Stelle, wie in rituellen Belangen der Priestermessias an der Spitze steht. Auf dem Schild des Fürsten steht infolgedessen laut Kriegsrolle 5, 1 zuerst der Name Israels und erst dann derjenige Levis und Aharons. Ebenso steht auch gemäß 3, 13 auf der »großen Standarte an der Spitze des ganzen Volkes« zuerst der Name Israels und erst dann der Name Aharons.

Im Anschluß an die Nathanweissagung an David 2. Sam. 7, 11–14 dürften die Qumran-Essener auch der Meinung gewesen sein, daß der messianische Davidsproß mit dem von Vorzeit her vorhandenen, verborgenen Gottessohn identisch sei. So heißt es im messianischen Florilegium aus Höhle 4: »Es teilte dir der Herr mit, daß er dir ein Haus erbauen werde: Ich will aufrichten deinen Samen nach dir und fest machen den Thron seines Reiches bis in Ewigkeit. Ich werde ihm zum Vater sein und er wird mir zum Sohne sein. Dies ist der Sproß Davids, der mit dem Toralehrer (d. h. Priestermessias) aufsteht, der aufsprossen wird in Zion am Ende der Tage, so wie es geschrieben steht: Ich will aufrichten die zusammenstürzende Hütte Davids (Amos 9, 11). Dies ist die zusammenstürzende Hütte Davids und daraufhin wird er aufstehen, um Israel zu erlösen.« Jesu Kontroverse mit den pharisäischen Schriftgelehrten über die messianische Deutung von Psalm 110, 1 (Mt. 22, 41–45; Mk. 12, 35–37; Lk. 20, 41–44) dürfte wohl in diesem Zusammenhang zu verstehen sein. Auch im 4. Ezrabuch, das erst knapp nach der Zerstörung Jerusalems im Jahre 70 n. Chr. entstand und daher nicht mehr zum Qumranbereich direkt gehören kann, ist die Auffassung vorausgesetzt, daß der »Sohn Gottes« und der endzeitliche »Sohn Davids« ein und derselbe seien. 4. Ezra 12, 31 f. heißt es: »Der Löwe aber . . . das ist der Gesalbte, den der Höchste bewahrt für das Ende der Tage, der aus dem Samen Davids erstehen wird«, und 4. Ezra 7, 28: »Denn Mein (i. e. Gottes) Sohn, der Gesalbte, wird sich offenbaren samt allen bei ihm, und wird den Übergebliebenen Freude geben, 400 Jahre lang.«

Eine der schwierigsten messianischen Stellen ist in der Hymnenrolle 3, 9 f., wo es heißt: »Und die Schwangerschaft mit dem ›Manne der Bedrängnis‹ ist in ihren Wehen, denn unter

Todeswehen wird sie (gemeint ist die Gemeinde, die mit einer schwangeren Frau in Geburtswehen verglichen wird) ein Männliches gebären und unter Wehen der Unterwelt wird der ›Wunderrat mit seiner Stärke‹ (Js. 9,5) aus dem Schmelzofen der Schwangerschaft hervorbrechen und es geht heil hervor der ›Mann‹ aus den Mutterwehen.« Das Kind aus dem Stamme David (Is. 9,6) der »Wunderrat« wird hier also »Mann der Bedrängnis« genannt. Es ist dabei nicht unmöglich, im Anschluß an die Gottesknechtweissagungen (Is. 49, 1. 5; 52, 13 – 53, 12) an einen leidenden Messias zu denken. Andererseits aber kann sich der Terminus »Mann der Bedrängnis« auch nur auf die Wehen bei seiner Geburt beziehen. Eine sehr dunkle Stelle im Testamentum Ruben 6, 10–12 könnte aber im Sinne des Leidens des Davidmessias aufgefaßt werden. Hier heißt es von Juda, d. h. also vom Messias aus dem Hause David: » Verehrt seinen Samen, denn für euch wird er sterben in sichtbaren und unsichtbaren Kriegen.« Da es aber nicht sicher ist, ob diese Stelle ursprünglich oder erst ein christlicher Zusatz ist, kann man sie nicht als ausschlaggebend ansehen. Man wird also noch neue Textveröffentlichungen abwarten müssen, bevor man die Frage endgültig bejahen oder verneinen kann, ob der davidische Messias – wie später der Messias Sohn Josephs der Rabbinen – nicht nur kämpfen, sondern auch fallen, vielleicht sogar leiden sollte.

XI. DIE ENTSTEHUNG DES CHRISTENTUMS UND DIE QUMRANTEXTE

In diesem Kapitel können nur die wichtigsten Übereinstimmungen, Ähnlichkeiten und Unterschiede zwischen den Lehren der Qumrangemeinde und denen des Neuen Testaments Erwähnung finden. Eine erschöpfende Behandlung dieses Problems müßte Gegenstand einer eigenen und ausführlichen Darstellung sein. Dennoch soll aber auch schon aus diesem Abschnitt die außerordentlich große Bedeutung der Qumranfunde für das religionsgeschichtliche Verständnis des Neuen Testaments hervorgehen. Man kann ohne Übertreibung sagen, daß in diesem Sinn die Qumrantexte der bisher bedeutendste Fund überhaupt sind. Wenn hier aber auf Ähnlichkeiten und Übereinstimmungen hingewiesen wird, so soll damit nicht behauptet werden, daß in allen Fällen eine direkte Abhängigkeit der neutestamentlichen von den entsprechenden qumran-essenistischen Auffassungen angenommen werden muß oder darf. Die Qumran-Essener stellten nur einen Teil der allgemeinen apokalyptischen Bewegung im Judentum dar und sind nicht in allem und jedem mit dieser gleichzusetzen. Da gab es Kreise, in denen die Menschensohn-Erwartung verbreitet war, die nur indirekt mit der politischen Erwartung eines Davidmessias in Zusammenhang gebracht werden kann und religionsgeschichtlich auch einen anderen Ursprung hat als diese, und die Zeloten, die nicht auf den Gotteskrieg am Ende der Tage warteten, sondern ihn sofort beginnen wollten. Man muß sich also davor hüten, aus Entdeckerfreude über die Qumrantexte diese zu überschätzen und zu glauben, daß sie ein vollständiges Bild von der messianischen Bewegung im Zeitalter Jesu geben können! Nichtsdestoweniger gehören sie aber genauso wie das Neue Testament in das Milieu dieser Bewegung. Aus den Qumrantexten ist die geistige Atmosphäre Johannes des Täufers, der Anhänger Jesu und der ersten Glieder der Urgemeinde zu erkennen. Viele Evangelienstellen werden somit religionsgeschichtlich erst jetzt in das rechte Licht gerückt.

Immer wieder begegnet man dem Einwand, daß im Neuen Testament nirgends von Essenern die Rede ist und daß ein solcher Tatbestand außerordentlich befremdet, wenn das Neue Testament und die Essener demselben Milieu entstammen sollen. Ich halte diesen Einwand weder für überzeugend, noch für gerechtfertigt. Wir wissen nicht einmal, wie die Essener zu diesem Namen gekommen sind und ob sie ihn selbst überhaupt je geführt haben. Das Wort Essäer dürfte die griechische Transkription des aramäischen Wortes chasaia, »die Frommen«, sein. Die Bezeichnung Essener entspräche dann der sogenannten status-absolutus-Form desselben Wortes, die aramäisch chasen heißt. Unter den zahlreichen Selbstbezeichnungen der Qumranleute ist zumindest in den bisher bekannten Texten der Terminus chasaia oder chasen nicht ein einziges Mal belegt; die enge Zugehörigkeit der Qumrangemeinde zur weiteren Gruppe des Essenismus scheint aber über jeden Zweifel erhaben (vgl. VIII). Dieser Tatbestand beweist, daß der Terminus Essener keineswegs für jene Gruppe charakteristisch war, die von den antiken Autoren so bezeichnet wurde.

Bei dieser Gelegenheit müssen die Quellen, die das Milieu des Judentums im Zeitalter Jesu schildern, näher untersucht werden. Es gibt drei solche Quellengruppen: 1) Die hellenistischen Autoren und die Kirchenschriftsteller. Bei diesen werden drei »jüdische Parteien« unterschieden, Pharisäer, Sadduzäer und Essener. 2) Die talmudisch-rabbinische Literatur. Auch hier begegnen, wenn man von Doppelbezeichnungen für gewisse Gruppen absieht, wiederum drei Fraktionen: Pharisäer, Sadduzäer und Chassidim rišonim (vgl. VI, 2; VII). 3) Auch das Neue Testament kennt Pharisäer und Sadduzäer. Eine dritte und wenig einheitliche Gruppe sind jene, die auf das kommende »Reich Gottes« warteten, also jene, die in einer akuten messianischen Naherwartung lebten. Zu ihnen gehörten sowohl die Anhänger des Täufers als auch Apostel und Jünger Jesu. Da Pharisäer und Sadduzäer in allen drei Quellengruppen die gleichen sind, liegt es nahe, auch die drei verschiedenen Bezeichnungen für die dritte Gruppe als drei verschiedene Aspekte ein und derselben Gruppe anzusehen. Diese Gruppe war aber keineswegs als solche streng einheitlich organisiert, sie war vielmehr nur eine lose Gemeinschaft von Menschen, eine Gruppe von Gruppen, die nichts anderes miteinander verband als die gemeinsame akute messianische Naherwartung. Somit dürfte die neutestamentliche Bezeichnung für diese in messianischer Erregung befindliche Masse wohl auch die zutreffendste sein. Sadduzäer und Pharisäer gehörten, im Gegensatz zu den Anhängern des Täufers, Jesu und den Zeloten, aus jeweils verschiedenen Gründen nicht zu diesen Gruppen. Wenn ein Pharisäer »auf das Reich Gottes wartete«, so wird dies im Neuen Testament als Ausnahme von der Regel angegeben (z. B. Mk. 15, 43, vgl. Lk. 23, 50; Mt. 27, 57; Joh. 19, 38; ferner Joh. 3, 1—5).

Auch das talmudische Schrifttum ergibt dasselbe Bild. Von den Gelehrten der ersten Tannaitengeneration, den Zeitgenossen Jesu, sind keinerlei akut messianische Aussprüche überliefert. Die Messiaserwartung im Zeitalter Jesu beschränkt sich auf die Kreise der volkstümlichen Propheten und der Apokalyptiker, die der Pharisäismus entschieden ablehnte (vgl. VII). Die Pseudepigraphen wurden von den Pharisäern bewußt nicht in den Kanon aufgenommen (vgl. II). Erst nach der Zerstörung Jerusalems 70 n. Chr. und vollends erst im zweiten Jahrhundert n. Chr. sind akut messianische Lehren aus den Kreisen der pharisäischen Rabbinen belegt, doch gab es auch gleichzeitig wieder Gegenströmungen, die ihnen die Enttäuschung über die Niederwerfung des Bar-Kochba-Aufstandes (132–135) erträglich machten.

Aus diesen kurzen Hinweisen ist wohl ersichtlich, daß man die messianischen Gruppen insoferne als Einheit betrachten darf, als sie gerade wegen ihrer messianischen Naherwartung trotz innerer Unterschiede gemeinsam in Opposition zum Pharisäismus und zum Sadduzäismus standen. Für das Neue Testament sind diese Gruppen aber ausschließlich wegen ihrer Messiaserwartung interessant. Weder ihre in den Qumrantexten belegte Gesetzesfrömmigkeit, die der Talmud von den Chassidim rišonim berichtet, noch die monastische Haltung der Essener, die für Philo, Josephus und Plinius besonders wichtig war, interessierten die neutestamentlichen Autoren wesentlich. Wenn daher das Neue Testament von solchen spricht, die auf das »Reich Gottes« warteten, so sind wohl die Essener darin inbegriffen.

1. Die Qumrantexte und Johannes der Täufer

In besonders nahem Kontakt mit den Lehren der Qumran-Essener stand wohl Johannes der Täufer. Wie diese verkündete er das unmittelbar bevorstehende Ende der Tage, das »Reich Gottes« (vgl. X, 2, c; Mt. 3, 1–3; Mk. 1, 2–4; Lk. 3, 1–4; Joh. 1, 19. 23). Sein Wüstenaufenthalt und der der Qumran-Essener sind beide durch die Aufforderung Is. 40, 3 verursacht: »Die Stimme eines Rufenden: In der Wüste bereitet den Weg des

Herrn, machet gerade in der Steppe den Pfad für unseren Gott«
(vgl. VI, 2). Die Taufstelle des Johannes im Jordan, knapp vor
der Mündung ins Tote Meer, war nicht weit vom Kloster von
Qumran entfernt, das damals in seiner zweiten Blüte stand
(vgl. V). Bei einer solchen Sachlage ist es undenkbar, daß kein
Kontakt zwischen beiden bestanden hätte. Trotzdem aber kann
man Johannes den Täufer nicht unbedingt als Essener oder dissidenten Essener bezeichnen, denn seine Botschaft und seine
Praxis führten weit über den essenischen Rahmen hinaus.

Johannes stammte aus einer Priesterfamilie. Sowohl der Vater
Zacharias als auch die Mutter Elisabeth gehörten dem Priester-
stamme an (Lk. 1, 5). Auch das Zentrum der Qumrangemeinde
bildeten Priester (vgl. VI, 1, a; VII), die sich aber vom Jerusalemer Kult distanziert hatten, weil dieser von in ihren Augen
unwürdigen Amtskollegen und nach einem falschen Kalender
verwaltet wurde (vgl. VIII, 3, c, d). Demgegenüber wird aber
von Zacharias ausdrücklich berichtet, daß er seinen kultischen
Funktionen im Tempel von Jerusalem nachgekommen sei (Lk.
1, 8 f.). Mit der einen Ausnahme des Verhältnisses zum Jerusalemer Tempel aber paßt vieles, was in den ersten beiden Kapiteln des Lukasevangeliums berichtet wird, besser in das geistige
Milieu der Qumranpriester als der Jerusalemer Tempelpriesterschaft. Wie diese in einer akuten messianischen Naherwartung
lebten, soll auch Zacharias »voll des heiligen Geistes« den Gott
Israels gepriesen haben, »denn Er hat Sein Volk heimgesucht
und ihm Erlösung verschafft« (Lk. 1, 67 f.). Nach der Meinung
der Pharisäer aber ist nach dem Tod des Malachia, des letzten
der kleinen Propheten, der heilige Geist und damit die Gabe
der Weissagung von Israel gewichen (vgl. II), und die sadduzäischen Priester waren der apokalyptischen Einstellung noch
ferner als die Pharisäer. Von der Auffassung, daß es in Israel
kein Prophetentum mehr gebe, weiß hingegen der Verfasser der
Kindheitsgeschichte in den ersten beiden Kapiteln des Lukasevangeliums nichts. Hier wird allenthalben geweissagt, und alle
diese Prophetien beziehen sich auf das unmittelbar bevorstehende messianische Ereignis. Da verkündet sowohl der greise
Simon, der »auf den Trost Israels« hoffte, als auch die asketische

Prophetin Anna, daß das Jesuskind der erwartete Erlöser sei (Lk. 2, 25–38). All dies aber geschah im Jerusalemer Tempel, der von den Qumranleuten gemieden wurde. Sowohl das Benedictus des Zacharias (Lk. 1, 68–75) als auch das Magnificat der Maria (Lk. 1, 46–55) erinnern in Stil und Inhalt stark an die Qumranhymnen. Diese Übereinstimmungen und Unterschiede lassen erkennen, daß Zacharias und sein Kreis mit den Auffassungen der Qumran-Essener wohl vertraut waren, er selbst aber mit der offiziellen Tempelpriesterschaft in Frieden lebte. Allein schon dieser Umstand sollte uns vorsichtig machen, die Qumransekte mit der messianischen Bewegung schlechthin gleichzusetzen.

Johannes selbst dürfte schon radikaler gewesen sein als sein Vater. Von ihm wird nirgends berichtet, daß er am Tempelkult teilgenommen hätte. Nach all dem, was die Evangelien über Johannes mitteilen, scheint eine solche Teilnahme sehr unwahrscheinlich. Mehr als seine Eltern hatte er sich dem messianischen Wüstenideal genähert. Schon als Kind lebte er in der Wüste, wo er anscheinend auch erzogen wurde, und in der Wüste traf ihn auch die prophetische Berufung (Lk. 1, 80; 3, 2). Somit wäre es denkbar, daß er bei den Qumran-Essenern gelebt hätte. Josephus berichtet nämlich Bellum 2, 8, 2 von den Essenern, daß sie fremde Kinder aufgenommen hätten. Wenn aber Johannes seine Jugend bei den Essenern zubrachte, so ist es zumindest verwunderlich, daß Josephus in seinem ausführlichen Bericht über Johannes den Täufer Antt. 18, 5, 2 diesen Umstand vollkommen unerwähnt ließ. Zudem lebten nicht nur die Essener in der Wüste. Josephus berichtet im zweiten Kapitel seiner Selbstbiographie von einem gewissen *Banus*, »der in der Wüste lebte, Kleider aus Baumrinde trug, wildwachsende Kräuter aß und zur Reinigung sich öfters am Tag wie in der Nacht mit kaltem Wasser wusch«. In dem Bericht des Josephus wird dieser Banus deutlich von den Essenern unterschieden. Nahrung und Kleidung des Banus erinnern an das Bild, das Mt. 3, 4 von Johannes gibt: »Johannes aber trug ein Kleid von Kamelhaaren und einen ledernen Gürtel um seine Lenden. Seine Nahrung waren Heuschrecken und wilder Honig.« Die Reinigungen des Banus haben aber wieder mehr mit den Bädern der Essener (vgl. VIII, 3, b) gemein als mit der Sündenvergebungstaufe des Johannes.

Die messianische Botschaft des Johannes war wie die Gemeindetheologie der Qumran-Essener vom Bußgedanken erfüllt. Erachteten sich letztere als die Büßer Israels des Endes der Tage (vgl. IX, 1, a Ende), so rief auch Johannes zur Buße auf (Mt. 3, 6; Mk. 1, 4; Lk. 3, 3), weil das »Reich Gottes« schon nahe sei. Im Gegensatz zu Qumran war aber Johannes kein Sektengründer. Während sich die Qumran-Essener vom übrigen Israel zurückzogen, das sie als massa damnata empfanden, wandte sich Johannes an ganz Israel. Die Leute aus Jerusalem, Judäa und dem Jordangebiet gingen hinaus, seine Predigt zu hören (Mt. 3, 5; Mk. 1, 5). Im Gegensatz zu den Qumran-Essenern sammelte Johannes nicht alle von ihm Getauften als Büßergemeinde um sich, sondern entließ die meisten wieder nach der Taufe. Nur einige Jünger dürften bei ihm geblieben sein. Auch bedurfte es keiner langen Vorbereitung, um zur Taufe zugelassen zu werden, wie dies die Essenermönche von ihren Novizen verlangten (vgl. VIII, 2, a). Die Johannestaufe war anscheinend ein einmaliger Akt der Umkehr und daher wesensverschieden von den rituellen Bädern der Essener. Seiner besonderen Art der Taufe verdankte Johannes schließlich auch den Beinamen »der Täufer«. Dennoch dürfte die Johannes-Taufe eine Weiterbildung der rituellen Waschungen der Qumran-Essener gewesen sein, wie auch diese ihrerseits nichts anderes als eine Weiterbildung der alttestamentlichen levitischen Reinigungsbräuche waren.

Johannes taufte mit Wasser, verhieß aber jemanden, der stärker sein werde als er, der mit dem heiligen Geist und mit Feuer taufen werde (Mt. 3, 11; Mk. 1, 8; Lk. 3, 16). Es ist möglich, darin eine Anspielung auf ein erwartetes Feuergericht am Ende der Zeiten zu sehen, mit dem auch die Qumran-Essener rechneten (vgl. IX, 2, c, Ende). Wie die Qumran-Essener war auch Johannes entschieden antipharisäisch und antisadduzäisch eingestellt (vgl. I, 3, a, α – Hab.Kom.; VII); so nannte er z. B. seine Gegner »Schlangenbrut«, die ohne Buße dem zukünftigen Zorne nicht entgehen kann (Mt. 3, 7; Lk. 3, 7). Die Auffassung des Johannes aber, die gelegentlich seiner Polemik gegen Pharisäer und Sadduzäer erwähnt wird, daß Gott dem Abraham auch aus Steinen Kinder erwecken könne (Mt. 3, 7–9; Lk. 3, 7 f.), widerspricht radikal der Erwählungsauffassung der Qumran-Essener (vgl. IX, 1, a), für die die Nichtjuden unter dem Begriff »nichtige Heiden«, d. h. heilsgeschichtlich nicht relevante Heiden, zusammengefaßt werden (Kriegsrolle 9, 9; 11, 9).

Entsprechend der Qumran-Messiaslehre, die im Anschluß an Dt. 18, 15. 18 und Malachia 3, 23 einen messianischen Propheten noch vor der Messiaszeit selbst erwartete (vgl. X), dürfte auch Johannes der Täufer für die Jesus-Gemeinde als ein solcher Prophet gegolten haben (Mt. 11, 9–14; 17, 12). Nach Joh. 1, 21 hätte er zwar selbst diesen Anspruch zurückgewiesen, doch ist der historische Wert dieser Stelle zweifelhaft. Nach Mt. 3, 11–17; Mk. 1, 7–11; Lk. 3, 16–22; Joh. 1, 26–34 soll Johannes auch noch auf jemanden hingewiesen haben, der nach ihm kommen werde und dessen Schuhriemen aufzulösen er nicht würdig sei. Als nun Jesus zu ihm an den Jordan kam, soll er ihm nach Mt. 3, 14 gesagt haben: »Ich habe nötig, von dir getauft zu werden, und du kommst zu mir?« Gleichgültig nun, ob man diese Aussprüche als historisch oder als Ergebnis der in der Urgemeinde verbreiteten christologischen Auffassungen betrachtet, sind mit der Lehre der Qumran-Essener in Beziehung zu setzen, nach der ein priesterlicher und ein davidischer Messias kommen sollten, wobei der Letztere dem Ersteren in kultischen Belangen unterstellt ist (vgl. X). Wenn nun der Davidide Jesus zum Priester Johannes an den Jordan kommt und sich dessen Sündenvergebungstaufe unterwirft, so mußte das den Eindruck erwecken, daß dieser sich jenem unterstellt habe. Der deutliche Hinweis des Johannes nun, daß er selbst unwürdiger als der von ihm getaufte Jesus sei, scheint also im Lichte der qumran-essenischen Zweimessiaslehre für die Evangelientradition durchaus verständlich und notwendig.

Die allgemeine asketische Haltung Johannes des Täufers und seiner Schüler und die berechtigte Annahme, daß er auch unverheiratet geblieben ist, bringen ihn wiederum in sehr nahen Zusammenhang mit dem mönchischen Ideal der Essener. Soll man nun demnach die geistige Herkunft des Johannes bei den Essenern im allgemeinen oder bei den Qumran-Essenern im besonderen suchen, oder erlauben die vorliegenden Quellen nur, ihn in den weiteren Rahmen der messianischen Bewegung einzuordnen, innerhalb welcher er und seine Jünger eine Gruppe unter vielen waren? Das Letztere ist wohl mit Sicherheit zu behaupten, aber dennoch scheint es, wie die obenstehenden Ausführungen ergeben haben, so gut wie sicher, daß er die qumran-essenischen Lehren gekannt und sich mit ihnen auseinandergesetzt hat. Eine direkte vorübergehende Zugehörigkeit zur Qumrangemeinde selbst ist wohl gut denkbar, aber keineswegs absolut sicher.

2. Der Jesus der Evangelientradition im Lichte der Qumrantexte

a) Die allgemeine Endzeiterwartung

Wie Johannes verkündete auch Jesus den Anbruch des Gottesreiches. Auch sein Kreis war von den messianischen Naherwartungen erfüllt. Lk. 4, 1 heißt es: »Jesus aber, voll des heiligen Geistes, ging weg vom Jordan, und ward vom Geiste in die Wüste geführt« (vgl. Mt. 4, 1; Mk. 1, 12). In der Wüste soll er 40 Tage lang gefastet haben und vom Teufel versucht worden sein. Die Zahl 40 ist wohl schematisch zu verstehen (vgl. IX, 2, d). Die drei Versuchungen des Teufels sind alle eschatologisch gemeint. Jesus sollte sich deutlich als messianischer Wundertäter offenbaren, so daß kein Zweifel an seiner Messianität mehr bestünde. Der *Glaube* an den Messias sollte im *Wissen* um den Messias aufgehoben sein. Jesus sollte der Messias der Naherwartungshoffnung der messianischen Bewegung sein.

Unmittelbar im Anschluß daran berichtet das Lukasevangelium von Jesu Zusammenstoß mit den Nazarethanern in der Synagoge seiner Heimatstadt (Lk. 4, 14–30; vgl. Mt. 13, 54–58; Mk. 6, 1–5). Dort wird ihm am Sabbat eine Schriftrolle gereicht. Zum Wochenabschnitt gehörte auch Is. 61, 1, in der den »Armen« die eschatologische Freiheit verkündet wird. Nach der Kriegs-

rolle von Qumran sollen die »Armen« am Ende der Tage Gottes
Heilswerkzeug sein; in ihre Hände wird Gott »die Feinde aller
Länder ausliefern« (vgl. IX, 1, b). Jesus selbst soll nach Mt. 11,
5 und Lk. 7, 22 den Vers Is. 61,1 messianisch verstanden haben,
indem er die Stelle den Johannesjüngern zitierte, die ihn im
Auftrage ihres inhaftierten Meisters um seine Messiaswürde
befragten. Auch den Nazarethanern wird wohl diese Auslegung
der Stelle vertraut gewesen sein. Daher waren sie anfangs enttäuscht, als Jesus »das Buch zusammenrollte, es dem Diener
gab und sich niedersetzte« (Lk. 4, 20). Anschaulich berichtet hier
das Lukasevangelium, daß da »aller Augen in der Synagoge
auf ihn gerichtet waren«. Auf diese fragenden Blicke hin begann
Jesus die Stelle akut-messianisch zu deuten: »Heute ist diese
Schriftstelle vor euch in Erfüllung gegangen« (4, 21). Diese
Erklärung versetzte seine Landsleute in messianische Begeisterung (4, 22). Jesus aber konnte und wollte die auf ihn bezo-
genen massiven messianischen Hoffnungen nicht erfüllen. Da
gerieten die Nazarethaner in Zorn. Die Begeisterung schlug
in Haß um und sie wollten Jesus vom Berge hinunterstürzen,
auf dem die Stadt erbaut ist (4, 29).

Die Episode in der Synagoge von Nazareth lehrt uns, wie
weitgehend die akute Endzeiterwartung, von der auch die Qumrantexte Zeugnis ablegen, im Judentum Palästinas verbreitet
war. Trotz vielfacher Verzögerungen erwartete man das messianische Ereignis für die allernächste Zeit (vgl. IX, 2, c). In diesen Zusammenhang gehören auch die sogenannten Leidens-
ankündigungen Jesu (Mt. 17, 21; 20, 17–19; 26, 1 f. und Parallelen), die nach den Evangelienberichten von seinen Jüngern
nicht verstanden wurden (Mk. 9, 31 f. etc.). Diese konnten sie
auch nicht verstehen, da man vom davidischen Messias erwartete, daß er »das Reich Seines Volkes aufrichten« werde (vgl. X).
In diesem Zusammenhang wird auch die Bitte der Söhne des
Zebedäus, Jakobus und Johannes, verständlich, die Jesu baten:
»Verleihe uns, daß wir einer zu deiner Rechten und einer zu
deiner Linken in deiner Herrlichkeit sitzen« (Mk. 10, 35–37;
vgl. Mt. 20, 20 f.). Mit anderen Worten, sie wollten die besten
Ministerposten im messianischen Gottesreich. Ein Analogon

zur anfänglichen messianischen Begeisterung in der Synagoge
von Nazareth, die, als sie enttäuscht worden war, in Haß
umschlug, bietet auch der triumphale Einzug Jesu in Jerusalem,
der auf dem Kreuz zu Golgatha endete. Jesus wurde mit dem
Ruf »Hosanna dem Sohne Davids« in Jerusalem empfangen
(Mt. 21, 9 und Parallelen). Was hiermit gemeint ist, geht aus
Mk. 11, 10 mit aller wünschenswerten Deutlichkeit hervor:
»Hochgelobt sei das kommende Königtum unseres Vaters
David. Hosanna in der Höhe!« Hosanna ist die Transkription
des hebräischen hošia'na mit der Bedeutung »Errette doch«,
es ist also die Aufforderung an den messianischen Davidsohn,
sich endlich in Macht und Herrlichkeit zu offenbaren. Dieselben
nun, die ihre Hoffnung in ihn gesetzt hatten, forderten laut
seine Kreuzigung, als sie enttäuscht worden war und Jesus sich
nicht als der davidisch messianische Heerführer erwiesen hatte,
dessen Erwartung in den Qumrantexten belegt ist (vgl. X;
Mt. 27, 23 und Parallelen).

Besonders viele Parallelen zu den Vorstellungen der Qumrantexte und der dazugehörigen Pseudepigraphen finden sich auch
in den sogenannten apokalyptischen Reden Jesu. Hier soll nur
auf die augenfälligsten unter ihnen hingewiesen werden. Henoch
99, 4: »In jenen Tagen kommen die Völker in Aufruhr und die
Geschlechter erheben sich am Tage des Verderbens«, oder 100, 2:
». . . . vom Morgen bis zum Abend werden sie einander morden.« Auch nach Mt. 24, 7 wird dann »Volk wider Volk und Reich
wider Reich« aufstehen (Mk. 13, 8; Lk. 21, 10). Auch die übrigen
Motive der apokalyptischen Reden Jesu, wie Hunger, Erdbeben,
Pest, äußerste Ungerechtigkeit auf Erden, besondere Drangsal
für die Schwangeren und Stillenden sind im Anschluß an ähnliche Schilderungen bei den alttestamentlichen Propheten besonders häufig in den zum Qumranbereich gehörigen Pseudepigraphen. Mt. 24, 8 und Mk. 13, 8 wird diese Zeit als eine Zeit
der Wehen bezeichnet. In den späteren rabbinischen Texten bedeutet dann der Terminus »messianische Wehen« konkret die
der messianischen Heilszeit vorangehende Schmerzenszeit. Besonders bemerkenswert ist im Zusammenhang mit den Qumrantexten auch das Wort Jesu über die falschen Propheten und

falschen Messiasse: »Wenn sie euch also sagen: Siehe, er ist in der Wüste, so gehet nicht hinaus« (Mt. 24, 26). Nach der Wüstentheologie der Qumranleute sollte sich das messianische Heil zuerst in der Wüste offenbaren (vgl. VI, 2). Der eschatologische Krieg soll nach Kriegsrolle 1, 3 beginnen, »wenn die Emigration der Lichtsöhne aus der Wüste der Völker zurückkehrt, um in der Wüste von Jerusalem zu lagern«.

Jubil. 5, 1 f. und der angelologische Teil des Henochbuches führen die Übel auf der Welt und die Sünden weithin auf die gefallenen Engel und ihre Verführungskünste zurück. Auch der Sektenkanon 3, 13—25 kennt die Auffassung, daß »in der Hand des Engels der Finsternis (und seiner Mächte) alle Herrschaft über die Sünder« sei und daß derselbe Engel der Finsternis auch an den Sünden der Gerechten schuld sei. Dies dauert aber nur bis zur »festgesetzten Zeit von Gottes Heimsuchung«. Dann werden die Kräfte der Finsternis und der Sünde, d. h. wohl die Dämonen, ein für allemal entmachtet werden. In diesem Sinn sind auch die Teufelaustreibungen Jesu zu verstehen. Die Dämonen haben keine Macht mehr, zu bestehen. Die Anhänger der messianischen Bewegung werden dies wohl in dem Sinn verstanden haben, daß jetzt auch die Herrschaft der Dämonen aufgehört und damit die erwartete Heilszeit begonnen hat. So heißt es auch Mt. 12, 23: »Und alles Volk staunte und sprach: Ist dieser nicht der Sohn Davids?« Im Gespräch mit den Pharisäern, die behaupteten, daß er durch die Kraft Beelzebubs, des Oberteufels, die Dämonen austreibe (Mt. 12, 22—29; Mk. 3, 22—27; Lk. 11, 14—20), sagte Jesus vergleichsweise: »Wie kann jemand in das Haus eines Starken eingehen und sein Hausgerät rauben, wenn er nicht vorher den Starken gebunden hat?« Mag sein, daß er dabei auf jene Vorstellung in den Pseudepigraphen anspielte, nach denen der Teufel »an Händen und Füßen gebunden« wurde, um »am Tage des großen Gerichts in den Feuerpfuhl geworfen zu werden« (Hen. 10, 4. 6).

Ebenfalls im Zusammenhang mit den aus dem Qumranbereich bekannten Endzeiterwartungen ist die Handlungsweise jenes Apostels zu verstehen, der nach der Verhaftung Jesu einem Knecht des Hohepriesters das Ohr abschlug (Mt. 26, 51—53 und

Parallelen). Jesus verwahrte sich gegen diese Gewaltanwendung
und nach Mt. 26,53 soll er dabei gesagt haben, daß er ohne
weiteres mehr als zwölf Legionen Engel als Unterstützung erhalten könnte, falls er darauf Wert legen würde. Bis zur Verhaftung war der Apostel- und Jüngerkreis der Meinung, daß
sie bei einer kriegerischen Auseinandersetzung die Stärkeren
sein werden. Aus der Kriegsrolle und aus der Hymnenrolle ist
die Vorstellung belegt, daß an dem endzeitlichen Entscheidungs-
kampf die Engel Gottes als ausschlaggebender Faktor teilnehmen werden (vgl. VIII, 3 f.). Mag sein, daß Jesu Wort der
Zurückweisung von Gewaltanwendung einer derartigen Vorstellung galt.

b) Die Botschaft der Engel an die Hirten von Bethlehem

Nach Lk. 2,14 sollen die Engel zum Lobe Gottes gerufen
haben: »Ehre sei Gott in der Höhe und Friede den Menschen
auf Erden des Guten Willens.« In der Regel wird hier der gute
Wille als innere Disposition auf den Menschen bezogen. Der
Friede auf Erden sollte jenen Menschen zukommen, die selbst
einen guten Willen haben. Diese Deutung dürfte nun auf Grund
der Qumrantexte ad acta zu legen sein. Nicht auf den guten
Willen, die Bereitschaft der Menschen, sondern auf den guten,
erwählenden Willen Gottes kommt es hier an. Das griechische
Wort $\varepsilon \dot{v} \delta o \xi i a$ und das lateinische Wort voluntas entsprechen
genau dem hebräischen Wort raṣon, dessen Bedeutung im Zeit-
alter Jesu aus den Qumrantexten wohl bekannt ist. Der Terminus beḥire raṣon »Erwählte des Wohlgefallens« in Sekt. Kan.
8,6 entspricht genau dem Begriff beḥire 'el »Erwählte Gottes«
aus dem fragmentarischen Michakommentar aus Höhle 1. In der
Hymnenrolle 4,33 heißt es, sehr stark an Lk. 2,14 erinnernd,
daß »die Fülle Seines Erbarmens auf allen Söhnen Seines Wohlgefallens (bene reṣono)« sein werde. Ähnlich 11,9: »Und Dein
Erbarmen gilt allen Söhnen Deines Wohlgefallens.« Im Gegensatz dazu ist ohne raṣon Gottes, ohne das erwählende Wohlgefallen Gottes, der auf sich allein gestellte Mensch völlig machtlos:
»Staub bin ich und Asche. Was kann ich planen, wenn Du nicht
willst, und was denken ohne Dein Wohlgefallen?« (10,5 f.).

Der Mensch, der vom göttlichen Wohlgefallen getroffen ist, der Erwählte, erfüllt dann auch noch seinerseits den Willen Gottes. In Sekt. Kan. 5, 1. 10 heißt es, daß Gott zu Seinem Wohlgefallen Gesetze gegeben habe und daß die Menschen, wenn sie sie erfüllen, in Seinem Wohlgefallen wandeln. Wenn man also die Botschaft der Engel im Sinne des Sprachgebrauches der Qumrantexte versteht, so ergibt sich eindeutig nur die eine Deutungsmöglichkeit: Friede den Menschen auf Erden, die von Gottes erwählender Gnade getroffen sind, die Sein Wohlgefallen haben und daher zu Seinem Wohlgefallen leben.

c) Die Armen im Geiste

Seit langem ist es eine unentschiedene Frage der Exegese, ob man der Formulierung von Mt. 5, 3 »Selig sind die Armen im Geiste« oder jener von Lk. 6, 20 »Selig sind die Armen« den Vorzug geben soll. Auf Grund der Qumranfunde scheint dem Matthäustext der entschiedene Vorrang zu gebühren. Die Meinung Prof. *Stauffers,* daß der Kreis des Matthäusevangeliums »in mancher Hinsicht dem Geist von Qumran sehr nahegestanden haben muß«, scheint wohl gerechtfertigt.

Wer ist nun unter den »Armen« bzw. unter den »Armen im Geiste« gemeint? Was bedeutet hier das Wort »Geist«? Im hebräischen oder aramäischen Original der Bergpredigt dürfte für Geist wohl das Wort ruaḥ oder ruḥa gestanden haben. Ruaḥ bedeutet nun nicht nur »Wind, Hauch, Geist«, sondern auch »Willen«. Hier sei nur auf Ex. 35, 21 und Ps. 51, 14 verwiesen. Ex. 35, 21: »So brachte jedermann, den sein Herz dazu bewog und dessen Geist (ruaḥ, hier im Sinne willentlicher Zustimmung gebraucht) willig war, die Beisteuer für JHWH zur Herstellung des Bundeszeltes.« Ps. 51, 14: »Erfreue mich wieder an Deinem Heil, und mit dem Geist (ruaḥ im selben Sinn wie oben) der Willfährigkeit stütze mich.« Die »Armen im Geiste« sind also nicht »die breite Schicht der geringen und verachteten Leute«, nicht die Proletarier und nicht die ungebildeten 'Amme ha'areṣ, von denen der Pharisäer Hillel eine Generation vor Jesu gesagt hatte, daß sie wegen ihrer Unbildung nicht fromm sein könnten (Sprüche der Väter II, 5), sondern es sind die

»freiwillig Armen« und jene, die die Bereitschaft zur Armut besitzen, auch wenn sie äußerlich gesehen noch im Besitz von Vermögen sind. Armut im Geiste ist also kein ökonomischer Begriff, sondern ein Gnadenstand. Der Arme im Geiste hat die Verlockungen des Reichtums durchschaut und überwunden. Er ist nicht bereit, um des Reichtums Willen in der Sünde zu leben, dafür aber gewillt, seinen Reichtum dem größeren und höheren Ziel des Reiches Gottes zu opfern. Der Arme im Geiste ist also weder der Verarmte noch der Dummkopf. Dieselbe Auffassung vom Armen begegnet auch in den Qumrantexten. Die Gemeinde nannte sich eine »Gemeinde der Armen« und die Mitglieder bezeichneten sich »Arme des Geistes«, »Arme der Gnade« und »Arme Deiner (d. h. Gottes) Erlösung« (vgl. IX, 1, b).

Wie für die Qumran-Essener dürfte auch für Jesus dieses Armutsideal eschatologisch bestimmt gewesen sein, wie aus seiner Verwendung von Is. 61, 1 hervorgeht (vgl. XI, 2, a). So wie die Qumran-Essener im Vermögen die Verlockung zur Diesseitigkeit und weltlichen Gesinnung schlechthin sahen, so betrachtete es auch Jesus als die stärkste Anfechtung. In diesem Sinn muß sein Ausspruch verstanden werden. »Niemand kann zwei Herren dienen . . . man kann nicht Gott dienen und dem Mammon« (Mt. 6, 24; Lk. 16, 13). Hierher gehört auch noch das Gleichnis vom ungerechten Verwalter, Lk. 16, 1–8, das eine ironische Paraphrase auf die innerweltliche Gesinnung ist und mit der Pointe endet, daß die Kinder dieser Welt — nach der Qumranterminologie würde es »Söhne der Finsternis« heißen — in ihrem Geschlecht, d. h. wohl solange diese sündige Welt andauert, klüger sind als die Kinder des Lichtes. Nach der Kriegsrolle 1, 1 aber wird zu Beginn der eschatologischen Zeit die Herrschaft der Söhne der Finsternis von den Söhnen des Lichts gebrochen werden. An die Formulierung »Mammon der Ungerechtigkeit« oder »ungerechter Mammon« erinnert eine ähnliche Formulierung in Sekt.Kan. 10, 19, wo vom hon hamas »Vermögen des Unrechts, sündhaftem Vermögen« die Rede ist. Mit diesem Mammon also muß man sich laut Lk. 16, 9 Freunde schaffen und darf nicht bestrebt sein, ihn auf unredliche Weise zu vermehren (Lk. 16, 11).

d) Der Messias, Sohn und Herr Davids

Auch Jesu Kontroverse mit den pharisäischen Schriftgelehrten über die messianische Deutung von Psalm 110, 1 (Mt. 22, 41–45; Mk. 12, 35–37; Lk. 20, 41–44) wird auf Grund der Qumrantexte verständlich. Jesus weist auf die Schwierigkeit hin, daß der Messias zugleich Sohn und Herr Davids sein soll. Die politische, volkstümliche Messiashoffnung ging auf die Restauration des davidischen Reiches. Der Sproß Davids, der davidische Fürst, sollte das Reich Gottes aufrichten. Die Bezeichnung Sohn Davids bedeutet dasselbe wie neuer David. Das messianische Florilegium aus Höhle 4 aber deutete die Nathanweissagung an David (2. Sam. 7, 11–14) in dem Sinn, daß der messianische Davidsproß des Endes der Tage jener sein wird, von dem Gott gesagt hat: »Ich werde ihm zum Vater sein und er wird mir zum Sohne sein« (vgl. X). Der messianische Davidsohn sollte also identisch sein mit dem seit Vorzeit vorhandenen Gottessohn. Die Frage, deren Beantwortung für den Pharisäismus Schwierigkeiten bot, ist von den besonderen Voraussetzungen der Qumran-Messiaslehre aus wohl verständlich. Vielleicht gehört auch die Stimme vom Himmel in diesen Zusammenhang, die von Jesus nach der Taufe im Jordan gesagt haben soll: »Dieser ist mein geliebter Sohn, an welchem ich Wohlgefallen habe« (Mt. 3, 17; Mk. 1, 11; Lk. 3, 22).

e) Heilung durch Handauflegen

Zu den spezifischen Gemeinsamkeiten zwischen der Praxis Jesu und den Qumrantexten gehört die Heilung durch das Auflegen der Hände, die außer im Neuen Testament nur noch im aramäischen Genesisapokryphon von Qumran belegt ist. Hier heißt es 20, 21 f.: »Und er bat mich zu kommen, für den König zu beten und ihm meine Hände aufzulegen«, und 20, 29: »Ich legte meine Hände auf seinen Kopf. Da wich von ihm die Plage und der böse Geist fuhr schreiend aus ihm aus.« Damit kann z. B. verglichen werden Lk. 13, 11–13: »Siehe, da war ein Weib, das schon achtzehn Jahre einen Geist der Krankheit hatte. Sie war gekrümmt und konnte durchaus nicht aufwärts sehen. Da nun Jesus sie sah, rief er sie zu sich und sprach zu ihr: Weib, du bist von deiner Krankheit befreit! Und er legte ihr die Hände auf und sie richtete sich sogleich auf und pries Gott.« (*David Flusser,* Healing through the Laying on of Hands in a Dead Sea Scroll, Israel Exploration Journal 7 [1957], 107 f.)

f) Das letzte Abendmahl

Das letzte Abendmahl erinnert in mancher Hinsicht an das rituelle Gemeinschaftsmahl der Essener (vgl. VIII, 3, a). Beim essenischen Gemeinschaftsmahl soll der vorsitzende Priester »zuerst seine Hand ausstrecken, um zuerst Brot und Most zu segnen« (Sekt.Kan. 6, 4–6). Damit ist zu vergleichen Mt. 26, 26 f: »Da sie nun des Nachts aßen, nahm Jesus das Brot, segnete und brach es . . . und er nahm den Kelch und dankte . . .« Die äußere Ähnlichkeit ist wohl sehr auffällig. Ein wesentlicher Unterschied besteht aber schon in der Disposition der beiden Mahlzeiten. Jesus war kein Priester und führte dennoch den Vorsitz. Noch mehr aber führten die Einsetzungsworte beim letzten Abendmahl über den Rahmen des Essenermahls hinaus.

Auch für die Datierung des letzten Abendmahls könnten die Qumrantexte von entscheidender Bedeutung sein. Im Gegensatz zum übrigen Judentum zählten die Qumran-Essener die Jahre nach einem Sonnenkalender von 52 Wochen mit insgesamt 364 Tagen (vgl. VIII, 3, d). Wenn man nun annehmen wollte, daß Jesus sein letztes Abendmahl am Vorabend des Osterfestes nach dem Qumrankalender gefeiert hätte, aber die Zeitangaben bezüglich Verhaftung, Prozeß und Kreuzestod den pharisäischen Kalender betreffen, so würden die chronologischen Differenzen zwischen dem Bericht der Synoptiker und dem Johannesevangelium auf diese Weise beseitigt werden können. Nach Mt. 26, 17; Mk. 14, 12; Lk. 22, 7 fand das letzte Abendmahl als Ostermahl am 14. Nisan abends statt. Nach Joh. 19, 14 aber war der Prozeß des Pilatus »am Rüsttage des Osterfestes, ungefähr um die sechste Stunde«, also ebenfalls am 14. Nisan; demnach hätte das Abendmahl schon am 13. Nisan abends stattfinden müssen, wäre also kein Ostermahl gewesen, was aber dem Bericht der Synoptiker widerspricht. Wenn nun Jesus sein Abendmahl nach dem qumranessenischen Kalender gefeiert hätte, nach dem die Feste immer auf denselben Tag im Monat und in der Woche fallen müssen, so wäre der Ostervorabend, an dem das Osterlamm gegessen wird, immer ein Dienstag. Der Prozeß vor Pilatus und die Kreuzigung könnten dann am Osterrüsttag des offiziellen Kalenders stattgefunden haben. Somit wäre auch genügend Zeit für die Verhaftung und den Prozeß gewonnen. Diese Argumentation aber, so bestechend sie auch ist, ist nicht überzeugend. Sie übersieht, daß kein einziges Wort Jesu bezüglich der Kalenderfrage überliefert ist. Während sie für die Qumranleute ein wesentliches und entscheidendes Problem war, an dem sich die Geister schieden, interessierte sie Jesus überhaupt nicht. Die Qumran-Essener mieden hauptsächlich wegen ihrer Kalenderrechnung den Tempelkult, Jesus aber hielt sich mehrmals im Tempel auf. Man muß somit die Chronologie des letzten Abendmahles nicht unbedingt nach dem Qumrankalender zu lösen versuchen, weil es keinen sicheren Hinweis dafür gibt, daß Jesus und seine Jünger diesen Kalender anerkannten.

g) Nächstenliebe und Feindeshaß

Mt. 5, 43 f. heißt es: »Ihr habt gehört, daß gesagt worden ist: Du sollst deinen Nächsten lieben und deinen Feind hassen. Ich aber sage euch: Liebet eure Feinde, tut Gutes denen, die euch hassen, und betet für die, welche euch verfolgen und verleumden.« Der erste Teil des Spruches Jesu ist aus dem Alten Testament bekannt. Lev. 19, 18 ist die Nächstenliebe ausdrücklich und deutlich geboten und 19, 34 wird diese Vorschrift auch noch speziell auf den Fremdling bezogen. Der große Pharisäer Hillel, der etwa eine Generation vor Jesus lebte, sah laut Šabbat 31 a in diesem Gebot die ganze Tora, alles andere sei nur Erläuterung dafür. Für den zweiten Teil aber, für ein Gebot des Feindeshasses, gibt es keinen Beleg weder im Alten Testament selbst noch in der jüdischen Traditionsliteratur. Wer waren nun die Zuhörer Jesu, die gehört hatten, daß man seinen Feind hassen soll? Die Qumrantexte geben darüber Aufschluß. In kaum einer der Rollen vom Toten Meer wird dieser Gedanke nicht mehr oder minder deutlich ausgesprochen. So heißt es z. B. im Sektenkanon: »1,4 (Aufgabe der Mitglieder der Gemeinde ist es), zu lieben jeden, den Er (d. h. Gott) erwählt, und zu hassen jeden, den Er verworfen hat . . . . 1,10 zu hassen alle Söhne der Finsternis, jeden entsprechend seiner Sündhaftigkeit, in der Rache Gottes . . . . 2,4 f. und die Leviten verfluchen alle Männer des Loses Belials, heben an und sprechen: Verflucht bist du . . . 8,6 (Aufgabe) der Auserwählten des (göttlichen) Wohlgefallens ist es, die Erde zu entsühnen und den Frevlern heimzuzahlen . . . . 9,21 f. Diese sind die Richtlinien für den Unterweiser in diesen Zeiten, für seine Liebe wie für seinen Haß, (der ist) ein ewiger Haß mit der Bereitschaft zur Absonderung allen Männern der Verderbnis gegenüber.« Wie aus dem Qumranschrifttum unzweideutig hervorgeht, hatte dieser Feindeshaß eschatologischen Charakter. Er ist untrennbar verbunden mit dem Gedanken eines endzeitlichen Rachekrieges, von dessen Erwartung sowohl die Qumrantexte selbst als auch die Paränesen des Henochbuches Zeugnis ablegen (vgl. IX, 2, a). Das Fehlen eines Gebotes des Feindeshasses im pharisäischen und sadduzäischen Judentum und sein häufiges Vorkommen im Qumranschrifttum läßt erkennen, daß die Qumrangemeinde und die Anhänger und Zuhörer Jesu demselben Milieu entstammten. Das Gebot der Feindesliebe aber zeigt, wie weit die Verkündigung Jesu darüber hinausgeführt hat. Auch die Idee des Rachekrieges selbst wurde von Jesus entschieden zurückgewiesen (Mt. 26, 52).

h) Wichtige Unterschiede

Wie schon aus der Umkehr des Gebotes des Feindeshasses in ein solches der Feindesliebe deutlich wurde, gehören zwar das Milieu Jesu und das Milieu der Qumrantexte in denselben weiteren Rahmen der messianischen Bewegung, Jesus selbst aber setzte sich in vielen Dingen deutlich von seinen qumranessenischen Vorgängern und Zeitgenossen ab. Einer der wichtigsten Gegensätze war wohl die vollkommen verschiedene Einschätzung der Tora. Die Qumran-Essener waren weitgehend noch gesetzesobservanter als die Pharisäer, Jesus selbst aber verhielt sich dem mosaischen Gesetz gegenüber äußerst freizügig. Die Gesetzeserfüllung Jesu (Mt. 5, 17) und jene der Qumranleute waren zwei vollkommen verschiedene Dinge. Waren die Qumran-Essener sehr rigoros und legten sie auf strengste Reinhaltung und rituelle Genauigkeit größten Wert, so verkündete Jesus, daß nicht das den Menschen unrein mache, was in den Körper hineingeht, sondern nur das, was von dem Menschen herauskommt (Mk. 7, 14—20). Strenger noch als die Pharisäer beobachteten die Qumran-Essener den Sabbat. Schon ihre Vorgänger, die Chassidim rišonim, hatten es abgelehnt, am Sabbat zu kämpfen, und nach Dam.Dok. 11, 16 f. verboten die Qumran-Essener sogar die Lebensrettung am Sabbat, wenn dafür ein Gerät benötigt wird (vgl. VI, 2; XII). Jesus aber heilte in aller Öffentlichkeit am Sabbat ohne Bedenken die dürre Hand eines Mannes (Mt. 12, 9—13 und Parallelen). Da hier keine Lebensgefahr vorlag, also die Heilung auch auf die Zeit nach Sabbatausgang hätte verschoben werden können, gerieten die Pharisäer darüber in Zorn, denen es laut Šabbat XXII, 6 verboten war, selbst Knochenbrüche am Sabbat zu behandeln. Wenn Jesus auf diese Weise schon die liberalkonservativen Pharisäer gegen sich aufgebracht hatte, um wieviel mehr noch die Tora-fanatischen Qumranleute. Das Gesetz ist für Jesus nicht mehr der einzige Weg zu einem gottgefälligen Leben. Hier läuft die unverrückbare Trennungslinie zwischen dem Neuen Testament und dem Judentum, sei es nun pharisäisch oder essenisch. Ein Wort wie »Der Menschensohn ist auch Herr über den Sabbat« (Mt. 12, 8), hätte die Qumran-Essener noch mehr schockiert als die Pharisäer. Auch das Ährenraufen am Sabbat (Mt. 12, 1—7 und Parallelen) war für diese eine größere Herausforderung als für die Pharisäer. Nach Mk. 2, 27 soll Jesus im Rahmen seiner Auseinandersetzung mit den Pharisäern über das Sabbatproblem gesagt haben: »Der Sabbat ist um des Menschen willen gemacht, nicht der Mensch um des Sabbats willen.« Dieser durchaus antiessenische Satz liegt aber noch in der Linie pharisäischer Argumentation. Um die Mitte des zweiten Jahrhunderts n. Chr. tat der Tannaite Rabbi Jonatan bar Joseph einen ganz ähnlichen Ausspruch: »Der Sabbat ist euch heilig (Ex. 31, 14). Er ist in eure Hände gegeben und nicht seid ihr in seine Hände gegeben« (Joma 85 b).

Während sich die Qumran-Essener von allen übrigen Menschen zurückzogen, weil sie sich laut Sekt.Kan. 9, 16 f. »in kein Streitgespräch mit den Männern der Verderbnis einlassen durften, sondern den Rat der Tora inmitten der Sünder verbergen mußten«, und von allen Außenstehenden weder Speise noch Trank annehmen durften (Sekt.Kan. 5, 16 f.), war Jesus nicht nur in den Häusern der Pharisäer zu sehen, sondern er und seine Jünger waren auch bei »Zöllnern und Sündern« zu Gast (Lk. 7, 34. 36–39), auch scheute sich Jesus nicht, von einer öffentlichen Sünderin seine Füße waschen zu lassen. Welch ein Unterschied zwischen den Idealen der Qumrangemeinschaft und der Praxis Jesu! Hatte schon Johannes der Täufer den sektiererhaften Charakter des qumranessenischen Judentums durchbrochen und sich mit seiner Botschaft an ganz Israel gewandt (vgl. XI, 1), so war Jesus und sein Kreis noch weitherziger. Von der sektenhaften Enge und dem Gruppendünkel der Qumranleute ist bei Jesus wirklich nichts zu spüren.

In derselben Linie liegt auch die Auffasung aller vier Evangelisten, daß Jesu Lehre mindestens dem Wesen nach keine Geheimlehre ist, die nur einem engen Kreis von Erwählten verkündet werden darf, sondern die alle Menschen angeht. Wenn es auch nur einem kleinen Kreis von Begnadeten gegeben ist, die »Mysteria des Gottesreiches« (Mt. 13, 11; Mk. 4, 11; Lk. 8 10) zu verstehen, so werden sie aber dennoch allen verkündigt. Während die Qumranleute in ihren Texten auf strengste Anonymität bedacht waren und es uns heute daher so schwer gemacht ist, Personen wie den Frevelpriester, den Lügenmann oder den Lehrer der Gerechtigkeit mit bekannten Persönlichkeiten aus der jüdischen Geschichte zu identifizieren, bestehen beim Verständnis des Neuen Testaments keine derartigen Schwierigkeiten. Alle Personen und Gruppen sind mit Namen genannt. Hier gibt es keine Decknamen mehr wie in einer Untergrundbewegung. Die Qumranleute vermieden auch genaue Zeitangaben, während Lk. 3, 1 f. ein Musterbeispiel für genaueste Chronologie ist. Als ein weiterer wichtiger Unterschied zwischen Qumran und Jesus muß angeführt werden, daß Jesus keineswegs den Tempel als Opferstätte ablehnte wie die

Qumran-Essener; Jesus vertrieb die Geldwechsler und Händler aus dem Tempel (Mt. 21, 12 f.; Mk. 11, 15–17; Lk. 19, 45 f.; Jh. 2, 14–16); dies kann aber nur bedeuten, daß ihm an der Reinhaltung des Heiligtums gelegen war.

Alles in allem kann über das Verhältnis Jesu, entsprechend der Überlieferung seiner Person durch die Evangelisten — den historischen Jesus vom Jesus Christus der Verkündigung zu unterscheiden, ist für unseren Zusammenhang belanglos —, zu den Qumran-Essenern gesagt werden, daß ihn das gemeinsame Milieu wohl mit diesen verbindet, seine Lehre und Person aber darüber hinausführen.

3. Die Jerusalemer Urgemeinde und die Qumrantexte

So wie in essenischen Kreisen Gütergemeinschaft praktiziert wurde (vgl. VIII, 2, a), war sie auch in der Jerusalemer Urgemeinde bekannt und verbreitet. Apg. 2, 44 f. heißt es: »Es waren auch alle Gläubigen beisammen und hatten alles gemeinschaftlich. Habe und Güter verkauften sie und verteilten sie unter alle, je nachdem ein jeder bedürftig war« (vgl. auch Apg. 4, 34–37). Besonders interessant ist in diesem Zusammenhang die Geschichte von Ananias und Saphira (Apg. 5, 1–11), deren Betrug bei der freiwilligen Ablieferung ihres Besitzes durch ein Gottesgericht vom Himmel mit dem Tode geahndet wurde. Auch die Qumrangemeinde stellte ein solches und ähnliche Vergehen unter Strafsanktion. So heißt es im Sekt.Kan. 6, 24 f.: »Wenn es unter ihnen jemand gibt, der bezüglich des Vermögens falsche Angaben macht, die Sache aber an den Tag kommt, dann wird er ein Jahr lang von der Reinheit der Vollmitglieder ausgeschieden.« Die Stellung Petri in der Geschichte von Ananias und Saphira erinnert stark an das im Sekt.Kan. 6, 12–20 und im Dam.Dok. 9, 17–22 u. ö. belegte Amt eines mebakker, ein Wort, das wohl am besten als Aufseher übersetzt wird. Auch nach Sekt.Kan. 6, 20 nimmt der mebakker das Vermögen der neu Aufgenommenen in Empfang. Das christliche Bischofsamt dürfte im mebakker-Amt einen Vorgänger haben.

Eine der wichtigsten Handlungen der Urgemeinde war das gemeinschaftliche Brotbrechen (Apg. 2, 42). Dieses muß wohl im Anschluß an das rituelle Mahl der Essener verstanden werden, war ihm aber nicht in allen Dingen vergleichbar (vgl. VIII, 3, a). In beiden Fällen entstammte die Mahlgemeinschaft dem Geist der Gütergemeinschaft (Apg. 2, 44 f.), doch besteht der Unterschied des Urgemeindmahles zum Essenermahl in dem Sinn, den Jesus ihm gegeben hat. (vgl. XI, 2, f.). Die auf Gemeinschaftlichkeit beruhende soziologische Struktur der ersten neutestamentlichen Gemeinde und der Qumran-Essener hatte auch sonst in beiden Fällen nicht dieselben Folgen. Das Neue Testament erwähnt keine Novizen und kein gemeinsames Leben und Arbeiten. Erst das spätere christliche Mönchstum führte diese Dinge bei sich ein.

Außer dem meḥakker-Amt und der Gütergemeinschaft kannte die christliche Urgemeinde auch noch andere Institutionen und Bezeichnungen, die aus den Qumrantexten bekannt sind. Nannten sich in diesen die Vollmitglieder der Gemeinde *rabbim* »die Vielen, die Zahlreichen«, so wird Apg. 6, 2. 5; 15, 12. 30 eine christliche Gemeinde $\tau\grave{o}$ $\pi\lambda\tilde{\eta}\vartheta o\varsigma$ »die Menge« genannt. Im Anschluß an die 12-Zahl der Apostel kannte auch die Urgemeinde ein Zwölferkomitee im Zentrum der Gemeinde (Apg. 6, 2). Als Judas wegen seines Verrates aus der Zahl der 12 ausgeschieden wurde, mußte sie durch Option des Matthias zum Apostelamt wieder aufgefüllt werden (Apg. 1, 15—26). Dies erinnert an eine Vorschrift in Sekt.Kan. 8, 1: »Im Rate der Gemeinde sind 12 Männer und 3 Priester.« Einige Erklärer rechnen hier die 3 Priester zu den Zwölfen, aber eine solche Auffassung scheint nicht unbedingt notwendig. Auch bei einem wörtlichen Verständnis muß diese Stelle als wichtige Parallele zur entsprechenden Praxis in der Urgemeinde aufgefaßt werden. Die Urgemeinde hatte nämlich, im Gegensatz zur Qumrangemeinde, kein priesterliches Zentrum, daher waren die drei Priester für die Urgemeinde auch nicht mehr wichtig. Neben dem Apostelamt gab es in der Urgemeinde noch das Amt der $\pi\rho\varepsilon\sigma\beta\acute{v}\tau\varepsilon\rho o\iota$ der »Ältesten« (Apg. 11, 30; 15, 2—22). Mit diesen können die im Regelbuch und in der Kriegsrolle erwähn-

ten »Häupter der Väter der Gemeinde« (vgl. VIII, 2, a) und die
Sekt. Kan. 6, 8 erwähnten »Ältesten« verglichen werden.
Apg. 9, 13; 26, 10 (vgl. Röm. 15, 25. 31) werden die christlichen
Gemeindemitglieder »Heilige« genannt. Auch die Qumranleute
bezeichneten sich selbst als »Männer der Heiligkeit« (Sekt.-
Kan. 5, 13. 18; Dam.Dok. 20, 2), und ihre Gemeinschaft nannten
sie »ein heiliges Haus für Israel und eine allerheiligste Gemeinde
für Aharon« (Sekt.Kan. 8, 5 f.).

Bei den Qumran-Essenern und in der Jerusalemer Urgemeinde
wurden vielfach dieselben messianischen Stellen aus dem Alten
Testament zitiert. Natürlich wurden sie in der Urgemeinde im
Gegensatz zu Qumran auf Jesus als den Christus bezogen.
Apg. 2, 30 wird auf 2. Sam. 7, 12 f. angespielt, eine Stelle, die
auch im messianischen Florilegium aus Höhle 4 zitiert wird
(vgl. I, 3, a, β). In seiner Rede vor dem Volk bezog Petrus laut
Apg. 3, 22 die Weissagung vom kommenden Propheten Dt.
18, 15. 18, der wie Moses sein werde, auf Jesus. Auch diese Stelle
findet sich in der Sammlung messianischer Testimonia aus
Höhle 4, wo sie auf den erwarteten messianischen Propheten
hinweist, also höchstwahrscheinlich auf den Lehrer der Gerechtigkeit (vgl. X). Als Petrus und die Apostel wegen ihrer vom
Hohen Rat verbotenen Predigt neuerlich zur Rechenschaft gezogen wurden, antwortete Petrus gemäß Apg. 5, 31: »Gott hat
Jesus in seiner Macht zum Fürsten (ἀρχηγός) und Erlöser
(σωτήρ) erhöht.« Das griechische ἀρχηγός entspricht dem
hebräischen naśi »Fürst«, das in den Qumrantexten im Anschluß an Ezech. 34, 24; 37 25 eine Bezeichnung für den davidischen Messias ist (vgl. X). So wie der zum »Fürsten« erhöhte
Jesus von Petrus als Erlöser bezeichnet wurde, soll auch nach
dem messianischen Florilegium aus Höhle 4 der messianische
»Sproß Davids« (vgl. X) am Ende der Tage »Israel erlösen«.
Auch die im messianischen Florilegium aus Höhle 4 und
Dam.Dok. 7, 16 erwähnte Stelle Amos 9, 11 »Ich will aufrichten
die zusammenstürzende Hütte Davids« findet sich wieder Apg.
15, 16.

Wie die Qumran-Essener glaubte auch die christliche Urgemeinde, in einem »Neuen Bund« zu leben (vgl. IX, 1, a). Für

die Qumran-Essener bedeutete aber dieser Begriff nicht mehr als »erneuerter Bund«, denn die Gemeinde erwartete noch die messianische Erlösung. Für die Urgemeinde war aber ein wesentlich neuer Bund gekommen, der mehr ist als diese Erneuerung des alten, weil für sie der messianische Erlöser schon gekommen ist. So heißt es auch: »Denn dies ist mein Blut des Neuen Bundes, das für viele vergossen wird zur Vergebung der Sünden« (Mt. 26, 28 und Parallelen). Der wesentliche Unterschied zwischen der Qumrangemeinde und dem frühen Christentum bestand also darin, daß jene in der messianischen Naherwartung lebte, während dieses ihre Erfüllung verkündigte (z. B. Apg. 2, 22—24; 10, 40—42).

Wie kam es nun zu einer derartig starken Beeinflussung der Urgemeinde durch Elemente, die auch bei den Qumran-Essenern belegt sind? Sowohl die Anhänger Jesu als auch die Qumran-Essener gehörten der messianischen Bewegung an. Darüber hinaus aber ist es durchaus denkbar, daß viele Glieder der Urgemeinde einmal Essener waren, bevor sie an Jesus als den Christus glaubten. Apg. 6, 7 heißt es ausdrücklich, daß eine große Menge von Priestern den Glauben angenommen habe. Hier liegt es wohl näher, an die ṣaddoqidischen Priester der Qumran-Essener zu denken (vgl. VI, 1, a; VII) als an sadduzäische Priester, die infolge der sadduzäischen Leugnung der Auferstehung (Apg. 23, 8; Mt. 22, 23—32; Josephus Bellum 2, 8, 14) auch nicht an die Auferstehung Jesu glauben konnten. Im Gegensatz zur Abschließungstendenz der Qumran-Essener war aber die Jerusalemer Urgemeinde für jedermann offen. Apg. 15, 5 werden ausdrücklich Pharisäer erwähnt, die den Glauben angenommen hatten. Das Apostelkonzil (49/50 n. Chr.) beschloß außerdem noch, daß Heiden ohne vorherige Beschneidung in die Gemeinde Christi aufgenommen werden können (Apg. 15, 10. 19; Gal. 2, 9), eine Vorstellung, die im Qumranbereich undenkbar ist. Auch dem Tempel gegenüber verhielten sich die Mitglieder der Urgemeinde nicht so ablehnend wie die Qumran-Essener (vgl. VIII, 3, c), sondern »sie verharrten täglich einmütig im Tempel« (Apg. 2, 46; vgl. 3, 1. 11). Hier schlossen sie an eine Praxis Jesu selbst an (vgl. XI, 2, h).

4. Das Verhältnis der Qumrantexte zum Johannesevangelium und zu den Johannesbriefen

Das Johannesevangelium und die Johannesbriefe können im weitesten Sinn des Wortes als eine Auseinandersetzung mit den theologischen Voraussetzungen der Qumran-Essener verstanden werden. Vielfach hat man den Eindruck, daß hier eine Christologie für Essener geboten wird. Es gehört somit zu den wichtigsten Ergebnissen der Qumranforschung, den jüdischen Ursprung des Johannesevangeliums eindeutig erwiesen zu haben. Ein gleichzeitiger starker hellenistischer Einfluß soll damit nicht geleugnet oder abgeschwächt werden. Auch schon in den Qumrantexten selbst sind Ansätze zu einem solchen Einfluß festzustellen (vgl. VIII, 3, h, Anfang). Aber weder das dualistische Weltbild im allgemeinen noch die johanneische Licht-Finsternis-Lehre im besonderen sind ausschließlich auf hellenistischen Einfluß zurückzuführen. Die Gegenüberstellung von Jh. 1, 3 mit Sekt. Kan. 11, 11 soll genügen, das enge Verhältnis zwischen Qumran und Johannesevangelium anschaulich zu machen: Jh. 1, 3: »Alles ist durch den Logos gemacht worden und ohne ihn wurde nichts gemacht, was gemacht worden ist.« Sekt. Kan. 11, 11: »Durch Seine (d. h. Gottes) Erkenntnis wurde alles, und alles, was ist, richtet Er gemäß Seinem Plane zurecht. Außer durch Ihn geschieht nichts.« Hier aber schon ist, wie überall, auch der fundamentale Unterschied zwischen den Qumranlehren und dem Christentum zu erkennen. Wer im Sektenkanon der »Gott der Erkenntnis« ist, ist für das Johannesevangelium der Logos Christus.

Nach der Lehre der Qumran-Essener hat Gott »die Geister des Lichts und der Finsternis geschaffen und gründete auf ihnen jegliches Werk« (Sekt. Kan. 3, 25; vgl. VIII, 3, f. Anfang). Derselbe Dualismus beherrscht auch das Johannesevangelium und die Johannesbriefe. Während aber für den Sektenkanon 4, 19 die »festgesetzte Zeit Seiner Heimsuchung«, da Gott das Böse ein für allemal ausrotten wird, noch in der Zukunft liegt, leuchtet für Jh. 1, 5 »das Licht in der Finsternis«, die es nicht

erkannt hat, und nach 1. Jh. 2, 8 ist »die Finsternis vergangen
und das wahre Licht scheint«. Der Kampf zwischen Licht und
Finsternis ist also für den Verfasser des Johannesevangeliums
im Prinzip schon entschieden, denn Jesus bedeutete für ihn das
»Licht der Welt« (Jh. 8, 12).

In der Ausdrucksweise sind die Ähnlichkeiten zwischen dem
Johannesevangelium und den Qumrantexten dermaßen auf-
fallend, daß ein enger Zusammenhang nicht geleugnet werden
kann. In Sekt.Kan. 3, 20 f. ist davon die Rede, daß die Söhne
der Gerechtigkeit *auf den Wegen des Lichtes wandeln*, während die Söhne des Unrechts *auf den Wegen der Finsternis
wandeln*. Damit ist zu vergleichen Jh. 8, 12: »Ich bin das Licht
der Welt; wer mir nachfolgt, der *wandelt nicht in der Finsternis,*
sondern wird das Licht des Lebens haben«; oder Jh. 12, 35:
»*Wandelt,* solange ihr das *Licht* habt, damit euch die Finsternis
nicht erfasse. Denn wer *in der Finsternis wandelt,* der weiß
nicht, wohin er geht« (vgl. 1. Jh. 1, 5–7). So wie der Sekt.Kan.
1, 9 f. von den Söhnen des Lichtes und den Söhnen der Finsternis
spricht, nennt auch das Johannesevangelium 12, 36 die Rechtschaffenen »Kinder des Lichtes« (vgl. Lk. 16, 8). Sowohl im
johanneischen Schrifttum als auch in den Qumrantexten können
die Gegensatzpaare Licht – Finsternis und Wahrheit – Unrecht,
Böses, Irrtum vice versa gebraucht werden. So heißt es z. B.
Jh. 3, 19–21: »Das aber ist das Gericht, daß das Licht in die
Welt gekommen ist und die Menschen die Finsternis mehr lieb-
ten als das Licht; denn ihre Werke waren böse. Denn jeder, der
Böses tut, hasset das Licht . . . Wer aber die Wahrheit tut, kommt
an das Licht.« Damit ist die Diktion von Sekt.Kan. 3, 18. 25
zu vergleichen, wo das einemal von »Geistern der Wahrheit
und des Unrechts«, das anderemal aber von »Geistern des Lichts
und der Finsternis« die Rede ist. 1. Jh. 4, 6 werden dementsprechend auch ein Geist der Wahrheit und ein Geist des Irrtums genannt (vgl. VIII, 3, g). Jh. 14, 16 f.; 16, 13 ist noch von
einem besonderen Tröster, dem »Geist der Wahrheit«, die Rede,
der alle Wahrheit lehren wird. So heißt es auch in Sekt.Kan.
4, 21: »Er (d. h. Gott) sprengte auf ihn den Geist der Wahrheit
wie Reinigungswasser von allen Abscheulichkeiten der Lüge.«

Der Auffassung von Jh. 3, 20 f. aber, daß, wer Böses tut, das Licht haßt, wer aber die Wahrheit tut, an das Licht kommt, entspricht Sekt.Kan. 4, 24: »Entsprechend dem Besitzanteil des Menschen an der Wahrheit und an der Gerechtigkeit haßt er das Unrecht, und entsprechend seinem Erbteil am Lose des Unrechts tut er darin Böses und verabscheut die Wahrheit.« Wenn Jh. 3, 21 das richtige Verhalten als »die Wahrheit tun« bezeichnet wird, so ist auch dieser Terminus schon in Sekt.Kan. 8, 2 belegt.

Wie aber gemäß der Auffassung der Qumran-Essener die Geister des Lichts und der Finsternis unter Gott stehen (vgl. VIII, 3, f), so ist für 1. Jh. 1, 5 »Gott (selbst) das Licht und in ihm ist keine Finsternis«. Für das Johannesevangelium ist auch Christus das Licht der Welt (Jh. 8, 12; 9, 5). In den Qumrantexten und in der johanneischen Literatur gibt es zwei Anführer von Licht und Finsternis. Für die Qumran-Essener sind beide geschaffene Werkzeuge Gottes (Sekt.Kan. 3, 25). Da aber für den Verfasser des Johannesevangeliums Christus selbst das Licht ist, unterscheidet sich die johanneische Auffassung von der der Qumran-Essener, nach der auch der Engel des Lichtes nur Kreatur Gottes ist. So wie nach der Auffassung der Qumrantexte der Engel des Lichtes gegen den Engel der Finsternis steht, steht für das Johannesevangelium Christus gegen den »Fürsten dieser Welt« (Jh. 12, 31; 14, 30; 16, 11).

Diese Hinweise mögen genügen, um die eingangs erwähnte Vermutung zu rechtfertigen, daß in der johanneischen Literatur eine Auseinandersetzung mit essenischen Lehren vorliegt. Es wurden auch schon Theorien geäußert, die diesen engen Zusammenhang erklären sollen. Da diese aber alle bei dem gegenwärtigen Stand der Forschung noch zu unsicher sind, sollen sie in dieser kurzen Zusammenfassung unerwähnt bleiben.

5. Paulus und die Qumrantexte

Auch die Lehren des Apostels Paulus weisen viele Gemeinsamkeiten mit denen der Qumran-Essener auf. Als Pharisäer dürfte er die meisten der später auch von ihm vertretenen Auffassungen nur aus der polemischen Auseinandersetzung mit den

Anhängern der verschiedenen messianischen Gruppen gekannt haben. Als er dann selbst Christ wurde, lernte er sie aus der Nähe kennen und machte sich viele ihrer Elemente zu eigen. Die augenfälligste Gemeinsamkeit zwischen der Theologie des Paulus und den Qumrantexten ist wohl das beiden gemeinsame tiefe Sündenbewußtsein. Aus sich heraus ist der Mensch zu nichts imstande, nur Gott kann ihn rechtfertigen. Der Pharisäismus, von dem Paulus kam, vertraute hingegen auf die Werke der Gesetzeserfüllung. Nach Röm. 3, 23 f. aber »haben alle (d. h. Juden und Heiden) gesündigt und ermangeln der Herrlichkeit Gottes und werden gerechtfertigt ohne Verdienst dank Seiner Gnade durch die Erlösung, die da in Jesus Christus ist«. Dieses eine Beispiel paulinischen Sündenbewußtseins und paulinischer Rechtfertigungslehre soll für unseren Zusammenhang genügen, da es paradigmatisch ist. Dementsprechend heißt es in der Hymnenrolle 4, 30 f., daß der Mensch »vom Mutterleib an in Sünde und bis zum Greisenalter in sündigem Abfall ist. Ich habe erkannt, daß nicht beim Menschen Gerechtigkeit ist und nicht beim Menschenkind vollkommener Wandel, (sondern) beim höchsten Gott sind alle Werke der Gerechtigkeit.« Auch hier ist die äußere Ähnlichkeit augenfällig, aber wie bisher gilt auch ganz besonders für Paulus, daß der Unterschied zu den Qumrantexten im Glauben an Jesus als den Christus besteht. Dieser Unterschied wird besonders deutlich in der Interpretation des Verses Hab. 2, 4 durch Paulus und durch den Verfasser des Habakukkommentars. Paulus hält die Werke nach dem Gesetz der Tora für belanglos, das einzig wichtige für ihn ist der Glaube an Jesus, durch den die gläubigen Heiden an dem Glauben Abrahams Anteil gewinnen können. In einem solchen Zusammenhang sagt er Gal. 3, 11: »Daß aber durch das Gesetz niemand bei Gott gerechtfertigt werde, ist offenbar; denn der Gerechte lebt aus dem Glauben (Hab. 2, 4).« Dieselbe Habakukstelle deutet nun Hab.Kom. 8, 1–3 wie folgt: »Die Deutung bezieht sich auf alle jene aus dem Hause Juda, die nach der Tora leben, die Gott um ihrer Mühsal und ihres Glaubens an den Lehrer der Gerechtigkeit willen aus der Stätte des Gerichtes retten wird.« Auch der Verfasser des Habakukkommentars

fordert den Glauben an den Lehrer der Gerechtigkeit, d. h. an
seine Botschaft, aber es ist kein rechtfertigender Glaube wie in
der Theologie des Paulus. Für ihn setzt der Glaube an den
Lehrer Werke der Tora, also Werke der Gesetzeserfüllung entsprechend der besonderen Gesetzesdeutung der Qumrangemeinde voraus. Neben dem Glauben an den Lehrer der Gerechtigkeit steht auch noch als gleichwertiger Faktor die »Mühsal« der Sektierer von Qumran, worunter wohl das streng
asketische und streng gesetzliche Leben der Qumran-Essener
gemeint ist. Für den Verfasser des Habakukkommentars sind
Werke der Tora Voraussetzungen für den Glauben an den
Lehrer der Gerechtigkeit, für Paulus stehen sie dem Glauben an
Jesus entgegen.

Der Licht-Finsternis-Dualismus, der im johanneischen Schrifttum eine große Rolle spielt, ist auch für die Theologie des Paulus
bezeichnend (vgl. VIII, 3, f.). So heißt es Röm. 13, 12: »Laßt
uns also ablegen die Werke der Finsternis und anziehen die
Waffen des Lichtes!« Auch nach Apg. 26, 18 sprach Paulus von
einer Umkehr von der Finsternis zum Licht, was gleichbedeu-
tend ist einer Hinwendung von der Gewalt des Satans zu Gott
(vgl. 2. Kor. 6, 14 f.). Eine deutliche Parallele zu Sekt.Kan.
4, 2—14 bietet auch das Sünden- und Verdienstregister Gal. 5,
19—26: »Offenkundig sind die Werke des Fleisches, als da sind:
Hurerei, Unreinigkeit, Unzucht, Geilheit, Abgötterei, Zauberei,
Feindschaft, Zank, Neid, Zorn, Hader, Uneinigkeit, Ketzerei,
Mißgunst, Totschlag, Völlerei, Schwelgerei und was dergleichen
ist . . . Die Frucht des Geistes aber ist: Liebe, Freude, Friede,
Geduld, Milde, Güte, Langmut, Sanftmut, Treue, Mäßigkeit,
Enthaltsamkeit und Keuschheit.« Dementsprechend heißt es
Sekt.Kan. 4, 2—14: »Das sind ihre Wege auf Erden. (Aufgabe
des Geistes der Wahrheit ist es,) das Herz des Menschen zu erleuchten, alle Pfade der Gerechtigkeit und Wahrheit vor ihm
gerade und sein Herz in den Rechtssatzungen Gottes ehrfürchtig
zu machen: ein Geist der Demut, der Langmut, der überreichen
Liebe und des ewig Guten, des Verstandes, der Einsicht und der
echten Weisheit, die auf alle Taten Gottes vertraut und sich auf
die Fülle Seiner Gnade stützt; ein Geist der Erkenntnis allen

schöpferischen Denkens (Gottes?) und des Eifers für alle Rechtssatzungen der Gerechtigkeit .... Zeichen für den Geist des Unrechts sind Übermut und lässige Hände im Dienste der Gerechtigkeit, Frevelmut, Lüge, Stolz, Hochmut, Lug und Trug, Grausamkeit, starke Heuchelei, Ungeduld, besondere Torheit, mutwilliger Eifer für abscheuliche Werke im Geiste der Unzucht, unreiner Wandel in unreinem (Gottes)dienst, eine lästerliche Zunge, Blindheit der Augen, Verstocktheit der Ohren, ein halsstarriger Nacken und Verhärtung des Herzens, so daß man auf allen Wegen der Finsternis wandelt, sowie Verschlagenheit.«

6. Der Hebräerbrief und die Qumrantexte

Die Thematik des Hebräerbriefes läßt erkennen, daß er an Judenchristen gerichtet war, die aus den Kreisen der Qumran-Essener oder solcher Juden, deren Messiaslehre der qumranessenischen glich, kamen. Heb. 1, 1–3 wird der Brief mit der Bemerkung eingeleitet, daß Gott ursprünglich durch die Propheten zu den Vätern gesprochen, dann aber den Sohn als seinen Wortführer eingesetzt habe. Aus den Qumrantexten geht eindeutig hervor, daß die Qumran-Essener vor den beiden Messiassen noch einen messianischen Propheten erwarteten (vgl. X), den sie auf Grund der messianischen Testimonia aus Höhle 4 mit dem neuen Propheten, der wie Moses sein wird (Dt. 18, 15. 18), gleichsetzten. Statt durch den neuen Propheten hat Gott gemäß Heb. 1, 2 »in diesen Tagen durch den Sohn zu uns gesprochen«. Jesus ist also als Sohn Gottes zugleich letzter Prophet. In diesen Zusammenhang dürfte auch die Thematik des dritten Kapitels gehören, in dem die Superiorität Jesu vor Moses begründet wird.

Im Anschluß an die Feststellung der Vorrangstellung Jesu vor den Propheten behandelt der Verfasser des Hebräerbriefes die Vorrangstellung Jesu vor den Engeln. Jesus ist mehr als die Engel, denn Gott sprach zu Ihm: »Du bist mein Sohn, heute habe ich dich gezeugt« (Ps. 2, 7) und »Ich werde ihm zum Vater und er wird mir zum Sohne sein« (2. Sam. 7, 14; Heb. 1, 5). So wie Jesus durch die Sohnschaft über den Propheten steht, steht

er durch eben diese Qualität auch über den Engeln. Die letzte
Weissagung 2. Sam. 7, 14 wandte das messianische Florilegium
aus Höhle 4 auf den erwarteten Davidmessias des Endes der
Tage an. Nach den Qumrantexten aber nehmen die Engel Gottes
unabhängig von den beiden Messiassen als entscheidende Faktoren am endzeitlichen Kriege teil (vgl. VIII, 3, f.; IX, 2, a).
Von einer etwaigen Unterstellung unter die Messiasse oder einen
von ihnen ist hier keine Rede.

Das wichtigste Thema des Hebräerbriefes aber ist die Fest-
stellung, daß Jesus, obgleich Davidide, auch Hohepriester nach
der Ordnung des Melchisedech ist (7, 14—16). Das levitische
Priestertum der Aharoniden, auf dessen reine saddoqidische
Linie die Qumranleute größten Wert legten, ist diesem Priestertum nach der Ordnung des Melchisedech untergeordnet (7, 5—11).
Die Söhne Levis, die selbst den Zehnten empfangen, waren in
Abrahams Lenden inbegriffen, als er dem Melchisedech den
Zehnten gab. Somit steht das Priestertum des Melchisedech über
jenem Aharons. Wenn nun Jesus Hohepriester nach der Ordnung des Melchisedech ist, so steht er über einem aharonidischen
Hohepriester. Hier ist also eine deutliche Absage an die Messiaslehre der Qumranleute, nach der der hohepriesterliche aha-
ronidische Messias kultisch dem davidischen Messias übergeordnet sein soll (vgl. X). Für den Verfasser des Hebräerbriefes also
galt es nachzuweisen, daß in Jesu alle drei messianischen Aspekte
der Messiaslehre der Qumranleute vereint seien, der prophetische, der davidische und der hohepriesterliche. (*Jigael Jadin*,
The Dead Sea Scrolls and the Epistle to the Hebrews, Scripta
Hierosolymitana IV [1957], S. 36—55.)

XII. DIE QUMRANGEMEINDE
UND DER RABBINISMUS

Da die Qumrangemeinde und der Pharisäismus in der Bewegung der Chassidim rišonim in der frühen Makkabäerzeit
einen gemeinsamen Ursprung haben (vgl. VI, 2; VII) und die
Qumran-Essener auch nicht wie das frühe Christentum den all-

gemeinen Rahmen des Judentums gesprengt haben, gibt es etliche Gemeinsamkeiten zwischen diesen beiden jüdischen Gruppen. Die Unterschiede bestehen wesentlich in der verschiedenen Einstellung zur messianischen Naherwartung. Wegen ihrer akuten Endzeiterwartung waren die Qumran-Essener straffer organisiert und radikaler als die Pharisäer. Immerhin aber gab es auch in pharisäischen Kreisen besondere, ḥaburot genannte Gruppen, die auf »Reinheit« größten Wert legten, ein Begriff, der auch für die Lebensweise der Qumran-Essener bestimmend war. Nach Sekt.Kan. 6, 16 f. darf der zum Noviziat zugelassene Anwärter auf die Mitgliedschaft der qumranessenischen Mönchsgemeinde noch nicht »die Reinheit der Vollmitglieder anrühren« (vgl. VIII, 2, a). Nach T. Demai 2 wird von einem ḥaber, einem »Genossen«, also dem Mitglied einer ḥabura, gefordert, daß er »seine ›Reinheit‹ nicht bei einem Ungebildeten (im Original: ʿAm haʾareṣ) verrichten dürfe und daß er seine profanen Mahlzeiten in ›Reinheit‹ verzehren müsse«. Wenn auch unter »Reinheit« beide Male nicht dasselbe gemeint sein muß, so handelt es sich doch wohl um dasselbe Prinzip. Mag sein, daß auch die in T. Demai 2 erwähnte Mahlzeit, die in »Reinheit« einzunehmen ist, in irgendeinem Zusammenhang mit dem Gemeinschaftsmahl der Qumran-Essener gestanden hat (vgl. VIII, 3, a). Neben diesen vielleicht nur formalen Ähnlichkeiten bestanden auch große Unterschiede zwischen der Organisation der ḥaburot und jener der Qumrangemeinde. Ein Gelehrter konnte z. B. sofort Mitglied einer ḥabura werden, während die Sekt.Kan. 6, 13–23 erwähnten Aufnahmebestimmungen ausnahmslos für alle gegolten haben dürften – zumindestens soweit sie sich dem mönchischen Zentrum der Gemeinde anschließen wollten.

Im Gegensatz zum Christentum behielt das mosaische Gesetz sowohl für die Pharisäer wie für die Qumran-Essener seine Gültigkeit. Für seine verschiedene Interpretation jedoch sei als Beispiel nur das pharisäische und das qumranessenische Sabbatverständnis erwähnt. Dam.Dok. 11, 16 f. heißt es: »Wenn ein Mensch am Sabbat in eine Wassergrube oder in einen Teich fällt, so darf man ihn nicht mit einer Leiter, einem Strick oder

sonst einem Gerät herausholen.« Demgegenüber heißt es Joma
VIII, 6: »Jede Lebensgefahr verdrängt den Sabbat«; Joma 84 b
(bar) wird empfohlen, dabei nicht ängstlich zu sein, sondern
sofort und ohne Skrupel zuzugreifen. Vom selben Geist ist auch
die Bestimmung Šabbat XVIII, 3 erfüllt, die erlaubt, am Sabbat einer Frau bei der Geburt zu helfen und sich dabei einer
Hebamme zu bedienen. Sehr deutlich wird die pharisäische Einstellung dem Sabbat gegenüber auch auf Grund der Verord-
nung Šabbat II, 5: »Wer am Sabbat das Licht auslöscht, weil
er sich vor den Heiden, vor Räubern oder vor einem bösen
Geist fürchtet, oder wer es wegen eines Kranken tut, damit dieser besser schlafen kann, ist frei von Schuld. Wenn er aber nur
die Lampe schonen will oder ihm nur um das Öl oder den Docht
leid ist, ist er schuldig.« Bei den Qumran-Essenern, denen also
Lebensrettung am Sabbat verboten war und die die Nichtjuden
unter dem Begriff »nichtige Heiden« (Kriegsrolle 9, 9; 11, 9) zu-
sammenfaßten, wäre diejenige pharisäische Vorschrift unmöglich, die befahl, selbst den größten Ruhe- und Feiertag, den
Versöhnungstag, um eines in Lebensgefahr schwebenden Heiden
willen zu verletzen. Joma VIII, 7 heißt es aber: »Wenn über
jemanden ein Bauwerk zusammenstürzt und Zweifel darüber
besteht, ob der betreffende noch darunter liegt oder nicht, ob
er lebt oder tot ist, und es auch zweifelhaft ist, ob es ein Fremdling oder ein Israelit ist, so muß man über ihm aufräumen. Wenn
man ihn noch lebend auffindet, muß man sich um ihn kümmern.
Ist er schon tot, so läßt man ihn liegen.« Der Nichtjude wurde
von den Pharisäern also wesentlich freundlicher beurteilt als
von den Qumran-Essenern. Eine Ansicht wie die des R. Jehošua
ben Ḥanania (Anfang 2. Jahrh. n. Chr.), nach der die Rechtschaffenen unter den weltlichen Völkern Anteil an der kommenden Welt haben sollen (T. Sanh. XIII, 2; Sanh. 105 a), wäre in
den Kreisen der Qumrangemeinde vollkommen unmöglich
gewesen.

Dam. Dok. 11, 13 heißt es einfach: »Niemand darf dem Vieh
am Sabbat Geburtshilfe leisten«, während diese Vorschrift Šabbat XVIII, 3 dahingehend eingeengt ist, daß man dem Vieh
dabei wenigstens einen gewissen Beistand leisten dürfe. Diese

wenigen Beispiele sollen genügen, um zu beweisen, daß der Pharisäismus viel weniger streng war als der Qumran-Essenismus.

So wie aber die Qumran-Essener auf Grund ihrer akuten messianischen Naherwartung das Gesetz verschärften und auf einen endzeitlichen Rachekrieg warteten, während die Gesetzesdeutung der Pharisäer infolge ihrer Skepsis den messianischen Gruppen gegenüber liberaler als jene der Qumranleute war, entwickelten die Pharisäer auch im Gegensatz zu diesen eine ausgesprochene Nächstenethik (vgl. VII). Eine Vorstellung wie jene von Sekt.Kan. 1, 10 f., daß man »alle Söhne der Finsternis, jeden entsprechend seiner Sündhaftigkeit, in der Rache Gottes hassen« müsse, war dem Pharisäismus fremd. So ist Šabbat 31 a ein Ausspruch des Pharisäers Hillel belegt, der etwa eine Generation vor Jesus lebte: »Was dir nicht lieb ist, das tue auch deinem Nächsten nicht. Das ist die ganze Tora und alles andere ist nur Erläuterung.« Rabbi Akiba, der im ersten Drittel des zweiten Jahrhunderts n. Chr. lebte, soll laut Genesis rabba 24 (Ende) gesagt haben: »Du sollst deinen Nächsten lieben wie dich selbst. Dies ist eine sehr wichtige Regel in der Tora. Du sollst nicht sagen: Ich bin verachtet worden, so soll auch mein Nächster mit mir verachtet werden, und ich bin geschmäht worden, so soll auch mein Nächster mit mir geschmäht werden. R. Tanchuma sagte dazu: Wenn du es so tun solltest, so wisse, daß der, den du verachtest, in der Ebenbildschaft Gottes geschaffen wurde.«

Wie aus diesen kurzen Vergleichen hervorgeht, vermied der Pharisäismus die Gefahren, die die sektiererische Haltung der Qumran-Essener in sich barg. Beide, Qumran-Essenismus und Pharisäismus, verstanden sich als Bußbewegung, doch während jener den Menschen überforderte, verstand es dieser, dem mosaischen Gesetz eine neue, der Diasporasituation des Judentums gemäße Aktualität zu verleihen. Die Qumran-Essener waren durch ihre unmittelbare Erwartung des nahenden Weltendes zwar zu äußersten religiösen Kraftanstrengungen imstande; als sich das Ende aber immer und immer wieder verzögerte, dürften sie im jüdisch-römischen Krieg 66–70 n. Chr. ein ziemlich unrühmliches Ende gefunden haben. Der Pharisäis-

mus jedoch rechnete schon von Anfang an mit der Realität dieser Welt, daher konnte ihn ihre Fortdauer auch nicht erschüttern. Der Pharisäismus verband die messianische Idee mit der
Idee der Auserwählung und fand somit eine Sinngebung für
das Judentum in einer Welt, die rein äußerlich gesehen noch
im argen liegt.

B. TEXTE DER SCHRIFTROLLEN*

DER SEKTENKANON

1QS

Englisch: Manual of Discipline (DSD). Die besterhaltene Rolle (186 cm lang, 24 cm hoch) nichtbiblischen Inhalts ist kein Werk aus einem Guß, sondern eine Sammlung von Einzelstücken, verschieden groß, wohl auch aus verschiedener Zeit und verschiedenen Inhalts. Noch unveröffentlichte Fragmente aus anderen Höhlen sollen stellenweise einen abweichenden Text bieten. Daher ist Vorsicht geboten, wenn man aus dem vorliegenden Text ein Bild der Gemeindeverhältnisse zeichnen will. Mit ziemlicher Sicherheit kann man jedoch sagen, daß die gesetzlichen Bestimmungen in dieser Rolle für jene Gemeinde galten, welche die Siedlung von Chirbet Qumran vom Ausgang des zweiten Jahrhunderts vor Christi bis 68 n. Chr. bewohnt hat. Schwierig hingegen ist wiederum die Frage zu beantworten, wo einfach ältere Traditionen übernommen worden sind und wo das spezifische Gemeindeinteresse zutage tritt, und in welchem Stadium der Gemeindegeschichte die einzelnen Inhalte dieser Schrift anzusetzen sind.

I, 1—15

. . .] . . sein Leben [. . . . . in der Ordnung] der Einung[a] Gott (?)
zu suchen [. . . . .] ²das Gute zu tun und das Rechte vor Ihm,
wie ³Er es befohlen durch Mose
und all Seine Knechte, die Propheten.
Alles zu lieben, ⁴was Er erwählt
und alles zu hassen, was Er verworfen.
Sich fernzuhalten von allem Bösen
⁵und anzuhangen allen Werken des Guten.
Treue, Gerechtigkeit und Recht zu üben ⁶im Lande,
nicht mehr zu wandeln in der Verstocktheit schuldhaften Herzens
und (mit) den Augen der Unzucht, ⁷um lauter Böses zu tun.
Alle Willigen[b] herbeizubringen,
die Gesetze Gottes im ⁸Gnadenbund zu erfüllen,
in Einung zu leben in Gottes Gemeinde und vor Ihm vollkommen
zu wandeln
⟨nach⟩ allem ⁹Offenbarten zu den Zeiten ihrer Bezeugungen.

---

* Textlücken und Ergänzungen solcher sind durch eckige Klammern, das Verständnis erleichternde Zusätze in der Übersetzung durch runde Klammern angezeigt. ⟨ ⟩ bezeichnet eine Textverbesserung.
a Mit »Einung« wird im Anschluß an frühere Übersetzer immer das hebräische Wort »jachad« übersetzt. Dieser Begriff bezeichnet die besondere Form des Gemeinschaftslebens der Gemeinde mit vorwiegend rituell-kultischem Charakter. b Geläufige Selbstbezeichnung.

Alle Söhne des Lichtes zu lieben,
> jeden [10]nach seinem Los, in Gottes Gemeinde

und alle Finsternissöhne zu hassen,
> jeden nach seiner Verschuldung, [11]in Gottes Rache.

Und alle Willigen für Seine Wahrheit sollen all ihre Kenntnis und
ihre Kraft [12]und ihr Vermögen in die Einung Gottes bringen, um ihre
Kenntnis in der Wahrheit der Satzungen Gottes zu reinigen, ihre
Kraft einzusetzen [13]nach der Vollkommenheit Seiner Wege und all
ihr Vermögen nach dem Ratschluß Seiner Gerechtigkeit. Kein einziges [14]von allen Worten Gottes zu überschreiten in ihren Zeitab-
schnitten, ihre Zeiten nicht vorzuverlegen und sich nicht zu verspäten [15]mit allen ihren Terminen. Nicht abzuweichen von den
Gesetzen Seiner Wahrheit, um nach rechts oder links zu gehen.

I, 16 — III, 12

[16]Und alle, die in die Ordnung der Einung eintreten, sollen vor Gott
einen Bundesschluß eingehen, zu handeln [17]gemäß allem, was Er be-
fohlen, und nicht von Ihm zu weichen, durch keinerlei Schrecken,
Furcht und Not [18][. . . .] unter Belials Herrschaft.
Und wenn sie in den Bund treten, sollen die Priester [19]und die Leviten den Gott der Heilstaten preisen und alle Werke Seiner Treue.
Und alle, [20]die in den Bund eintreten, sprechen nach ihnen: Amen,
Amen!
[21]Und die Priester zählen die Erweise der Gerechtigkeit Gottes durch
Seine Machttaten auf [22]und verkünden alle Gnadenerweise der Barmherzigkeit an Israel.
Und die Leviten zählen [23]die Vergehen der Israeliten auf und all
ihre schuldhaften Freveltaten und ihre Sünde(n) unter der Herrschaft
[24]Belials.
[Und alle], die in den Bund eintreten, bekennen nach ihnen: Wir
haben uns vergangen, [25][wir haben gesündigt(?)], wir haben gefrevelt, wir und unsere [Väter] vor uns, indem wir wandelten
[26][. . . .] Wahrheit und Gerech[tigkeit . . . .] Sein Gericht an uns
und [unseren] Vätern [. . . . . II, 1] das Erbarmen Seiner Gnade
erwies Er uns von Ewigkeit zu Ewigkeit.
[2]Und die Priester segnen alle Männer des Loses Gottes, die vollkommen wandeln auf all Seinen Wegen und sprechen:

Er segne dich mit allem [3]Guten
> und bewahre dich vor allem Bösen.

Er erleuchte dein Herz mit dem Verstande des Lebens
    und begnade dich mit dem ewigen Wissen
[4]und Er erhebe Sein gnädiges Antlitz
    auf dich zu ewigem Frieden.

Und die Leviten verfluchen alle Männer des [5]Loses Belials und
heben an und sprechen:

Verflucht seist du
    in allen Freveltaten deiner Verschuldung!
Gott gebe dir [6]Schrecken
    durch alle, die Rache ausüben
und verordne dir die Vernichtung
    durch alle, die Vergeltung heimzahlen.
[7]Verflucht seist du ohne Erbarmen
    gemäß der Finsternis deiner Werke
und verdammt seist du
    [8]in der Dunkelheit ewigen Feuers.
Gott sei dir nicht gnädig, wenn du Ihn anrufst
    und Er vergebe dir nicht, dein Vergeh'n zu entsühnen.
[9]Er erhebe Seines Zornes Antlitz zur Rache an dir
    und kein Friede sei dir
        [a]im Munde aller Fürsprecher[a]!

[10]Und alle, die in den Bund eintreten, sprechen nach denen, die
segnen und verfluchen: Amen, Amen.
[11]Und die Priester und Leviten fahren fort und sprechen: Verflucht
sei, wenn (er) mit den Götzen seines Herzens den Bundesschluß begeht, [12]der in diesen Bund eintritt und den Anstoß zu seinem Vergehen vor sich hinstellt, um abtrünnig zu werden dadurch.
Und wenn [13]er, die Worte dieses Bundes hörend, sich in seinem Herzen glücklichpreist: »Es wird mir (schon) gut gehen, [14]wenn ich (auch)
in der Verstocktheit meines Herzens wandle«, so werde sein Geist
dahingerafft, »das Trockene samt dem Bewässerten«[b], ohne [15]Ver-
gebung.

Gottes Zorn und der Eifer Seiner Gerichte
    sollen wider ihn zu ewiger Vernichtung entbrennen.
Es haften an ihm alle [16]Flüche dieses Bundes
    und Gott sondere ihn zum Unheil aus

---

a — a Glosse?
b vgl. 5. Mose 29,18; Sinn hier: ganz und gar(?)

und er werde ausgerottet aus der Mitte aller Söhne des Lichts
in seinem Abfall [17]von Gott!
Wegen seinen Götzen und dem Anstoß seines Vergehens
gebe Er (ihm) sein Los inmitten der ewig Verfluchten!

[18]Und alle, die in den Bund eintreten, heben an und sagen nach ihnen: Amen, Amen.

[19]So sollen sie es Jahr für Jahr, die ganze Zeit der Herrschaft Belials halten.
[20]Die Priester sollen zuerst den Bundesschluß begehen, in der (Rang-)Ordnung nach ihren »Geistern«, einer nach dem andern. Und die Leviten begehen nach ihnen den Bundesschluß [21]und das ganze Volk begeht ihn an dritter Stelle, in der (Rang-)Ordnung, einer nach dem anderen, nach Tausendschaften und Hundertschaften [22]und Fünfzigergruppen und Zehnergruppen, auf daß jeder einzelne Israelit seinen Posten (Rang) kenne in der Einung Gottes [23]für die ewige Gemeinde. Keiner sei niedriger als sein Rang oder erhebe sich über den Ort seines Loses.
[24]Denn alle sollen in wahrhafter Einung, gütiger Demut, liebevoller Verbundenheit und in rechtem Denken sich [25]einer gegenüber seinem Nächsten verhalten in der Gemeinde der Heiligkeit und als Söhne der ewigen Gemeinschaft.

Und jeder, der es ablehnt, zu kommen [26][. . . . .] um in der Verstocktheit seines Herzens zu wandeln, [komme] nicht in die Einung Seiner Wahrheit, denn es verabscheute (III) [1]seine Seele die verpflichtende Erkenntnis der (ge)rechten Satzungen.

Nicht hielt er sich (?) an den, der sein Leben wendet (?)
und zu den Rechtschaffenen wird er nicht gerechnet.
[2]Seine Kenntnis, seine Kraft und sein Vermögen
dürfen nicht in die Gemeinschaft der Einung kommen,
denn nach böser ⟨Untat⟩ (steht) sein Streben (?)
und Befleckung ist an [3]seiner Umkehr.
Er wird nicht gerecht in der Verirrung (?) der Verstocktheit seines
und Finsternis schaut er für Wege des Lichts | Herzens
⟨und mit⟩ den Vollkommenen wird er [4]nicht gerechnet.

Nicht wird er schuldlos durch Sühneriten,
kann sich nicht reinigen durch Reinigungswasser.
Nicht kann er sich heiligen in Seen [5]und Flüssen,
noch sich reinigen in jeglichem Wasser der Waschung.

Unrein, unrein bleibt er, solang er die Satzungen [6]Gottes verachtet,
>sich nicht unter Zucht stellt in der Einung Seines Rates.
Denn durch den Geist des wahrhaften Ratschlusses Gottes
>werden die Wege des Menschen entsühnt,
alle [7]seine Vergehen,
>um das Licht des Lebens zu schauen.
Durch heiligmäßigen Geist für die Einung in Seiner Wahrheit
>wird er gereinigt von all [8]seinen Sünden,
durch rechtschaffenen Geist und durch Demut
>wird sein Vergehen gesühnt.
Durch seine Unterwerfung unter alle Gesetze Gottes
>wird gereinigt [9]sein Fleisch,
so daß er sich besprengen kann mit Reinigungswasser
>und sich heiligen mit Wasser der Reinheit.
Er setze seine Schritte fest, um vollkommen zu wandeln [10]auf allen
>Wegen Gottes,
>sowie Er es befohlen zu den Zeiten Seiner Bezeugungen,
nicht nach rechts oder links zu weichen
>und kein [11]einziges von all Seinen Worten zu überschreiten.
Dann wird Er Wohlgefallen finden durch angenehme Sühneriten vor
>Gott
>und es wird ihm zum Bunde [12]der ewigen Einung (gereichen).

III, 13 — IV, 26

[13]Für den Unterweiser, um zu unterweisen und zu belehren alle Söhne des Lichts:
in der Herkunft[a] aller Menschen [14]nach allen Arten ihrer Geister, in ihren Kennzeichen entsprechend ihren Werken in ihren Generationen, nach der Heimsuchung ihrer Plagen mit den [15]Zeiten ihres Heils.

Vom Gott der Erkenntnisse stammt alles Sein und Geschehen und bevor sie ins Dasein getreten, setzte Er ihren ganzen Plan fest.
[16]Wenn sie zu ihrer Bestimmung kommen entsprechend dem Plan Seiner Herrlichkeit, erfüllen sie ihre Aufgabe und nichts (gibt es) zu ändern.
In Seiner Hand [17]sind die Normen für alles und Er versorgt es in allen seinen Belangen.

Er schuf den Menschen zur Beherrschung der [18]Welt und setzte ihm zwei Geister, um in ihnen zu wandeln bis zur festgesetzten Zeit Seiner Heimsuchung.

---

[a] im Sinne der Wesensbestimmtheit

Das sind die Geister [19]der Wahrheit und des Unrechts.

An der Stätte des Lichts ist der Ursprung der Wahrheit und aus der Quelle der Finsternis der Ursprung des Unrechts.

[20]In der Hand des Fürsten der Lichter liegt die Herrschaft über alle Söhne des Rechts, auf den Wegen des Lichtes wandeln sie.

In der Hand des Engels [21]der Finsternis liegt alle Herrschaft über die Söhne des Unrechts, auf den Wegen der Finsternis wandeln sie. Durch den Engel der Finsternis geschehen die Verirrungen [22]aller Söhne des Rechts, all ihre Sünden, ihre Vergehen, ihre Verschuldung und ihre treulosen Taten geschehen durch seine Herrschaft, [23]gemäß Gottes Geheimnis, [a]im Verlauf seiner Zeit[a].

All ihre Plagen und die Zeiten ihrer Bedrängnisse (kommen) durch die Herrschaft seiner Anfeindung.

[24]Alle Geister seines Loses (suchen) die Söhne des Lichtes zu Fall zu bringen, doch der Gott Israels und der Engel Seiner Wahrheit hilft allen [25]Söhnen des Lichts.

[25]Er schuf die Geister des Lichts und der Finsternis
    und gründete auf ihnen jegliches Werk.
[26][. . . . .] allen Dienst
    und auf ihren Wegen [. . . . .]
IV, [1]Den einen (Geist) liebt Gott für alle ewigen Zeiten
    und an all seinen Werken hat Er Gefallen für immer.

Den anderen — Er verabscheut sein Wesen
    und all seine Wege haßt Er für immer.

[2]Und dies sind ihre Wege in der Welt:
Zu erleuchten das Herz des Menschen und zu ebnen vor ihm
    alle Wege wahrhaften Rechtes.

Sein Herz zu erschrecken
    durch die Gerichtstaten [3]Gottes.

Demütige Gesinnung und Langmütigkeit,
    Fülle des Erbarmens und dauernde Güte,
Verstand und Einsicht und kraftvolle Weisheit,
    die auf alle [4]Taten Gottes vertraut
    und sich stützt auf die Fülle Seiner Gnade.
Ein Geist der Erkenntnis im Plan jedes Tuns
    und Eifer für die gerechten Gerichte (Gesetze?).
Heiligmäßiges Denken [5]in festem Sinn
    und reiche Verbundenheit gegen alle Söhne der Wahrheit.

---

[a] — [a] oder: bis zu seinem Ende (?)

Herrliche Reinheit,
    verabscheuend alle unreinen Götzen.
Behutsamer Umgang[a] [6]in Klugheit (mit) allem
    und getreuliches Verbergen der Geheimnisse der Erkenntnis.
Dies sind die Ratschläge des Geistes für die Söhne der Wahrheit (in)
                                der Welt.

Und die Heimsuchung all derer, die darin wandeln (führt):
Zu Heilung [7]und reichlichem Frieden
    in langer Lebenszeit,
zu Samensfrucht mit jeglichem dauernden Segen
    und ewiger Freude in einem langwährenden Leben
und (zur) Krone der Herrlichkeit [8]mit dem Kleide der Pracht
    im ewigen Licht.

[9]Dem Geiste des Unrechts eignen Unersättlichkeit
    und lässige Hände beim Dienste des Rechts.
Frevel und Lüge, Stolz und hochfahrender Sinn
    Leugnung, grausamer Trug [10]und viel Heuchelei.
Jähzorn und reichliche Torheit
    und vermessener Eifer,
abscheuliche Taten im Geiste der Unzucht
    und greuliche Wege in der Unreinheit Dienst.
[11]Lästerzunge, Blindheit der Augen und Taubheit der Ohren,
    Halsstarrigkeit und Verstocktheit des Herzens,
um auf allen Wegen der Finsternis zu wandeln
    und (in) bösartige(r) List.

Und die Heimsuchung [12]all derer, die darin wandeln (führt):
Zu einer Menge von Plagen
    durch alle Verderberengel,
zu ewiger Vernichtung
    durch Gottes rächenden Zorngrimm,
zu dauerndem Schrecken und ewiger Schmach
    [13]mit der Schande der Vernichtung in finsterem Feuer.
All ihre Zeiten nach ihren Geschlechtern
    (verlaufen) in schmerzlicher Trauer und bitterem Unglück,
in Schrecknissen der Finsternis bis zu [14]ihrer Vernichtung,
    ohne daß ihnen Rest noch Entronnenes bleibt.

---

[a] bezieht sich auf das gegenseitige Verhalten innerhalb der Rangordnung.

¹⁵Darin liegt die Herkunft aller Menschen
       und an ihrenᵃ Klassen haben Anteil all ihre Gruppen nach
Auf ihren Wegen wandeln sie | ihren Geschlechtern.
       und all ihrer Taten Werk ¹⁶(geschieht) in ihren Klassen,
entsprechend dem Anteil eines jeden, ob mehr oder weniger,
       für alle ewigen Zeiten.
Denn Gott setzte sie zu gleichen Teilen bis zur letzten Zeit
       ¹⁷und setzte ewige Feindschaft zwischen ihre Klassen.
Der Wahrheit ein Greuel ist unrechtes Handeln
       und ein Greuel sind dem Unrecht alle Wege der Wahrheit.
Eifer ¹⁸des Streites (liegt) über all ihrem Verhalten,
       denn sie wandeln nicht gemeinschaftlich.

Und Gott in den Geheimnissen Seines Verstandes und Seiner herr-
                                               lichen Weisheit
       bestimmte eine Zeitᵇ für den Bestand des Unrechts.
Zur bestimmten Zeit ¹⁹der Heimsuchung wird Er es vertilgen für
                                                           immer
       und dann wird hervorgehn auf Dauer die Wahrheit der Welt.
Denn sie wälzte sich in den Wegen des Frevels während der
                                       Herrschaft des Unrechts,
       bis zum ²⁰Zeitpunkt des bestimmten Gerichtes.

Dann wird Gott durch Seine Wahrheit alle Werke des Mannes sichten
       und sich läutern den »Bau«ᶜ des Menschen,
zu vertilgen allen frevlen Geist mitten aus seinem Fleische
       ²¹und ihn zu reinigen durch heiligen Geist von allen Werken
Er wird den Geist der Wahrheit über ihn sprengen | des Frevels.
       wie Reinigungswasser,
(das reinigt) von allen Greueln des Trugs
       und dem Wälzen ²²im Geist der Unreinheit.
Um Einsicht zu schenken den Rechtschaffenen
       im Wissen des Höchsten
und die Weisheit der Söhne des Himmelsᵈ
       denen zu lehren, die vollkommen wandeln.
Denn sie hat Gott erwählt zum ewigen Bund
       ²³und ihnen gilt alle Herrlichkeit Adamsᵉ.
Kein Unrecht wird (mehr) sein,
       zuschanden werden alle Werke des Trugs.

ᵃ beiden   ᵇ oder: ein Ende (?)   ᶜ der Leib   ᵈ Engel
ᵉ oder: des Menschen

Bis dahin streiten die Geister der Wahrheit und des Unrechts im
Herzen des Mannes. [24]Sie wandeln in Weisheit oder Torheit.

Je nach jemandes Erbteil an Wahrheit und Recht
      so haßt er das Unrecht
und gemäß seinem Anteil am Lose des Unrechts frevelt er darin
      und [25]verachtet so die Wahrheit.
Denn zu gleichen Teilen setzte sie Gott
      bis zur bestimmten Zeit[a] und der neuen Schöpfung
und Er kennt das Werk ihrer Taten
      für alle Zeiten [auf ewig].
[26]Er gab sie zum Anteil den Menschen
      zur Erkenntnis des Guten [und Bösen],
um das Los zu werfen für alles, was lebt
      je nach seinem Geist [. . . . .
      . . . . .] Heimsuchung [. . . . .]

V, 1—7

[1]Dies ist die Ordnung für die Männer der Einung,
die sich willig erweisen, umzukehren von allem Bösen
      und festzuhalten an allem, was Er nach Seinem Willen befohlen;
sich abzusondern von der Gemeinde [2]der Männer des Unrechts
      und zur Einung in (Bezug auf) Gesetz und Besitz zu werden;
verantwortlich gegenüber den Zadokiten, den Priestern, den Wahrern
                                                         des Bundes
      und gegenüber der Menge [3]der Männer der Einung, die fest-
                                                         halten am Bunde.
Von ihnen aus ergeht die Ordnung des Loses hinsichtlich jeglicher
      für Gesetz, für Besitz und für Recht, | Sache,
um Treue zu pflegen, Einung und Demut,
      [4]Gerechtigkeit, Recht und liebevolle Verbundenheit
und behutsamen Umgang auf all ihren Wegen.
Keiner (aber) wandle in der Verstocktheit seines Herzens,
      um seinem Herzen nachzuirren [5]und seinen Augen
und dem Sinnen seines schuldhaften Wesens.
Er beschneide (vielmehr) in der Einung den unbeschnittenen Sinn
      und die Halsstarrigkeit,
um ein Fundament zu gründen für Israel,
      zur Einung des ewigen Bundes.

---

[a] oder: Ende(?)

[6]Um alle Willigen zu entsühnen,
 zu einem Heiligtum in Aaron
 und einem Haus der Wahrheit in Israel,
und die sich ihnen anschließen für Einung, Rechtsstreit und Recht,
 [7]auf daß sie alle Übertreter des Gesetzes verurteilen.

V, 7—13

Und dies ist die Ordnung ihrer Wege auf Grund all dieser Gesetze, wenn sie sich zur Einung sammeln.
Jeder, der in die Gemeinschaft der Einung eintritt, [8]trete vor den Augen aller Willigen in Gottes Bund ein. Und er soll sich eidlich verpflichten, umzukehren zum Gesetz des Mose, gemäß allem, was Er hat befohlen, mit ganzem [9]Herzen und mit ganzer Seele, entsprechend allem, was von ihm[a] offenbar wird den Zadokiten, den Priestern, den Wahrern des Bundes und Erforschern Seines Willens, sowie der Menge der Männer ihres Bundes, [10]die sich (in der) Einung willig erweisen für Seine Wahrheit und zum Wandeln in Seinem Willen.

Er soll sich durch den Bund(esschluß) verpflichten,
 sich abzusondern von allen Männern des Unrechts,
die [11]auf dem Wege der Bosheit wandeln,
 denn sie werden nicht zu Seinem Bunde gerechnet,
da sie nicht suchten und nicht ⟨forschten⟩
 in Seinen Gesetzen nach der Erkenntnis des Verborgenen,
hinsichtlich dessen sie irrten [12]zu ihrer Verschuldung
 und behandelten das Offenbare mit erhobener Hand[b],
führen somit Zorn fürs Gericht herauf
 und den Vollzug der Rache durch die Bundesflüche,
so daß gewaltige Gerichte an ihnen vollstreckt werden,
 [13]zu ewiger Vernichtung, ohne Rest.

V, 13—20

Er komme nicht ins Wasser, die Reinheit der heiligen Männer anzutasten, denn man wird nicht rein, [14]außer man kehrt um von seiner Bosheit, weil Unreines an allen Übertretern Seines Wortes (haftet).

---

[a] dem Gesetz
[b] respektlos

Man soll mit ihm keine Gemeinschaft eingehen hinsichtlich seiner Arbeit und seines Besitzes, ᵃdamit man ihm nicht ¹⁵Sündenschuld auflade ᵃ, sondern man halte sich fern von ihm in jeglicher Sache, denn so ist es geschrieben: Von jeder betrügerischen Sache halte dich fern ᵇ.

Keiner von den Männern der Einung soll beantworten ¹⁶auf ihre Veranlassung hin, was immer Gesetz und Recht betrifft.

Keiner esse etwas aus ihrem Besitz und trinke nicht(s) noch nehme er irgend etwas aus ihren Händen, ¹⁷was nicht durch Kauf (erworben ist), wie es geschrieben steht: Lasset doch fahren den Menschen, in dessen Nase nur ein Hauch ist! Denn wofür ist er zu achten ᶜ?

Denn ¹⁸alle, die nicht zu Seinem Bund gerechnet werden, sind abzusondern, (sie) und alles, was ihnen gehört.

Nicht stütze sich der heilige Mann auf irgendein nichtiges Werk! ¹⁹Denn nichtig sind alle, die Seinen Bund nicht (an)erkennen.

Alle Verächter Seines Wortes wird Er vertilgen aus der Welt, all ihre Taten (gelten als) Unflat ²⁰vor Ihm und Unreinheit (haftet) an all ihrem Reichtum.

V, 20 — VI, 3

Wenn er in den Bund tritt, um nach all diesen Vorschriften zu handeln, sich der Einung zur (Bildung der) heiligen Gemeinde anzuschließen, so soll man ²¹seinen »Geist« in der Einung untereinander nach Maßgabe seines Verständnisses und seiner Taten im Gesetz erforschen:

Nach der Weisung der Aaroniden, die willens sind, in der Einung ²²Seinen Bund aufzurichten und zu achten, daß alle Seine Gesetze, die Er befohlen, erfüllt werden und nach der Weisung der Menge Israels, die willens sind, umzukehren in der Einung zu Seinem Bund.

²³Man soll sie in die Rangordnung eintragen, einen nach dem andern, entsprechend seinem Verständnis und seinen Werken, so daß jeder seinem Nächsten gehorche, der Geringere dem Höheren. Sie sollen ²⁴ihren »Geist« und ihre Werke Jahr für Jahr überprüfen, um einen (jeden) entsprechend seinem Verständnis und der Vollkommenheit seines Wandels aufrücken zu lassen oder ihn gemäß seiner Verkehrtheit zurückzusetzen. So weise ²⁵einer den andern zurecht in Wah[rheit] und Demut und liebevoller Verbundenheit unter[einander].

ᵃ—ᵃ Vgl. 3. Mose 22,16; oder: damit er einem nicht; damit man sich nicht.
ᵇ 2. Mose 23,7
ᶜ Jes. 2,22

Er soll zu ihm nicht im Zorn sprechen oder mit Murren [26]oder in
Hals[starrigkeit . . . . .] Geiste des Frevels.
Er hasse nicht [den, ...] seines Herzens, sondern am selben
Tag (noch) weise er ihn zurecht und (VI) [1]lade nicht seinethalben
Schuld auf sich[a].
Es soll keiner gegen seinen Nächsten vor der Vollversammlung eine
Sache vorbringen, ohne (vorherigen) Verweis vor Zeugen.

Darin [2]sollen sie wandeln an all ihren Aufenthaltsorten in allem,
was sich ergibt untereinander und sollen gehorchen, der Geringere
dem Höheren, was Arbeit und Besitz(angelegenheiten) betrifft.
Gemeinschaftlich sollen sie essen,
[3]gemeinschaftlich sollen sie lobpreisen und
gemeinschaftlich sollen sie beraten.

VI, 3—8

An keinem Orte, wo sich zehn Männer von der Gemeinschaft der
Einung befinden, weiche von ihnen ein [4]Mann priesterlichen Standes.
Sie sollen jeder nach seiner Rangstufe vor ihm sitzen und so sollen
sie nach ihrem Rate gefragt werden bezüglich jeglicher Sache.
Wenn sie den Tisch bereiten, um zu essen oder den Wein [5]zu trinken,
strecke der Priester zuerst die Hand aus, am Anfang das Brot zu
segnen oder den Wein zum Trinken. [b]Der Priester strecke seine Hand
zuerst aus, [6]am Anfang das Brot und den Wein zu segnen[b]!
Nicht fehle an einem Ort, wo sich zehn befinden, ein Mann, der im
Gesetz studiert, (und zwar) Tag und Nacht, [7]ständig einer den andern ⟨abwechselnd⟩.
Die Vollmitglieder sollen gemeinschaftlich ein Drittel aller Nächte
des Jahres wachen, um aus dem Buche zu lesen, Recht(sentscheid) zu
erforschen [8]und gemeinschaftlich zu lobpreisen.

VI, 8—13

Dies ist die Ordnung für die Sitzung der Vollmitglieder, jeder in
seinem Rang. Die Priester sitzen an erster, die Ältesten an zweiter
Stelle und die übrige [9]ganze Mannschaft, sie sitzen jeder in seinem
Rang. So sollen sie nach Recht(sentscheid) fragen und nach jeglichem
Rat und (jeder) Sache, die Angelegenheit der Vollversammlung ist,
so daß jeder sein Wissen [10]der Gemeinschaft der Einung zugutekom-
men läßt.

---

[a] 3. Mos. 19,17
[b] — [b] versehentliche Doppelschreibung?

Keiner rede mitten in die Worte seines Nächsten hinein, bevor noch
sein Bruder zu sprechen aufgehört hat. Auch spreche er nicht vor dem
Range dessen, der vor ihm [11]aufgeschrieben ist, der gefragte Mann
spreche, wenn die Reihe an ihm ist.
Bei der Sitzung der Vollmitglieder bringe keiner irgendetwas vor,
was nicht Sache der Vollversammlung ist — und wenn es (auch) der
[12]Aufseher über die Vollmitglieder ist.
Jedermann, der etwas der Vollversammlung zu sagen hat, sich
(aber) nicht im Stande dessen befindet, der die Gemeinschaft [13]der
Einung befragen (kann)[a], der stehe auf und spreche: »Ich habe der
Vollversammlung etwas zu sagen.« Wenn sie es ihm sagen, so möge
er sprechen.

VI, 13—23

Jedermann von Israel, der willig ist, sich der Gemeinschaft der
Einung [14]anzuschließen, den soll der Mann, der an die Spitze der
Vollversammlung gesetzt ist, nach seinem Verständnis und seinen
Werken untersuchen. Wenn er Zucht annimmt, bringe er ihn [15]in den
Bund, daß er umkehre zur Wahrheit und weiche von allem Unrecht.
Er unterweise ihn in allen Vorschriften der Einung. Danach, wenn
er dazu kommt, vor die Vollversammlung zu treten, werden [16]alle
über seine Angelegenheiten befragt. Und je nachdem die Entscheidung (das Los) auf Beschluß der Vollversammlung ausfällt, rücke er
vor oder trete er zurück. Wenn er der Gemeinschaft der Einung
näherrückt, rühre er (doch) nicht die Reinheit [17]der Vollmitglieder
an, bis daß sie seinen »Geist« und seine Taten untersucht haben, sobald er ein volles Jahr vollendet hat. Auch nehme er nicht teil am
(rituell reinen) Besitz der Vollmitglieder. [18]Hat er ein Jahr inmitten
der Einung vollendet, so werden die Vollmitglieder über seine Angelegenheiten gemäß seinem Verständnis und seinen Taten im Gesetz
befragt. Wenn die Entscheidung für ihn dazu ausfällt, [19]der Gemeinschaft der Einung näherzukommen nach der Weisung der Priester
und der Menge der Männer ihres Bundes, dann lasse man auch seinen
Besitz und seine Erwerbstätigkeit zu, (und zwar) zur Verfügung
[20]des Aufsehers über die Wirtschaft(sangelegenheiten) der Vollmitglieder und der schreibe es ihm auf ein Konto gut, aber gebe es nicht
für die Vollmitglieder aus.
Er darf das Getränk der Vollmitglieder nicht anrühren, bis [21]er ein
zweites Jahr inmitten der Männer der Einung vollendet hat. Und

---

[a] wegen der Rangordnung.

nachdem er das zweite Jahr erfüllt hat, soll man ihn durch die Vollversammlung prüfen. Wenn ihm die Entscheidung dazu ausfällt,
²²in die Einung einzutreten, dann schreibe man ihn in die Ordnung
seiner Rangstufe unter seinen Brüdern ein, für Gesetz, Recht, Reinheit und die Beteiligung seines Vermögens und es komme sein Rat
²³und sein Rechtsentscheid der Einung zugute.

VI, 24 — VII, 25

²⁴Dies sind die Satzungen, nach denen sie in gemeinschaftlicher Untersuchung den Sachverhalten gemäß entscheiden (richten) sollen.

Falls sich unter ihnen jemand findet, der in einer Vermögensangele-
genheit lügt ²⁵und er (um den wahren Sachverhalt) weiß, so sondere
man ihn von der Reinheit der Vollmitglieder für ein Jahr aus und
er werde um ein Viertel seiner Nahrung bestraft.

Wer ²⁶seinem Nächsten in Halsstarrigkeit antwortet, in Jähzorn
spricht und (so) das »Fundament«(?) seines Gefährten [. . . . .]
. . . . . indem er sich der Weisung seines Nächsten, der vor ihm eingetragen ist, widersetzt, ²⁷der hat sich selbst (unrechtmäßig) [ge]-
holfen und er büßt ein Jahr [. . . . . .]

[We]r eine Sache erwähnt (beteuert?) im Hochgeehrten Namen . . .
. . . . [. . . . . .]

VII, ¹Wenn einer flucht — sei es, daß er sich schreckt vor Drangsal
oder was immer er (für einen Grund) hat — während er im Buche
liest oder betet, so sondere man ihn aus ²und er kehre nicht wieder
zur Gemeinschaft der Einung zurück.

Wenn einer gegen einen von den im Buche verzeichneten Priestern
im Zorn spricht, dann büßt er ein Jahr ³und wird für sich abgesondert von der Reinheit der Vollmitglieder. Wenn er (es) irrtümlich
sagte, büßt er sechs Monate.

Wer wissentlich (etwas) leugnet, ⁴der büßt sechs Monate.

Derjenige, welcher seinen Nächsten bewußt zu Unrecht schmäht (?),
büßt ein Jahr ⁵und wird abgesondert.

Wer gegenüber seinem Nächsten betrügerisch (?) redet oder wissentlich einen Betrug begeht, büßt sechs Monate.

Wenn er ⁶an seinem Nächsten fahrlässig handelt, büßt er drei Monate
und wenn er am Vermögen der Einung fahrlässig handelt, so daß
es verlorengeht, so erstatte ⁷er es persönlich (zurück). ⁸Falls er es
nicht zu ersetzen vermag, büßt er sechzig Tage.

Wer seinem Nächsten zu Unrecht zürnt, büßt sechs Monate^a ⁹und

---

^a über der Zeile: ein Jahr.

desgleichen der, welcher sich (auf eigene Faust) für irgend etwas Rache schafft.

Wer mit seinem Munde ein törichtes Wort ausspricht, (büßt) drei Monate und dem, der seinem Nächsten ins Wort fällt, (gebühren) [10]zehn Tage.

Wer sich hinlegt und schläft bei der Sitzung der Vollversammlung, (büßt) dreißig Tage. Desgleichen büßt einer, der in der Sitzung der Vollmitglieder weggeht, [11]ohne Beschluß und ohne Grund bis zu dreimal bei einer Sitzung, zehn Tage. Falls sie stehen (?) [12]und er geht weg, büßt er dreißig Tage.

Wer vor seinem Nächsten nackt (herum)geht, ohne dazu genötigt(?) zu sein, büßt sechs Monate.

[13]Einer, der mitten in die Sitzung der Vollmitglieder spuckt, büßt dreißig Tage.

Wer seine Hand aus seinem Gewand zieht und es [14]flattert (weht) und seine Blöße wird sichtbar, der büßt dreißig Tage.

Wer in Torheit laut schallend lacht, büßt dreißig [15]Tage.

Wer seine linke Hand herauszieht, um damit zu gestikulieren (?), büßt zehn Tage.

Jemanden, der seinen Nächsten verleumdet, [16]sondert man ein Jahr von der Reinheit der Vollmitglieder aus und er wird bestraft. Und einer, der die Vollmitglieder (Vollversammlung) verleumdet, der ist fortzuschicken von ihnen [17]und er kehre nicht wieder zurück.

Jemanden, der gegen die Grundlage der Einung murrt, schicke man fort und er kehre nicht (mehr) zurück. Wenn er gegen seinen Nächsten murrt, [18]ohne im Recht zu sein, büßt er sechs Monate.

Jemand, dessen Geist abweicht von der Grundlage der Einung, so daß er abfällt von der Wahrheit [19]und in der Verstocktheit seines Herzens wandelt, wenn er umkehrt, büßt er zwei Jahre. Im ersten rühre er die Reinheit der Vollmitglieder nicht an. [20]Im zweiten rühre er den Trank der Vollmitglieder nicht an und hinter allen Männern der Einung sitze er. Wenn er erfüllt hat [21]die zwei Jahre, werden die Vollmitglieder über seine Angelegenheiten befragt und wenn sie ihn zulassen, so werde er in seine Rangstufe eingetragen und darnach wird er (wieder) um Rechtsentscheid befragt.

[22]Jedermann in der Gemeinschaft der Einung, sobald er zehn Jahre vollendet hat [23]und seine Gesinnung wendet sich, so daß er abfällt von der Einung und weggeht von den [24]Vollmitgliedern, um in der Verstocktheit seines Herzens zu wandeln, der kehre nicht wieder zur Gemeinschaft der Einung zurück. Einer von den Männern der

Ei[nung, welcher Gemein]schaft hält [25]mit ihm hinsichtlich seiner
Reinheit oder in Bezug auf Vermögen, wa[s . . . . . .] der Vollmitglieder, dessen Urteil sei gleich seinem: fortzu[schicken ist er
. . . . . .

VII, 25 — VIII, 16

Wenn es da gibt(?)] [1]in der Gemeinschaft der Einung zwölf Männer
und drei Priester, vollkommen in allem, was offenbart ist von dem
ganzen [2]Gesetz,

um Treue zu üben, Gerechtigkeit und Recht
    und liebevolle Verbundenheit und rücksichtsvollen Umgang
[3]Glauben zu wahren im Lande | untereinander.
    mit festem Sinn und zerbrochenem Geist.
Schuld zu entsühnen, indem sie Recht üben
    [4]und notvolle Bedrängnis (erdulden),
um mit allen zu verkehren
    in dem Maße der Wahrheit
    und in der Ordnung der Zeit;

wenn dies in Israel geschieht,
    steht die Gemeinschaft der Einung fest in der Wahrheit,
für die ewige Pflanzung, ein heiliges Haus für Israel
    und ein Kreis des Aller[6]heiligsten für Aaron.
Wahrhafte Zeugen fürs Recht (Gericht)
    und Erwählte des (göttlichen) Willens,
um zu entsühnen das Land
    und [7]an den Frevlern Vergeltung zu üben.

Dies ist die bewährte Mauer,
    der kostbare Eckstein[a],
nicht [8]wanken sollen [b]ihre Fundamente[b]
    und nicht weichen von ihrem Ort.
Eine Stätte des Allerheiligsten [9]für Aaron
    durch aller Erkenntnis,
für den Bund des Rechts
    und das Darbringen angenehmen Opferduftes.
Ein Haus der Vollkommenheit und Wahrheit in Israel,
    [10]um den Bund aufzurichten nach den ewigen Gesetzen.

---

[a] Jes. 28,16
[b] — [b] über der Zeile nachgetragen

ªSie sind wohlgefällig (vor Gott), (so) zu entsühnen das Land
      und zu bestimmen das Gericht für den Frevel
      und kein Unrecht (wird dann mehr sein)ª.

Wenn diese in der Gemeinschaftᵇ der Einung zwei Jahre lang in
vollkommenem Wandel feststehen, ¹¹ªsondern sie sichª als ein Heiliges
inmitten der Gemeinschaft der Männer der Einung ab.

Keine Sache, die vor Israel verborgen war und von jemandem gefunden wird, ¹²der forscht, verberge er vor diesen aus Angst vor
einem abtrünnigen Geist.

Wenn diese in Israel ªzur Einung ¹³nach diesen Vorschriftenª werden,
sollen sie sich absondern von dem Wohnsitz der Männer des Frevels,
um in die Wüste zu gehen, dort den Weg des Herrn zu bahnen, ¹⁴wie
es geschrieben steht:
»In der Wüste bahnet den Weg . . .ᶜ machet gerade in der Steppe eine
Straße unserem Gott.«ᵈ ¹⁵Dies ist das Studium des Gesetzes, [wie] Er
durch Mose befohlen hat, zu tun nach allem, was offenbart ist von
Zeit zu Zeit ¹⁶und wie (es) die Propheten durch Seinen heiligen Geist
offenbart haben.

VIII, 16—19

Keiner von den Männern der Einung, dem Bunde ¹⁷der Einung,
welcher vom ganzen Gesetz (Gebot) ein Wort mit erhobener Handᵉ
entferntᶠ, berühre die Reinheit der heiligen Männer. ¹⁸Und er soll
von ihrer ganzen Beratung nichts wissen, bis seine Taten von allem
Unrecht rein geworden sind, so daß er auf vollkommenem Wege
wandelt. (Dann) lasse man ihn ¹⁹auf Beschluß der Vollmitglieder
(wieder) zu und darnach wird er in seine Rangstufe eingetragen.
Und nach dieser Vorschrift (geschieht es) mit jedem, der zur Einung
hinzukommt.

VIII, 20 — IX, 2

Dies sind die Vorschriften, nach denen die Männer der vollkommenen Heiligkeit untereinander verfahren sollen.
Jeder, ²¹der in die heilige Gemeinschaft derer eintritt, die auf vollkommenem Wege wandeln, wie Er befohlen, jeder von ihnen, ²²der

---

ª — ª über der Zeile nachgetragen
ᵇ wörtlich: im Fundament
ᶜ 4 Punkte statt Gottesname »Jahwe«
ᵈ Jes. 40,3   ᵉ vorsätzlich, böswillig   ᶠ d. h.: unterläßt

ein Wort von dem Gesetz des Mose mit erhobener Hand[a] oder (aus)
Fahrlässigkeit übertritt, den schicke man fort von der Gemeinschaft
der Einung [23]und er kehre nicht wieder zurück. Keiner der heiligen
Männer soll etwas gemein haben mit seinem Besitz und mit seinem
Rat hinsichtlich jeglicher [24]Sache.

Wenn er es irrtümlich getan hat, so wird er abgesondert von der
Reinheit und vom Rat und man erschließt das Urteil, [25]daß er
keinen Menschen richten darf und nicht um Rat gefragt werden soll,
zwei Jahre lang. Wenn sein Wandel vollkommen wird [26]in Sitzung,
Studium und Rat [. . . . .], wenn er nicht wieder irrt, bis er zwei
Jahre vollendet. (IX) [1]Denn für einen Irrtum büßt einer zwei
(Jahre), aber wer es mit erhobener Hand[a] tut, kehre nicht wieder
zurück, nur wer sich irrt, [2]wird zwei Jahre geprüft auf die Vollkommenheit seines Wandels und seines Rates durch die Vollmitglieder und darnach schreibt man (ihn) in seine Rangstufe ein für die
heilige Einung.

IX, 3—11

Wenn dies in Israel nach allen diesen Anordnungen geschieht,
    zu gründen[b] heiligen Geist[c]
        für die ewige Wahrheit,
    um [4]zu entsühnen die Verschuldung des Abfalls
        und der Missetat Sünde,
    zum Wohlgefallen für das Land
        mehr als Brandopferfleisch
        und mehr als des Schlachtopfers Fett:
    das Hebopfer [5]der Lippen nach Vorschrift
        wie rechter Beschwichtigungsduft
    und vollkommener Wandel
        wie freiwillige, wohlgefällige Gabe.

In dieser Zeit sondern die Männer [6]der Einung ein heiliges Haus für
Aaron aus, damit sie durch Einung ein Allerheiligstes bilden — und
ein Haus der Einung für Israel, die vollkommen wandeln.

[7]Nur die Aaroniden sollen herrschen in Bezug auf Recht und Vermögen und durch sie fällt die Entscheidung für jegliche Ordnung der
Männer der Einung [8]und des Vermögens der heiligen Männer, die in

---

a vorsätzlich, böswillig
b oder:für das Fundament des heiligen Geistes (?)
c Wahrscheinlich: heiligmäßige Gesinnung

Vollkommenheit wandeln. Ihr Vermögen soll sich nicht vermengen
mit dem Besitz der Männer des Truges, die [9]ihren Wandel nicht
gereinigt haben, um sich abzusondern vom Unrecht und auf vollkommenem Wege zu wandeln. Sie sollen sich von keinerlei Rat des
Gesetzes entfernen, um [10]in aller Verstocktheit ihres Herzens zu
wandeln und sollen nach den früheren Gesetzen gerichtet werden,
denen sich die Männer der Einung zu verpflichten begannen, [11]bis
daß der Prophet kommt und die Messiasse Aarons und Israels.

IX, 12—21

[12]Dies sind die Vorschriften für den Verständigen,
         nach denen zu verfahren ist mit allem, was lebt,
gemäß der Ordnung der jeweiligen Zeit
         und nach dem »Gewicht[a]« des einzelnen Mannes.
[13]Den Willen Gottes zu tun
         gemäß allem Offenbaren für die jeweilige Zeit;
alle die Erkenntnis zu lernen
         die entsprechend den Zeiten sich findet.
Das [14]Gesetz der Zeit zu unterscheiden
         und die Söhne der Gerechtigkeit zu wägen nach ihren
Sie fest zu den Erwählten der Zeit zu halten, | »Geistern«.
         entsprechend [15]Seinem Willen, wie Er (es) befohlen.
Über jeden nach seinem »Geist« die Entscheidung zu fällen
         und jeden nach der Reinheit seiner Hände nahe zu bringen,
gemäß seinem Verständnis [16]ihn nahen zu lassen
         und so seine Liebe wie seinen Haß.

Nicht zu disputieren und zu streiten
         mit den Männern des Verderbens.
[17]Zu verbergen den Rat des Gesetzes
         inmitten der Männer des Unrechts,
aber aufzuweisen die wahre Erkenntnis
         und das richtige Recht gegenüber denen, die den [18]»Weg«
Jedem nach seinem Geist, gemäß der Ordnung der Zeit, | erwählen.
⟨ihnen Anteil zu geben⟩ am Wissen
und so zu unterweisen in den wunderbaren, wahren Geheimnissen
         inmitten [19]der Männer der Einung,
daß jeder vollkommen wandle gegenüber seinem Nächsten
         in allem, was ihnen offenbar ist.
         [b]Dies ist die Zeit der Wegbereitung [20]durch die Wüste[b].

---

[a] Rang   [b] – [b] Glosse

Sie zu lehren alles, was es gibt,
>das getan werden muß in dieser Zeit,

sich abzusondern von jedem Menschen
>und seinen Wandel nicht ändern[21] durch jegliches Unrecht.

IX, 21 — X, 8

Dies sind die Bestimmungen des Weges für den Verständigen in diesen Zeiten, für seine Liebe wie für seinen Haß:

Ewigen Haß [22]gegen alle Männer des Verderbens
>im Geiste des Verbergens.

Ihnen den Besitz zu lassen
>und den Erwerb der Hände

wie ein Knecht dem, der ihm gebietet
>und der Demut (erweist) dem, [23]der über ihm herrscht.

Jeder sei mit Eifer bedacht
>auf das Gesetz und auf seine Zeit,

auf den Tag der Rache,
>darauf, (Gottes) Willen zu tun

in allem Beginnen der Hände
>[24]und in all seiner Herrschaft, wie Er es befohlen.

Mit allem, was an ihm geschieht sei er willig zufrieden,
>aber außer Gottes Willen gefalle ihm nichts.

[25][An alle]n Worten Seines Mundes habe er Gefallen
>und begehre nichts, was [Er] nicht befohle[n].

[Nach dem Ge]richt Gottes schaue er ständig aus
>[26][. . . . .] preise er seinen Schöpfer.

In allem, was geschieht,
>[. . . . .

. . . . .] Lippen preise er Ihn
>X, [1]mit den Zeiten, die Er festgelegt hat:

Am Beginn der Herrschaft des Lichtes, bei seiner[a] Wende
>und bei seiner Rückkehr zur Stätte seiner Bestimmung.

Am Anfang [2]der Wachen der Finsternis,
>[c]wenn Er ihren[b] Verwahrungsort öffnet

und sie über die E[rde (?)] legt[c]
>und bei ihrer Wende, da sie sich zurückzieht vorm Licht;

beim Erscheinen [3]der Lichter von der heiligen Wohnstatt,
>mit ihrem Rückzug zur Stätte der Majestät.

---

a des Lichtes   b der Finsternis   c — c Glosse?

Beim Eintritt der Festzeiten nach den Tagen des Monats
    zusammen mit ihren Wenden [4]bei ihrer Aufeinanderfolge;
wenn sie erneuern (?) den Großen ⟨Tag⟩ (?) für das Allerheiligste
    und das ver[läßliche (?)] Zeichen für die Eröffnung Seiner
Zum Beginn [5]der Festzeiten in aller Zeit, | ewigen Gnaden.
    am Beginn der Monde nach ihren Zeiten
    und der heiligen Tage in ihrer Ordnung.

Zum Gedenken an ihren Festzeiten, [6]ein Hebopfer der Lippen,
    will ⟨ich⟩ Ihn preisen nach dem ewig eingravierten Gesetz!
Am Anfang der Jahre und der Wende ihrer Termine,
    da sie das Gesetz ihrer [7]Ordnung erfüllen, Tag für Tag seine
Die Zeit der Ernte zur Obstlese (hin), | Norm:
    die Zeit der Saat (hin) zur Zeit des Grünens
    die festen Zeiten der Jahre bis zu ihren Wochen[a]
    [8]und am Anfang ihrer Wochen bis zum Freijahr[b] hin.
Solange ich bin, sei das eingravierte Gesetz auf meiner Zunge
    als Frucht des Gebets und als Teil meiner Lippen!

X, 9 — XI, 9
Mit Verständnis will ich lobsingen,
    all mein Lied gilt Gottes Ehre.
Meiner Harfe Saiten (stimmen) zu Seiner heiligen Ordnung
    und meiner Lippen Flöte leg ich an die Norm Seiner Satzung.
[10]Mit dem Eintritt des Tages und der Nacht
    will (auch) ich in Gottes Bund treten,
mit Anbruch des Abends und Morgens
    will ich sprechen Seine Gesetze.
In ihrem[c] Bestand [11]setze ich meine Grenze,
    um nicht wieder abzufallen.
Sein Gericht will ich gerecht heißen gemäß meiner Verkehrtheit
    und mein Frevel sei mir vor Augen wie eingraviertes Gesetz.
Zu Gott will ich sagen: »meine Gerechtigkeit«
    [12]und zum Höchsten: »Begründer meiner Tugend«,[d]
Quell der Erkenntnis und Stätte der Heiligkeit,
    Höhe der Majestät und Macht über alles,
    zu ewiger Verherrlichung.

---

[a] Jahreswochen (zu je 7 Jahren). Vgl. 3. Mos. 25,1 ff.
[b] das 49. (50.) Jahr (Jobeljahr). 3. Mos. 25,8 ff.
[c] der Gesetze
[d] oder: meines Gutes

Ich will erlesen, was [13]Er mich wird lehren,
    will zufrieden sein, wie Er mich auch richtet.
Wenn ich beginne, die Hände und Füße zu regen,
    will ich Seinen Namen preisen.
Am Anfang von Ausgang und Eingang,
    [14]vorm Sitzen und Stehen,
beim Liegen auf meinem Bette,
    will ich Ihm jubeln und Ihn preisen,
als Hebopfer von meinen Lippen
    aus der Reihe der Menschen.
[15]Bevor ich meine Hände erhebe,
    um mich gütlich zu tun am herrlichen Ertrage der Welt,
am Anfang von Schrecken und Furcht,
    am Ort der Bedrängnis und Öde,
[16]will ich Ihn preisen, das Wunderbare bekennend,
    Seine Macht will ich bedenken
    und auf Seine Gnadenerweise mich stützen den ganzen Tag.

Ich weiß, daß in Seiner Hand das Gericht (über) [17]alles, was lebt
    und daß wahrhaftig all Seine Taten.
Wenn Bedrängnis losbricht, will ich Ihn loben
    und bei Seiner Hilfe jubeln zuhauf.
Keinem will ich vergelten [18]das Böse,
    mit Gutem will ich den Menschen verfolgen,
denn bei Gott ist das Gericht über alles, was lebt
    und Er wird ihm die Vergeltung heimzahlen.
Ich will nicht eifern im Geiste [19]des Frevels
    und nach Besitz durch Gewalttat soll mein Verlangen nicht sein.
Den Streit mit den Männern des Verderbens
    will ich nicht aufgreifen bis zum Tage der Rache.
Meinen Zorn will ich nicht [20]abwenden von den Männern der Bosheit
    und nicht zufrieden sein, bis Er das Gericht hat bestimmt.
Ich will nicht zornvoll grollen denen, die von dem Abfall umkehren,
    doch mich all derer nicht erbarmen, [21]die vom Wege abweichen,
    will die Zerknirschten nicht trösten, bis ihr Wandel voll-
                                  | kommen.
Belial will ich nicht in meinem Herzen bewahren
    und nicht werde in meinem Mund [22]Torheit gehört.
Schuldhafte Leugnung und Trug und Lügen
    sollen sich nicht finden auf meinen Lippen,

vielmehr heilige Frucht sei auf meiner Zunge
    und Greuel [23]sollen auf ihr nicht sein!
Ich will mit Lobgesang meinen Mund auftun,
    Gottes gerechte Taten künde meine Zunge beständig
    und die Missetat der Menschen bis zum Ende [24]ihres Frevels.
Leeres (Geschwätz) will ich tilgen von meinen Lippen,
    Unreines und Verdrehtes aus meinem Sinn.

Im Rate der Einsicht will ich die Erkenntnis verbergen[a]
    [25]und mit bewußter Klugheit will ich [sie] verwahren,
ein fester Bereich, um Treue zu wahren
    und starkes Recht nach Gottes Gerechtigkeit
[. . . . .] [26]Gesetz an der Maßschnur der Zeiten [. . .
    . . . . .] Gerechtigkeit.
Liebevolle Verbundenheit für die Demütigen
    und eine starke Hand den Unschlüssigen,
[um zu lehren] (XI) [1]den Wankelmütigen Einsicht
    und den Murrenden Vernunft beizubringen.
In Demut zu antworten den Hochfahrenden
    und mit zerbrochenem Geist den [2]Bedrückern,
die mit dem Finger zeigen und ruchlos reden
    und Güter erwerben.
Denn meine Rechtfertigung, (sie liegt) bei Gott
    und in Seiner Hand mein vollkommener Wandel mit meines
                               Herzens Redlichkeit,
[3]durch Seine Gerechtigkeit wird mein Frevel getilgt!

Denn aus der Quelle Seiner Erkenntnis eröffnete Er Sein Licht,
    auf Seine Wunder blickte mein Auge .
und mein Verstandeslicht auf das Gehe[imnis]
    [4]des Gewordenen und des ewigen Seins.
Stütze meiner Rechten auf festem Fels, Weg meines Fußes,
    wegen nichts wird er wanken,
denn Gottes Wahrheit, sie ist [5]meines Fußes Fels
    und Seine Macht ist der Stab meiner Rechten.

Aus Seiner Gerechtigkeit Born (strömt) Sein Recht
    (als) Licht in mein Herz aus Seiner Geheimnisse Wunder.

---

[a] korrigiert zu: verkünden

Das ewige Sein [6]schaute mein Auge, Einsicht, welche verborgen vor
Menschen,
Erkenntnis und klugen Gedanken, (verborgen) vor den
Menschenkindern.
Quelle der Gerechtigkeit und Sammlung [7]der Kraft
mit der Stätte der Herrlichkeit, (verborgen) vor allem Fleisch.

Denen, die Gott erwählt,
gab Er sie zu ew'gem Besitz,
gab ihnen Anteil am Lose [8]der Heiligen
und verband ihren Kreis mit den Himmelssöhnen,
zur Gemeinschaft der Einung und Gemeinde des heil'gen Gebäudes,
zur ewigen Pflanzung, für alle [9]Zeit.

XI, 9—15

Doch ich gehöre zur frevlen Menschheit
und zur Menge des sündigen Fleisches.
Meine Sünden, mein Abfall, mein Vergehen
mit meines Herzens Verkehrtheit
[10](entsprechen) der wurmfraßverfallenen Menge
und denen, die in Finsternis wandeln.

Denn ⟨nicht⟩[a] beim Menschen (liegt) sein Weg
und nicht der Mensch bestimmt seinen Schritt,
vielmehr bei Gott (liegt) der Entscheid,
aus Seiner Hand [11](kommt) vollkommener Wandel
und mit Seinem Wissen alles Geschehen.
Alles, was ist, bestimmt Er durch Seinen Plan
und ohne Ihn geschieht es nicht.

Und ich, wenn [12]ich wanke —
Gottes Gnadenerweise sind meine Hilfe für immer!
Wenn ich strauchle durch Schuld des Fleisches,
bleibt meine Rechtfertigung durch Gottes Gerechtigkeit (doch)
[13]wenn Er meine Bedrängnis löst | für die Dauer bestehn,
und mich aus Verderben errettet,
meinen Fuß nach dem Wege lenkt,
in Seinem Erbarmen mich nahen läßt.

Durch Seine Gnade kommt [14]meine Rechtfertigung,
in Seiner wahren Gerechtigkeit richtet Er mich.

---

[a] vgl. Jer. 10,23

In der Fülle Seiner Güte entsühnt Er
    alle meine Vergehen
und durch Seine Gerechtigkeit reinigt Er mich
    von menschlicher Unreinheit [15]und der Sünde der Menschen,
Gott (für) Seine Gerechtigkeit zu preisen
    und dem Höchsten Seine Herrlichkeit!

XI, 15—22

Gepriesen seist Du, mein Gott,
    der Du der Erkenntnis öffnest [16]das Herz Deines Knechtes!
Bereite in Gerechtigkeit all seine Werke
    und erfülle dem Sohn Deiner Wahrheit,
wie Du (es) willst für die Erwählten der Menschheit:
    zu stehen [17]vor Dir für immer!
Denn ohne Dich wird kein Wandel vollkommen
    und ohne Deinen Willen geschieht gar nichts.

Du hast [18]alle Erkenntnis gelehrt
    und alles Gewordene ward durch Deinen Willen.
Kein anderer ist außer Dir,
    zu antworten auf Deinen Ratschluß,
zu verstehen [19]Deinen ganzen heiligen Plan
    und Deiner Geheimnisse Tiefe zu schauen,
einzusehn all Deine Wundertaten
    mit der Kraft [20]Deiner Macht.
[a]Wer vermag Deine Herrlichkeit zu erfassen?[a]
Wer ist er auch schon, der Mensch, unter Deinen Wunderwerken
    [21]und der Weibgeborene, ⟨was gilt er⟩ vor Dir?
Er, seine Form ist aus Staub
    und Nahrung der Würmer seine Gestalt.
Er, ein Gebilde, bloß [22]geformter Lehm
    und zum Staube hin zieht es ihn wieder!
Was sollte Lehm antworten und das Gebilde der Hand
    und was versteht er in Bezug auf den Ratschluß?

---

[a] — [a] Glosse (?)

DIE DAMASKUSSCHRIFT

DAM.

Englisch »Damascus (Zadokite) Fragments« oder »Zadokite (Damascus) Document« (CDC) genannt. Diese Schrift ist bereits 1896 von S. Schechter in der karäischen Geniza von Alt-Kairo entdeckt und 1910 veröffentlicht worden, gab den Forschern seither immer wieder Anlaß zu Hypothesen und Vermutungen über die Gruppe, die diese Schrift einst geschaffen hatte, bis die Funde von Qumran die Zugehörigkeit zu diesem Kreise erkennen ließen, nicht nur inhaltlich, denn es wurden Fragmente von mehreren Exemplaren gefunden (mit z. T. erweitertem Text!). Schechters Text (eine mittelalterliche Abschrift) befindet sich auf zwei fragmentarischen Handschriften, A und B, wobei B eine andere Rezension von A VII—VIII enthält und im übrigen nahe mit 1QS verwandt ist (jachad — Einung). A ist literarkritisch gesehen keine Einheit, sondern im ersten Teil (A/1) eine Zusammenstellung von einzelnen Mahnreden, wahrscheinlich auch meist überarbeitetes älteres Material. Die Gesetze (A/2) weisen wohl in die Zeit vor der Gemeinde der Einung, stammen vielleicht aus vor- oder frühmakkabäischer Zeit und scheinen für 1QS Voraussetzungen zu enthalten. Doch wird auch der gegenteilige Standpunkt vertreten, wobei man 1QS der »monastischen«, Dam. dem verheirateten Zweig der »Essener« zuschreibt. Oft wird dabei Dam. relativ spät angesetzt, das dürfte jedoch nur für die Kompilation und Bearbeitung in der Gemeinde der Einung zutreffen, nicht aber für alle einzelnen Inhalte.

DAM. A/1 (I—VIII)

I, 1 — II, 1

¹Und nun hört, alle Kenner des Rechts
　　und verstehet die Taten ²Gottes.
Denn Streit hat Er mit allem Fleisch
　　und Gericht übt Er an allen Seinen Verächtern.
³Denn wegen ihrer Untreue, in der sie Ihn verließen,
　　verbarg Er Sein Angesicht vor Israel und vor Seinem Heiligtum
　　⁴und übergab sie dem Schwerte.
Doch als Er des Bundes mit den Vorfahren gedachte,
　　ließ Er einen Rest übrig ⁵für Israel
　　und übergab sie nicht der Vernichtung.
Und in der Zeit des Zorns, 390 Jahre
　　⁶nachdem Er sie in die Hand Nebukadnezars,
　　des Königs von Babel gegeben, ⁷suchte Er sie heim.

Und es sproßte aus Israel und aus Aaron
  die Wurzel der Pflanzung,
[8]die Sein Land in Besitz nehmen soll
  und sich gütlich tun am Gut Seines Fruchtlands.
Sie sahen ihre Sünde ein und erkannten,
  daß [9]sie schuldige Menschen sind.
Und sie waren wie Blinde
  und wie solche, die nach dem Wege tasten,
  [10]zwanzig Jahre lang.
Da merkte Gott auf ihre Taten,
  weil sie Ihn mit ganzem Herzen suchten
[11]und Er ließ ihnen (den) Lehrer der Gerechtigkeit erstehen,
  um sie auf dem Weg Seines Herzens zu führen
und kundzutun [12]den letzten Geschlechtern,
  was Er tun wird mit dem letzten Geschlecht,
mit der Gemeinde der Treulosen,
  [13]das sind die, welche abweichen vom Wege.

Dies ist die Zeit, über die geschrieben ward:
  »Wie eine störrische Kuh, [14]so ist Israel störrisch«[a] —
  als (nämlich) der »Spötter«[b] auftrat,
welcher Israel [15]Lügenwasser[c] darträufelte[d]
  und sie verführte in weglose Öde:
zu beugen die »ewige Höhe« (?)
  und abzuweichen [16]von den Pfaden des Rechts;
zu verrücken die Grenze, welche gesetzt
  die Vorfahren in ihrem Erbteil,
so daß [17]ihnen die Flüche Seines Bundes anhaften
  (und) sie dem Schwert überliefert werden, das die Bundesrache
[18]Darum, weil sie glatte (Lehren) aufbrachten | vollstreckt.
  und sich Täuschungen erlasen,
nach [19]Breschen ausspähten
  und den »schönen Hals«[e] wählten.
Sie sprachen den Frevler gerecht und den Gerechten schuldig,
  [20]übertraten den Bund und brachen das Gesetz.

---

[a] Hos. 4,16
[b] sonst auch: Lügenmann, Lügenprediger
[c] Wasser als Bild für Lehre
[d] übertragen auch: predigte, vgl. Lügenprediger
[e] Hos. 10,11(13)

Sie rotteten sich zusammen wider das Leben des Gerechten
  und alle, die vollkommen [21]wandeln, verabscheute ihre Seele.
Sie verfolgten sie mit dem Schwert
  und freuten sich zum Streit im Volke.
Und es entbrannte der Zorn (II) [1]Gottes wider ihre Gemeinde,
  so daß (Er) ihre ganze Rotte verstörte
  und ihre Werke sind vor Ihm ein Abscheu.

II, 2—13

[2]Nun höret auf mich, all ihr Bundesglieder
  und ich öffne euer Ohr für die Wege [3]der Frevler.
Gott liebt die Erkenntnis der Weisheit
  und die Einsicht stellt Er vor sich hin,
  [4]Klugheit und Erkenntnis, sie dienen Ihm.
Langmut ist bei Ihm und der Vergebung Fülle,
  [5]zu entsühnen alle, die umkehr'n von Sünde.
Aber Kraft und Gewalt
  und großer Zorn mit Feuerflammen
    [6]⟨durch⟩ alle Verderberengel
gegen jene, die dem Wege widerstreben und (gegen) die Gesetzes-
  daß ihnen nicht Rest noch [7]Entronnenes bleibt! | verächter,

Denn Gott hat sie nicht erwählt
  von Urzeiten an;
bevor sie gegründet wurden, kannte Er [8]ihre Werke
  und verabscheute die Geschlechter . . . . (?) . . . .
Er verbarg Sein Antlitz vor dem Lande
  [9]. . . (?) . . . bis zu ihrem Ende.
Er kennt die Jahre ihres Bestandes
  und die Zahl und Darstellung ihrer Zeiten,
für alles [10]Sein (der) Ewigkeiten
  und Geschehen (für) immer,
was in ihren Zeiten kommen wird
  für alle Jahre der Weltzeit.

[11]In ihnen allen ließ Er sich erstehen
  »Berufene des Namens«,
um einen Rest übrig zu lassen dem Lande
  und zu erfüllen [12]den Erdkreis von ihrer Nachkommenschaft.
Und Er belehrte sie durch die Gesalbten Seines heiligen Geistes
  und die Seher [13]der Wahrheit.

In genauer Darstellung setzte ⟨Er⟩ ihre Namen auf,
　　doch welche Er haßte, die führte Er irre.

II, 14 — VI, 11

¹⁴Und nun, Söhne, höret auf mich und ich öffne eure Augen,
　　zu sehen und zu verstehen die Werke ¹⁵Gottes,
zu erwählen, was ihm gefällt
　　und zu verwerfen, was Er haßt,
vollkommen zu wandeln ¹⁶in all Seinen Wegen
　　und nicht ⟨nachgehen⟩ den Ränken
　　schuldhaften Wesens und den ⟨Augen⟩ der Unzucht,
denn viele ¹⁷irrten dadurch
　　und starke Helden strauchelten durch sie
　　von einst an bis jetzt!

Da sie wandelten in der Verstocktheit ¹⁸ihres Herzens,
　　fielen die «Wächter»(-Engel) des Himmels,
　　ᵃdarin wurden die gefangen, die Gottes Gebote nicht hieltenᵃ
¹⁹und (auch) ihre Söhne, deren Größe wie die Höhe von Zedern
　　und deren Körper wie Berge,
　　denn sie fielen.
²⁰(Auch) alles Fleisch, das da war am trockenen Land,
　　denn es verendete und ward, als ob es nicht gewesen,
　　dadurch, daß sie ²¹ihren (eigenen) Willen ausführten
und die Gebote ihres Schöpfers nicht hielten,
　　bis daß Sein Zorn wider sie entbrannte.

III, ¹Darin irrten die Söhne Noahs und ihre Sippen,
　　darob wurden sie ausgerottet.
²Abraham wandelte nicht darin
　　und wurde als Fre[und ge]achtet, da er Gottes Gebote hielt
　　und nicht ³seines eignen Geistes Belieben erwählte.
Er tradierte es Isaak und Jakob und sie bewahrten (es)
　　und wurden aufgeschrieben als Freunde ⁴für Gott
　　und als Bundespartner für ewig.
Die Söhne Jakobs irrten darin
　　und büßten ⟨entsprechend⟩ ⁵ihren Verirrungen.

Ihre Söhne in Ägypten wandelten in der Verstocktheit ihres
　　so daß sie sich verschworen gegen ⁶Gottes Gebote　　| Herzens,

---

ᵃ — ᵃ Glosse (?)

und jeder tat, was gut dünkte in seinen Augen
    und sie aßen Blut
    und ihre Männer wurden ausgerottet [7]in der Wüste.
⟨Gott sprach zu⟩ ihnen in Kadesch:
    »Ziehet hinauf und nehmt ⟨das Land⟩ in Besitz«,
    ⟨sie aber wählten nach dem Belieben⟩ ihres Geistes.
Sie hörten nicht [8]auf die Stimme ihres Schöpfers,
    die Gebote ihres Lehrers
und sie murrten in ihren Zelten
    und Gottes Zorn entbrannte [9]wider ihre Gemeinde.

Ihre Söhne gingen dadurch zugrunde
    und ihre Könige wurden ausgerottet dadurch.
Ihre Helden kamen dadurch [10]um
    und ihr Land ward dadurch verwüstet.
Darin verschuldeten sich die ersten Bundesglieder
    und wurden ausgeliefert [11]dem Schwerte,
da sie Gottes Bund verließen
    und ihr (eignes) Gutdünken wählten.
Sie trachteten nach der Verstocktheit [12]ihres Herzens,
    so daß jeder tat, was er wollte.

Aber mit denen, die an Gottes Geboten festhielten,
    [13]die von ihnen übriggeblieben,
richtete Gott Seinen Bund auf
    für Israel auf ewig,
um ihnen zu offenbaren [14]»Verborgenes«,
    worin ganz Israel irregegangen:
Seine heiligen Sabbathe und die Festzeiten [15]Seiner Herrlichkeit,
    die Zeugnisse Seiner Gerechtigkeit und die Wege Seiner
das Begehren Seines Willens, | Wahrheit;
    das [16]der Mensch tun soll und dadurch lebe,
eröffnete Er vor ihnen.

Und da gruben sie einen Brunnen für viel Wasser,
    [17]doch die es verschmähten, sollten nicht leben.
Sie wälzten (verunreinigten?) sich in menschlicher Sünde
    und auf Wegen der Unreinheit
    [18]und sprachen: »Unser(e Sache) ist es!«
Aber Gott in Seinen wunderbaren Geheimnissen
    tilgte ihre Schuld
    und vergab ihre Missetat.

[19]Er baute ihnen ein zuverlässiges »Haus« in Israel,
    wie desgleichen nicht bestanden
    von altersher bis [20]jetzt.
Die daran festhielten, sind zu ewigem Leben (bestimmt)
    und alle Herrlichkeit Adams[a] ist ihrer.

So wie [21] Gott es für sie festgesetzt hat
    durch den Propheten Ezechiel folgendermaßen:
»Die Priester und die Leviten und die Söhne (IV) [1]Zadoks,
    welche den Dienst meines Heiligtums wahrten,
als die Israeliten abirrten [2]von mir,
    sie sollen mir Fett und Blut darbringen.«[b]
Die Priester, das sind die Umkehrenden Israels,
    [3]die auszogen aus dem Lande Juda
    und die sich ihnen angeschlossen haben.
Die Söhne Zadoks, die sind die Erwählten [4]Israels,
    die »Berufenen des Namens«,
    die auftreten[c] werden am Ende der Tage.

Siehe das (genaue) Verzeichnis [5]ihrer Namen nach ihren
                               Geschlechtern,
    die Zeit ihres Auftretens (Dienstes) und die Zahl ihrer
                                 Drangsale,
    die Jahre [6]ihres Exils und die Aufstellung ihrer Taten.
[. . . . (?) . . . .] ⟨früheren⟩ heiligen [Männer (?)],
    welchen Gott vergeben [7]hat
    und sie sprachen den Gerechten gerecht und den Frevler
Alle, die nach ihnen kamen, | schuldig.
    [8]um nach der (genauen) Darlegung des Gesetzes zu handeln,
worauf sich die Früheren verpflichtet hatten,
    bis zur Vollendung [9]der Zeit dieser Jahre;
entsprechend dem Bunde, den Gott den Früheren aufgerichtet,
    (nämlich) zu tilgen [10]ihre Verschuldungen,
    desgleichen vergab Gott auch ihnen.

In der Vollendung der Zeit nach der Zahl dieser Jahre
    [11]gibt es keine Zugehörigkeit zum Hause Juda mehr,
sondern jeder hat zu stehen auf [12]seiner Warte[d]:
    »Gebaut ist die Mauer, fern die Satzung.«[e]

---

[a] oder: des Menschen   [b] Ez. 44,15   [c] d. h. (Opfer-?) Dienst versehen
[d] vgl. Hab. 2,1   [e] Micha 7,11

In allen diesen Jahren
>wird [13]Belial wider Israel losgelassen sein,
so wie Gott es gesagt hat
>durch den Propheten Jesaja,
>den Sohn [14]des Amos folgendermaßen:
»Grauen und Grube und Garn
>über dich, Bewohner des Landes!«[a]

Seine Deutung (betrifft) [15]die drei Netze Belials,
>von denen Levi, der Sohn Jakobs gesagt hat,
[16]daß jener damit das ⟨Haus⟩ Israel fängt
>und gibt ihnen den Anschein dreier Arten [17]des Rechts.
Das erste, das ist die Unzucht,
>das zweite der Reichtum,
>das dritte [18]die Verunreinigung des Heiligtums.
Wer aus dem einen entkommt,
>wird im andern gefangen
und wer diesem entrinnt,
>wird gefangen [19]in jenem.

Die »Mauerbauer«[b], die dem »Zaw«[c] nachfolgten, der »Zaw«, das
ist der Prediger, [20]der da sprach: »sie sollen ja predigen.«[d] Sie wurden durch zweierlei[e] in der Unzucht gefangen: [21]zwei Weiber zu
nehmen zu ihren Lebzeiten; aber die Grundlage der Schöpfung ist:
»Als ein Mann und ein Weib hat Er sie geschaffen«[f], (V) [1]und die
in der Arche waren: je zu zweit kamen sie in die Arche. Und über
den Fürsten steht geschrieben: [2]»Er soll sich nicht viele Weiber
nehmen.«[g]

Aber David hatte nicht in dem versiegelten Buche des Gesetzes
gelesen, welches [3]in der (Bundes)lade war, denn es war in Israel
nicht geöffnet worden seit dem Tage, da Eleazar [4]und Josua ⟨ ⟩
und die Ältesten starben, da man den Astarten diente. Und es wurde
verborgen ⟨und nicht⟩ [5]entdeckt, bis Zadok auftrat. Davids Taten
wurden aufgehoben (?) mit Ausnahme des Blutes Urias und [6]Gott
erließ sie ihm.

---

[a] Jes. 24,17   [b] vgl. Ez. 13,10
[c] vgl. Hos. 5,11; Jes. 28,10.13   [d] Micha 2,6
[e] Polygamie (21 — V,2) und (V,6b ff.) Nichtbeachtung der Reinheits- und
Inzestgesetze.
[f] 1. Mos. 1,27; vgl. Mk. 10,6
[g] 5. Mos. 17,15.7

Auch verunreinigen sie das Heiligtum, da sie nicht [7]dem Gesetz
gemäß unterscheiden und liegen bei einer, die ihren Blutfluß sieht.
Sie nehmen [8]jeder die Tochter seines Bruders oder die Tochter seiner
Schwester. Aber Mose hat gesagt: »Der [9]Schwester deiner Mutter
sollst du dich nicht nähern, Fleisch deiner Mutter ist sie.« Die Inzestgesetze, sie sind (zwar) für Männer [10]geschrieben, (doch) gleich
ihnen (gelten sie auch) den Frauen: wenn (etwa) die Tochter des
Bruders die Blöße des Bruders [11]ihres Vaters aufdeckt und sie (doch)
verwandt ist!
Auch ihren heiligen Geist verunreinigen sie und mit Läster[12]zunge
tun sie den Mund auf gegen Gottes Bundesgesetze folgendermaßen:
»Sie sind ungewiß« und Greuliches (Irriges?) [13]reden sie gegen sie.

Sie alle entzünden Feuerbrand
　　und entflammen Brandpfeile.[a]
Spinnengewebe [14]sind ihre Gewebe
　　und Viperneier sind ihre Eier.[b]
Wer ihnen nahekommt, [15]bleibt nicht ungestraft,
　　⟨je mehr er es tut⟩, verschuldet er sich,
　　es sei denn, er wird gezwungen.

Denn (schon) längst suchte [16]Gott ihre Werke heim
　　und es entbrannte Sein Zorn wider ihre Taten,
denn es ist ein unverständiges Volk,[c]
　　[17]sie sind ein Volk dem's an Rat gebricht,
　　da es keine Einsicht unter ihnen gibt.[d]

Einst trat [18]Mose auf und Aaron
　　durch den Fürsten der Lichter
und Belial ließ aufstehen
　　den Jannes und [19]dessen Bruder in seinen Ränken,
als Israel gerettet wurde
　　das erstemal.

[20]Und in der Zeit der Verwüstung des Landes,
　　da traten Grenzverrücker[e] auf,
sie verführten Israel
　　[21]und das Land ward verödet.
Denn sie redeten ab
　　von den Geboten Gottes,

---

[a] Jes. 50,11　　[b] Jes. 59,5 f.　　[c] Jes. 27,11　　[d] 5. Mos. 32,28
[e] Hos. 5,10

(die Er befohlen) durch Mose
  und auch (VI) [1]durch Seine heiligen Gesalbten.
Sie prophezeiten Lüge,
  um Israel abwendig zu machen
  von [2]Gott.

Aber Gott gedachte des Bundes mit den Vorfahren
  und Er erweckte aus Aaron Verständige
  und aus Israel [3]Weise.
Und Er ließ sie hören und sie gruben den Brunnen,[a]
  den Brunnen, den Fürsten ausgehoben,
  den [4]die Edlen des Volkes mit dem »Stabe« gegraben.
Der Brunnen, der ist das Gesetz
  und die ihn gruben, das sind [5]Israels Büßer,
die auszogen aus dem Lande Juda
  und im Lande Damaskus weilten,
[6]welche Gott allzumal »Fürsten« genannt,
  denn sie suchten Ihn
  und nicht ward verändert [7]ihr Ruhm (?) durch einen Mund.

Der »Stab«, der ist der Gesetzeslehrer,
  wovon [8]Jesaja sagt:
  »Der ein Gerät hervorbringt für sein Werk.«[b]
Die Edlen des Volkes sind die, [9]welche kommen,
  den »Brunnen« zu graben mit den »Stäben«,
welche der »Stab« vorgeschrieben hat,
  [10]in ihnen zu wandeln in der ganzen Zeit des Frevels.
Außer diesen[c] sollen sie nichts annehmen,
  bis dann auftritt [11]der (ein?) Lehrer der Gerechtigkeit
  am Ende der Tage.

VI, 11 — VII, 6
Alle, die in den Bund gebracht wurden — [12]daß sie (ja) nicht zum
Heiligtum gehen, Seinen Altar umsonst[d] anzuzünden! Sie sollen
»Türenverschließer«[e] [13]werden, wie Gott gesagt hat: »Wer von unter
euch verschließt seine[f] Tür? Zündet nicht meinen Altar [14]umsonst
an!«

---

[a] vgl. 4. Mos. 21,16—18
[b] Jes. 54,16
[c] Vorschriften
[d] wegen der Verunreinigung des Tempels sind Opfer wertlos.
[e] Mal. 1,10; wertloser Opferdienst soll unterbunden werden.
[f] des Tempels. Oder »meine«?

Auf daß sie gewiß darauf achten, nach der genauen Darlegung des
Gesetzes zu handeln für die Zeit des Frevels; sich abzusondern
[15]von den Söhnen des Verderbens und sich zurückzuhalten vor dem
Vermögen, das frevelhaft ist und unrein durch Gelübde, durch
Weihe [16]und durch Tempelbesitz.

⟨Nicht⟩ zu berauben die Elenden Seines Volkes, so daß Witwen ihre
Beute werden [17]und sie die Waisen hinmorden. Zu trennen zwischen
Unreinem und Reinem und zu unterscheiden zwischen [18]dem Heili-
gen und dem Profanen.

Den Sabbathtag nach seiner genauen Regel zu halten, die Festzeiten
[19]und den Fasttag, entsprechend der (Gesetzes-) Findung der Glieder des neuen Bundes[a] im Lande Damaskus.

[20]Die heiligen (Abgaben) zu erheben nach ihren genauen Regeln.

Ein jeder seinen Bruder zu lieben [21]wie sich selbst. Sich des Elenden
und Armen und des Fremdlings anzunehmen. Jeder die Wohlfahrt
(VII) [1]seines Bruders zu suchen. Nicht treulos zu handeln an seinen
leiblichen Verwandten. Sich von den Dirnen [2]vorschriftsgemäß fernzuhalten.

Jeder seinen Bruder entsprechend dem Gebote zurechtzuweisen und
nicht zu zürnen [3]von einem Tag zum andern.

Sich abzusondern von allen Unreinigkeiten, gemäß der sie betreffenden Vorschrift.

Keiner verunreinige [4]seinen heiligen Geist, (ganz) wie Gott es für
sie abgesondert hat.

Alle, die da wandeln [5]in diesen (Vorschriften) in vollkommener
Heiligkeit gemäß den Verpflichtungen des Bundes Gottes, Gewähr[b]
haben sie (?), [6]daß sie tausend Geschlechter lang leben werden.

VII, 7—9
Und wenn sie in Lagern leben, (dann) nach dem üblichen Brauch,
sie sollen sich [7]Frauen nehmen und sollen Söhne zeugen. Sie sollen
dem Gesetz gemäß wandeln und nach Maßgabe [8]der Verpflichtungen entsprechend der Ordnung des Gesetzes. So wie Er es gesagt hat
(über das Verhältnis) zwischen einem Mann und seiner Frau und
zwischen einem Vater [9]und seinem Sohn.

VII, 9 — VIII, 21
Aber allen Verächtern, wenn Gott die Erde heimsucht, wird die
Vergeltung für Frevler heimgezahlt werden, [10]wenn das Wort ein-

---

[a] nach Jer. 31,13; nur der erneuerte alte Bund!
[b] vgl. XIX

trifft, welches geschrieben steht in den Worten Jesajas, des Sohnes des Amos, des Propheten, [11]welcher gesagt hat: »Es kommen über dich und über dein Volk und über das Haus deines Vaters Tage, wie sie [12]⟨nicht⟩ mehr gekommen sind seit dem Tage, da Ephraim von Juda abgefallen ist.«[a] Bei der Teilung der beiden Häuser Israels [13]fiel Ephraim von Juda ab. Aber alle Abtrünnigen wurden dem Schwerte ausgeliefert und die da »festhielten«,[b] [14]kamen (lebendig) davon ins Land des Nordens[c]. So wie Er gesagt hat: »Ich führe den Sakkuth, euren König [15]und den Kewan, eure Bilder, fort über die Zelte von Damaskus hinaus!«[d] Die Bücher des Gesetzes, sie sind die Hütte (!) [16]des Königs, sowie Er gesagt hat: »Und ich richte die zerfallene Hütte Davids wieder auf.«[e]

»Der König«, [17]das ist[(?)] die Gemeinde. Und die »Podeste (?) der Bilder« und die Bedeutung (?) der Bilder, sie sind die Prophetenbücher, [18]deren Worte Israel verachtet hat. Der »Stern«, das ist der Gesetzeslehrer, [19]der nach Damaskus kommt, so wie es geschrieben steht:

Es geht ein Stern aus Jakob auf,
    ein Szepter erhebt sich [20]aus Israel.[f]
Das Szepter, das ist der Fürst der ganzen Gemeinde
    und er zerschmettert [21]alle Söhne Seths.

Diese entrannen bei der ersten Zeit der Heimsuchung. (VIII) [1]Aber die Abtrünnigen wurden dem Schwert ausgeliefert. Und so wird (auch) das Urteil über alle Glieder Seines Bundes sein, welche [2]nicht festhalten an diesen (Geboten), daß sie nämlich durch Belial zur Vernichtung heimgesucht werden.

Das ist der Tag, [3]an dem Gott heimsuchen wird![g]

Die Fürsten Judas sind solche geworden, über die sich Zorn ergießen wird[h], [4]wenn sie (auch) auf Heilung hoffen (?), es bleibt doch ein Gebrechen (?) haften.

⟨Sie⟩ alle sind Empörer, da sie nicht abwichen vom Wege der [5]Treulosen und sich wälzten (verunreinigten) auf Wegen der Unzucht

---

[a] Jes. 7,17   [b] am Gesetz

[c] Sach. 6,8 / [d] Am. 5,26 = Norden = Damaskus = Exil. Von daher die symbolische Bezeichnung von Qumran als »Damaskus«: die Gemeinde fühlte sich im Exil (Buße!) und bereitet so die Heilszeit vor (vgl. 1QS VIII, 12 ff.; IX, 19: Wegbereitung).

[e] Am. 9,11. Wortspiel Sakkuth — sukkath (Hütte).

[f] 4. Mos. 24,17

[g] oder: den Gott verordnet hat

[h] vgl. Hos. 5,10

(Dirnen?), in unrechtem Gut und in Rächen und Grollen [6]unter-
einander und in gegenseitigem Haß und sie verleugnen (entziehen)
sich (jeder) seinen leiblichen Verwandten gegenüber.

[7]Sie drängen nach Schandtat und zeigen sich tüchtig, was Reichtum
und Betrug betrifft.

Sie tun jeder, was gut dünkt in seinen Augen [8]und sie wählen jeder
die Verstocktheit seines Herzens und hielten sich nicht zurück von
dem Volk.

Mit »erhobener Hand«[a] lassen sie sich gehen, [9]um auf dem Wege
der Frevler zu wandeln, über welche Gott gesagt hat: »Drachengeifer
ist ihr Wein [10]und grausames Viperngift.«[b] Diese Drachen, die sind die
Könige der Völker. Und ihr Wein, das sind [11]ihre Wege. Und das
Viperngift, das ist das Haupt der Könige von Jawan[c], das kommt,
um [12]an ihnen Rache zu üben.

Aber alles dies sahen die »Mauerbauer« und »Tünchestreicher«[d]
nicht ein, denn [13]der »Windwäger« und »Lügenträufler«[e] predigte
ihnen, gegen dessen ganze Rotte der Zorn Gottes entbrannt ist.

[14]Und wie Mose gesagt hat: »Nicht um deiner Gerechtigkeit und
der Aufrichtigkeit deines Herzens willen kommst du dazu, [15]diese
Völker zu unterwerfen, sondern weil Er deine Väter liebte und
weil Er den Eid gehalten.«[f]

[16]Und so ist (auch) die Entscheidung für Israels Büßer, ⟨die⟩ abwichen vom Wege des Volkes: mit der Liebe, mit der Gott die
[17]Früheren geliebt, welche für Ihn ⟨Zeugnis ablegten⟩, liebt Er diejenigen, die nach ihnen kommen, denn ihnen (gilt) der [18]Bund der
Väter.

Und da Er die »Mauerbauer« haßt, entbrannte Sein Zorn und nach
derselben Art [19]geht es jedem, der die Gebote Gottes verwirft und
sie verläßt und sich abwendet in der Verstocktheit seines Herzens.

[20]Dies ist das Wort, welches Jeremia zu Baruch, dem Sohn des Nerija
gesprochen und Elisa [21]zu Gehazi, seinem Knecht.

Alle Männer, die in den neuen Bund im Lande Damaskus eingetreten sind [. . . . . .

---

[a] vorsätzlich
[b] 5. Mos. 32,33
[c] Griechenland; auch für das hellenist. (seleukid.) Syrien.
[d] s. Ez. 13,10 (Volksverführer)
[e] s. Micha 2,11 (Falschprophet), der Lügenprediger (-mann)
[f] 5. Mos. 9,5

IX, [1](In) jedem Fall eines ⟨Bannes⟩(?), da einer vom Bann getroffen wird, so daß er aufhört (ein lebendiger) Mensch zu sein, ist dieser nach (?) den Gesetzen der Heiden zu töten (?).

[2]Und da es heißt: »Du sollst dich nicht rächen und keinen Groll hegen gegen deine Volksgenossen«,[a] jedermann von den Bundesgliedern, [3]der gegen seinen Nächsten eine Sache ohne (vorherigen) Verweis vor Zeugen vorbringt, sie in seinem Zornesausbruch vorbringt [4]oder sie seinen Ältesten mitteilt, um ihn verächtlich zu machen, der gilt als einer, der rächt und grollt.

[5]Steht es doch nicht anders geschrieben als: »Ein Rächer ist er gegen seine Feinde und er bewahrt Groll seinen Widersachern«,[b] [6]wenn er (nämlich) Tag für Tag ihm gegenüber schweigt und (dann) in seinem Zornesausbruch über ihn spricht und ihn einer todeswürdigen Sache [7]bezichtigt, da er das Gebot Gottes nicht erfüllte, der zu ihm gesagt hat: »Zurechtweisen [8]sollst du deinen Nächsten, daß du nicht seinethalben Sünde auf dich ladest.«[c]

Über den Eid, da [9]es heißt: »Es soll dir nicht deine (eigene) Hand helfen« — ein Mann, der auf dem Felde einen Eid schwören läßt, [10](also) nicht ⟨vor⟩ den Richtern oder auf ihr Geheiß, dem hat seine eigene Hand geholfen.

Wenn etwas in Verlust geraten ist [11]und man nicht weiß, wer es aus dem Vermögen des Lagers, in dem es gestohlen wurde, gestohlen hat, lasse man den Besitzer [12]den Flucheid schwören. Jeder, der davon hört und es weiß, aber nicht anzeigt, der ist schuldig.

[13]Ist eine Buße zu entrichten und sind keine Eigentümer (dafür) da, so bekenne jener, der sie erstattet, dem Priester [14]und es soll diesem alles abgesehen vom Schuldopferbock gehören. Ebenso alles Verlorene, das wieder gefunden wird [15]und keinen Besitzer hat, es soll den Priestern zukommen, denn sein Finder kennt (ja) das diesbezügliche Recht nicht; [16]wenn sich (also) kein Besitzer findet, sollen sie es in Verwahrung halten.

Jede Sache, in der sich ein Mann [17]gegen das Gesetz vergeht und sein Nächster sieht ihn, ist aber allein, wenn es sich um eine todeswürdige Sache handelt, so soll dieser es [18]in Anwesenheit jenes dem »Aufseher« in Form einer Zurechtweisung bekanntgeben. Der »Auf-

---

[a] 3. Mos. 19,18 [b] Nah. 1,2 [c] 3. Mos. 19,17

seher« soll es eigenhändig vermerken, bis daß er es abermals [19]vor einem tut und dieser es ihm wiederum mitteilt. Falls er abermals von einem [20]ertappt wird, ist sein Urteil vollendet.

Wenn es zwei Zeugen sind, die wegen [21]⟨einer⟩ Sache Zeugenschaft leisten, so werde der Mann abgesondert von der »Reinheit« allein — wenn jene zuverlässig [22]sind.

Am selben Tag, da der Mann es sieht, soll er es dem Aufseher bekanntgeben.

Wegen Vermögensangelegenheiten soll man zwei [23]verläßliche Zeugen nehmen, auf Grund eines (Zeugen) kann ⟨von⟩ der Reinheit ausgeschlossen werden.

X, Es soll kein [1]Zeuge vor den Richtern angenommen werden, um auf Grund seiner Aussage ein Todesurteil zu fällen, der nicht alt genug ist, um zu den [2]Gemusterten zu zählen und (nicht) gottesfürchtig ist.

Kein Mann werde gegen seinen Nächsten [3]als Zeuge anerkannt, der etwas vom Gesetz »mit erhobener Hand«[a] übertreten hat, bis daß er es verdient, zurückzukehren.

[4]Dies ist die Ordnung für die Richter der Gemeinde. Eine Anzahl von zehn Männern sollen aus der Gemeinde [5]jeweils ausgewählt werden, vier vom Stamme Levi und Aaron und aus Israel [6]sechs, wohlunterrichtet im Buche HGY und in den Grundlagen[b] des Bundes, von 25 [7]bis 60 Jahren.

Es soll aber keiner von [8]60 Jahren und darüber hintreten, um die Gemeinde zu richten, denn durch die Missetat des Menschen [9]wurden seine Tage verringert und in Gottes Zornglut über die Bewohner der Erde ordnete Er an, daß [10]ihr Verstand weichen solle, bevor sie noch ihre Tage vollenden.

Über die Reinigung durch Wasser.

Niemand soll sich in Wasser [11]baden, das schmutzig ist oder nicht genügt, daß ein Mann untertauche.

[12]Man soll kein Gerät darin waschen.

Jedes Wasserloch im Fels, in dem nicht genug (Wasser) ist, [13]um unterzutauchen, wer es berührt, wird sicherlich unrein, sein Wasser ist wie das Wasser eines Gefäßes.

[14]Über den Sabbath, um ihn nach seiner Vorschrift zu halten.

[a] vorsätzlich
[b] oder: Verpflichtungen

Niemand soll am sechsten Tage [15]eine Arbeit ausführen von der Zeit an, da die Sonnenscheibe [16]vom Tor[a] eine Durchmesserlänge entfernt ist, denn das ist es, was Er gesagt hat: »Halte den [17]Sabbathtag, daß Du ihn heiligest.«[b]

Am Tage des Sabbaths soll keiner ein [18]törichtes oder eitles Wort reden. Man darf seinen Nächsten nicht zu irgendeiner Rückzahlung drängen.[c] Man soll über Vermögens- und Gewinnangelegenheiten nicht richten. [19]Man soll nicht Arbeits- und Dienstangelegenheiten besprechen, die am nächsten Morgen zu erledigen sind.

[20]Niemand soll aufs Feld hinausgehen, um eine Arbeit nach seinem Gutdünken zu tun [21]am Sabbath.

Man soll nicht über tausend Ellen aus seiner Stadt hinausgehen.

[22]Niemand esse am Sabbathtage etwas außer dem, was vorbereitet ist und was verdirbt [23]auf dem Felde.

Man esse und trinke nichts außer dem, was sich im Lager befindet.

XI, [1](Ist jemand) auf dem Wege und geht (zu einem Wasser) hinunter um zu baden, der trinke, wo er steht, aber er schöpfe nicht in [2]irgendein ⟨Gefäß⟩.

Man soll auch nicht einen Fremdling am Sabbathtag schicken, um seinen Wunsch ausführen zu lassen.

Niemand soll schmutzige oder aufbewahrte Kleider tragen, wenn sie [4]nicht in Wasser gewaschen oder mit Weihrauch(harz) abgerieben sind.

Niemand darf nach seinem Gutdünken fasten (?) [5]am Sabbath.

Niemand soll dem Vieh nachgehen, um es außerhalb der Stadt zu weiden, es sei [6]denn zweitausend Ellen (weit).

Man soll nicht seine Hand erheben, um es mit der Faust zu schlagen. Wenn es [7]störrisch ist, soll man es nicht aus dem Stall herausführen.

Keiner soll (etwas) aus dem Haus [8]hinausbringen oder von draußen (etwas) ins Haus bringen. Wenn man in einer Laubhütte wohnt, soll man nichts von ihr hinaus [9]und nichts in sie hineinbringen.

Man darf am Sabbath nicht ein verpichtes Gefäß öffnen.

Niemand trage [10]Medikamente bei sich, um damit am Sabbath aus und ein zu gehen.

Man darf in seinem Wohnhaus nicht [11]Steine oder Erde aufheben.

Ein(e) Pfleger(in) soll nicht den Säugling tragen, um aus und ein zu gehen am Sabbath.

---

[a] Vgl. Hen. 72,3; das Tor, durch das sie untergeht.
[b] 5. Mos. 5,12
[c] oder: man darf seinem Nächsten nichts leihen.

¹²Niemand soll seinen Knecht, seine Magd oder seinen Taglöhner am Sabbath drängen (?).

¹³Niemand darf einem Vieh am Sabbathtage Geburtshilfe leisten. Wenn es in eine Grube ¹⁴oder in eine Zisterne geworfen hat, soll man es am Sabbath nicht herausholen.

Niemand soll den Sabbath an einem Orte nahe ¹⁵den Heiden verbringen.

Niemand soll den Sabbath wegen Besitz und Gewinn am Sabbath entweihen.

¹⁶Ein lebendiger Mensch, der ins Wasser oder sonst wo hineinfällt, ¹⁷den darf man nicht mit einer Leiter, einem Strick oder einem (anderen) Gerät herausholen.

Niemand soll am Sabbath etwas auf den Altar bringen ¹⁸außer dem Sabbathbrandopfer, denn so steht es geschrieben: »Abgesehen von euren Sabbathen.«[a]

Niemand soll ein ¹⁹Brandopfer, Speiseopfer oder Räucherwerk und Holz durch einen Mann zum Altar schicken, der durch eine ²⁰von den Unreinheiten unrein ist, indem er ihn dadurch in die Lage versetzt, den Altar zu verunreinigen. Denn es steht geschrieben: »Das Schlachtopfer ²¹der Gottlosen ist ein Greuel, aber das Gebet der Gerechten ist gleich wohlgefälligem Speiseopfer.«[b]

Keiner, der zum ²²Bethaus kommt, soll in einem unreinen Zustand, der eine Waschung erfordert, kommen. Und wenn die Versammlungstrompeten erschallen, ²³soll er (es) vorher oder nachher tun (?), auf keinen Fall soll man den ganzen Gottesdienst aufhalten, [denn der Sabba]th (XII), ¹der ist heilig (?).

Niemand schlafe in der Stadt des Heiligtums bei einem Weibe, um so ²die Stadt des Heiligtums durch ihre Unreinheit zu verunreinigen. Jeder, über den die Geister Belials herrschen, ³so daß er Abfall predigt, werde nach dem Recht für Totenbeschwörer und Zauberer gerichtet.

Jedermann, der abirrt, ⁴den Sabbath und die Festtage entweiht, soll nicht getötet werden, sondern man übergebe ihn Leuten ⁵zum Gewahrsam. Wenn er davon geheilt wird, dann soll man ihn sieben Jahre lang beobachten und darnach ⁶ko[m]me er wieder zur Gemeindeversammlung.

Man soll nicht Hand anlegen, um das Blut eines Mannes von den Heiden ⁷wegen Besitz und Gewinn zu vergießen.

---

[a] 3. Mos. 23,38   [b] Spr. 15,8

Man soll auch nichts aus ihrem Besitz an sich nehmen, darum, damit sie nicht [8]schmähen (können), außer auf Beschluß einer (der?) israelitischen Gemeinschaft.

Niemand soll reine Tiere [9]oder Vögel an Heiden verkaufen, damit sie sie nicht als Opfer darbringen.

Von seiner Tenne [10]und von seiner Kelter soll er ihnen unter keinen Umständen etwas verkaufen.

Seinen Knecht und seine Magd soll er [11]ihnen nicht verkaufen, da sie mit ihm in den Bund Abrahams getreten sind.

Keiner soll sich selber (kultisch) verunreinigen [12]durch irgendein Tier oder Kriechtier, indem er davon ißt, von Bienenlarven bis zu allen Lebewesen, [13]die im Wasser wimmeln.

Fische soll man nicht essen, wenn sie nicht lebendig [14]zerlegt wurden und ihr [Blut] wegge[gos]sen worden ist.

Heuschrecken aller Arten sollen ins Feuer oder Wasser kommen, [15]während sie noch le[ben], denn das ist die Bestimmung für ihre Natur.

Alle Hölzer und Steine [16]und die Erde, die durch eine Unreinheit von Menschen[a] befleckt sind, sollen gleich diesen als unrein angesehen werden, entsprechend [17]ihrer Unreinheit verunreinigt sich einer, der sie berührt.

Alle Geräte, ein Nagel oder ein Pflock in der Wand, [18]die mit einem Toten im Hause zusammen waren, sind unrein mit der Unreinheit eines Werkzeuges.

[19]Die Wohnordnung der Städte Israels, um auf Grund dieser Gesetze zu scheiden zwischen [20]unrein und rein und den Unterschied zwischen heilig und profan kundzugeben.

Dies sind die Gesetze [21]für den Verständigen, um danach mit allem Leben zu wandeln, entsprechend der Rechtsordnung für die jeweilige Zeit. Nach dieser Vorschrift [22]soll die Nachkommenschaft Israels wandeln und sie werden (dann) nicht verflucht werden.

Dies ist die Wohnordnung [23]für [die] La[ger], die danach wandeln in der Zeit des Frevels bis zum Auftreten ⟨der Messiasse⟩[b] von Aaron (XIII) [1]und Israel, zu mindestens zehn Mann, in Tausendschaften, Hundertschaften, Fünfzigergruppen [2]und Zehnergruppen.

An einem Orte von zehn (Leuten) soll nicht ein Mann priesterlichen Standes fehlen, unterrichtet im Buche HGY. Seinem [3]Geheiß sollen

---

[a] v. a. durch einen Leichnam   [b] Text: Einzahl, vgl. aber 1QS IX,11

alle folgen. Wenn er in all diesen Dingen nicht erfahren ist, aber
einer von den Leviten beschlagen ist [4]darin, dann soll die (L[o]s-)
entscheidung für Aus- und Eingang aller Lagerinsassen von ihm aus-
gehen. Falls aber [5]über jemanden eine Entscheidung nach dem Gesetz
für Aussatz vorliegt, soll der Priester kommen und sich im Lager
hinstellen und der [6]Aufseher soll ihn über die genaue Bedeutung des
Gesetzes unterrichten. Selbst wenn er[a] ein einfältiger Mann ist, soll
er ihn ausschließen, denn ihnen[b] steht die [7]Entscheidung zu.

Dies ist die Ordnung des Aufsehers für das Lager.
Er unterweise die Vollmitglieder in den Taten Gottes, [8]unterrichte
sie in Seinen wunderbaren Machttaten und verkünde vor ihnen die
ewigen Ereignisse in . . . . (?)
[9]Er soll sich ihrer erbarmen, wie ein Vater gegenüber seinen Söhnen
und ke[hre] alle ⟨ihre Verstreuten⟩ zurück wie ein Hirt seine Herde.
[10]Er soll alle Bande ihrer Fesseln lösen, damit es keinen Bedrückten
und Zerschlagenen in seiner Gemeinde gibt.
[11]Jeden, der seiner Gemeinde zugefügt wird, hat er zu prüfen nach
seinen Werken, seinem Verstand, seiner Kraft, seiner Stärke und seinem Vermögen. [12]Man soll ihn (dann) an seiner Stelle eintragen, wie
es seinem Stand im Lose des L[ichtes] entspricht. Es soll keiner [13]von
den Lagerinsassen eigenmächtig jemanden [ohne (?)] die Weisung des
Aufsehers von dem Lager in die Gemeinde bringen.

[14]Keiner von allen Gliedern des Bundes Gottes soll Handel treiben
mit den Söhnen des Verderbens, außer [15]mit Barzahlung[c]. Keiner
gehe eine Partnerschaft ein für Kauf und Verkauf, außer er hat es
[16]dem Lageraufseher zu wissen gegeben und hat eine schriftliche
Vereinbarung (?) getroffen . . . [. . . [17] . . . —— . . .] Rate und
desgleichen für den, der sein Weib verstößt und er [. . . —— . . .
[18]. . . —— . . . in] ⟨Demut⟩ und liebevoller Verbundenheit. Er
soll ihnen nicht zürnen [. . . —— . . .
[19] . . . . . .] . . . . aber den, der nicht gebunden [. . . —— . . .
[20] . . . .].

Das ist die Wohn⟨ordnung⟩ der Lager für alle [. . . —— . . .
[21] . . . . . .] werden nicht dazu kommen, im Lande zu wohnen
[. . . —— . . . [22] . . . . . . D]ies sind die [Gesetz]e für den Verständigen [. . . —— . . . —— . . . —— . . . .

---

[a] der Priester
[b] den Priestern; s. 5. Mos. 21,5
[c] wörtlich: (von) Hand zu Hand

XIV, [1] ... wie sie nicht gekommen sind seit der Zeit, da Ephraim von Juda abgefallen ist.«[a] Die aber darin wandeln, — (denen bleibt) [2]der Bund Gottes fest, so daß sie errettet werden aus allen Fallen des Verderbens. Denn plötzlich werden sie büßen![b]

[3]Die Wohnordnung für alle Lager.

Sie alle sollen namentlich gemustert werden, die P[riest]er zuerst, [4]die Leviten als zweite, die Israeliten an dritter und der Fremdling an vierter Stelle. Sie sollen mit ihren N[am]en eingeschrieben werden, [5]einer nach dem andern, die Priester an erster, die Leviten an zweiter, die Israeliten [6]an dritter und der Fremdling an vierter Stelle. So sollen sie auch sitzen und ebenso sollen sie nach jeder (Sache) gefragt werden.

Der Priester, welcher der [7]Vollversammlung [vo]rgesetzt ist, soll dreißig bis sechzig Jahre alt sein, unterrichtet im Buche [8][HGY] und in allen Bestimmungen des Gesetzes, um sie in ihrer rechten Weise darzulegen.

Der Aufseher [9]für alle Lager soll dreißig bis fünfzig Jahre alt sein, erfahren in jeglichem [10]Umgang mit Menschen und in jedem Dialekte entsprechend ihren Stämmen. Auf sein Geheiß sollen alle Gemeindeglieder kommen, [11]jeder der Reihe nach. Jede Sache, die jemand dem Aufseher zu sagen hat, soll er sagen, [12]alles, was Rechtsstreit und Gericht betrifft.

Und [dies] ist die Ordnung für die Vollmitglieder, um all ihre Belange festzusetzen.

Den Lohn [13][z]weier Tage je Monat als Mindestmaß soll man in die Hand des Aufsehers und der Richter übergeben. [14]Davon soll man den [Wa]isen geben, davon soll man den Elenden und Armen unterstützen und (auch) den Greis, der [15][. . . . . (?)] ist, einen Mann, der obdachlos ist und den, der zu einem fremden Volk gefangen fortgeführt wird, die Jungfrau, die [16][keinen] Löser hat und die [. . . . . d]ie keinen hat, der einen Dienst der Gemeinschaft (?) sucht [17][. . . —— . . . —— . . .]

. . . [18]Dies ist die genaue Darstellung der Wohnordnung [. . . —— . . . —— . . . [19]. . . ⟨Messia]sse⟩[c] von Aaron und Israel und Er wird ihre Schuld entsühnen [. . . —— . . . [20]—— . . . ——

---

[a] Jes. 7,17
[b] die Frevler; Glosse?
[c] Text: Einzahl

. . .] in Bezug auf Geld und er weiß es . . . [. . . — . . .
²¹. . .] büßt [er] sechs Tage. Wer rede[t . . . — . . . ²²—
. . .] zu Unrecht, [büßt ein (?)] Jahr [. . . — . . .

XV, ¹. . . schwören, weder bei Aleph und Lamedª noch bei Aleph
und Daleth,ᵇ sondern mit dem Eid des [. . . . .] ²mit den Bundesflüchen. Auch das Gesetz des Mose soll er nicht erwähnen, denn
[. . . . .]. ³Wenn er aber schwört und es übertritt, entweiht er den
Namen. Wenn er mit den Bundesflüchen [schw]ö[rt, so sei es vor]
⁴den Richtern. Wenn er es übertritt, macht er sich schuldig, er soll bekennen und Ersatz leisten (?), trägt (dann) keine [Sünde und soll
nicht ⁵s]terben.

⟨Allen⟩ Gliedern des Bundes für ganz Israel (gelte es) als ewiges
Gesetz, ihre Söhne, wenn sie soweit sind, um ⁶zu den Gemusterten
zu treten, mit dem Bundeseid schwören zu lassen.

So ist ⁷die Regel in der ganzen Zeit des Frevels für jeden, der von
seinem verderbten Wandel umkehrt:

Am Tage, da er ⁸mit dem Aufseher der Vollmitglieder spricht, soll
man ihn mit dem Schwur des Bundes mustern, den ⁹Mose mit Israel
geschlossen hat, den Bund, umzu[kehren zu]m Gesetz des Mose mit
ganzem Herzen [und mit ganzer] ¹⁰Seele, zu dem, was da zu tun
gefunden wird in der ga[nzen Zei]t [des Frevels (?)]. Niemand soll
ihm die ¹¹Rechtssatzungen mitteilen, bis er vor dem Aufseher steht,
damit der sich nicht täuschen lasse (?), wenn er ihn befragt (?).
¹²Aber wenn er sich verpflichtet hat, zum Gesetz des Mose umzukehren, mit ganzem Herzen und mit ganzer Seele ¹³[. . . . .] . . . . .
[. . . . .] und alles, was vom Gesetz offenbart ist für Recht[sstreit
¹⁴und Recht (?)] . . . . [. . . . .] ihn der Aufseher und gibt wegen
ihm Befehl [. . . . .] ¹⁵bis zu einem vollen Jahr (?), auf Grund der
bekannten Tatsache, daß er ein Tor und Verrückter ist. (Bei) jedem
Tö[richten und] Ve[rrü]ckten ¹⁶sollen die Rich[ter] kommen. [. . .
— . . . — . . .] ¹⁷komme er z[u . . . — . . . —

XVI, ¹mit euch einen Bund und mit ganz Israel«. Darum verpflichte
⟨sich⟩ ein jeder, zum ²Gesetz des Mose umzukehren, denn in ihm ist
alles genau festgelegt. Und die (genaue) Darstellung der Zeitperio-
den für Israels Blindheit ³für alles dies, siehe, das ist genau festgelegt im Buche der Einteilungen der Zeiten ⁴nach ihren Jubiläen
und ihren Wochen.

ª El(ohim): Gott
ᵇ Ad(onai): Herr

An dem Tage, da sich einer verpflichtet, [5]zum Gesetz des Mose umzukehren, weicht der Engel der Anfeindung von ihm, wenn er seine
Worte einhält. [6]Deshalb ist Abraham am Tage seiner Erkenntnis beschnitten worden. Wie es auch heißt: »Was über deine Lippen gegangen ist, [7]sollst du halten«,[a] um es auszuführen.

Jeden bindenden Eid, den jemand auf sich nimmt, [8]um etwas von
dem Gesetz zu [erfül]len, soll er selbst um den Preis des Todes nicht
lösen.

Alles, wozu [9]sich jemand [verpflichte]t, um vo[m Ges]etz abzuweichen, soll er um den Preis des Todes nicht ausführen.

[10][Übe]r den Eid der Frau.

Es heiß[t][b]: »Ihres Mannes Sache ist es, den Eid aufzuheben.« Niemand soll [11]einen Eid aufheben, von dem [er] nicht weiß, ob er zu
erfüllen oder ob er aufzuheben ist. [12]Wenn er zur Übertretung des
Bundes führt, soll er ihn aufheben und nicht erfüllen. Ebenso gilt
die Bestimmung (auch) für ihren Vater.

[13]Über die Bestimmung für die freiwilligen Opfer: Niemand soll
dem Altar etwas Erzwungenes geloben und auch [14]die Priester sollen
nichts [Erzwungenes] von Israel annehmen. [Nie]mand weihe die
Speise [15][seines] Mu[ndes Go]tt, denn das ist es, was gesagt ist:
»Sie jagen einander mit dem Netz.«[c]

Nie[man]d [16]soll von allem [. . . . .] etwas weihen [. . . ——
. . .] seiner Habe [17]weihe er dem [. . . —— . . .] büße [18]der Ge-
lobende [. . . —— . . .] [19]dem Richter [. . . —— . . .]

Text B (XIX—XX)

XIX, [1]Gewähr haben sie, daß sie tausend Geschlechter lang leben
werden, wie es geschrieben steht: »der den Bund wahrt und die Huld
[2]denen, ⟨die ihn⟩ lieben und die seine Gebote halten, auf tausend
Generationen.«[d]

Und wenn sie in Lagern leben, (dann) nach dem üblichen Brauch,
[3]der von altersher besteht; sie sollen sich nach der gesetzlichen Sitte
Frauen nehmen und Söhne zeugen [4]und dem Gesetze gemäß wandeln
und nach Maßgabe der Verpflichtungen entsprechend der Ordnung
des Gesetzes, [5]wie Er es gesagt hat (über das Verhältnis) zwischen
einem Mann und seiner Frau und zwischen einem Vater und seinem
Sohn.[e]

---

[a] 5. Mos. 23,24   [b] vgl. 4. Mos. 30,7—9   [c] Micha 7,2
[d] 5. Mos. 7,9   [e] vgl. 4. Mos. 30,17

Aber allen Verächtern der Gebote [6]und Gesetze wird die Vergeltung
für Frevler heimgezahlt werden, wenn Gott die Erde heimsucht
[7](und) das Wort eintrifft, welches durch Sacharja den Propheten geschrieben ist: »Erhebe dich, Schwert, über [8]meine Hirten, wider den
Mann, der mir am nächsten steht! spricht der Herr. Schlage den
Hirten, daß die Schafe sich verstreuen [9]und ich will meine Hand
wider die Kleinen wenden.«[a]

Die ihn bewahren, das sind die Demütigen (Armen) der Herde,
[10]diese werden in der Zeit der Heimsuchung errettet und die übrigen werden dem Schwert überliefert, (nämlich) beim Kommen
⟨der Messiasse⟩[b] von [11]Aaron und Israel. So wie es in der Zeit der
ersten Heimsuchung gewesen ist, von der Er gesagt hat [12]durch
Ezechiel: »das Kennzeichen zu zeichnen auf die Stirn derer, die
seufzen und stöhnen.«[c] [13]Die übrigen wurden dem Schwert überliefert, das die Bundesrache vollstreckt. Und so wird (auch) das
Urteil über alle Glieder [14]Seines Bundes sein, welche nicht an diesen
Gesetzen festhalten: sie heimzusuchen bis zur Vernichtung durch
Belial.

[15]Das ist der Tag, an dem Gott heimsuchen wird (oder: den Gott
verordnet hat), so wie Er sagt: »Die Fürsten Judas sind denen gleich
geworden, die Marksteine verrücken, [16]über sie werde ich meinen
Grimm ausschütten wie Wa[sser].«[d]

Denn sie kamen (wohl) in den Bund der Umkehr, [17]aber sie wichen
nicht vom Wege der Treulosen und wälzten (verunreinigten) sich auf
Wegen der Unzucht, in unrechtem Gut, [18]in Rächen und Grollen
untereinander und in gegenseitigem Haß und sie verleugnen (entziehen) sich jeder seinen [19]leiblichen Verwandten gegenüber. Sie
drängen nach Schandtat und zeigen sich tüchtig, was Reichtum und
Gewinn betrifft. Sie tun [20]jeder, was gut dünkt in [seinen] Augen
und sie wählen jeder die Verstocktheit seines Herzens und hielten
sich nicht zurück von dem Volk [21]und von ihrer Sünde. Mit erhobener Hand lassen sie sich geh[en], um auf den Wegen der Frevler zu
wandeln, über die [22]Gott gesagt hat: »Drachengeifer ist ihr Wein
und grausames Viperngift.«[e]

Die Drachen, [23]die sind die Könige der Völker, ihr Wein, das sind
ihre Wege und das Viperngift, das ist das Haupt [24]der Könige von
Jawan, das kommt, um an ihnen Rache zu üben.

---

[a] Sach. 13,7   [b] Text: Einzahl   [c] Ez. 9,4
[d] Hos. 5,10
[e] 5. Mos. 32,33

Aber alles dies sahen die »Erbauer [25]der Mauer« und »Tünche-
schmierer« nicht ein, denn es ist einer, der mit Wind umgeht und die
Sturmwinde wägt und den Menschen [26]zur Lüge predigt, gegen dessen ganze Rotte der Zorn Gottes entbrannt ist.

Und wie Mose gesagt hat [27]zu Israel: »Nicht um deiner Gerechtigkeit
und der Aufrichtigkeit deines Herzens willen kommst du dazu, diese
Völker zu unterwerfen, [28]sondern weil Er deine Väter liebte und
weil Er den Eid gehalten.«[a]

Und so ist es auch der [29]F[al]l mit Israels Büßern, sie sind abgewi-
chen vom Weg des Volkes. Mit der Liebe, mit der Gott die Früheren
geliebt, [30]die für Gott wider das Volk Zeugnis geleistet hatten, liebt
Er die, welche nach ihnen kommen, denn ihnen (gilt) der [31]Bund
der Väter. Aber Er haßt und verabscheut die »Mauerbauer« und es
entbrennt Sein Zorn wider sie und gegen alle, [32]die ihnen nachfolgen.
Nach der selben Art geht es allen, die die Gebote Gottes ver[ach]-
te(n) [33]und die sie verlassen und sich in der Verstocktheit ihres Herzens abwenden.

[Ebens]o alle Männer, die eingetreten sind in den neuen Bund [34]im
Lande Damaskus und wiederum abfielen und vom Brunnen des
lebendigen Wassers fortwichen, [35]sie sollen n[icht] zur Gemeinschaft
des Volkes gerechnet werden und in sein Verzeichnis nicht eingetragen vom Tag des Heimgangs (XX) [1]des Lehrers ⟨der Einung⟩[b] bis
zum Auftreten ⟨der Messiasse⟩[c] aus Aaron und Israel.

So ist auch das Recht [2]für alle Glieder der Gemeinde der vollkommen heiligen Männer.

Er scheut zurück vor der Übung der Verordnungen der Redlichen:
[3]das ist der Mann, der mitten im Ofen geschmolzen wird. Wenn
seine Taten offenbar werden, schicke man ihn aus der Gemeinde
fort [4]wie einen, dessen Los nie unter die Gottesunterwiesenen gefallen ist. Entsprechend seiner Treulosigkeit sollen ihn die Männer
[5]des Wissens zurechtweisen, bis zu dem Tag, da er zurückkehren darf,
um (wieder) in den Stand der vollkommen heiligen Männer zu treten. [6]Wenn seine Taten der Untersuchung nach dem Gesetz entsprechend offenbar werden, nach dem [7]die vollkommen heiligen Männer
wandeln, darf man mit ihm nichts gemein haben in Vermögenssachen
und Arbeit, [8]denn es verfluchen ihn alle Heiligen des Höchsten. Dasselbe ist der Fall mit jedem Verächter unter den Früheren oder

---

[a] 5. Mos. 9,5
[b] Text: des einzigartigen Lehrers (?)
[c] Text: Einzahl

Späteren, die da Götzen in ihr Herz schlossen und in der Verstocktheit [10]ihres Herzens wandeln. Sie haben keinen Anteil am Hause des
Gesetzes. Gleich dem Urteil über ihre Genossen, die [11]mit den Spöttern sich umgewandt haben, werden sie gerichtet, denn sie redeten
Irriges über die rechten Satzungen und verachteten [12]den zuverlässigen Bund, den sie aufgerichtet haben im Lande Damaskus, nämlich
den neuen Bund. [13]Für sie und ihre Sippen [wir]d es keinen Anteil
geben am Hause des Gesetze[s . . . . .] Vom Tage des [14]Heimgangs
des Lehrers ⟨der Einung⟩ bis zum Ende aller Kriegsleute, die
[15][m]it dem Lügenmann sich umgewandt haben, sind etwa vierzig
Jahre. [. . . . .] In dieser Zeit entbrennt [16]Gottes Zorn über Israel,
so wie es heißt: »ohne König und ohne Fürst«,[a] ohne Richter und
[ohn]e [17]gerechten Zurechtweiser.
Die aber umgekehrt sind von der Sünde Jakobs, wahrten den Bund
Gottes. Dann wird einer [18]zu seinem Nächsten reden, um einander
gerecht zu machen, um ihre Schritte auf Gottes Weg zu halten. Und
Gott wird [19]auf ihre Worte merken und Er wird hören. Ein Buch
des Gedenkens wird [vor Ihm] geschrieben für die Gottesfürchtigen
und für diejenigen, die [20]Seines Namens achten, bis daß Heil und
Gerechtigkeit für die [Gottes]-fürchtigen offenbar wird. Ihr werdet
wieder den Unterschied [sehen] zwischen dem Gerechten [21]und dem
Frevler, zwischen dem Knechte Gottes und dem, der Ihm nicht dient.
Er wird Huld erweisen [. . . . .] denen, die Ihn lieben [22]und denen,
die Seine Gebote halten auf tausend Geschlechter. [. . . (Lücke?)]
. . .] vom Hause Peleg, die auszogen aus der heiligen Stadt [23]und
sich auf Gott stützten in der Zeit der Treulosigkeit Israels. Sie erklärten(?) das Heiligtum für unrein und kehrten um zu [24]Gott.
. . . . . (?) das Volk in wenigen Worten . . . . .
Jeder soll seinem Geist entsprechend beurteilt werden in Seiner heiligen Gemeinschaft.
[25]Alle, die von den Bundesgliedern den Bereich des Gesetzes durchbrechen, werden bei der Erscheinung [26]der Herrlichkeit Gottes für
Israel ausgerottet aus dem Lager und mit ihnen alle Frevler [27]Judas
in den Tagen Seiner Läuterungen.
Aber alle, die an diesen Satzungen festhalten, um [28]dem Gesetz
gemäß aus und ein zu gehen, hören auf die Stimme des Lehrers und
bekennen vor Gott:
Wir [29]haben gefrevelt, sowohl wir wie auch unsere Väter, da sie in
widerspenstiger Weise gegen die Gesetze des Bundes [. . . . .] [30]und

---
[a] Hos. 3,4

wahrhaftig sind Deine Gerichte über uns. Sie erheben nicht die Hand gegen Seine heiligen Gesetze, Seine rechten Satzungen [31]und Seine wahren Bezeugungen.

Und sie sollen sich zu den Satzungen der Früheren verpflichten, nach [32]denen die Männer der ⟨Einung⟩ sich gerichtet haben, sie sollen auf die Stimme des Lehrers der Gerechtigkeit hören und nicht [33]die rechten Gesetze zurückweisen. Fröhlich werden sie sein und sich freuen und ihr Herz wird stark sein und sich überlegen erweisen [34]gegenüber allen Söhnen der Welt. Gott wird sie entsühnen und sie schauen Sein Heil, denn sie bargen sich in Seinem heiligen Namen.

DIE HYMNENROLLE
1QH

Englisch »Thanksgiving Scroll«, sonst oft auch Hodayot (DSH), Loblieder genannt, was inhaltlich am ehesten zutrifft, da es sich weithin formal um Danklieder des Einzelnen handelt. Leider ist die Rolle stark beschädigt, so daß die Abgrenzung der Einzellieder, wo nicht eine Überschrift (in der Regel: ich preise Dich, Herr) vorliegt, unsicher ist. Die Reihenfolge ist die der Textausgabe, andere Anordnungen wurden zwar vorgeschlagen, doch liegt daran nicht viel, denn Fragmente von Exemplaren aus anderen Höhlen zeigen angeblich eine abweichende Folge der Stücke.

Vielumstritten ist die Verfasserfrage. Wer ist das sprechende »Ich«, eine bestimmte Einzelperson, etwa der Lehrer der Gerechtigkeit, wie viele meinen, oder sind die Aussagen dieses »Ich« nicht nur die religiöse Erfahrung eines einzelnen, sondern Gemeindetheologie im Ich-Stil? Zunächst muß man damit rechnen, daß nicht alle Stücke von einem Verfasser und aus derselben Zeit sind. Die fast durchgehend gleiche Begriffswelt beruht einerseits auf der festgeprägten theologischen Sprache dieser Leute, andrerseits auf alttestamentlichen Voraussetzungen. Oft ist der Text geradezu ein Mosaik aus Anspielungen an alttestamentliche Stellen, oft aus den Psalmen, was naheliegt, sehr oft aber aus dem Buche Jesaja und hier vor allem aus den jüngeren Stücken des Buches, die selbst schon eschatologisch (auf den Einbruch der Endzeit) ausgerichtet sind. Untersucht man nun die angeblichen »biographischen« Aussagen in den Liedern kritisch, so bleibt kaum etwas übrig, es sind meist typische Aussagen, zum Teil Psalmenschemata, zum Teil in der radikalen Frömmigkeit begründet, die nichts Gutes vom Menschen selbst, alles aber von Gottes Barmherzigkeit und Seinem souveränen Eingreifen erwartet, wo also tiefstes Sünden- und Niedrigkeitsbewußtsein mit höchstem Erwählungs-, Sendungs- und Vollkommenheitsbewußtsein Hand in Hand geht. In manchen Teilen ist ganz deutlich das »Ich« nur eines unter vielen, die Aussagen sind daher allgemeingültig, was durch eine Veränderung gegenüber ähnlichen alttestamentlichen Dank- oder Klageliedern des Einzelnen deutlich wird: die geschilderte Notlage des Beters ist oft keine zeitliche Bedrängnis mehr, sondern eine Darstellung der endzeitlichen Schrecknisse, die gelegentlich auch in eine Beschreibung der endzeitlichen Weltkatastrophe übergeht. Darum wurde, soweit es der Zusammenhang gestattete, in Gegenwartsform übersetzt, um auch im Deutschen die Allgemeingültigkeit zum Ausdruck zu bringen.

I, 5 — II, ?
. . . . .] ⁵und Quellort der Stär[ke,
mächtig von Tat und] groß von Rat.

De[ine . . . . .] ist ohne Zahl
>   und Dein Eifer [. . . . .] ⁶vor [. . . . .].
Wie [. . . . .]
>   und langmütig im Gerich[t,
denn] Du hast recht in all Deinen Taten
>   ⁷und in Deiner Weisheit [setztest Du fest die Geschlechter (?)]
und ehe Du sie geschaffen, kanntest Du ihre Werke | der Weltzeit
>   ⁸für immer und ewig.
[Denn ohne Dich wird nichts (?)] getan
>   und ohne Deinen Willen wird nichts erkannt!
Du hast ⁹jeden Geist gebildet,
>   [bestimmtest ihr (?)] Wer[k]
>   und die Norm (das Gericht?) für all ihre Taten.

Du hast die Himmel ausgespannt ¹⁰zu Deiner Ehre
>   [und] all [ihre Heere bestimm]t nach Deinem Willen
>   und die Geister\u1d43 der Stärke nach ihren Gesetzen,
bevor ¹¹sie zu h[eiligen] Engeln wurden
>   [. . . . .] zu ewigen Geistern in ihren Herrschaftsbereichen:
Die Leuchten für ihre Geheimnisse,
>   ¹²die Sterne für [ihre] Bahnen,
[alle Sturmgeister (-winde)] für ihre Aufgabe (Last),
>   Blitze und Wetterstrahl für ihr Werk,
die Schatzkammern ¹³des Planes für [ihre] Belange
>   [und . . . . .] für ihre Geheimnisse.

Du hast die Erde geschaffen durch Deine Kraft,
>   ¹⁴Meere und Urfluten samt [dem Festland,
all ihre Bewoh]ner (?) hast Du in Deiner Wahrheit bestimmt
>   und alles, was darinnen, ¹⁵geordnet nach Deinem Willen.
[Du übergabst sie (?) zur Herrschaft (?)] dem Geiste des Menschen,
>   \u1d47den (was?) Du auf Erden gebildet\u1d47,
>   für die Dauer aller Tage ¹⁶und für ewige Generationen.
Auf daß [sie ihre Aufgaben erfüllen (?)] zu ihren Zeiten,
>   teiltest Du ein ihren Dienst in allen ihren Geschlechtern.
Die Norm, ¹⁷in seinen (des Dienstes) Terminen [hast Du sie an-
>   geordnet (?)] für [ihre] Herrschaft
>   [und] ihre [We]ge bestimmt für Geschlecht um Geschlecht:
Die Heimsuchung ihres Heils mit ⟨ ⟩ ¹⁸all ihren Plagen [. . . . .
>   . . . . .] und teilst (es) all ihren Zweigen zu

ᵃ könnte auch »Winde« heißen   ᵇ — ᵇ Glosse?

nach der Zahl der Generationen auf ewig .
      [19]und für die Dauer aller Jahre.
[. . . . .] und in der Weisheit Deiner Erkenntnis
      set[z]test Du ihre Bestimmung fest, noch eh' sie [20]entstanden.
Nach [Deinem Will]en [wa]rd alles
      und ohne Dich wird nichts getan!

[21]Dies erkannte ich aus Deiner Einsicht,
      denn Du hast mein Ohr geöffnet für wunderbare Geheimnisse!
Ich bin ein Lehmgebilde,
      etwas mit Wasser Geknetetes,
[22]ein Ausbund von Schande
      und ein Quell von Abscheulichem,
ein Schmelzofen der Schuld
      und ein Gebäude der Sünde,
ein Geist des Irrtums,
      verdreht ohne [23]Einsicht
      und erschreckt durch gerechte Gerichte.

Wie könnte ich reden, wäre es nicht erkannt?
      und wie könn' ich verkünden, wäre es nicht erzählt?
Alles [24]ist aufgezeichnet vor Dir
      mit dem Griffel des Gedenkens
      für die Dauer aller Zeiten:
Die Wenden der Zahl der Jahre auf ewig zu all ihren Fristen,
      [25]nicht sind sie verborgen und nicht können sie fehlen vor Dir!

Wie könnte ein Mensch seine Sünde aufzählen?
      Wie sich rechtfertigen wegen seiner Vergehen?
      [26]Und was erwidern auf alles gerechte Gericht?
(Bei) Dir, Du Gott der Erkenntnisse,
      sind alle Werke der Gerechtigkeit [27]und der »Rat« der Wahrheit,
aber (bei) den Menschenkindern sind Sündendienst
      und Werke des Trugs!

Du schufst [28]den Hauch auf der Zunge und kennst ihre Worte,
      setzest der Lippen Frucht fest, noch ehe sie sind.
Du legst die Worte ans »Lot« (?)
      [29]und den Luftstrom der Lippen ans Maß,
ziehst ihren Geheimnissen Meßschnüre aus
      und den Luftströmen nach ihrer Berechnung[a],

---
[a] oder: bringst »Meßschnüre« hervor nach ihren Geheimnissen
      und Luftströme nach ihrer Berechnung

um kundzutun [30]Deine Herrlichkeit
 und zu verkünden Deine Wunder
durch alle Taten Deiner Wahrheit
 und [Gerichte] Deiner [Ge]rechtigkeit,
auf daß Dein Name gelobt werde [31]durch aller Mund
 und sie Dich erkennen je nach ihrem Verstande
 und sie Dich preisen auf immerda[r].

Du in Deinem Erbarmen [32]und in Deiner großen Gnade
 hast den Geist des Menschen vor der Plage gestärkt.
[Den verkehrten Geist (?) hast Du] gere[inigt] von der Menge der
              Schuld,
 [33]daß er Deine Wunder verkünde vor all Deinen Werken.
[. . . . .] . . . . . die Gerichte meiner Plagen
 [34]und den Menschenkindern all Deine Wunder,
 wodurch Du Dich mächtig erwiesen [an mir (?) vor den
              | Men]schen.
Höret, [35]ihr Weisen, und sinnt nach Erkenntnis,
 ihr »Voreiligen«, und werdet gefestigten Sinnes!
[All ihr Einfältigen (?)], mehret die Klugheit,
 [36]ihr Gerechten, bereitet der Bosheit ein Ende!
Alle, die vollkommenen Wandels, halte[t Stand (?),
 all ihr] vom Elend [Gedrü]ckten, habet [37]Geduld!
Verachtet nicht a[ll die Gesetze Gottes (?) ,
. . . .
aber die tö]richten Herzens sind, verstehen [38]dies nicht
 und durch die Gnade . . . [. . . . .
. . . .

 . . . .
[39]und die Ge]walttäter knirschen [mit Zähnen,
 . . . .

II, ?—19
. . . .
 [5]. . . . .]
die da Freude äußern, geraten in sch[merzhafte] Trauer
 [6][und die . . . . .] aller entsetzlichen Kun[de,
. . . . .] starke [. . . . .], daß mein Herz zerfließt
 und die Anstrengungen [meiner Kraft] [7]vor der [Pla]ge.

Du schenkst die Antwort der Zunge
 meinen unbe[schnittenen] Lippen.

Du stützt mich, indem Du mir (aufrechte) Haltung verleihst
        [8]und kraftvolle Stärke.
Du stellst meinen Fuß in der Bosheit Gebiet
        und ich werde zum Klappnetz den Frevlern,
doch zur Heilung allen, [9]die umkehren von Sünde,
        den Einfältigen zur Klugheit
und zum gefestigten Sinn
        für alle, die »zerfahrenen Herzens«.

Du machst mich zu Schmach
        [10]und der Treulosen Spott,
zum Rate der Wahrheit und Einsicht
        für alle, die rechtschaffen wandeln.
So ward ich ob der Ruchlosen Schuld
        [11]zum Klatsch auf der Machthaber Lippe,
        die Spötter fletschen die Zähne!
Den Abtrünnigen ward ich zum Spottlied
        [12]und die Schar der Frevler rast gegen mich an.
Sie toben wie Meereswogen beim Branden ihrer Wellen,
        Schlamm [13]und Schlick werfen sie aus.

Du setzt mich zum Zeichen den Erwählten der Gerechtigkeit
        und zum Dolmetsch der Erkenntnis in wunderbaren Geheim-
um zu prüfen [14]die [Männer] der Wahrheit | nissen,
        und zu erproben die Freunde der Zucht.
Ein Mann des Haders bin ich allen Deutern des Irrtums,
        [aber ein Mann [15]des Frie]dens allen Sehern des Rechten,
ein Geist des Eifers bin ich
        gegen alle, »die gl[atte] (Lehren) aufbringen«.
[16][Alle] Männer des Trugs stürmen wider mich an,
        wie Getose gewaltiger Wasser!

Ränke Belials sind [all] [17]ihre [Pl]äne
        und zur Grube kehren wollen sie das Leben des Mannes,
in ⟨dessen⟩ Mund Du gelegt
        und dem Du gelehrt hast die Einsicht.
[18]Du gabst es ihm in das Herz, zu öffnen
        einen Born der Erkenntnis für alle Verständigen.
Aber sie (die Gegner) verfälschen (es) mit unbeschnittener Lippe
        [19]und mit verstellter Zunge
für das unverständige Volk,
        auf daß es zu Fall komme durch ihren Irrtum.

II, 20—30

²⁰Ich preise Dich, Herr!
Denn Du bargst meine Seele im Beutel des Lebens
        ²¹und schirmst mich ab gegen alle Fallen des Verderbens,
[denn] Gewalttäter suchten mein Leben,
        da ich festhalte ²²an Deinem Bund.
Sie, eine Gemeinschaft des Trugs und Belials Gemeinde,
        erkennen nicht, daß von Dir her mein Stand
²³und Du mich in Deiner Gnade errettest,
        daß von Dir aus mein Schritt!
Sie stürmten von Dir aus ²⁴gegen mich an,
        auf daß Du Dich verherrlichst durchs Gericht an den Frevlern
und Dich mächtig erweisest an mir vor den ²⁵Menschen,
        denn mein Stand ist durch Deine Gnade!

Ich sprach: Gewaltige lagerten sich wider mich,
        umzingelten ⟨mich⟩ mit all ²⁶ihren Waffen.
Die Pfeile schlagen (?) unheilbar ein (?),
        der Lanze Flammen gleicht holzverzehrendem Feuer.
²⁷Wie gewaltiger Wasser Getose ist ihr dröhnender Schall,
        ein prasselnder Sturzregen zum Verderben vieler.
Bis zu den Gestirnen (empor) dringen ²⁸Wahn und Trug,
        wenn ihre Wogen sich heben.
Aber ich, wenn (auch) mein Herz wie Wasser zerrinnt,
        halte ich an Deinem Bund fest!

²⁹Sie spannten ein Netz mir —
        es fängt ihren Fuß,
sie stellten mir Fallen —
        sie fielen darein.
Aber mein Fuß steht auf ebenem Plan,
        ³⁰(mitten) aus ihrer Versammlung preise ich Deinen Namen!

II, 31—39

³¹Ich preise Dich, Herr!
Denn Dein Auge [wacht (?)] über mein Leben
        und vor dem Eifer der Lügendeuter rettest Du mich.
³²Aus der Rotte derer, die glatte (Lehren) suchen
        hast D[u] die Seele des Armen erlöst.
Dem sie planten, den Garaus zu machen,
        ³³sein Blut zu vergießen wegen des Dienstes an Dir,

nur weil sie [nicht wisse]n,
    daß von Dir aus mein Schritt.
Sie machten mich zu Verachtung [34]und Schande
    im Munde aller, die nach Täuschung suchen.
Aber Du, oh Gott, hast geholfen
    der Seele des Elenden und Geringen
    [35]aus der Hand eines Stärkern.
Du hast mich erlöst aus der Gewalt der Mächtigen
    und ließest mich nicht erschrecken durch ihre Schmähungen,
[36](etwa) Deinen Dienst zu lassen aus Furcht vor dem Terror der
                                   Fr[evl]er
    und zu vertauschen gegen Verblendung den gefestigten Sinn.
Den [37][. . . . .
    . . . .] Gesetze
und durch Bezeugungen wurden sie zu Ohren gebracht
    [38][. . . . .
. . . .
    . . . . . Ver]derben (?) all [ihren] Ausläufern [. . .

III, 1—18
. . . . (1—5) . . . . . .
. . . .
Sie machten mic[h] gleich einem Schiff auf Meer[est]iefen
    [7]und gleich einer befestigten Stadt vor [dem Feinde.

Und] ich war in Bedrängnis wie ein erstgebärendes Weib[a],
    wenn [ihre] Wehen sie überkommen
[8]und grimmiger Schmerz ihren Krampfwellen folgt,
    daß es das Kreißen hervorruft im »Schmelzofen« der Schwan-
[b]Denn Söhne kommen zu den Todes(krampf)wellen[b] | gern.
    [9]und die den Knaben trägt, leidet Pein in ihren Wehen.
Denn durch Todes(krampf)wellen bringt sie das Knäblein fort
    und unter Höllenwehen bricht es hervor [10]aus dem »Schmelz-
                              ofen« der Schwangern.

(Der) Wunder(bare) berät (sich)[c] mit Seiner Macht
    und da entrinnt[d] der Knabe den Krampfwellen.

---

[a] Bild für die Lage der eschatologischen Krise und Entscheidung.
[b] Sprichwort
[c] oder vielleicht: Wunder(bares) berät Er mit Seiner Macht; die Folge ist
das Gelingen der Geburt.
[d] oder: und Er rettet den . . . aus . . .

In seiner Mutter beschleunigen sich alle [11]Krampfwellen,
 schmerzhafte Wehen (sind) bei ihrer (!) Geburt
 und Beben erfaßt ihre Mütter,
bei seiner (!) Geburt brechen alle Wehen los
 [12]im »Schmelzofen« der Schwangeren.
Auch die da schwanger mit Wahn[a], gerät in schmerzhafte Pein
 und verderbliche (Krampf)wellen führen zu allerlei Zuckungen.

Es zerbrechen [13]die Mauerfundamente
 wie ein Schiff auf der Wasserfläche
 und der Wolkenhimmel tobt mit dröhnendem Schall.
Die Bewohner des Festlands[14] sind wie Meeresfahrer,
 erschreckt durch die Menge des Wassers.
Ihre Weisen sind alle gleich Schiffern auf (Meeres)tiefen,
 wenn verschlungen wird [15]all ihre Weisheit durch das Brausen
Wenn die Urfluten überkochen über die Wasserquellen | der Meere.
 [und] sie die Wogen zur Höhe [aufwerfen]
 [16]und die Wasserwellen mit ihrem tosenden Schall.

Bei ihrem Branden öffnen sich
 Un[ter]welt [und Abgrund,
all]e verderblichen Blitze (Pfeile) [17]sind mit ihren Schritten,
 bis zur Urtiefe hin lassen sie ihren Schall vernehmen.
Es öffnen sich die Pforten der [Unterwelt
 für alle] Werke des Wahns
[18]und es schließen sich die Tore des Verderbens
 hinter der Unheilsschwangeren
und die ewigen Riegel
 hinter allen Geistern des Wahns.

III, 19—36
[19]Ich preise Dich, Herr!
Denn Du hast meine Seele aus Verderben erlöst
 und aus der Unterwelt Abgrund,
[20]Du hast mich erhoben zu ewiger Höhe,
 ich wandle auf ebenem Plan ohne Grenze.

Ich weiß, daß es Hoffnung gibt für den,
 den [21]Du gebildet aus Staub für den ewigen Rat.

---

a Die Gemeinde der Gegner (?), deren eschat. Hoffnungen scheitern, der
»gelungenen Geburt« vorher gegenübergestellt (s. Zl. 17 f.); 13—16 und
17 f. schildern deutlich die eschatologische Katastrophe.

Den verkehrten Geist hast Du gereinigt
    von großer Verschuldung,
daß er sich hinstelle an den Standort
    mit [22]dem Heere der Heiligen
und in die Einung eintrete
    mit der Gemeinde der Himmlischen.
Du warfst dem Manne ein ewiges Los
    mit den Geistern [23]des Wissens,
Deinen Namen zu loben im gemeinsamen Jubel
    und zu verkünden Deine Wunder vor all Deinen Werken.

Und ich, ein Lehm[24]gebilde,
    was bin ich schon? Etwas mit Wasser Geknetetes!
Was gelte ich schon?
    Habe ich etwa Kraft?

Denn ich stehe in des Frevels Bereich
    [25]und mit den Bösewichten im selben Los.
Es graut der Seele des »Armen«
    mit großer Bestürzung.
Stürmend Verderben ist mit meinem Schritt,
    [26]da der Vernichtung Fallen sich öffnen.
Ausgebreitet wird all das Jagdgarn des Frevels
    und das Netz der Bösewichte (?) am Wasser,
[27]wenn alle Todespfeile fliegen, unabwendbar
    und wenn sie einschlagen, hoffnungsraubend,
wenn die Meßschnur fällt auf »Gericht«,
    das Los des Zornes [28]auf die Verlorenen,
auf die Finsterlinge des Grimmes Guß
    und die Zeit der Zornglut beginnt für alles, was Belial heißt.
Todesstricke umfangen ohne Entrinnen
    [29]und über alle Böschungen treten Belials Ströme,
ein verzehrendes Feuer in all ihren (Fluß-)Armen (?),
    zu vernichten jeden grünen [30]und dürren Baum an ihren Bächen.
Und es schweift mit zuckenden Flammen umher
    bis ans Ende all ihrer Läufe (?).
Es frißt an den Gründen des Erdreichs
    [31]und an der Wölbung des Festlands.
Die Fundamente der Berge verfallen dem Brand,
    des Kieselfels Wurzeln den Strömen von Pech.

Bis zur großen Urflut frißt es sich durch
    [32]und zum Abgrund hin dringen Belials Ströme.
Die Tiefen der Urflut toben,
    mit Getose wirbelt es Schlamm auf.
Die Erde schreit [33]ob dem Unheil,
    das in der Welt sich vollzieht,
all ihr Innerstes brüllt
    und es rasen all ihre Bewohner,
    [34]geraten außer sich durch das gr[o]ße Verderben.
Denn Gott donnert in der Wucht Seiner Kraft
    und es erdröhnt Seine heilige Wohnstatt durch die Wahrheit
Die Heerschar des Himmels erhebt ihre Stimme | [35]Seiner Majestät.
    und ewige Fundamente wanken und beben.
Der Krieg der Recken [36]des Himmels rast über den Erdkreis,
    hört nicht auf bis zur Vernichtung, endgültig und für immer
    und nichts kommt dem gleich!

III, 37 — IV, 4
[37]Ich preise Dich, Herr!
Denn Du wardst mir zu einer starken Mauer
    [38][. . . . . all]e Verderber,
alle [. . . .] hast Du mich verborgen
    vor dem schrecklichen Terror [. . . . .
[39]. . . . .
    . . . .]
auf daß nicht komme [. . . . .
    . . . .
. . . . . (?) . . . .
    . . . . . (einige Zeilen verloren) . . . . .
    IV, [3]. . . . .
und setzest] auf Fels meinen Fuß
    [. . . . .
. . . . . . [4]. . . . .
    . . . . . auf] ewigem Wege
und auf Pfaden, die Du erwählt.
    [. . . . .

IV, 5 — V, 4
[5]Ich preise Dich, Herr!
Denn Du hast mein Antlitz erleuchtet für Deinen Bund
    und [. . . . . [6]. . . .] will ich Dich suchen,

und gewiß wie die Morgenröte zu vollkomme[ner Erleu]chtung (?)
    bist Du mir erschienen.

Aber sie [verführen] Dein Volk,
    7[denn] glatte [Re]den führen sie ihnen.
Trugdeuter haben sie [verleitet]
    und einsichtslos kommen sie zu Fall,
denn 8in Verblendung geschehn ihre Taten,
    weil ⟨ich⟩ ihnen verächtlich erscheine.
Sie achten meiner nicht, wenn Du Dich durch mich mächtig erweist,
    denn sie verstoßen mich aus meinem Lande 9wie einen Vogel
                           aus seinem Nest.

Alle meine Freunde und meine Verwandten wurden verscheucht von
    und halten mich für ein zerbrochnes Gefäß. | mir

Aber sie sind Deuter 10der Lüge und Seher von Trug,
    Belials(ränke) sinnen sie wider mich,
zu verfälschen Dein Gesetz,
    das Du eingeschärft hast meinem Herzen,
    durch glatte (Lehren) 11Deinem Volke!
Sie verschließen vor den Dürstenden den Trank der Erkenntnis
    und tränken sie mit Essig gegen ihren Durst,
⟨damit⟩ man auf 12ihren Irrtum blicke,
    sich verblenden lasse durch ihre Festzeiten,
    sich verfange in ihren Netzen.

Denn Du, o Gott, verwirfst alle 13Pläne Belials,
    aber Dein Ratschluß, der bleibt aufrecht
    und der Plan Deines Herzens steht für immer fest.
Sie sind Finsterlinge, planen Belials14ränke,
    suchen Dich mit doppeltem Herzen
    und stehen nicht in Deiner Wahrheit fest.
Eine Wurzel, die Gift und Wermut treibt, ist in ihren Plänen,
    15mit der Verstocktheit ihres Herzens gehn sie dahin
    und suchen Dich unter den Götzen.
Den Anstoß ihrer Verschuldung stellen sie vor sich hin
    und kommen, 16um Dich zu suchen
    vom Munde der Lügenpropheten, die Irregeführten.
Und diese, [mit] spo[ttend]er Lippe und mit verstellter Zunge
    sprechen sie zu Deinem Volk, 17um sinnlos zu machen
    durch Trug all ihre Werke.

Denn nicht [hören sie auf] Deine [Stimme]
  und nicht horchen sie auf Dein Wort,
denn sie sagen [18]zur Schau der Erkenntnis: »Unzuverlässig!«
  Und zum Weg Deines Herzens: »Das ist er nicht!«

Doch Du, o Gott, wirst ihnen Antwort erteilen,
  indem Du sie richtest [19]durch Deine Macht
  [nach] ihren Götzen und der Menge ihrer Sünden,
auf daß sich (selber) verfangen in ihren Plänen,
  die da abwichen von Deinem Bund.
[20]Du wirst ausrotten im Ge[rich]t alle Männer des Truges
  und die Seher des Irrtums werden nimmermehr sein.
Denn keinerlei Falsch ist in all Deinen Werken
  [21]und kein Trug [im] Sinn Deines Herzens.
Die Deinem Verlangen nach sind, werden vor Dir stehn für immer
  und die auf Deines Herzens Weg wandeln, [22]bestehen für ewig.

[Und i]ch, während ich fest an Dich halte,
  will ich mich aufrichten und aufstehn wider meine Verächter
  und meine Hand wird gegen alle sein, die mich gering achten.
Denn [23]sie achten [mich] nicht, bis Du Dich durch mich mächtig er-
  und mir erscheinst in Macht zu vollkommenem Licht. | weist
Du hast nicht mit Schande bedeckt
  das Antlitz [24]all derer, die sich mir offen erwiesen,
  die sich (in Einung) verbanden für Deinen Bund.
Es hören auf mich, die da wandeln auf dem Weg Deines Herzens
  und bereiten Dir (Opfer) [25]im Kreise der Heiligen[a].
Und Du bringst auf Dauer ihr Recht hervor
  und die Wahrheit geraden Weges.
Du läßt sie nicht verleiten durch die Bösewichte,
  [26]so wie diese es für sie geplant,
legst vielmehr ihre[b] Furcht auf Dein Volk
  und (verordnest) Zerschmetterung allen Völkern der Länder,
um zu vernichten durch das Gericht
  alle [27]Übertreter Deines Wortes.

Durch mich hast Du das Angesicht vieler erleuchtet
  und Stärke erwiesen zu unzähligen Malen,
hast in Deinen wunderbaren Mysterien mich unterwiesen
  [28]und durch das Geheimnis Deines Wunders meinen Stand
                                                    gestärkt.

---

[a] Engelwesen
[b] Vor den Erwählten, in der Endzeit.

Du hast wunderbar gehandelt um Deiner Ehre willen vor vielen
    und um kundzutun [29] Deine Machttaten allem, was lebt.

Was vermag Fleisch im Vergleich dazu?
    Welch Lehmgebilde (vermag es,
      so) große Wunder zu tun?
Ist es doch in Sünde [30] von Mutterleib an
    und bis zum Alter in der Untreue Schuld!

Ich erkannte, daß nicht beim Menschen die Gerechtigkeit liegt
    und nicht beim Menschenkind vollkommener [31] Wandel,
bei dem Höchsten Gott sind alle gerechten Werke,
    aber der Wandel des Menschen ist unstet,
außer, Gott hat es ihm durch den Geist bereitet,
    [32] den Wandel zu vervollkommnen für die Menschen,
auf daß all Seine Werke erkennen die Kraft Seiner Macht
    und die Fülle Seines Erbarmens gegen alle Söhne [33] Seines Wohl-
                                 | gefallens.
Und ich, Zittern und Schrecken hatten mich erfaßt
    und all meine Gebeine zerbrachen.
Es zerfloß mein Herz wie Wachs vor dem Feuer
    und meine Knie sanken dahin, [34] wie Wasser, verschüttet am
denn ich gedachte meiner Verschuldungen | Abhang,
    zusammen mit der Untreue meiner Väter,
als die Frevler aufstanden gegen Deinen Bund
    [35] und die Bösewichte wider Dein [W]ort.

Ich sprach in meiner Sünde:
    »Ich bin verloren für Deinen Bund«,
aber als ich Deiner starken Hand gedachte
    mit [36] der Fülle Deines Erbarmens,
da richtete ich mich auf und erhob mich
    und mein Geist hielt Stand vor der Plage.
Denn [ich] stützte mich [37] auf Deine Gnade
    und die Fülle Deines Erbarmens,
denn Du vergibst Sünde und rein[igst den Mensche]n
    durch Deine Gerechtigkeit von der Verschuldung.

[38] Aber nicht für den Menschen, [zu] Deiner [Ehre] hast Du (es) ge-
    denn Du hast den Gerechten wie den Frevler geschaffen | tan,
[. . . . . . [39] . . . . . .
    . . . . .] will ich festhalten an Deinem Bund auf [ewig.
. . . .
    . . . . . [40] . . . . .] . . . .

Denn wahrhaftig bist Du und gerecht all [Deine Taten
. . . .

(einige Zeilen verloren).
V, 1 . . . . .] für den Tag mit . . . . [. . . . .
. . . .
. . . . .2] Deine Vergebungen und die Menge [. . . .
. . . .
. . . .]
3Da ich dies erkannte, ward [ich] getrös[tet . . . . .
. . . .
. . . . .4] nach Deinem Willen
und in Deiner Hand ist das Gericht ihrer aller.

V, 5—19
5Ich preise Dich, Herr!
Denn Du hast mich nicht verlassen, als ich weilte
im Volk [. . . . .
. . . . . (?)] nicht nach meiner Schuld 6hast Du mich gerichtet
und mich nicht im (bösen) Trachten meines Wesens gelassen.
Du hilfst meinem Leben aus dem Verderben
und gibst [. . . . .
zum Gerich]t (?) mitten unter 7die Löwen,
die bestimmt sind für die Söhne der Schuld.
Leue, die die Knochen der Mächtigen brechen
und das Bl[ut] der Gewaltigen trinken.
Du versetzt mich 8in Grauen mit vielen Fischern,
die das Netz ausbreiten auf der Wasserfläche
und (mit) den Jägern für die Söhne des Unrechts.
Dort hast Du mich zum Gericht 9bestellt,
hast der Wahrheit Rat in meinem Herzen gestärkt
und daraus (folgt) der Bund für die, die ihn suchen.
Du verschließest das Maul der Löwen,
deren 10Zähne dem Schwerte gleichen
und deren Fangzähne einem scharfen Speer.
Drachengift sind all ihre Ränke,
um dahinzuraffen lauern sie.
Aber nicht 11sperrten sie wider mich auf ihr Maul,
denn Du hast mich verborgen vor den Menschenkindern
und hast Dein Gesetz in [mir] geborgen
[bi]s zur Zeit 12der Offenbarung Deiner Hilfe an mir.

Denn in meiner Bedrängnis hast Du mich nicht verlassen,
  mein Schreien gehört in der Bitternis meiner Seele,
    [13]hast entschieden und getilgt meinen Schmerz auf mein
                                                            | Seufzen.
Du rettest des Elenden Leben an der Stätte der Löwen,
  deren Zunge scharf wie ein Schwert.
[14]Und Du, mein Gott, hieltest ihre Zähne geschlossen,
  damit sie das Leben des Elenden und Geringen nicht zerreißen,
Du steckst ihre Zunge [15]wie ein Schwert in die Scheide,
  ohn[e daß zu Schaden kommt (?)] das Leben Deines Knechtes.

Um Dich mächtig zu erweisen an mir vor den Menschen,
  hast Du wunderbar an dem [16]»Armen« gehandelt,
brachtest ihn in den Schmelzof[en wie G]old,
  in Werken des Feuers
und wie Silber, geläutert im Blasebalgofen,
  zu siebenfacher Reinigung.

[17]Es eilen wider mich starke Frevler mit ihren Drangsalen
  und den ganzen Tag bedrücken sie meine Seele.
[18]Du aber, mein Gott, kehrst den Sturmwind zur Stille
  und das Leben des Armen hast Du gerettet,
wie ein [Hirte, der rettet (?) das Ge]rissene
  aus dem Maule [19]der Löwen.

V, 20—?
[20]Gepriesen seist Du, Herr!
Denn Du hast nicht verlassen die Waise
  und den Geringen hast Du nicht verachtet.
Denn Deine Macht ist [grenzenlos]
  und Deine Ehre [21]ohne Maß
  und Wunderhelden dienen Dir.
Mit den Elenden [bist Du (?)], wenn ihre Füße versinken,
  mit denen, die bestürzt sind [22]der Gerechtigkeit halben,
um emporzuführen aus dem Getümmel zumal
  alle die »Armen der Gnade«.

Ich ward durch die Sch[uld] meiner [Gegn]er
  zu einem Gegenstand von Streit [23]und Hader für meine
(von) Eifer und Zorn für die Glieder meines Bundes | Freunde,
  und (von) Raunzerei und Murren für meine Bekannten.
[Alle, die] mein Brot [aß]en,
  [24]kehrten mir den Rücken.

Es redeten mit frevelhafter Lippe falsch wider mich
    alle, die meinem Kreise verbunden
und die Männer meines [Anhan]ges wurden störrisch
    [25]und murren ringsum.
Über das Geheimnis, das Du in mir verborgen
    treiben sie Verleumdung bei den Söhnen des Unheils.
Um [Dich] an mir mäch[tig] zu erweisen und wegen [26]ihrer Schuld,
    hast Du verborgen die Quelle der Einsicht und den Rat der
Sie aber sinnen das Unheil ihres Herzens | Wahrheit.
    [und mit Ränken B]elials eröffnen sie [27]trügerische Zunge,
wie Schlangengift, das hervortreibt für jede Zeit (?)
    und wie Staubkriecher[a] zielen sie mit [ihrem] G[ift (?)],
    Gift von] Ottern, [28]das nicht zu bannen.
Es wird zu unheilbarem Schmerz
    und zu bösartiger Plage
    im Inneren Deines Knechtes,
um zu Fall zu [bringen den Geist (?)] und um schwinden zu lassen
    auf daß es kein Standhalten gäbe. | [29]die Kraft,
Sie fassen mich in der Bedrängnis, daß keine Zuflucht bleibt
    und nicht . . . [. . . . . . .] . . . .
Sie lärmen [30]auf Zithern meinen Streit
    und auf dem Saitenspiel ihr Murren zumal.
Bei Öde und Verödung [erfassen mich] Erregungen
    und Schmerzen wie Wehen [31]einer Gebärenden.
Es klagt mein Herz, ich kleide mich dunkel
    und meine Zunge klebt (mir) am Gaumen.
D[enn] er[schreckt ward ich durch das Trachten] ihres Herzens
    und ihr Wesen [32]erschien mir zu Bitternissen.
Es verfinsterte sich in Dunkel meines Angesichts Licht
    und meine Erscheinung ward entstellt.

Du, mein Gott, [33]hast eine Weite geöffnet in meinem Herzen,
    aber sie mehren damit (nur) die Drangsal
    und schließen mich mit Finsternis ein.
Ich esse vom Brote des Seufzens
    [34]und mein Trank — unter endlosen Tränen!
Es schwinden meine Augen vor Gram
    und mein Leben durch die Bitternisse des Tages.

---

[a] Schlangen

[S]eufzen und Kummer ³⁵umgeben mich
    und Schande (steht mir) auf dem Antlitz.
Es wandelt sich mir [mein Brot zu] Streit
    und mein Trank zum Widersacher.
Er dringt in [meine] Gebe[ine], ³⁶um den Geist zu Fall zu bringen
    und um schwinden zu lassen die Kraft.

Durch (entsprechend?) des Frevels Geheimnisse ändern sie
    Gottes Werke durch ihre Schuld.
Denn [ich] ward gebunden mit ³⁷unzerreißbaren Stricken
    und unzerbrechlichen Ketten,
eine st[arke] Mauer [. . . . .] und eherne Riegel
    und To[re von Erz . . . .]
³⁸Mein [Gefän]gnis wird mit der Urtiefe gleichgeachtet,
    ohne daß [. . . . .
. . . .
    ³⁹und die Bäche Be]lials umgeben mich o[hne Entrinnen (?)
. . . .
    . . . . . . (einige Zeilen verloren) . . . . . .

VI, ?—Ende
    ². . . . . .] mein Herz durch die Verächte[r . . . . .
. . . .
    . . . .]
³und grenzenlosem Schrecken
    und Vernichtung ohne [Rest . . . . . , ...
. . . .
    . . . .

Denn] ⁴Du hast mein Ohr aufgetan [für die Zu]cht gerechter
    mit [. . . . . | Zurechtweiser
. . . . hast Du mich errettet (?)],
    ⁵aus der Gemeinde des [Tru]gs und dem Kreis der Gewalttat.
Du brachtest mich in die Gemeinschaft [der Heiligkeit (?)
    und reinigtest mich (?)] von Verschuldung.
⁶Und ich erkannte, daß es eine Hoffnung gibt
    für die, welche von Missetat umkehren und von Sünde lassen
durch [Deine] G[nade (?) . . . .
    und im] Wandel ⁷ohne Frevel auf dem Weg Deines Herzens.

Ich tröste mich über die Menge des (Kriegs)volks
    und das Toben der K[önig]reiche, wenn sie sich versammeln,

[denn] ich [we]iß, daß [8]Du erhöhst in geringer Zahl (?)
    ein Erhaltenes in Deinem Volk und einen Rest in Deinem Erbe.
Du läuterst sie zur Reinigung von der Verschuldung,
    daß all [9]ihre Taten in Deiner Wahrheit (seien).
Durch Deine Gnade richtest Du sie
    in einer Fülle von Erbarmen
    und reicher Vergebung,
sie nach Deinem Munde zu lehren
    [10]und gemäß Deiner rechtschaffenen Wahrheit
    sie festzustellen in Deinem Rat.

Zu Deiner Ehre und um Deinetwillen [hast Du es] getan,
    um [groß zu machen] das Gesetz und [die Wahrheit (?)
. . . . . .[11]] die Männer Deines Rates
    inmitten der Menschenkinder,
um zu verkünden Deine Wunder ewigen Geschlechtern,
    daß sie [Deine] Machttaten [be]denken [12]ohne Aufhören
und alle Völker Deine Wahrheit erkennen
    und alle Nationen Deine Herrlichkeit.

Denn Du hast [sie[a] in (?) . . . . . (?)] Deines Rates (Deiner
                          [Herr]lichkeit?) gebracht,
    [13]zu allen Männern Deines Ratschlusses
    und in ein gemeinsames Los mit den Angesichtsengeln.
Keinen Mittlerdolmetsch gibt es für [Deine] He[iligen (?)
    und keinen Über]mittler [14]von Kunde (?) . . . [. . .] . . .
Sie antworten (unmittelbar) auf das Wort Deiner Herrlichkeit hin
    und sind Deine Fürsten im [ewigen] Lose.

[Sie lassen aufsprießen (?)] [15]Sprosse immerdar wie die Blu[me
                            des Feldes],
    um Schosse zu treiben fürs Gezweig der ewigen Pflanzung.
Er[b] wirft Schatten über den ganzen Er[dkreis],
    seine [Äste] [16]ragen in den Wolkenhimme[l und] seine Wurzeln
Alle Flüsse Edens [tränken] sein [Bl]at[tw]erk | reichen zur Urflut.
    und das wird zum [un]ermeßlichen [17]St[rom].
[. . . . . .] ohne Ende auf dem Erdkreis
    und bis zur Unterwelt [. . . . .]

Es wird der Quellort des Lichtes
    zu einem ewigen Borne [18]ohne Versiegen.

---

[a] Die Männer des Rates Gottes von Zl. 11 Anfang.
[b] Der Weltenbaum, das Bild wechselt (vgl. Ez. 28 u. 31).

In den Flammen seines Glanzes verbrennen
    alle die Söh[ne des Frevels (?)
und es wird] zum sengenden Feuer
    an allen Männern [19]der Schuld bis zur Vernichtung,
sie, die meinem Zeugnis verbunden, töricht wurden in ihren
    und nicht festhielten (?)] am Dienste des Rechts. | Rä[nken (?)

[20]Du, o Gott, hast ihnen befohlen, was frommt von ihrem Wandel
    auf dem hei[ligen] Weg, [den sie gehen sollten],
aber kein Unbeschnittener, Unreiner, Gewalttäter [21]soll ihn be-
daß sie[a] (dann) abirren vom Weg Deines Herzens, | schreiten,
in [großem] Schrecken verschmachten
    und Belial Rat hält [22]mit ihrem Herzen
[und nach] dem Plane des Frevels
    sie sich wälzen in Schuld.

Ich [ward] wie ein Schiffsmann am Schiff im Toben [23]der Meere,
    ihre Wogen und all ihre Wellen stürmen gegen mich an.
Ein Wirbelsturm, [ohne] Stille für eine Erholung,
    kein [24]Pfad, um geraden Weg zu halten auf der Oberfläche des
Es braust die Urflut zu meinem Stöhnen | Wassers!
    und [meine] S[eele gelangt] an die Pforten des Todes.

Und ich ward [25]wie einer, der in eine befestigte Stadt kommt,
    bewehrt mit hochragender Mauer zur Rettung,
    und ich [freue mich (?) an] Deiner Wahrheit, mein Gott!
Denn Du [26]legst die »Gründung« auf Fels[b]
    und den Balken[c] an die Meßschnur des Rechts
und an die r[echte] Setzwaage, die »bewährten Steine«[d] [zu
                              prüf]en,
    um eine starke [Mauer] zu baue[n], [27]unerschütterlich.
Alle, die in sie eintreten, werden nicht wanken,
    denn kein Fremder kommt [durch] ihre [Tor]e,
schirmende Tore, die keinen [28]Eingang gewähren
    und feste Riegel, die nicht zerbrechen,

---

[a] Die Frommen
[b] Die Gemeinde wird hier als Bau Gottes beschrieben, als Fundament,
Mauer, Stadt. »Gründung«: swd (Gemeinschaft) und yswd (Fundament)
wurden daher nicht immer auseinandergehalten; vgl. auch Jes. 26,1 ff.
[c] Vgl. Hab. 2,9.10 f. dort der unrechte Bau; in Qumran eschatol. verstanden, vgl. 1 QpHab. X, 9 ff. (die Gemeinde des Lügenpredigers).
[d] Die »bewährten Steine« (Jes. 28,16) — Mehrzahl — sind die Gemeindeglieder (vgl. 1QS VIII, 7).

damit nicht eine Rotte mit ihren Kriegswaffen komme
    beim Ende aller P[feile (?)] [29]der Kriege des Frevels.

Dann eilt Gottes Schwert in der Zeit des Gerichts
    und alle Söhne Seiner Wa[hr]heit erwachen, um [niederzu-
                                                    zwingen] [30]die Bosheit.
Alle Söhne der Schuld werden nimmermehr sein
    aber der Held[a] spannt seinen Bogen,
er (?) öffnet die Festung [des Himmels (?)] [31]zu endloser Weite
    und die ewigen Pforten, um herauszuführen das Kriegszeug.
Sie üben Gew[al]t von einem Ende zum [andern
    und sie kämpfen (?), [32]so daß kein Ent]rinnen für das Wesen
    zur Vernichtung treten sie nieder, ohne Re[st. | der Schuld,

Es gibt keine] Hoffnung in der Menge [der Reiter (?)]
    [33]und keine Zuflucht für alle die Kampfeshelden.
Denn beim Allerhöchsten liegt [Kraft und Stärke (?)]
    [. . . . .]
[34]Die im Staube liegen, richten hoch auf das Panier
    und der Wurm der Toten[b] erhebt das Banner;
zu [. . . . . . werden] ausgerottet
    [. . . . .[35]] in den Kriegen gegen die Fremden (Frechen?).
Wenn einherfährt die wogende Geißel,
    daß sie nicht in die Festung eindringe
[. . . . . .[36]. . . . .
    . . . .] Tünche
und wie ein Balken nicht [. . . . . . .
    . . . . . . (einige Zeilen verloren) . . . . . .

VI, ? — VII, 5

. . . .
    . . . . .[1]. . . . .]
Und ich verstummte [. . . . . . .
    . . . .[2]. . . .
. . . . . Ar]m, aus seinem Gelenke gebrochen
    und im Sumpfe versinkt mein Fuß.
Es verklebten sich meine Augen vor dem Schauen [3]des Bösen
    und meine Ohren vor Vernehmen von Bluttaten,

----

[a] Gott? Michael (der Fürst des Lichts)?
[b] Bezeichnungen für die Demütigen (»Armen«), kaum Auferstandene. Vgl.
Jes. 41,14.

es schauderte mein Herz vor dem Plane der Bosheit,
   denn Belial ist bei der Erscheinung des Wesens [4]ihres Seins.
Alle Fundamente meines Baues[a] zerbrechen
   und meine Gebeine fallen auseinander,
mein Innerstes wogt wie ein Schiff im wütenden [5]Sturm
   und mein Herz ist unruhig bis zum Vergehen,
ein Wirbelwind will mich verschlingen
   aus dem Unheil ihres Frevels heraus.

VII, 6—25

[6]Ich preise Dich, Herr!
Denn Du stütztest mich durch Deine Kraft
   und Deinen heiligen Geist [7]hast Du auf mich gesprengt,
   auf daß ich nicht wanke.
Du stärkst mich vor den Kämpfen des Frevels
   und durch all ihr Unheil [8]ließest Du (mich) nicht abschrecken
Du stellst mich hin wie einen starken Turm, | von Deinem Bund.
   wie eine hochragende Mauer,
setzest fest auf Fels [9]meinen Bau[a]
   und ewige Fundamente zu meinem Grund
und all meine Wände zur »bewährten Mauer«,[b]
   die unerschütterlich ist.

[10]Du, mein Gott, hast ⟨mich⟩ gegeben
   in das Gezweig[c] der heiligen Gemeinde,
[richte]st [mein Herz (?) auf] Deinen Bund
   und meine Zunge nach Deinen Lehren.
[11]Aber mundtot sei der Geist des Unheils
   und keine Antwort der Zunge sei all den Sö[hne]n der Schuld,
   denn es sollen verstummen die ⟨ ⟩ Lippen [12]des Truges!
Denn all meine Gegner verdammst Du zum Gericht,
   um zu scheiden an mir den Gerechten vom Frevler.

[12]Denn du kennst jeden Sinn einer Tat
   und erfassest alle Antwort der Zunge.
Du setzt mein Herz fest [14][in] Deinen [L]ehren und in Deiner
                                      Wahrheit,
   um meinen Fuß nach den Bahnen des Rechtes zu lenken,

---

[a] = Leib; doch sonst auch für die Gemeinde verwendet!
[b] Jes. 28,16
[c] Vgl. dazu VI,15: die Gemeinde als heilige Pflanzung; auch VIII.

daß ich wandle vor Dir im Bereiche [15][des Lebens],
    nach den Pfaden der Herrlichkeit (und des Lebens)[a]
und des Friedens ohne [Ende,
    un]aufhörlich für immer.

[16]Du kennst ja das Wesen Deines Knechtes,
    daß nicht [. . . . . . .]
ich [stü]tzte [mich auf Dich (?), mein Herz] zu erheben [17]und Kraft
    aber Zuflucht beim Fleische[b] habe ich nicht. | zu gewinnen,
[Denn beim Lehmgebilde] ist keine Gerechtigkeit,
    um vor Dir sich zu retten (?) [18][oh]ne Vergebung!

Ich stütze mich auf die Fülle [Deines Erbarmens
    und] will Deiner [reichen] Gnade harren,
um aufzublühn [19][durch die H]ilfe und um Schosse zu treiben,
    um Kraft zu sammeln und [Sprosse zu bringen (?).
Denn in] Deiner Gerechtigkeit hast Du mich hingestellt [20]für Deinen
                                                                                   Bund
    und ich halte mich an Deine Wahrheit und . . . [. . . . .]

Du setzt mich zum Vater allen Söhnen der Gnade
    [21]und gleichsam als Amme den »Männern des Zeichens«.[c]
Sie sperren den Mund wie ein Säugli[ng . . .] auf,
    wie ein Kind sich ergötzt an der Brust [22]seiner Amme.

Du richtest mein Horn auf wider alle meine Verächter
    und es [zerstreut (?)] sich der [Re]st derer, die mich bekämpfen,
die mit [23]mir hadern, werden wie Spreu vor dem Wind
    und meine Herrschaft (liegt dann) auf allen Söhnen [des
weil Du], mein [G]ott, mir geholfen | Unrechts,
    und erhoben mein Horn [24](hoch) empor.
Ich erscheine im siebenfältigen Lich[te],
    im [Licht, das Du (?) best]ellt hast zu Deiner Ehre.
[25]Denn Du, mein Gott, bist mir eine [ew]ige Leuchte
    und stellst meinen Fuß auf e[benen Plan]!

VII, 26—33
[26]I[ch preise Dich, Herr!]
Denn Du hast mich unterwiesen in Deiner Wahrheit
    [27]und in [Deinen] wunderbaren Geheimnissen mich belehrt,

---

[a] ( ) ausradiert
[b] Menschen, Geschöpfe
[c] siehe Sach. 3,8

in Deiner Gnade gegen den Mann [der Sünde
und] in Deinem reichen Erbarmen für den mit verkehrtem
Herzen.

²⁸[Wer] ist wie Du unter den Göttlichen, Herr, und wer ist gleich
Deiner Wahrheit?
Und wer ist gerecht vor Dir, wenn er gerichtet wird?
Nichts ²⁹kann ein Geist[a] auf Deine Zurechtweisung antworten
und niemand vermag zu bestehen vor Deinem Grimm.
Alle Söhne ³⁰Deiner Wahrheit bringst Du durch Vergebungen vor
Dich,
[sie zu reinig]en von ihren Sünden in Deiner reichen Güte
und in der Fülle Deines Erbarmens ³¹sie hinzustellen
vor Dich für immer und ewig.

Denn Du bist ein ewiger Gott und all Deine Wege
stehen für immer³²dar fest und keiner ist außer Dir!
Und was ist er, der nichtige Mensch, das eitle Wesen,
daß er einsähe Deine Wundertaten, ³³[die großen]?

VII, 34 — VIII, 3
³⁴[Ich preise Di]ch, Herr!
Denn Du hast mein Los nicht fallen lassen in die Gemeinde des
und in der Gemeinschaft der Finsterlinge nicht meine | Truges
Bestimmung gesetzt.
³⁵[Du berufst (?)] mich zu Deiner Gnade und [Deiner] Verge[bung
im Reichtum Deiner Güte] und in der Fülle Deines Erbarmens.
Zu all meinem Gericht ³⁶[. . . . . .
. . . . . (einige Zeilen verloren) . . . . . .
VIII, ². . . . .]
und Deine Gerechtigkeit bleibt für immer bestehn.
Denn nicht [. . . . .
. . . . . ³. . . . .]

VIII, 4—?
⁴Ich p[reise Dich, Herr, denn (?)] Du hast mich gegeben
an einen Quellort von Bächen in trockener Gegend,
eine Wasserquelle im dürren Land,
Speisung ⁵eines Gartens [in der Wüste (?).

---

a Vernunftwesen; von zweiter Hand ist vor »Geist« das Wort ṣby, »Herrlichkeit« eingefügt, so daß sich der Sinn ergibt: »Alle Herrlichkeit ist ein
Hauch.«

Du pflanzt]est eine Pflanzung von Wacholder und Buchsbaum
  mit der Zypresse zusammen zu Deiner Ehre,
Bäume ⁶des Lebens am Born des Geheimnisses,
  verborgen inmitten aller »Wasserbäume«[a].
Sie sollen Sprosse treiben
  für die ewige Pflanzung,
⁷Wurzel schlagen, ehe sie sprossen
  und ihre Wurzeln hin zum Wasserla[uf] strecken,
dem Lebenswasser ⟨ihren⟩ Wurzelstock öffnen
  ⁸und es wird zur ewigen Quelle.

An seinem sprießenden Laub weiden alle [Tiere] des Waldes,
  allen Wanderern dient der Boden um seinen Stamm
  ⁹und sein Gezweig allen Vögeln.
Aber es erheben sich über ihn die Wasser[bäu]me alle,
  denn hoch wuchern sie in ihrer Pflanzung empor,
¹⁰strecken aber zum Bach[b] ihre Wurzeln nicht hin.
Verborgen ist (so), der da hei[li]ges Reis für die Pflanzung der
                                            Wahrheit treibt,
  ¹¹unbeachtet und unerkannt bleibt seines Geheimnisses Siegel.

D[u, o Go]tt, hast seine Frucht umschirmt
  durch das Geheimnis der Recken der Kraft ¹²und der heiligen
Und es wabert die Lohe des Feuers, | Geister.
  damit niemand [an] den Quellort des Lebens [gelange (?)],
mit den ewigen Bäumen ¹³nicht heiliges Wasser trinke,
  seine Frucht nicht zusammen mit dem [Sam]en des Himmels
Denn er sieht, ohne daß er erkennt | gedeihe.
  ¹⁴und denkt, ohne der Quelle des Lebens zu trauen.

Er gibt [. . . . . .] der Ewigkeit
und ich ward zu [. . . . . .] flutender ¹⁵Ströme,
  wenn sie ihren Schlamm auswerfen auf mich.[c]

¹⁶Du, mein Gott, hast (es) in meinen Mund gelegt
  wie Frühregen für alle [Dürstenden (?)],
ein untrüglicher Born lebendigen Wassers,
  zu öffnen ¹⁷unaufhörliche Quellen (?).

---

[a] Vgl. Ez. 31;
[b] Mit dem »Lebenswasser«.
[c] 14b—15: ein versprengtes Stück?

Sie werden zum flutenden Strom gegen [alle] Wasser[bäume (?)]
    und zu uner[meßlichen] Meeren.
[18]Plötzlich dringen hervor die im Verstecke Verborg'nen
    [. . . . .]
sie werden zu[r Flut (?) für jeden Baum], [19]ob grün oder dürr
    [und] einer Tiefe für alle lebendigen Wesen.
Die [Wasser]bäu[me versinken wie] Blei in den gewaltig[en]
    [. . . . . [20]. . . .] Feuer und verdorren. | Wassern
Aber die Pflanzung der Frucht [der Wahrheit (?), verborgen am
                B]orn der Ewigkeit,
    wird zum Eden[a] der Herrlichkeit und zur Fr[ucht der
                      Pracht (?)].

[21]Durch mich hast Du geöffnet ihre Quelle mit [ihren] Bächen,
    ihre [. . . . .] nach verläßlicher Meßschnur zu richten
und die Pflanzung [22]ihrer Bäume nach der Waage der Sonne[b],
    zu [. . . . . .] zu herrlichem Astwerk.
Wenn ich die Hand schwinge, [23]ihre[c] Gräben zu hacken,
    schlagen sie ihre Wurzeln in den Kieselfels,
[. . . . .] ihr Wurzelstock in der Erde
    und zur heißen Zeit behält er [24]eine Zuflucht (?)[d].
Ziehe ich aber zurück meine Hand, wird er wie Wacholder [in der
                          Wüste
    und] sein Stamm den Platterbsen gleich in salziger Steppe.
In seinen Gräben [25]wachsen Dornen und Disteln,
    [sie verfallen] dem Gestrüpp und dem Unkraut.
[Alle Bäume] am Ufer werden zu Wildlingen,
    durch [26]die Hitze verdorrt sein Laub,
    ohne Verbindung zur Quel[le . . . . . .

Es umgibt mich] Grauen mit Krankheiten
    und mein Herz ist gesch[lage]n [27]mit Plagen,
ich bin wie ein Mann, der verlassen im [Kummer (?)
    . . . . .], der ohne Zuflucht ist.
Denn es sprießt meine P[la]ge [28]zu Bitternissen
    und unstillbarem, unheilbarem Schmerz.

---

[a] oder: Wonne.
[b] Bezieht sich auf den Kalender.
[c] Die Bewässerungskanäle für die Bäume.
[d] oder: Quelle.

[Es schaudert meiner Seele]
  wie denen, die zur Unterwelt fahren.
Bei [29]den Toten sucht man meinen Geist,
  denn [mein] L[eben] stieß (hart) ans Verderben
[und in mir] verzagt meine Seele,
  [30]Tag und Nacht ohne Ruh.
Es schießt auf wie brennendes Feuer, verhalten in [meinen]
  Jahr um Jahr (?) frißt seine Lohe, | Ge[beinen],
[31]daß von Zeit zu Zeit (mehr) es erschöpfe die Kraft
  und das Fleisch von Frist zu Frist schwinde.

Es fliegen Wogen [auf mich zu]
  [32]und meine Seele ist verstört zum Verenden.
Fort aus meinem Leibe ist meine Kraft
  und mein Herz fließt hin wie Wasser,
es schmilzt dahin [33]wie Wachs mein Fleisch
  und meiner Hüften Kraft verfällt dem Entsetzen.
Mein Arm ist aus dem Gelenke gebrochen,
  [unmöglich] ist es, die Hand zu bewegen.
[34]Mein [Fu]ß steckt in einer Fessel gefangen
  und meine Knie wogen wie Wasser.
Unmöglich ist es, zu schreiten,
  kein Schritt gelingt meinem Tritt.
[35][. . . . .] . . . . .
  sind mit Stolperketten ge[fe]sselt.

Die Zunge, die Du meinem Mund stark geschaffen,
  verbraucht ist sie (und) geschwunden.
Unmöglich ist's, zu erheben [36]die Stimme
  [es gebricht] der Zunge des Jüngers,
zu beleben der Strauchelnden Geist
  und zu erquicken die Müden durchs Wort.
[37]Verstummt ist der Schall meiner Lippen
  . . . . . [. . . . .] in des Gerichtes Ketten.

Mein Herz (?), mein Herz ist ver[stört,
  meine Eingeweide (?) vo]ll von Bitterni[ssen
. . . . .] das Herz [. . . . .] . . . .
  den Anstoß [[38]. . . . .
. . . .
  . . . . . . (einige Zeilen verloren) . . . . . .

IX, 1—36

2 . . . .

. . . . .] schläft nicht bei Nacht

. . . .

3. . . . . .] ohne Erbarmen;
im Zorne erregt er Eifer
  und zur Vernichtung [. . . . .

Es umgeben mich] **4**Todeswellen
  und die Unterwelt ist an meinem Lager,
mein Bett erhebt ein Klagelied,
  [meine Liegestatt] ein Seufzen.
5Es gleicht mein Aug' der Motte im Ofen,
  wie Wasserbäche sind meine Tränen.
Meine Augen vergehen nach Ruhe,
  aber [meine Kraft, die] steht mir **6**fern
  und mein Leben abseits.

Ich gerate aus Öde in die Verödung,
  aus Schmerz in Plage
  und aus Wehen **7**in Krämpfe.

Es besinnt meine Seele sich Deiner Wunder
  und Du in Dei[ner] Gnade verstoßest mich nicht.
[Von] einem Zeitraum **8**zum andern
  erfreuet sich meine Seele
  der Fülle Deines Erbarmens.
Ich erteile (nun) Antwort meinem Verderber
  9und Zurechtweisung meinem Bedrücker.
Ich weise sein Urteil als Unrecht zurück
  und heiße gerecht Dein Gericht,
  denn ich weiß um **10**Deine Wahrheit.
Das Gericht über mich will ich mir erlesen
  und zufrieden sein mit meiner Plage,
  denn Deiner Gnade harre ich.

Du gibst **11**Flehen in den Mund Deines Knechtes
  und bedrohst nicht mein Leben,
stoßest meinen Frieden nicht fort
  und läßt meine Hoffnung nicht fahren.
12Vor der Plage verleihst Du Stand meinem Geist,
  denn Du hast meinen Geist (ja) gegründet
  und Du kennst mein Sinnen.

¹³In meinen Nöten hast Du mich getröstet,
   an Deinen Vergebungen freue ich mich
   und bereue die frühere Sünde.
¹⁴Ich weiß, da[ß] es Hoffnung gibt durch Deine [G]nade,
   eine Aussicht durch die Fülle Deiner Kraft.
Denn keiner bleibt gerecht ¹⁵in Deinem Ge[ri]cht,
   nicht(s) [unschuldig in] Deinem Rechtsstreit.

(Zwar) ist ein Mensch gerechter als der andere
   und ein Mann verständiger als [sein Gefährte],
¹⁶ein Fleisch(wesen) würdiger als ein (andres) [Lehm]gebilde
   und ein Geist (Wind?) stärker als der nächste.
Aber nichts ist wie Deine mächtigen Taten ¹⁷so kraftvoll
   und für Deine Ehre gibt es keine [. . . . . .]
Für Deine Weisheit gibt es kein Maß
   und für [Deine] Wahr[heit kein . . . . .]
¹⁸Jeder, der davon verlassen,
   [. . . . .]
Und ich, durch Dich [. . . . .
   denn in Deiner Gnade] ¹⁹ist mein Stand.
Nicht [. . . . .

. . . .]
      ²⁰und wie sie es mir planten [. . . . . .]
Wenn zu schmachvollem Antlitz [. . . . . . .
   . . . .] ²¹mir.
Du in [. . . . .
   . . . . .] stärken wider mich meine Gegner,
zu einem Anstoß für [. . . . .
   . . . . . ihre] ²²Kriegsleu[te,
. . . . sch]amvolles Antlitz
   und Schande denen, die gegen mich murren.
²³Du mein Gott [. . . . .
   . . . . . .] führst Du meinen Rechtsstreit.
Denn im Geheimnis Deiner Weisheit
   weisest Du mich zurecht.
²⁴Du verbirgst die Wahrheit für [ihre] Zeit
   [und . . . . . . für] seine Frist.
Deine Züchtigung wird mir (dann) zur Freude und Frohsinn,
   ²⁵meine Plage zu e[wiger] Heilung [und] dauernder [Genesung],

meiner Gegner Verachtung wird mir zur Ehrenkrone
    und mein Straucheln zu ewiger [26]Stärke.
Denn in [Deiner Einsicht unterweisest Du mich (?)],
    in Deiner Herrlichkeit erscheinet mein Licht,
denn ein Licht aus der Finsternis
    [27]läßt Du erstrahlen dem [»Armen« (?).
Du schenkst Heilung] meiner [geschla]genen Wunde
    und Wunderkraft für mein Stolpern,
ewigen Raum [28]in [meiner S]eele Bedrängnis
    [. . . . .
Mein Gott,] meine Zuflucht, meine Burg,
    meine Feste und Fels meiner Stärke,
    Dir [29]will ich trauen!
Vor allen [. . . . . .] mir,
    um zu erretten für ewig.

Von meinem Vater her [30]hast Du mich erwählt
    und vom Mutterschoß her [mich geweiht.
Von] Mutter[leib] an hast Du an mir Gutes getan
    und von der Mutterbrust her gilt mir Dein Erbarmen.
[31]Am Schoß meiner Amme [. . . . . .],
    erschienst mir von jung auf im Verständnis Deines Gerichts[a].
[32]Durch gewisse Wahrheit hast Du mich gestützt
    und mit Deinem heiligen Geist mich erfreut.
Bis auf den heutigen Tag [lei]tet mich [Deine Hand (?)]
    [33]und Deine gerechte Züchtigung begleitet meine [Verke]hrtheit.

Deine heilvolle Wacht (sucht) mein Leben zu retten
    und mit meinem Schritt [34]ist reiche Vergebung.
Fülle des [Erb]armens ist bei Deinem Gericht über mich
    und bis ins Alter hinein umsorgest Du mich.
Denn [35]mein Vater kennt mich nicht,
    meine Mutter überließ mich Dir.
Ja, Du bist ein Vater all den [Söhnen] Deiner Wahrheit,
    freuest Dich [36]ihrer, wie eine liebende Mutter über ihr Kind
    und wie ein Pfleger hegst Du am Busen alle Deine Geschöpf[e].

IX, 38 — X, 12
[38][Ich preise Dich, Herr!

. . . .

---

[a] Oder: Rechts (?)

. . . . . .] Du stark erwiesen zu un[zähli]gen Malen
. . . . . . (einige Zeilen verloren) . . . . . .
X, ². . . . .
. . . . . .] Trachten Deines Herzens [. . . . . .
. . . .]
und ohne Deinen Willen geschieht es nicht.
Keiner gewinnt Einsicht in [Deine] Weis[heit]
³und niemand schaut Deiner [Geheim]nisse [Tiefe].

Was ist er, der Mensch — ist er doch Erde,
⁴geformter [Lehm] und zum Staube kehrt er zurück,
daß Du ihn unterweisest in Wundern wie diesen
und in [Deiner] Wa[hrheit] Rat ⁵ihn belehrst!

Ich bin Staub und Asche,
wie sollte ich denken, wenn es Dir nicht beliebt
und was könnt' ich planen ⁶ohne Deinen Willen?
Wie soll ich mich aufraffen, wenn Du mich nicht aufstellst
und wie soll ich straucheln^a, wenn Du's mir nicht bereitet?
⁷Wie könnte ich reden, öffnest Du meinen Mund nicht
und wie soll ich erwidern, wenn Du mich nicht belehrt?

⁸Siehe, Du bist der Götterfürst
und der König der Hochgeehrten,
der Herr für jeden Geist,
der Herrscher aller Schöpfung.
⁹Gar nichts geschieht ohne Dich,
nichts wird ohne Deinen Willen erkannt.
Keiner ist außer Dir
¹⁰und niemand gleicht Dir an Kraft.
Nichts gilt vor Deiner Herrlichkeit,
kein Preis für Deine Macht!

Welches ¹¹von all Deinen Wunderwerken, den großen,
vermag es, vor Deine Majestät hinzutreten?
¹²Denn was ist es schon — es kehrt um zu seinem Staub! —
daß es die [Kraft] aufbrächte?
Zu Deiner Ehre nur
hast Du all dies getan!

---

a 'kšyl, das k ist punktiert, das heißt, ein Korrektor wollte 'śkyl (»wie
könnte ich verstehen«) lesen.

X, 14 — XI, 2

¹⁴Gepriesen seist Du, o Herr!

Ein Gott des Erbarm[ens bist Du und von reicher] Gnade,
    denn Du lehrtest [. . . . .] ¹⁵Deiner Wunder.

Tag und N[acht] soll nicht verstummen
    [. . . . .
. . . .] ¹⁶Deiner Huld
    in Deiner großen Güte und der F[ülle Deines Erbarmens (?)]
. . . .],
    ¹⁷denn ich stütze mich auf Deine Wahrheit.

[. . . . .
. . . .] ¹⁸ohne Dein Wo[lle]n.

Ohne [Dein . . . . . gibt es kein . . . . .
    und ohne] Dein Schelten kein Hinder[nis,
keine] ¹⁹Plage, ohne daß Du es weißt,
    [und keinen Frieden (?) ohne] Deinen [Willen (?)].

²⁰Und ich, nach meiner Erkenntnis in [Deiner] Wahrh[eit
    will ich Deinen Namen preisen (?)],
indem ich Deine Herrlichkeit schaue,
    verkünde ich ²¹Deine Wunder,
da ich einsehe [Deine Gerichte (?)
    stütz ich mich auf] Dein [re]iches Erbarmen
    und harre Deiner Vergebung.

²²Denn Du hast gebildet [den Geist Deines Knechtes (?)
    und] mich [nach] Deinem [Gefa]llen bereitet,
Du setzt ²³meine Stütze nicht auf Gewinn,
    [bereitest] in Reichtum [nicht] meine [Zuflu]cht (?),
    machst mir nicht ein fleischlich Gebilde zum Hort.
²⁴Der Helden Kraft (ruht) auf den vielen Herrli[chkeiten der Welt,
    sie stützen sich auf die] Fülle von Korn, Wein und Öl,
²⁵es häufen sich auf Besitz und Vermögen
    [wie aufschießt ein ü]ppiger [Baum] an Kanälen,
    um Laub anzusetzen ²⁶und viel Zweige zu treiben,
denn [. . . . . . .] Menschen
    und an allem von der Erde sich gütlich zu tun.

²⁷Aber den Söhnen Deiner Wahrheit gibst Du
    [Wissen des Lebens in] dauernder [Ehr]e (?).
Nach ihrer Erkenntnis genießen sie Ansehen ²⁸untereinander
    und so wird dem Sohn [. . . . .]

Du mehrst sein Erbe [29]durch Deiner Wahrheit Erkenntnis,
    seiner Erkenntnis gemäß . . . . [. . . . .

Die Se]ele Deines Knechts verabscheut G[eld] [30]und Gewinn
    und an hohen Wonnen hat [sie] nicht [Gefallen].
Es freut mein Herz sich an Deinem Bund
    und Dei[ne] Wahrheit [31]ergötzt meine Seele.
Ich sprieße wie eine [Li]lie auf,
    mein Herz öffnet sich der Ewigkeitsquelle
    [32]und meine Stütze steht in der Zuflucht der Höhe.

Und [. . . . .] Mühsal
    und welkt hin wie die Blüte im [Wind].
[33]Unsinnig zittert mein Herz
    und meine Lenden erbeben.
Mein Seufzen dringt bis zur Urtiefe hin,
    [34]in die Kammern der Unterwelt findets zugleich.

Ich erschrecke, wenn ich höre von Deinen Gerichten mit den Helden
                                      [35]der Kraft
    und von Deinem Rechtsstreit mit dem Heer Deiner Heiligen.
[. . . . .]
    [36]und Gericht über all Deine Werke,
Recht und [. . . . .
    . . . . . (einige Zeilen verloren) . . . . . .
XI, ...] [1]in Schrecken [. . . . .
. . . .] von meinen Augen
und [. . . . .
    . . . .] [2]im Sinnen meines Herzens.

XI, 3—14
[3]Ich preise Dich, Herr!
Denn Du hast wunderbar am Staube gehandelt
    und am Gebilde von Lehm Dich überaus mächtig erwiesen.
Was bin ich schon, daß [4]Du mich im Rat Deiner Wahrheit [belehrst],
    in Deinen Wundertaten mich unterweisest?

Du legst Danklieder in meinen Mund
    und [Lobpre]is auf meine Zunge,
[5](schenkst mir) beschnittene Lippen am Orte des Jubels
    und ich spiele von Deiner Gnade.
Deine Macht bedenk ich den ganzen [6]Tag,
    ständig preis ich Deinen Namen,

verkünde Deine Ehre inmitten der Menschen
und am Reichtum Deiner Güte [7]ergötze ich mich.

Ich habe erkannt,
daß Wahrheit Dein Mund,
(daß) in Deiner Hand die Gerechtigkeit liegt,
in Deinem Denken [8]alle Erkenntnis.
In Deiner Macht steht alle Gewalt
und alle Herrlichkeit, sie ist bei Dir.
Alle Plagegerichte kommen durch Deinen Zorn,
[9]der Vergebungen Fülle durch Deine Güte,
allen Söhnen Deines Wohlgefallens gilt Dein Erbarmen,
denn Du hast sie belehrt im Rat Deiner Wahrheit,
[10]in Deinen wunderbaren Geheimnissen sie unterwiesen.

Um Deiner Ehre willen hast Du den Menschen von Sünde gereinigt,
daß er sich Dir heilige [11]von allen abscheulichen Greueln und
von schuldhafter Untat,
in die Einung zu treten mit den Söhnen Deiner Wahrheit
und in ein Los mit [12]Deinen Heiligen.
Um den »Wurm der Toten« zu erhöh'n aus dem Staub zum [ewigen]
und aus der verkehrten Gesinnung zu [Deiner] Einsicht, | Rat
[13]daß er hintrete an den Standort vor Dir
mit dem ewigen Heer und den Geister[n des Wissens],
sich zu erneuern mit allem, [14]was ist,
mit den Kundigen im gemeinsamen Jubel.

XI, 15—(36)
[15][Und ich], ich preise Dich, mein Gott,
ich erhebe Dich, mein Fels!
Auf wunderbare Weise [. . . . . .
. . . . . . [16]. . . . .]
Denn Du tust mir kund das Geheimnis der Wahrheit
und [. . . . .

. . . .
[17]und] Deine [Wun]der offenbartest Du mir,
da ich schaue [. . . . .
. . . .] der Gnade.
Ich weiß, [18][daß] bei Dir die Gerechtigkeit ist
und in Deiner Gnade die Hi[lfe
. . . .]
und erbarmungslose Vernichtung.

¹⁹Es öffnet sich mir eine Quelle
    zu bitterlicher Trauer,
[. . . . .]
    bleibt Mühsal meinem Aug' nicht erspart^a,
²⁰da ich des Mannes Gemächte erkenne
    und die Rückkehr des Menschen [zum Staub.
. . . .] zur Sünde
    und Kummer **²¹**über die Schuld.
Und sie gehen mir zu Herzen
    und dringen in mein Gebein,
zu [. . . . .]
    und kummervollem **²²**Sinnieren,
(zu) Seufzen auf der Klageleier^b
    für all die schmer[zliche] Trauer^b
und (zu) bitterer Klage
    bis zum Ende des Frevels.

Und [. . . . .] keine Plage, die krank macht.^c

Dann **²³**will ich spielen
    auf der Zither der Hilfen,
(auf) der Harfe der Fr[eude,
    der Leier des Jauch]zens
und (auf) der Flöte des Lobes
    ohne **²⁴**zu enden!

Welches von all Deinen Werken
    vermag Deine [Wunder] zu künden?
Durch aller Mund wird gelobt
    ²⁵Dein Name für ewige Zeiten!
Es preisen Dich nach ihrer Ein[sicht die Armen (?)
    und die Elend]en (?) lassen vereint **²⁶**lauten Jubel erklingen.
Kein Kummer und kein Seufzen,
    auch das Unrecht [ist nicht mehr]
und es strahlet Deine Wahrheit auf **²⁷**zu ew'ger Herrlichkeit
    und immerwährendem Frieden!

Gepriesen seist D[u, mein Herr,]
    [der] Du [Deinem Knechte] **²⁸**den Verstand der Erkenntnis
        Deine Wunder einzusehn | gegeben,
    und [. . . . .] in Deiner reichen Gnade!

---

^a wörtlich: verborgen   ^b — ^b über der Zeile
^c Zeile von anderer Hand (Glosse)

[29]Gepriesen seist Du,
 Gott des Erbarmens und der Huld,
in Deiner großen Kraft und Deiner Wahrheit Fülle
 und Deiner reichen [30]Gnade an allen Deinen Werken.
Fröhlich laß in Deiner Wahrheit Deines Knechtes Seele werden,
 und mach mich [31]in Deiner Gerechtigkeit rein,
wie ich (ja) Deiner Güte harre,
 auf Deine Gnade hoffe und auf [Dein] Vergeben.
[32]Meine Schmerzen lösest Du, tröstest mich in meinem Kummer,
 denn auf Dein Erbarmen stütz' ich mich.

Gepriesen seist [Du], [33]o Herr,
 denn Du hast dies getan,
Du legst in den Mund Deines Knechtes
 [. . . . .] [34]und Flehen.
Der Zunge Antwort bereitest Du
 für . . . . [. . . . .
. . . .
 . . . . . . (einige Zeilen verloren) . . . . . .

XII, 2—35
 . . . .
. . . . . .] sicher an der h[eiligen] Stätte
 [in R]uhe und Sorglosigkeit [3][. . . .
. . . .] den Zelten [. . . . .] und des Heils.
 Ich will Deinen Namen loben unter denen, die Dich fürchten,
[4][. . . . . Lo]ben und Gebet,
 niederfallen und flehen, regelmäßig von Zeit zu Zeit:

Wenn das Licht [5]aus [seiner] Wo[hnstatt] kommt,
 an den Wenden des Tages nach seiner Ordnung,
 gemäß den Gesetzen der großen Leuchte[a].
Wenn es Abend wird und das Licht [6]fortzieht,
 zu Beginn der Herrschaft der Finsternis
 für die Zeit der Nacht;
an ihrer Wende zum Morgen hin, zur Zeit,
 [7]da sie sich zurückzieht an ihre Stätte vor dem Licht,
 zum Ausgang der Nacht und dem Anbruch des Tages.

---

[a] Die Sonne; vgl. VIII, 22; 1QS X, 1—8.

Regelmäßig an allen [8]Zeitanfängen (?)[a], den Grundlagen der Zeit
    und der Wende der Festzeiten in ihrer Ordnung,
      bei ihren Zeichen für all [9]ihre Herrschaft
in verläßlicher Ordnung aus Gottes Mund
    und als ein Zeugnis des Seins[b].
Sie wird bleiben [10]und nichts sonst[c],
    außer ihr gab's keine (andre)
    und wird es nimmer geben,
denn der Gott des Wissens [11]hat sie gesetzt
    und es ist kein andrer neben Ihm!

Als Verständiger hab ich Dich erkannt, mein Gott,
    durch den Geist, [12]den Du in mich gegeben,
Verläßliches hörte ich über Dein Wundergeheimnis
    durch Deinen heiligen Geist.
[13]Du hast mir Erkenntnis in Deines Verstandes Geheimnis [er]öffnet
und [Deiner] Stärke Born [ist mir erschlossen durch] Deine
                          [Hul]d.
[14][Es führt] zu reicher Gnade und (auch zu) vernichtendem Eifer,
    Aufhö[ren . . . .
. . . . . . [15]. . . . . in] Deiner Herrlichkeit Pracht,
    zu e[wigem] Licht [. . . . .
. . . . [16]. . . . Schre]cken des Frevels
    und kein Trug [. . . . .
. . . . . . [17]. . . . . Zei]ten der Verwüstung,
    dem kein [. . . . .

. . . .
    [18]und ke]ine Drangsal gibt es mehr,
denn vor [Deinem] Zorn [. . . . .
. . . . . [19]. . . . . . .] weichen sie zurück.

Kein Gerechter ist neben Dir
    [. . . . .]
[20]um alle Deine Geheimnisse zu verstehn
    und zu erwidern [auf . . . . . .
. . . . . .[21]] an Deiner Zurechtweisung
    und halten Ausschau nach Deiner Güte.

---

[a] wörtlich: »Geburten der Zeit«, d. h. bei Beginn bestimmter Zeitabschnitte.
Neumonde?
[b] Alles dessen, was ist, der Schöpfung.
[c] Gegen andere Kalendersysteme.

Denn in [Deiner] Gn[ade . . . . . .
. . . . . .²²] und erkennen Dich.
Zur Zeit Deiner Herrlichkeit werden sie jauchzen
und gemäß [. . . . .],
(je) nach ihrem Verständnis ²³läßt Du sie nahen
und nach ihren Herrschaftsbereichen dienen sie Dir,
in [. . . . .] von Dir,
²⁴nicht zu übertreten Dein Wort.

Vom Staube bin ich gen[ommen und aus Lehm ge]formt
²⁵zu einer Quelle von Unreinheit und von schändlicher
ein Häufchen Staub und [im Wasser] geknetet | Schmach,
[. . . . . .] und der Finsternis ²⁶Wohnung.
Die Rückkehr zum Staub ist dem Lehmgebilde (verhängt),
zur Zeit [. . . . .] im Staub,
²⁷von dem her er genommen.

Was soll erwidern der Staub [. . . . . .]
und [wie] soll ²⁸er Seine Werke verstehn?
Wie soll er vor den treten, der ihn zur Rechenschaft zieht
und [. . . . . der Hei]ligkeit?
²⁹[Die Höhe (?)] der Ewigkeit und die Sammlung der Herrlichkeit,
die Quelle der Er[kenntnis und der Wund]er[kraft (?)],
selbst sie ³⁰vermögen nicht zu künden Deine ganze Herrlichkeit
und sich Deinem Zorn zu stellen!

Nichts gibt es zu erwidern ³¹auf Deine Zurechtweisung hin,
denn Du hast Recht und keiner besteht gegen Dich.
Was ist er denn schon?
Er kehrt zurück zu seinem Staub!
³²Ich bin verstummt,
was sollt’ ich davon reden?
Nach meinem Wissen spräche ich,
aus eines Lehmgebildes Rechtssinn!
Was ³³soll ich (sonst) reden,
außer Du öffnest meinen Mund
und wie könnte ich verstehen,
ohne daß Du mich belehrst?
Was sollte ich (schon) [sagen (?)],
³⁴deckest Du mein Herz nicht auf
und wie führ ich rechten Wandel,
lenke[st Du] nicht [meinen Schritt (?)]?

. . . .] ³⁵stehen [. . . . . .
    wenn Du (ihn)] mit Kraft [nicht stärkst]
und wie soll ich mich erheben,
    [. . . . .
. . . . . . (einige Zeilen verloren) . . . . . .

XIII

¹. . . —— . . . der] Heiligkeit von e[wig] her [. . . —— . . .
². . . —— . . .] und in Deinen wunderbaren Geheimnissen [. . .
—— . . . ³ . . . —— . . .] hast Du Deine Geheimnisse offenbart
[. . . . .] Werke [. . . —— . . . ⁴. . . —— . . .] ihre Werke
Wahrheit [. . . .] . ? . [. . . .] . ? . [. . . —— . . . ⁵. . . . . . .]
und ewige Gnade allen [. . . . .] zu Heil und Verderben [. . . .
⁶. . . .] . . . ewiger Herrlichkeit [. . . . .und] ewige [Fr]eude dem
Werk . . . —— ⁷. . . . . .]

Diese sind's, die [Du] fe[st gesetzt hast . . . . .
    . . . . . .⁸] alle Deine Werke,
bevor Du sie schufst, mit dem Heere der Geister
    und der Gemeinde der [Heiligen,
⁹mit dem Firmament und all (?)] seiner Heerscharen,
    mit der Erde und all ihrer Ausläufer
in den Meeren und in den Urfluten,
    [. . . . . .] ¹⁰und ewiger Heimsuchung.

Denn Du hast sie bestimmt von Urzeiten an
    und das Werk [. . . . . .]
¹¹Sie künden Deine Ehre in all Deiner Herrschaft,
    denn Du ließest sie schauen, was [. . . . . .] der Urzeit,
die Neuschöpfung¹², zum Zerbrechen des von einst Bestehenden,
    und aufzu[richt]en das ewig Seiende,
denn D[u . . . .]
    und Du bleibst ¹³für immer und ewig.
In den Geheimnissen Deines Verstandes tei[ltest Du] alles dies ein,
    um Deine Herrlichkeit kundzutun [. . . . . .

Ke]in fleischlicher Geist, der ¹⁴all dies verstehen
    und der einsehen könnte das Geheimnis [Deiner] großen
                                                        [Kraft].
Was ist der Weibgeborene unter all Deinen furchtbaren [Werken]?
    Er, ¹⁵ein Staubgebäude, geknetet (im) Wasser!

Ver[schuldung und Sün]de ist sein Wesen[a],
 schmachvolle Schande [. . . . . . .]
 und es herrscht ein verkehrter Geist [16]in ihm.
Wenn er frevelt, wird er [. . . . . . Ewi]gkeit
 und zu einem Zeichen für Generationen,
 wie [. . . . .] Fleisch.

Nur durch Deine Güte [17]wird der Mensch gerecht
 und durch [Dein] reiches Erb[armen . . . . . .]
Denn mit Deiner Pracht stattest Du ihn herrlich aus
 und set[zt ihn über] eine Fülle von Wonnen
 mit ewigem Frieden [18]und langem Leben.
Denn [Du bist wahrhaftig (?)
 und] Dein Wort wird nicht rückgängig!

Ich, Dein Knecht, ich habe erkannt
 [19]durch den Geist, den Du in mich gegeben,
[daß Du wahrhaftig bist (?)] und all Deine Taten gerecht sind
 und Dein Wort nie rückgängig wird.
[Alle] [20]Deine Zeiten . . . . . [. . . . .
 . . . . . .] . . . . . nach ihren Belangen.

Ich weiß [. . . —— . . .]
 [21]Frevler [. . . —— . . .]
 . . . . . . (größeres Stück verloren) . . . . . .

XIV, 1—7
[1][. . . —— . . .] in Deinem Volk . . . [. . . . . . [2]. . . ——
. .] die Männer der Wahrheit [. . . . . . [3]. . . —— . . .] . .
des Erbarmens und die Demütigen des Geistes, Geläuterte [4][des
. . . —— . . ., sich] zusammennehmen bis zum [Tage] Deiner
Gerichte. [[5]. . . —— . . .] und machtest fest Deine Gebote [unter
ihnen], damit man (sie?) tue [6][. . . . . .] Heiligkeit für ewige Generationen und alle [7][. . . —— . . .] die Männer Deiner Schau[b].

XIV, 8—22
[8][Ich preise Dich], Herr!
Der Du ins Herz Deines Knechtes Einsicht gibst
 [[9]. . . . .]
sich zusammenzunehmen wider die Taten des Frevels
 und zu segnen [10][. . . . . . .

---

[a] wörtlich: »Rat.«
[b] Die Seher von Offenbarung, vgl. 1QH IV,18 und 1QM XI,6.

Alles zu erwählen, wa]s Du liebst
    und alles zu verabscheuen, was [11][Du hassest.
. . . .
    . . . .] des Menschen,
denn gemäß den Geistern ihres [Lo]ses (?)
    im [12]Guten oder im Frevel
[. . . . .
    . . . .] ihr Werk.
Ich habe aus Deiner Einsicht[a] erkannt,
    [13]daß durch Deinen Willen [. . . . . .
. . . . . . durch] Deinen heiligen Geist
    und mich so Deiner Einsicht nahebringst.
Je [14]näher ich komme, desto mehr eifere ich
    wider alle Übeltäter und Männer des Trugs.
Denn keiner, der Dir nahe, verfälscht Deinen Mund
    [15]und niemand, der Dich kennt, ändert Dein Wort,
denn Du bist gerecht
    und Deine Erwählten sind alle wahrhaftig.
Alles Unrecht [16][und F]revle wirst Du vertilgen für immer
    und Deine Gerechtigkeit wird offenbar vor all Deinen Werken!

[17][Ic]h habe es durch den Reichtum Deiner Güte erkannt
    und mich durch Eidschwur verpflichtet,
nicht zu sündigen wider Dich
    [18][und] nichts [zu] tun von all dem, was böse in Deinen Augen.
Und desgleichen ⟨lasse⟩[b] ich in der Einung herantreten
    alle die Männer meines Anhanges.
Nach [19]seinem [Vers]tändnis laß' ich (jeden) herantreten,
    nach der Größe seines Erbteils[c] will ich ihn lieben.

Ich will das Böse nicht unterstützen
    und [frevle Geschenke] nicht kennen,
[20]will [nicht] gegen Reichtum Deine Wahrheit eintauschen
    oder für Bestechung all Deine Gesetze,
sondern je nachdem [Du einen nahebringst, [21]will ich] ihn
                                   [lieb]en (?)
    und so wie Du ihn fernhältst, will ich ihn verabscheu'n.
Nicht will ich aber in die Gemeinschaft [Deiner Heiligen] bringen,
    [die nicht] umgekehrt sind [22][zu] Deinem [Bun]d (?).

---

[a] der geschenkten Einsicht   [b] Text: »so ward ich herangebracht«
[c] in esoterischer Einsicht

XIV, 23—27

²³[Ich preise] Dich, Herr,

wie es Deiner großen Kraft entspricht und Deinen vielen Wundern,
    von Ewigkeit und in [Ewigkeit,
. . . . . .] und groß ²⁴[. . . . . .],
    der denen vergibt, die von der Sünde umkehren
    und den Frevlern die Schuld heimsucht.
[. . . . . .] Willigkeit ²⁵[. . . . . .]
    und hassest das Unrecht für immer.

Und mich, Deinen Knecht,
    hast Du mit dem Geist der Erkenntnis begnadet,
[die Wahr]heit [zu wählen ²⁶und die Gerechtigkeit (?)]
    und zu verabscheuen jeden unrechten Weg.
Aus freiem Willen will ich Dich lieben
    und mit ganzem [Herzen] Dich [suchen,
    ²⁷. . . . . .] . . . . .
Denn von Deiner Hand ist dies geschehn
    und ohne [Deinen Willen geschieht ni]chts.

XV

⁹. . . —— . . . lie]ben Dich alle Tage [. . . —— . . .] ¹⁰Wah[r-
heit . . . . . .] ich will Dich aus freiem Willen lieben und mit ganzem Herzen und ganzer Seele, ich läutere [. . . . . . ¹¹. . . . .
nicht] weichen von allem, was Du befohlen. Ich will festhalten an
vielen [. . . . . . . nicht zu] ¹²lassen von allen Deinen Gesetzen.

Ich habe durch Deine Einsicht erkannt,
    daß nicht in des Fleisches Hand die [Gerechtigkeit] liegt,
[denn nicht beim] Menschen steht ¹³sein Weg
    und nicht vermag er seinen Schritt zu lenken.
Ich weiß, daß in Deiner Hand das Wesen jedes Geistes liegt,
    [und all] sein [Werk] ¹⁴hast Du bestimmt, ehe Du ihn
Wie sollte es jemand vermögen, | erschaffen.
    Deine Worte zu ändern?

Du (allein) nur [hast] den ¹⁵Gerechten [geschaffen]
    und ihn von Mutterleib an für die Zeit des Wohlgefallens
damit er in Deinem Bund sich bewahre | bestimmt,
    und in allem (Befohlenen) wandle,
um [Großes zu tun] an ihm ¹⁶in Deinem reichen Erbarmen
    und alle Bedrängnis seiner Seele zu lösen,

zu ewigem Heil, dauerndem Frieden und keinerlei Mangel
und Du erhöhst [17]seine Herrlichkeit aus dem Fleisch.

Die Frevler aber hast Du geschaffen für [die Zeit] Deines [Zo]rnes
und sie von Mutterleib an geweiht für den Schlachttag.
[18]Denn sie wandeln auf einem Weg, der nicht gut ist,
sie verachten Dei[nen] Bund
und ihre Seele verschmäht Deine [Wahrheit].
Sie haben keinen Gefallen an allem, was [19]Du befohlen
und erlesen sich, was Du haßt.
Denn Du hast sie na[ch den Geheimnissen (?)] Deines [Verstandes (?)]
an ihnen große Gerichte zu üben | (dazu) bestimmt,
[20]vor den Augen all Deiner Werke,
auf daß sie zum Zeichen und Mahn[zeichen] würden [für] ewige
damit Deine Herrlichkeit alle erkennen | [Zeiten],
und Deine [21]große Kraft.
Was ist es denn auch, das Fleisch, daß es [Deine Geheimnisse]
                                                          verstünde,
und das [Gebilde] von Staub, wie vermöchte es, seinen Schritt
                                                          zu lenken?
[22]Du hast den Geist gebildet,
sein Werk bestimm[t . . . . . .]
und von Dir her kommt der Weg für alles, was lebt.
Ich habe erkannt, daß [23]aller Reichtum Deiner Wahrheit nicht
und . . . . [. . . . .] Deiner Heiligkeit. | gleichkommt
Ich weiß, daß Du sie aus allen erwählt
[24]und sie werden Dir für immerdar dienen.

Du nim[mst (?) nicht . . . .]
und nimmst kein Lösegeld für frevelhafte Taten,
denn [25]Du bist der wahrhaftige Gott
und alles Unrecht [. . . . . . .
. . . .]
wird nicht vor Dir sein.
I[ch] habe erkannt, [26]daß Dir [. . . . .
. . . .

XVI
[2]durch [Deinen] hei[ligen] Geist [. . . — . . .] [3][Deinen] hei[li-
gen] Geist. [Denn] voll ist der [Hi]mmel und die Erde [. . . . . .
. . . . . .] Deiner [Her]rlichkeit voll [ist] a[lle Welt (?)].

⁴Ich weiß, daß Du durch [Dein] Wohlge[fallen] am Manne
    sein Erb[teil in Deinem Lose (?)] gemehrt hast,
[daß er wandle in der Zu]cht Deiner Wahrheit
    in all [seinen Wegen (?)] ⁵und (am) Standort des Rechts[. . . .],
welches Du ihm verordnet hast, damit er nicht [. . . . . .
. . . . . oh]ne Straucheln in allen [. . . . . . .]
⁶Da er[a] all dies erkennt und (ihm) »Antwort ⟨ ⟩[b] der Zunge«[c]
                           (geschenkt ist) (?),
(soll er) niederfallen und fle[hen wegen] seiner [Misse]tat
    und den Geist erbitten;
⁷sich zu stärken durch [Deinen] h[eiligen] Geist
    und an Deinem Bund in Wahrheit zu hangen,
Dir in Wahrheit und mit ganzem Herzen zu dienen
    und Deinen Namen zu lieben.

⁸Gepriesen seist du, o Herr,
Schöpfer des [Alls (?)] und mächtig von Tat,
    dessen Werk alles ist!
Siehe, Du hast begonnen, [Deinem Knechte] ⁹Huld zu erweisen,
    bist ihm gnädig im Geiste Deines Erbarmens
        und um Deiner Herrlichkeit [willen].
Dein, ja Dein ist die Gerechtigkeit,
    denn Du hast [dies] al[les] getan!

¹⁰Da ich weiß, daß Du den Geist des Gerechten festgelegt hast,
    und ich (mir) erwählt habe, meine Hände nach [Deinem]
                         Willen zu reinigen,
Deines Knechtes Seele jedes ¹¹Werk des Unrechts verabscheut
    und ich weiß, daß ohne Dich kein Mensch gerecht wird,
will ich Dein Antlitz besänftigen durch den Geist,
              den D[u in mich] gegeben,
auf daß Du voll machst ¹²Deine Hul[d] an [Deinem]
              Kne[chte] auf [ewig]:
Um mich zu reinigen durch Deinen heiligen Geist
    und mich in Deinem Wohlgefallen nahetreten zu lassen gemäß
             Deiner großen Gnade.
[. . . . .] zu machen ¹³meinen Stand [. . . . .
. . . . .] Standort des Wo[hlgefallens (?)],

---

[a] oder: ich erkenne (?)
[b] ⟨ ⟩: Doppelschreibung (?)
[c] Gott geschenktes Gebet, vgl. II, 7

den D[u] erw[ählt hast] für Deine Freunde
und den Bewahrern [Deiner] G[ebo]t[e,
damit sie hintreten] ¹⁴vor Dich [für e]wig
und [. . . . .].

Nimm Anteil (?) am Geist Deines Knechtes
und an all [seinen] Ta[ten,
um] ihn zu bewahren vor dem Unheil (?) ¹⁵der Frevler
und [ihn] zu stä[rken auf all] seinen [Wegen (?)].
Es [begegne] ihm keinerlei Plage,
die (ihn) aus Deines Bundes Gesetzen herausfallen läßt,
sondern [. . . . . . .] ¹⁶Dein Angesicht (?)
und [. . . . . gnädig] und barmherzig,
[lan]gmütig, huldreich und wahrhaftig,
Sünde vergebend und [. . . . .],
¹⁷reuigen Sinnes wegen [. . . . . .] und die Bewahrer [Deiner]
Gebo[te,
die] zu Dir umkehren in Wahrheit und mit ganzem Herzen.
[. . . . .],
¹⁸Dir zu dienen [und zu tun, was] gut ist in Deinen Augen.

Weise das Antlitz Deines Knechts nicht zurück
und [. . . . . . .] den Sohn [Deiner] Wahrheit
[. . . . . . . ¹⁹. . . . .
. . . .]
Ich habe auf Dein Wort . . . . [. . . . .
. . . .

XVII, 1—15
¹. . . —— . . .] von geringem Maß [. . . —— . . . ². . . ——
. . .] unverhüllt, ohne [. . . —— . . . ³. . . —— . . .] . . .
fressend . . . [. . . —— . . . ⁴. . . —— . . .] am Trockenen und
. . . [. . . —— . . . ⁵. . . —— . . .] schlagen urplötzlich [. . .
—— . . . ⁶. . . —— . . .] Gericht, vom suchenden Geist [. . .
—— . . . ⁷. . . .] wirft (?) . . . [. . . . .] Gebot von einem
Geist [. . . . . ⁸. . . . .] in meinen Plagen [. . . . . . . ⁹. . . . .]
von den verborgenen (Dingen), di[e . . . . . . d]ie sie nicht erreichten in [. . . . . . ¹⁰. . . . .] und aus dem Gericht der Zeiten
[. . . . . . Plä]nen des Frevels und Verkehrtheit [des Herzens
. . . . ¹¹. . . . Schu]ld und aus dem Gericht . . . [. . . . . .]
Deinen Knecht von allen seinen Sünden [durch] Dein [reiches Er-]
barmen.

¹²[So wie Du ge]sagt hast durch Moseᵃ:
[Zu verzeihen Sünde], Schuld und Vergehen
    und zu entsühnen fü[r Verschuldung] und Missetat,
¹³[wenn] die Fundamente der Berge [brennen (?)]
    und Feuer bis in die Tiefen der Unterwelt [friß]t.
Aber die [. . . . . .] in Deinen Gesetzen (Gerichten?)
    ¹⁴hast Du [erwählt (?)] zu Deinen Dienern in Treuem,
auf daß ihre Nachkommenschaft alle Tage vor Dir sei
    und [ri]chtest [. . . . .] auf,
¹⁵[sie zu reinigen (?) von Sü]nde und all ihre Schuld fortzuwerfen
    und ihnen Anteil zu schenken an aller Herrlichkeit Adamsᵇ
                [in] einem langen Leben.

XVII, 17—25

¹⁷[Ich preise Dich, Herr!]
Von den Geistern her, die Du in mich gegeben,
    will ich Antwort der Zunge [finden],
Deine gerechten Taten zu künden und die Langmut
    ¹⁸[. . . . .],
die Werke Deiner mächtigen Rechten
    [und die Ver]gebungen für die Sünden der Vorfahren.ᶜ
Um mich [niederzuwer]fen und zu flehen wegen ¹⁹ [meiner Vergehen
    . . . . . .]meiner Werke und der Verkehrtheit [meines]
                       H[erzens].
Denn in Unreinheit hab ich mich gewälzt und aus dem Rat [. . . . .
           . . . . .] bin ich [. . . . .]
    und ich begann nicht ²⁰[. . . . .

Denn] Dein, ja Dein ist die Gerechtigkeit
    und Deinem Namen gebührt Lobpreis auf ew[ig!
Handle nach] Deiner Gerechtigkeit
    und erlöse ²¹[Deinen Knecht (?)
und] die Frevler [mögen] verschwinden!

Ich habe eingesehen, daß Du dem, den Du erwählt, den Weg
                    [bereitest (?)]
    und im Verständnis ²²[. . . . . .] hältst Du ihn zurück, gegen
                    Dich zu sündigen.
Um [. . . . .] seine Demut in Deinen (verpflichtenden) Weisungen
    und in [Deinen] verb[orgenen (Dingen)? . . . . .] sein Herz.

ᵃ Vgl. 2. Mos. 34,7   ᵇ oder: des Menschen (?)
ᶜ oder: für meine früheren Sünden (?)

²³[. . . . .] Deinen Knecht davor, an Dir nicht zu sündigen
und vorm Straucheln in allen Worten Deines Willens.

Das Gesetz [. . . . .]
über die Geister ²⁴[. . . . . .
zu w]andeln in allem, was Du liebst
und alles zu verwerfen, was [Du] hassest
[und zu tun], was gut ist in Deinen Augen.
²⁵[. . . . .] . . . . . in meinem Inneren (?),
denn ein fleischlicher Geist [. . . . .] Deinen Knecht.

XVII, 26—(27)
²⁶[Ich preise Dich, Herr!
Denn] Du sprengtest [Deinen] heiligen Geist auf Deinen Knecht
[. . . . .] . . . [. . . . .] sein Herz.
²⁷[. . . . .]
und auf jeglichen Bund des Menschen blicke ich [. . . .
. . . .
. . . .

XVIII
¹Dein Licht und Du stellst [. . . — . . .] ²Dein Licht ohne Auf-
hör[en . . . — . . .] ³denn bei Dir ist Licht [. . . — . . .]
⁴Du deckst das Ohr des St[aubesᵃ auf . . . — . . .] ⁵Gedanken,
den [. . . — . . .] . . [. . . . .] und bleiben im O[hr] ⁶Deines
Knechtes für immer [. . . . .] Deine wunderbaren [Ku]nd-
machungen, aufzustrahlen ⁷vor den Augen aller, die [Dein Wort (?)]
hören.

[. . . . .] durch Deine starke Rechte,
alles zu leiten ⁸in Deiner machtvollen Stärke.
[. . . . .] Deinem Namen
und sich kräftig erweisen durch [Deine] Maje[stät].
⁹Ziehe Deine Hand nicht ab [vom . . . .]
auf daß er einer sei, der fest an Deinem Bund sich hält
¹⁰und vor Dir stehe [auf immerdar.

Eine Qu]elle hast Du durch den Mund Deines Knechtes erschlossen
und auf seiner Zunge ¹¹eingegraben nach Maß [Deine Gesetze,
daß er] dem »Gebilde«ᵇ aus seiner Einsicht künde
und (es) damit erläutere ¹²für Staub wie mich.

ᵃ d. h. des Menschen   ᵇ der Mensch

Du öffnest [seine] Quel[le], um den Wandel des Lehmgebildes zu
                                                              rügen
    und die Verschuldungen des [13]Weibgeborenen gemäß seinen
um zu öffnen [. . . . . .] Deiner Wahrheit | Werken,
    für das »Gebilde«, das Du stützest durch Deine Kraft,
[14]zu [. . . . . .] in Deiner Wahrheit aus dem Fleisch [. . . . . .]
                                              Deine Güte
    und den Demütigen zu verkünden von Deinem reichen
                                              Erbarmen.

[15][. . . . .] aus der Quelle [. . . . denen, die zer-]schlagenen
Geistes und für die Trauernden zu ewiger Freude. [16][. . . — . . .]
. . . [. . . .] . . . We[ib]geborener [17][. . . — . . .] . . . . . .
Deine(r) Gerechtigkeit [18][. . . — . . . Den]n ich habe dies ge-
sehen [19][. . . — . . .

Wie] soll ich schauen, tust Du mein Aug' nicht auf
    und wie soll ich hören, [20][. . . . . .]?
Verstört ist mein Herz,
    denn einem unbeschnittenen Ohr erschloß sich ein Wort
    und dem Herzen [21][. . . . .] . .
Ich weiß, daß Du dies für Dich getan hast, mein Gott!
    Was ist (schon) Fleisch, [22][daß Du an ihm wu]nderbar
                                              han[delst]?
In Deinem Plan (liegt es), alles zu bestärken und festzusetzen
    [23][. . . . . . .] Heer der Erkenntnis, | zu Deiner Ehre
dem Fleische die Machttaten zu künden
    und dem [Weib]geborenen verläßliche Gesetze.
[24][Deinen Knecht (?) bra]chtest Du in den Bund mit Dir
    und deckst auf das Herze von Staub, sich zu bewahren
. . . .] aus den Fallen des Gerichtes | [25][vor . . . .
    entsprechend Deiner Barmherzigkeit.
Und ich, ein Gebilde [26][von Lehm,
    ein fleischern]er [Geist] und ein steinernes Herz.
    Was galt ich bis jetzt?
Denn [27]Du [g]abst [. . . . . .] in das Ohr von Staub
    und grubst die ewigen Geschehnisse ein in das Herz [28][von Stein
. . . .] vertilgst Du,
    um (ihn) in den Bund zu bringen mit Dir,
[vor Dir] [29]zu stehen [für immer
. . . .] an der ewigen Stätte,

zum Licht der vollkommenen Erleuchtung auf ewig
    [und es vergeht] die Finsternis [30][. . . . .
. . . .] Ende
    und Zeiten des Friedens ohne G[renze
. . . — — . . . — — [31] . . . — — . . .]

Ich bin ein Gebilde von Staub [. . . — — . . .
    [32] . . . — — . . .] will ich öffnen [. . . — — . . .

1QH Frg. 1

[1] . . . . Engel (?) der Hei]ligkeit, die im Himmel. [2][. . . — —
. . . gr]oß und Er ist wunderbar, und sie vermögen nicht, [3][. . . .
. . . .] Deine [. . . . . .] und sind nicht imstande, all [4][Deine Geheimnisse (?)] zu erkennen. [. . . — — . . . er k]ehrt um zu seinem Staub. Ich bin ein Mann der Sünde und wälze mich [5][. . . — —
. . . . . . in] frevelhafter Verschuldung. Ich bin in den Zeiten des
Zorns [6][. . . — — . . .] mich aufzurichten von meinen Plagen und
(mich) zu hüten [7][vor . . . — — . . .] haben wir dies ge[. . . . .].
Denn es gibt eine Hoffnung für den Mann [8][. . . — — . . .] . . . .
Ich, ein Lehmgebilde, stütze mich [9][. . . — — . . .] Ich weiß, daß
Wahrheit [10][Dein Mund (?) und Dein Wort nicht] rück[gängig
wird (?)]. Ich will zu meiner Zeit mich stützen [11][. . . — — . . .
und ri]chte [mich] auf am Standort, an den Du mich gestellt. Denn
[12][. . . — — . . .] Mann und kehrst ihn zurück. Wodurch [. . .
— — . . . .

1QH Frg. 2

[3] . . . — — . . .] Dein Land und unter den Göttersöhnen[a] und unter den Söhnen [. . . — — . . .] Bosheit [. . . — — . . . [4] . . . . .]
Dich [zu l]oben und all Deine Herrlichkeit zu verkünden.

Was bin ich schon, denn vom Staube bin ich genommen!
    D[u [5]mein Gott, nur (?) zu] Deiner Ehre hast Du all dies getan!
Nach der Fülle Deiner Huld bestelle die Wacht Deiner Gerechtigkeit
    [6]über Deinen Knecht, andauernd bis zur Errettung
und Deuter der Erkenntnis mit jedem seiner Schritte
    und Zurechtweiser der Wahrheit [7][für] seinen [ganzen Weg].
Denn was ist schon Staub [. . . . . . We]rk der Asche,
    in ihrer Hand sind sie nicht!
Du [8][. . . . .] Lehm
    und [Deine] Gebo[te . . . . . durch] Deinen Willen.

---

[a] Engel

Mehr als Edelsteine prüfest Du ihn (mich?)
    9[. . . . .] in Dein Los [. . . . .] . . . .
auf Staub sprengtest Du [Deinen heiligen] Geist
    10[. . . . .] auf Schlamm
[. . . . .] der Göttlichen,
    sich zu vereinigen mit den Söhnen des Himmels
11[. . — . . . der E]wigkeit
    und es gibt keine Rückkehr der Finsternis.
Denn [12. . — . . .]
    [. . . . .
. . . .] hast Du das Licht enthüllt
    und es darf nicht zurückkehren 13[die Finsternis (?)
. . . .
    und] Deinen [he]iligen [Geist] sprengtest Du aus, um Verschul-
    14[. . . — — . . . . | dung zu sühnen
    als Di]ener mit Deinem Heer.
Sie wandeln 15[. . . . .
    . . . .] vor Dir,
denn sie stehen fest in Deiner Wahrheit
    16[. . . . .

. . . . . .]hast dies wunderbar vollbracht zu Deiner Ehre und aus
der Gerechtigkeit 17[. . . — . . .] Unrecht das verächtliche Gebilde 18[. . . — — . . .] das verächtliche Gebilde [. . . — . . .

1QH Frg. 3

2. . . . .] eröffnet sich ein Weg dem [. . . . . . .

3. . . . .] Pfaden des Heils und mit dem Fleisch auf wunderbare
Weise [. . . . .

4. . . . .] mein Fuß auf ihren Fallenstellern und ausbreiten [. . . .

5. . . . .] bin ich auf der Hut, daß das Staubgebilde nicht zerbreche
und die Wachsfigur (?) [. . . . .

6. . . . .] Staubansammlung. Wie sollte ich stehen vor dem Wind-
st[urm. . . . . . .

7. . . . .] werden sie es bewahren gemäß den Geheimnissen Seines
Willens, denn Er kennt [. . . . .

8. . . . .] Vernichtung. Falle über Falle stellen sie, das Garn des
Frevels [. . . . .

9. . . . .] durch das Unrecht. Es verschwinden alle Truggebilde, denn
[. . . . .

¹⁰. . . . .] zunichte, aus ist's mit dem Gebilde des Unrechts und die Werke des Truges [. . . . .

¹¹. . . . .]. Ich bin ein Gebilde [von Lehm . . . . .

¹². . . . .] wie soll er sich aufraffen? Dein, Du Gott de[r/s . . . . .

¹³. . . . .] hast Du sie gemacht und ohne Dich wird nichts [getan . . . —— . . .

¹⁴Ich, das Gebilde] von Staub, habe erkannt durch den Geist, den Du in mich gegeben, daß [. . . —— . . .

¹⁵. . —— . . . zu] Unrecht und Trug stürmen sie insgesamt an zu vermessenem Tun [. . . —— . . .

¹⁶. . —— . . . die Gesch]öpfe der Unreinheit verfallen Krankheiten und Plagegerichten und Vernichtung [. . . —— . . .

¹⁷. . —— . . .] Grimm und Eifer, rä[chend . . . —— . . .

¹⁸. . —— . . .] Gebilde von [Lehm . . . —— . . .

1QH Frg. 4

². . —— . . .] welcher [. . . —— . . .

³. . —— . . .] und Morgen mit [. . . —— . . .

⁴. . —— . . . vor den Pla]gen des Mannes und vor dem Schm[erz . . . —— . . .

⁵. . —— . . .] spähen sie und auf ihre Warte [. . . —— . . .

⁶. . —— . . .] schiltst Du alles Satanische, Verderbliche und [. . . —— . . .

⁷. . —— . . .] . . Und Du hast mein Ohr aufgedeckt, denn [. . . —— . . .

⁸. . —— . . .] die Männer des Bundes betörten sie damit und sie kam[en . . . —— . . .

⁹. . —— . . . Zur]echtweisungen vor Dir. Ich bin erschrocken durch Deine Gerichte [. . . —— . . .

¹⁰. . —— . . .] und wer bleibt unschuldig in Deinem Gericht? Was ist e[r] denn, [. . . —— . . .

¹¹. . —— . . .] . . . durchs Gericht und kehrt um zu seinem Staub, was [. . . —— . . .

¹². . —— . . .] hast mein Herz Deiner Einsicht erschlossen und deckest [mein] Ohr auf [. . . —— . . .

¹³. . —— . . .] sich auf Deine Güte zu stützen. Mein Herz ist verwirrt [. . . —— . . .

¹⁴. . —— . . .] mein Herz zerfließt wie Wachs wegen der Sünde und des Vergehens [. . . —— . . .

15 . . . —— . . .] . . . Gepriesen seist Du, Gott der Erkenntnisse,
der Du festgesetzt hast [. . . —— . . .

16 . . . —— . . .] und es begegnet dies Deinem Knecht um Deinetwillen, denn ich habe erkannt [. . . —— . . .

17 . . . —— . . . und] Deiner [Gnade] will ich harren in meinem
ganzen Dasein und Deinen Namen ständig preisen [. . . —— . . .

18 . . . —— . . .] . . . . Verlasse ihn nicht in den Zeiten
[. . . —— . . .

19 . . . —— . . .] Deine Herrlichkeit und [. . . —— . . .

1QH Frg. 5

1 . . . —— . . .] gerechtes [Gerich]t [. . . —— . . .

2 . . . —— . . .] trennte sie vom Standort [. . . —— . . .

3 . . . —— . . .] mit der Gemeinde Deiner Heiligen in wunderbarer Weise [. . . —— . . .

4 . . . —— . . .] E[wi]gkeit und die Geister des Frevels . . . . . .
[. . . —— . . .

5 . . . —— . . .] der Bösen werden nimmermehr sein. Und Du gibst
den Ort [. . . —— . . .

6 . . . —— . . .] die Geister des Unrechts, die verheert werden zu
Trauer [. . . —— . . .

7 . . . —— . . .] und Wonne für dauernde Geschlechter. Und bei
der Erhebung des Frevels [. . . —— . . .

8 . . . —— . . .] . . . . zur Vernichtung und vor all Dei[nen]
Werken [. . . —— . . .

9 . . . —— . . .] Deine Gnade und daß alle Deine Herrlichkeit
erkennen und zu [. . . —— . . .

10 . . . —— . . .] Dein wahrhaftiges Gericht. Das Ohr des Fleisches
hast Du aufgedeckt [. . . —— . . .

11 . . . —— . . .] Deines Herzens und die Zeit der Bezeugung
tatest Du kund dem [. . . —— . . .

12 . . . —— . . .] und die Bewohner des Ackerlandes auf das
Ackerland und auch [. . . —— . . .

13 . . . —— . . .] der Finsternis streitest Du . . . . . [. . . . . .]
. . . . . [. . . —— . . .

14 . . . —— . . .] und nicht zu trennen [. . . . .]
Dein [W]ort [. . . —— . . .

1QH Frg. 10

1 . . . —— . . .] . . . habe ich eingesehen [. . . —— . . .

2. . . —— . . .] was sollen wir erwidern, denn Du hast an uns
gehandelt [. . . —— . . .

3. . . —— . . .] bringen die Kraft nicht auf, [Deine] Herrlichkeit
zu erkennen [. . . —— . . .

4. . . —— . . .] . . . . nach ihrem Verstande und [ihrer]
Erkenntnis gemäß [. . . —— . . .

5. . . —— . . .] ohne Auf[hören von Zeit] zu Zeit lassen sie
vernehmen [. . . —— . . .

6. . . —— . . .] Und wir finden uns in der Einung zusammen und
mit den Kundigen [. . . —— . . .

7. . . —— . . .] mit Deinen Helden und in wunderbarer Weise
verkünden wir allzumal in der Er[kenntnis . . . —— . . .

8. . . —— . . .] und unsre Sprößlinge [. . . . .] Menschen
[. . . —— . . .

9. . . —— . . .] überaus wunderbar [. . . —— . . .

10. . . —— . . .] einsichtig für [. . . —— . . . .

DIE KRIEGSROLLE
1QM

Englisch auch »War Scroll« (DSW). Der »Krieg der Söhne des Lichts gegen
die Söhne der Finsternis« beschreibt den endzeitlichen heiligen Krieg, den
die Erwählten, nun das Gottesvolk schlechthin, gegen Heiden und Abtrünnige führen. Die Rolle ist in wunderschöner Schrift geschrieben, aber
leider am unteren Rande vom Anfang an beschädigt. Literarkritisch gesehen
bildet auch diese Schrift kein Werk aus einem Guß, was durch Fragmente
aus der Höhle IV, die einige Teile in kürzerer Textgestalt bezeugen, be-
stätigt wird. Ein Teil der Gebete und Lieder sowie manche militärische
Einzelheiten könnten aus der Zeit der Makkabäerkämpfe herstammen.
Dieses Material wurde in Qumran mit einem Organisationsentwurf zu-
sammengearbeitet, der sich in der Einteilung der Einheiten und Ämter
stark an jenes Bild der Gemeinde Israels anlehnt, welches die sog. »Priesterschrift« (eine Quellenschrift in den 5 Büchern Mose) für die Wüstenwanderung entworfen hat. In diesem Aufbau berührt sich 1QM weithin
mit 1QSa, ebenfalls einem Entwurf für das Gottesvolk der Endzeit, doch
für die Friedenszeit (vor dem Krieg?), wo daneben auch der Einfluß der Ge-
meinschaftsform der »Einung«, wie sie 1QS begegnet, wirksam ist. So
finden sich hier historische und eschatologisch-utopische Elemente zusammen und ergeben mit der (schon der Priesterschrift eigenen) Neigung für
Schematisierung, bizarrer Ausmalung und Bestimmung der Einzelheiten ein
Werk, das einzigartig dasteht.

I, 1—5

¹Für den Ver[ständigen: die Ordnung] des Krieges. Der Anfang,
da die Söhne des Lichts Hand anlegen, um anzufangen gegen das
Los der Söhne der Finsternis, gegen das Heer Belials, die Schar
Edoms und Moabs, der Ammoniter ²und der Ama[lekiter und das
Volk] der Philister und die Scharen der Kittäer von Assur und mit
ihnen sind zur Hilfe die Frevler am Bunde.

Die Söhne Levis, die Söhne Judas und die Söhne Benjamins, die
Emigration der Wüste, kämpfen gegen sie ³[. . . . . . .] nach all ihren
Scharen, wenn die Emigration der Söhne des Lichts zurückkehrt aus
der »Wüste der Völker«ᵃ, um zu lagern in der Wüste von Jeru-
salemᵇ.

Und nach dem Krieg ziehen sie von dort ⁴g[egen alle Scharen (?)]
der Kittäer in Ägypten. Und zu Seiner Zeit zieht Er (?) aus in

---

ᵃ vgl. Ez. 20,34 ff.
ᵇ vgl. 3. Mos. 26,40—45?

großem Grimm, um zu kämpfen gegen die Könige des Nordens und
Sein Zorn ist darauf aus, zu vertilgen und auszurotten das Horn
[5][. . . . . . Belials (?)].

I, 5—17

D]ies ist die Zeit des Heils für Gottes Volk
  und die Zeit der Herrschaft für alle Männer Seines Loses,
aber ewige Vernichtung für Belials ganzes Los
  und [6]g[roßer] Schrecken wird unter Japhets Söhnen herrschen.
Es fällt Assur und keiner ist (da), der ihm hilft
  und die Herrschaft der Kittäer vergeht,
auf daß gedemütigt werde der Frevel ohne Rest
  und keine Rettung bestehe [7]für [alle Söhne] der Finsternis.
[8][Erkenntnis und (?) Ger]echtigkeit werden aufleuchten nach allen
              Enden der Welt,
  immer heller, bis zum Ende aller Zeiten der Finsternis.
Und zur Frist Gottes wird aufleuchten Seine erhabene Größe
  für alle Zeiten [9]der [Ewigkeit],
zu Frieden und Segen, Ehre und Freude
  und langem Leben für alle Söhne des Lichts.

Am Tage, da die Kittäer fallen,
  gibt es Kampf und heftiges Gemetzel vor dem Gott [10]Israels,
denn dies ist der Tag, der von Ihm festgesetzt ward von jeher
  zum Vernichtungskrieg gegen die Söhne der Finsternis.
An ihm kämpfen zu einem großen Gemetzel
  die Gemeinde der Göttlichen[a] und die Gemeinde [11]der
Die Söhne des Lichts und das Los der Finsternis | Menschen.
  kämpfen miteinander gemäß Gottes Stärke,
beim Schall einer großen Menge
  und dem Schlachtlärm von Göttlichen und Menschen
  am Tage des Unheils.
Und dies ist die Zeit [12]der Bedrängnis
  für [das ganze] Volk der Erlösung Gottes.
Unter all ihren Nöten war keine wie diese,
  sie eilt zu ihrem Ende, zur ewigen Erlösung!

Am Tag ihres Kampfes mit den Kittäern
  [13]zie[hen sie aus zum Ge]metzel im Kriege.

---

[a] Engel kämpfen mit den Söhnen des Lichts, wie Belial mit den Söhnen
der Finsternis.

Drei »Lose«[a] sind die Söhne des Lichtes stark (genug),
    die Bosheit zu schlagen
und drei (Lose) wird Belials Heer sich zusammenraffen
    (bis) zum Rückzug des Loses [14][des Lichts.
[b]Die Abtei]lungen der Zwischentruppen sollen das Herz zerrinnen
                          machen
    und Gottes Stärke kräftigt das H[erz der Söhne des Lichts].[b]
Im siebenten »Los« (aber) wird die große Hand Gottes
    niederzwingen [15][Belial und all]e Engel seiner Herrschaft
und allen Männern [. . . . .
. . . . . . [16]. . . . . .
Die Gemeinde] der Heiligen erscheint mit [ewiger] Hilfe
    [. . . . .] die Wahrheit zur Vernichtung der Finsternissöhne.
[17][Beim Scha]ll einer großen [Me]nge und Schlach[tlärm . . . . . .
. . . . . .] legen Hand an [. . . . . .

II, 1—14

Häupter] [1]der Familien[c] der Gemeinde sind 52. Und die Priester-
häupter soll man nach dem Hauptpriester und seinem Stellvertreter
anordnen, 12 Häupter, auf daß sie Dienst tun [2]mit dem Tamidopfer[d]
vor Gott. Und die 26 Häupter der Dienstabteilungen sollen in ihren
Wachen dienen. Nach ihnen (kommen) die Häupter der Leviten, um
beständig zu dienen, zwölf (an Zahl), einer [3]pro Stamm. Und die
Häupter ihrer Dienstabteilungen sollen jeder an seinem Posten dienen.
Die Häupter der Stämme und Familien der Gemeinde kommen nach
ihnen, um beständig an den Toren des Heiligtums zu stehen. [4]Und
die Häupter ihrer Dienstabteilungen mit ihren Ausgehobenen stellen
sich ein zu ihren Festterminen, Neumonden, Sabbathen und zu den
Tagen des Jahres, ab 50 Jahren und darüber.
[5]Diese sollen sich einstellen zu den Brandopfern und zu den Schlacht-
opfern, um wohlduftendes Räucherwerk zu bereiten zu Gottes
Wohlgefallen, um für Seine ganze Gemeinde zu entsühnen und damit (es) vor Ihm beständig fett gemacht werde [6]am Tische der Herrlichkeit. All dies soll man zum Zeitpunkt des Jahres der Freilassung[e]
anordnen. In den 33 übrigen Kriegsjahren wählen die Männer des
Namens, [7]die zur Versammlung Berufenen und alle Familienhäupter

---

[a] Der Krieg wird in 7 Abschnitte (Lose) eingeteilt.
[b] Glosse?
[c] Titel für bestimmte Funktionäre
[d] das ständige, regelmäßige Opfer
[e] das 7. Jahr (Sabbathjahr)

der Gemeinde sich Kriegsleute aus für alle Länder der Völker. Aus allen Stämmen Israels heben sie [8]sich wehrfähige Männer aus, auf daß sie zum Kriegsdienst ausziehen, den alljährlichen Kriegsaufgeboten entsprechend. Aber in den Freilassungsjahren sollen sie nicht für den Kriegsdienst ausheben, denn ein Sabbath [9]der Ruhe ist es für Israel. In den 35 Jahren des Dienstes wird der Krieg geführt. Sechs Jahre führt ihn die ganze Gemeinde gemeinsam [10]und der Krieg der Abteilungen (wird) in den neu[n]undzwanzig übrigen (Jahren geführt).

Im ersten Jahre kämpfen sie gegen Aram Naharajim und im zweiten gegen die Söhne Luds. Im dritten [11]kämpfen sie gegen den Rest der Aramäer, gegen Uz und Chul, Thogar und Masa, das jenseits des Euphrat liegt. Im vierten und fünften kämpfen sie gegen die Söhne Arpachschads. [12]Im sechsten und im siebenten kämpfen sie gegen alle Söhne Assurs, Persien und die Östlichen bis zur großen Steppe hin. Im achten Jahre kämpfen sie gegen die Söhne [13]Elams. Im neunten kämpfen sie gegen die Söhne Ismaels und Keturahs. In den zehn Jahren, die nach ihnen folgen, verteilt sich der Krieg wider alle Söhne Hams [14]nach [ihren Sippen in] ihren [Wohn]sitzen. Und in den zehn übrigen Jahren verteilt sich der Krieg wider alle [Söhne Japhets] in ihren Wohnsitzen.

II, 15 — III, 11

[15][Ordnung der Trompeten . . . . . . Trompe]ten des Kriegslärms für all ihren Dienst [. . . . .] für ihre Gemusterten [16][nach Zehntausendschaften, Tausendschaften, Hundertschaften, Fünfzigergruppen] und Zehnergruppen [. . . . .

[17]. . . . . Trompeten der]

III, [1]Schlachtformationen. Ihre Appelltrompeten, wenn die »Tore des Krieges«[a] geöffnet werden für den Ausmarsch der Zwischenkämpfer. Die Gefallenen-Lärmtrompeten; die Trompeten [2]des Hinterhalts. Die Trompeten der Verfolgung, wenn der Feind geschlagen wird. Die Trompeten der Sammlung, wenn der Kampf zurückgeht.

Auf die Appelltrompeten der Gemeinde soll man schreiben: »Berufene Gottes«. [3]Auf die Appeltrompeten für die Anführer soll man schreiben: »Fürsten Gottes«. Auf die Trompeten der Verbände (?) soll man schreiben: »(Schlacht-)Ordnung Gottes«. Auf die Trompeten der Männer [4]des Namens, Familienhäupter der Gemeinde,

---

[a] Abstände zwischen den Formationen zum Ausrücken der leichten Truppen (Zwischenkämpfer), vgl. VI,1—6.

wenn sie sich zum Versammlungshaus einfinden, soll man schreiben: »Bezeugungen Gottes für den Rat der Heiligkeit«. Auf die Lagertrompeten [5]soll man schreiben: »Friede Gottes in den Lagern Seiner Heiligen«. Auf die Trompeten ihres Aufbruchs soll man schreiben: »Krafttaten Gottes, den Feind zu zerstreuen und in die Flucht zu schlagen alle Hasser [6]der Gerechtigkeit und Abkehr der an den Hassern Gottes erwiesenen Gnaden«. Auf die Trompeten der Kampfformationen soll man schreiben: »Formationen der Fähnlein Gottes für Seines Zornes Rache an allen Söhnen der Finsternis«. [7]Auf die Appelltrompeten der Zwischenkämpfer, wenn sich die »Pforten des Krieges« zum Ausrücken gegen die Schlachtreihe des Feindes öffnen, soll man schreiben: »Gedenken der Rache zur Zeit [8]Gottes«. Auf die Gefallenentrompeten soll man schreiben: »Hand der Stärke Gottes im Kampfe, zu fällen alle Gefallenen der Treulosigkeit«. Auf die Hinterhaltstrompeten soll man schreiben: [9]»Geheimnisse Gottes zum Verderben der Bosheit«. Auf die Verfolgungstrompeten soll man schreiben: »Gott hat alle Söhne der Finsternis geschlagen, Sein Zorn läßt nicht ab bis zu ihrer Vernichtung«. [10]Wenn sie umkehren vom Kampf, um in die Schlachtreihe einzutreten, soll man auf die Trompeten der Rückkehr schreiben: »Gott hat gesammelt«. Auf die Trompeten des Rückmarsches [11]aus dem Krieg mit dem Feind, um zur Gemeinde in Jerusalem zu kommen, soll man schreiben: »Jauchzen Gottes bei heiler Rückkehr«.

III, 12 — IV, ?

[12]Ordnung der Feldzeichen der ganzen Gemeinde nach ihren Verbänden. Auf das große Feldzeichen, welches an der Spitze des ganzen Volkes ist, soll man schreiben: »Volk Gottes« und den Namen Israel [13]und Aaron und die Namen der zwölf St[ämme Israe]ls nach ihren Genealogien. Auf die Feldzeichen der Häupter der Lager zu (je) drei Stämmen [14]soll man schreiben [. . . Gottes und die Namen der Fürsten der drei Stämme. A]uf das Feldzeichen des Stammes soll man schreiben: »Panier Gottes« und den Namen des Fürsten des Sta[mmes und die Namen der Fürsten [15]seiner] Sipp[en. Auf das Feldzeichen der Sippe soll man schreiben: ». . . . . . Gottes« und de]n Namen des Fürsten der Zehntausend und die Namen der Anführ[er seiner Tausendschaften. Auf das Zeichen [16]der Tausendschaft soll man schreiben: ». . . . . . Gottes« und den Namen des Anführers der Tausendschaft und die Namen der Anführer] seiner Hundertschaften. Und auf das Feldzeichen [der Hundertschaft soll man

schreiben: ». . . . . . Gottes« und den Namen [17]des Anführers der
Hundertschaft und die Namen der Anführer . . . .
. . . . . . [18] . . . .

IV, [1]Auf das Zeichen Merari soll man schreiben: »Opfergabe Gottes«
und den Namen des Fürsten Meraris und die Namen der Anführer
seiner Tausendschaften. Auf das Zeichen der Tau[send]schaft soll
man schreiben: »Zorn Gottes in Grimm wider [2]Belial und wider alle
Männer seines Loses, so daß kein Rest bleibt« und den Namen des
Anführers der Tausendschaft und die Namen der Anführer seiner
Hundertschaften. Auf das Zeichen der Hundertschaft soll man
schreiben: »Von [3]Gott her (greift) die Kriegshand alles sündige Fleisch
an« und den Namen des Anführers der Hunderschaft und die Namen
der Anführer seiner Zehnergruppen. Auf das Zeichen der Fünfzigergruppe soll man schreiben: »Fort weicht [4]der Stand der Frevler
[durch] Gottes Stärke!« und den Namen des Anführers der Fünfzigergruppe und die Namen seiner Zehnergruppen. Auf das Zeichen
der Zehnergruppe soll man schreiben: »Jubel [5]Gottes auf der zehn-
saitig[en] Harfe« und den Namen des Anführers der Zehnergruppe
und die Namen der neun Männer seines Aufgebots.
[6]Wenn sie zum Kampfe ziehen, sollen sie auf ihre Zeichen schreiben:
»Wahrheit Gottes«, »Gerechtigkeit Gottes«, »Ehre Gottes«, »Gericht
Gottes« und dahinter die ganze ausführliche Anordnung ihrer Namen. [7]Wenn sie zum Kampf anrücken, sollen sie auf ihre Zeichen
schreiben: »Rechte (Hand) Gottes«, »Zeit(punkt) Gottes«, »Bestür-
zung Gottes«, »Erschlagene Gottes« und dahinter das ganze Verzeichnis ihrer Namen. [8]Wenn sie vom Kampf zurückkehren, sollen
sie auf ihre Zeichen schreiben: »Erhebung Gottes«, »Größe Gottes«,
»Lobpreis Gottes«, »Ehre Gottes« mit dem ganzen Verzeichnis ihrer
Namen.
[9]Ordnung der Feldzeichen bei ihrem Auszug zum Kriege.
Man soll auf das erste Zeichen: »Gemeinde Gottes« schreiben,
auf das zweite Zeichen: »Die Lager Gottes«.
Auf das dritte: [10]»Stämme Gottes«.
Auf das vierte: »Sippen Gottes«.
Auf das fünfte: »Fähnlein Gottes«.
Auf das sechste: »Versammlung Gottes«.
Auf das siebente: »Berufene [11]Gottes«.
Auf das achte: »Einheiten Gottes«. Und sie sollen das Verzeichnis
ihrer Namen mit ihrer ganzen Anordnung aufschreiben.
Wenn sie zum Kampfe anrücken, sollen sie auf ihre Zeichen schrei-

ben: [12]»Krieg Gottes«, »Rache Gottes«, »Streit Gottes«, »Heimzahlung Gottes«, »Kraft Gottes«, »Vergeltungen Gottes«, »Stärke Gottes«, »Vernichtung (durch) Gott jedem nichtigen Volk«. Und das ganze Verzeichnis [13]ihrer Namen sollen sie darauf schreiben. Wenn sie zurückkehren vom Krieg, sollen sie auf ihre Zeichen schreiben: »Heilstaten Gottes«, »Sieg Gottes«, »Hilfe Gottes«, »Stütze Gottes«, [14]»[Fr]eude Gottes«, »Danklieder Gottes«, »Lobpreis Gottes«, »Friede Gottes«.

[15][Die Maße der Feld]zeichen. Das Zeichen der ganzen Gemeinde hat die Länge von 14 Ellen. Das Zeichen der dr[ei Stämme hat die Länge von dreize]hn Ellen. [16][Das Zeichen des Stammes] ist zwölf Ellen. Das Zeichen der Zehntausend ist el[f Ellen. Das Zeichen der Tausendschaft ist zehn Ellen. Das Zeichen der Hundertschaft] ist neun Ellen. [17][Das Zeichen der Fünfzigergruppe ist ach]t Ellen. Das Zeichen der Zehnergruppe ist sie[ben Ellen . . . .

V, 1—2

[1]Auf den Sch[i]ld des Fürsten der ganzen Gemeinde soll man seinen Namen schreiben [und] den Namen Israel und Levi und Aaron und die Namen der zwölf Stämme Israels nach ihren Gene[alo]gien [2]und die Namen der zwölf Anführer ihrer Stämme.

V, 3—14

[3]Ordnung für das Formieren der Kampffähnlein, wenn ihre Truppe vollzählig ist, um (so) eine Schlachtreihe (die Front?) zu bilden: Bei tausend Mann ist die Schlachtreihe geschlossen und sieben Linienformationen [4]hat ein Schlachtkorps, aufgestellt nach dem Postenplan, einer nach dem andern.

Alle halten bronzene Schilde, poliert nach Art [5]eines Spiegels. Der Schild ist eingefaßt mit gedrehten Randverzierungen und Flechtornamentik (?), ein Kunstwerk von Gold, Silber und Bronze, miteinander verarbeitet [6]und von Edelsteinen ein buntes Ornament, kunstvolle Handwerksarbeit. Die Länge des Schildes beträgt zweieinhalb Ellen und seine Breite eineinhalb Ellen. In ihrer Hand sind Lanze und [7]Schwert.

Die Länge der Lanze beträgt sieben Ellen, daran die Tülle und das Blatt eine halbe Elle. An der Tülle sind drei Reifen, gearbeitet nach Art [8]gedrehter Randverzierung in Gold, Silber und Bronze, miteinander verarbeitet wie kunstvolle Verzierung. Flechtornamente sind auf beiden Seiten eines Reifens, [9]rundherum sind Edelsteine als Bunt-

ornament, kunstvolle Handwerksarbeit, und (auch) ein Ährenmuster.
Die Tülle ist zwischen den Reifen kanneliert wie eine [10]kunstvolle
Säule. Das Blatt ist weißglänzendes Eisen, kunstvolle Handwerks-
arbeit. Ein Ährenmuster von reinem Gold verläuft in der Mitte des
Blattes zur [11]Spitze hin zu.

Die Schwerter sind aus erlesenem Eisen, geläutert im Schmelzofen
und blank wie ein Spiegel, kun[st]volle Handwerksarbeit. Das
Ährenmuster, [12]von reinem Gold, ist an ihm (dem Schwert) zu seinen
beiden Seiten angebracht und zwei Rinnen führen gerade zur Spitze
hin, zwei auf der einen, zwei auf der anderen Seite. Die Länge des
Schwertes beträgt eine Elle [13]und eine halbe und seine Breite vier
Finger. Die Scheide ist vier Daumen (breit). Vier Handbreiten sind
bis zur Scheide (hinunter) und die Scheide ist in einem Gehänge (?),
nach [14]beiden Seiten fünf Handbreiten lang. Der Griff des Schwertes
ist erlesenes Horn, ein Kunstwerk von Buntornamentik in Gold, Silber und Edelgestein.

V, 15 — VI, 6

[15]Beim Auftreten [der Priester, der Leviten und aller Männer der
Ordnung (?)] führen sie sieben Schlachtreihen, eine Schlachtreihe
hinter der andern auf. [16]Ein Zwischenraum [soll zwischen einer
Schlachtreihe zur andern sein, und zwar d]reißig Ellen, wo die
Männer [. . . . . [17]. . . . . .] stehen sollen [. . . . .
. . . .

VI, [1]sieben Mal und kehren auf ihren Posten zurück. Nach ihnen
rücken drei Fähnlein Zwischenkämpfer aus und stellen sich zwischen
die Fronten. Das erste Fähnlein wirft [au]f die [2]Schlachtreihe des
Feindes sieben Kampfwurflanzen. Auf das Blatt der Wurflanze soll
man schreiben: »Des Speeres Blitz entsprechend Gottes Stärke«. Auf
die zweite Wurfwaffe soll man schreiben: [3]»Blutpfeile, zu fällen die
Durchbohrten durch Gottes Zorn«. Auf die dritte Wurflanze soll
man schreiben: »Flammendes Schwert, das die frevlen Gefallenen
frißt in Gottes Gericht«.

[4]All diese sollen sieben Mal schleudern und auf ihren Posten zurückkehren. Nach ihnen rücken zwei Fähnlein Zwischenkämpfer aus und
stellen sich zwischen die beiden Fronten. Das erste Fähnlein [5]hält
Speer und Schild und das zweite Fähnlein hält Schild und Schwert,
um die Erschlagenen zu fällen durch Gottes Gericht und niederzuzwingen die Front des [6]Feindes durch Gottes Gewalt, um allem
nichtigen Volk die Vergeltung seiner Bosheit heimzuzahlen. Des

Gottes Israels wird das Königtum sein und durch die Heiligen Seines
Volkes wird Er Macht ausüben!

VI, 8 — VI, ?

[8]Sieben Formationen Berittener sollen rechts von der Schlachtlinie
und links von ihr Aufstellung nehmen. An beiden Seiten sollen ihre
Formationen stehen, siebenhundert Berittene [9]auf dem einen Flügel
und siebenhundert auf dem andern Flügel.

Zweihundert Berittene rücken mit der Tausender-Schlachtreihe der
Zwischenkämpfer aus. Und so [10]sollen sie an allen Sei[ten] des
»Lagers«[a] Aufstellung nehmen. Insgesamt sind sie 4600. 1400 Rosse
gehören zu den »Schlachtordnungs-Männern« der Schlachtreihen,
[11]fünfzig für eine Schlachtreihe, so daß die Berittenen mit den Rossen der »Schlachtordnungs-Männer« (zusammen) 6000 ausmachen,
500 pro Stamm. Alle Schlachtrosse, die ausrücken [12]zum Kampfe
zusammen mit den Zwischenk[äm]pfern, sollen Hengste sein, leicht-
füßig, weichmäulig[b], langatmig, die Vorschrift ihres Alters erfüllend;
[13]abgerichtet, auf [R]ufe zu hören und alle seien ähnlichen Aus-
sehens. Die auf ihnen reiten, sind kriegstüchtige Männer, gelernte
Reiter und die Vorschrift [14]ihres Alters ist dreißig bis fünfundvierzig
Jahre. Die Ordnungsreiter sind vierzig bis fünfzig Jahre (alt) und
sie [15]und [ihre Rosse] sind be[kleidet mit Schuppen]panzern und
mit Panzern für Köpfe und Schenkel. Sie halten in ihrer Hand Rund-
schilde und eine Lanze in der Länge von acht [Ellen . . . .
[16]. . . . . . .]und Bogen und Pfeile und Kriegswurflanzen. Sie
alle stehen bereit in [ihren] For[mationen . . . .
[17]. . . . .] und zu vergießen das Blut ihrer schuld-
vollen Erschlagenen. Diese sind die [. . . . .
. . . .

VII, 1—7

[1]Die »Männer der Schlachtordnung« sollen vierzig bis fünfzig Jahre
alt sein. Die Lagerordner sollen fünfzig bis sechzig Jahre alt sein.
Auch die Amtleute [2]sollen vierzig bis fünfzig Jahre alt sein. Alle
jene, welche die Leichen ausziehen, die Beutesammler, die Gelände-
reiniger, die Waffenwarte [3]und die Proviantbesorger, sie alle sollen
fünfundzwanzig bis dreißig Jahre sein. Kein Knabe, Jüngling und
Weib soll in ihr Lager kommen, wenn sie ausrücken [4]aus Jerusalem,

[a] der Gesamtschlachtordnung
[b] leicht lenkbar

um zum Krieg auszuziehen, bis zu ihrer Rückkehr. Kein Hinkender
oder Blinder oder Gelähmter oder jemand, der ein dauerndes Gebrechen an seinem Leibe (Fleische) hat, oder jemand, der geschlagen
ist mit einer Unreinheit ⁵seines Leibes, alle diese sollen nicht mit
ihnen in den Krieg gehen. Alle sollen kampfwillige Männer sein,
makellos an Geist und Leib und bereit zum Tag der Rache. Jeder-
⁶mann, der nicht rein ist von seiner »Quelle«ᵃ her am Tage des
Kampfes, soll nicht mit ihnen gehen, denn die heiligen Engel sind
zusammen mit ihren Heerscharen. Ein Abstand soll sein ⁷zwischen
all ihren Lagern zum »Ort der Hand«ᵇ von etwa 2000 Ellen. Und
keinerlei schändlich-böse Sache soll rings um all ihre Lager gesehen
werden.

VII, 9 — IX, 9

⁹Wenn die Schlachtreihen gegenüber dem Feind, Front gegen Front,
angeordnet sind, da ziehen aus dem mittleren »Tor« zwischen die
Fronten hinein sieben ¹⁰Priester von den Söhnen Aarons heraus, in
weiße Byssusgewänder gekleidet: linnener Leibrock, linnene Bein-
hüllen; gegürtet mit linnener Schärpe, Byssus, gewirkt mit violettem
Purpurwoll(faden), ¹¹rotem Purpurwoll(faden) und karmesinrotem
Faden und Buntwirkerei, kunstvolle Arbeit und auf ihren Häuptern
(sind) Mitren. Kriegsgewänder (sind das) und man soll sie nicht ins
Heiligtum ¹²bringen.
Der eine Priester soll an allen Männern der Front vorübergehen,
um ihre Hände im Kampfe zu stärken. In der Hand der sechs (anderen) sollen ¹³die Appelltrompeten, die Gedächtnistrompeten, die
Kriegslärmtrompeten, die Verfolgungstrompeten und die Trompeten
der Sammlung sein. Wenn die Priester hinausziehen ¹⁴zwischen die
Fronten, sollen mit ihnen sieben Leviten ausziehen und in ihrer
Hand seien sieben Widderhörner. Drei Amtleute von den Leviten
(seien) vor den ¹⁵Priestern und den Leviten. Die Priester stoßen in
die beiden Trompeten des Appel[ls (und des Gedenkens?) und man
öffnet die »Tore des Kr]ieges« auf fünfzig Schild-(breiten). ¹⁶Fünf-
zig Mann Zwischentruppen rücken aus dem einen »Tor« aus [und
fünfzig aus dem zweiten »Tor« und mit ihnen ziehen] levitische
Amtleute hinaus. Und bei ¹⁷jeder einzelnen Schlachtreihe sollen sie
entsprechend [dieser] ganzen Ordnung ausziehen. [Die Priester
stoßen in die Appelltrompeten und es ziehen zwei Fähnlein Z]wi-

---

ᵃ vgl. 5. Mos. 23,10 f.
ᵇ vgl. 5. Mos. 23,12 f.

schentruppen aus den »Toren« [18][und sie nehmen Aufstellung] zwischen den beiden Fr[on]ten. In [ihrer Hand sind Schleuder und Schild . . . .

VIII, [1]Die Trompeten sollen zur Leitung[a] der Schleuderer blasen, bis sie (damit) fertig sind, sieben Mal zu werfen. [2]Darnach stoßen die Priester für sie in die Rückkehrtrompeten und sie kommen an die Seite des ersten Schlachtkorps, [3]um an ihrem Standort Aufstellung zu nehmen. Die Priester stoßen in die Appelltrompeten und es ziehen [4]drei Fähnlein Zwischentruppen aus den »Toren« und beziehen Stellung zwischen den Fronten. Zu ihrer Seite sind Berittene, [5]zur Rechten und zur Linken. Die Priester blasen Lärm — einen langgezogenen Ton — zur Formierung der Schlacht(ordnung) [6]und die Marschkolonnen verteilen sich zu ihren (Schlacht)formationen, ein jeder an seinen Posten. Wenn sie zu drei Formationen dastehen, [7]blasen die Priester für sie ein zweites (Mal) Lärm — einen ruhigen und anhaltenden Ton — zum Vorrücken, bis sie herankommen [8]zur Front des Feindes und sie ihre Hand nach den Kriegswaffen ausstrecken. Die Priester blasen mit den sechs Trompeten [9]der Erschlagenen — einen scharfen, schmetternden Ton — zur Leitung[a] des Kampfes. Und die Leviten und die ganze Hörner-Mannschaft blasen [10]einstimmig einen großen Kriegslärm, um das Herz des Feindes zerfließen zu lassen. Mit dem Schall des Kriegslärms fliegen [11]die Wurfkampflanzen hinaus, um Erschlagene zu fällen. Den Schall der Hörner läßt man vergehen, doch auf den Tr[omp]eten sollen [12]die Priester blasen, einen scharfen, schmetternden Ton, um den Kampf zu leiten[a], bis sie zur Front [13]des Feindes siebenmal hingeworfen haben. Darnach stoßen die Priester für sie in die Trompeten der Rückkehr, [14]einen ruhigen, langgezogenen, anhaltenden Ton. Entsprechend dieser Ordnung sollen die [Pr]iester für die drei Fähnlein blasen. Beim [15]ersten Wurf (also) blasen die [Priester und die Leviten und die ganze Hör]ner-[Mannschaft] einen großen Schlachtlärm [16]für die Leitung des Ka[mpfes, bis sie siebenmal geworfen haben und darnach stoßen] die Priester für sie [17]in die Trompe[ten der Rückkehr, einen ruhigen, langgezogenen, anhaltenden Ton und sie kommen und stellen] sich an ihren Standort in der Schlachtreihe [18][. . . . .
[19]. . . . .

IX, [1]. . . beginnen sie (mit) ihrer Hand, Erschlagene zu fällen. Das ganze Volk hört mit dem Schall des Kriegslärms auf, aber die Priester

---

[a] Statt »zur Leitung« kann vielleicht auch »für die Dauer« übersetzt werden.

sollen blasen auf den Trompeten ²der Gefallenen zur Leitung des Kampfes, bis der Feind geschlagen ist und sie den Rücken wenden. Und die Priester blasen für die Dauerᵃ des Kampfes. ³Wenn sieᵇ vor ihnen geschlagen sind, stoßen die Priester in die Appelltrompeten und es ziehen zu ihnen hinaus alle Männer der Zwischentruppen aus den ⁴Schlachtkorps, und da stehen (nun) sechs Fähnlein und das kämpfende Fähnlein, sie alle sieben Schlachtreihen. 28 000 ⁵Kriegsleute und die Berittenen 6000, sie alle nehmen die Verfolgung auf, um den Feind zu vertilgen im Krieg Gottes (bis) zur ewigen Vernichtung. ⁶Die Priester stoßen für sie in die Verfolgungstrompeten und [man ver]teilt sich gegen den gesamten Gegner, ihn vernichtend zu verfolgen und die Reiterei ⁷treibt (ihn) an den Kampfflügeln zurück bis zum »Bann«ᶜ.

Und wenn die Erschlagenen fallen, sollen die Pr[iest]er von ferne blasen und nicht ⁸mitten unter die Erschlagenen kommen, sich zu besudeln mit ihrem unreinen Blut, denn sie sind heilig, sie sollen [nic]ht das Salböl ihrer Priesterschaft mit dem Blut ⁹eines nichtigen Volkes entweihen.

IX, 10—?

¹⁰Ordnung für die Veränderung der Formierung der Schlachtfähnlein, um Stellung zu beziehen zuᵈ: »Vier[eck] (?)« und »Tü]r[m]e«ᵉ; »(Zusammen)schwenken der Flanken« und »Türme«; ¹¹»Bogen« und »Türme«; zu: »Leicht vorgewölbt und vorrückende Kolonnen« und »[Vorrückende] Flügel von den b[ei]den Seiten der Front«, um den Feind zerfließen (= mutlos werden) [zu lassen].

¹²Die Schilde der »Turm(abteilungen)« sollen drei Ellen lang sein und ihre Lanzen eine L[än]ge von acht Ellen haben. Die »Tü[r]me ¹³springen hundert Schild(breiten) aus der Front vor und hundert (Schilde) hat (auch) die Stirnseite des »Turmes«. S[o um]geben den »Turm« auf den drei Vorderseiten ¹⁴dreihundert Schilde. Zwei »Tore«ᶠ hat ein »Turm«, eines zur [Rechten und e]ines zur Linken. Auf allen Schilden der »Türme« ¹⁵soll man Aufschriften anbringen: auf dem ersten: »Mi[chae]l«, [auf dem zweiten: »Gabriel«, auf dem dritten:] »Sariel«, auf dem vierten: »Raphael«. ¹⁶Michael und

---

a S. vorige Seite, Anm. a.

b die Feinde.

c vollständige Vernichtung.

d »—« bezeichnen taktische Figuren.

e Schildträger bilden ein Quadrat (s. Zl. 12 ff.), um eine Kolonne geschützt nahe an den Gegner heranzubringen.

f Öffnungen; zum Ausschwenken der Kolonne in die Schlachtordnung.

Gabriel zur [Rechten und Sariel und Raphael zur Linken (?) . . . .]
[17]zu vier [. . . . .]
. . . . [. . . . . [18]. . . . .

IX, ? — X, 8a

X, [1]unsere Lager, sich zu hüten vor allem Schändlich-Argen. Der uns
verkündet hat, daß Du in unsrer Mitte bist, der große und furchtbare
Gott, zu vertreiben all [2]unsere Feinde v[or u]ns. Und er belehrte
uns von einst an für alle unsere Generationen folgendermaßen:
»Wenn ihr zum Kampfe herankommt, trete der Priester hin und
rede zum Volke [3]folgendermaßen: Hö[r]e, Israel! Ihr rückt heute
zum Kampf gegen eure Feinde an. Fürchtet euch nicht und euer Herz
verzage nicht. [4]Schreckt nicht zur[ück und] ängstigt euch [ni]cht
vor ihnen, denn euer Gott geht mit euch, zu streiten für euch mit
euren Feinden, um euch zu erretten.«[a] [5]Und unsre [Am]tleute sollen
zu allen Kampfbereiten, von Herzen Willigen reden, um (sie) durch
Gottes Kraft zu stärken und um alle, [6]die verzagten Herzens sind,
zurückzuschicken und den Zusammenhalt unter allen Kriegshelden
zu festigen. Und D[u hast gesag]t durch Mose folgendermaßen:
»Wenn (es zu) ein(em) Krieg kommt [7]in eurem Lande gegen den
Gegner, der euch bedrängt, dann blas[et] Lärm mit den Trompeten
und es wird eurer gedacht werden vor eurem Gott [8]und ihr werdet
errettet vor euren Feinden.«[b]

X, 8—?

Wer ist wie Du, Gott Israels,
     im Hi[mm]el und auf Erden,
der es Deinen großen Werken gleichtäte
     [9]und Deiner kraftvollen Stärke?

Und wer ————————— (Lücke?)
     ist wie Dein Volk Israel,
das Du Dir erwählt
     aus allen Völkern der Länder?

[10]Das Volk der Heiligen des Bundes
     und der im Gesetze Belehrten,
Verständige in der Ein[sicht . . . . . .
     . . . .]

Die des Geehrten Stimme hören
     und [11]die heiligen Engel schauen,

---

[a] 5. Mos. 7,20—24, zum flg. vgl. v. 25—29   [b] 4. Mos. 10,9

mit offenem Ohr und Geheimnisvolles vernehmend
    [. . . . .

. . . . . .] Ausbreitung der Himmel,
    die Heerschar der Lichter,
[12]die Aufgabe der Geister und die Herrschaft der Heiligen,
    die Schatzkammern der Herr[lichkeit . . . . . .] der Wolken.

Der die Erde geschaffen und ihrer Einteilung Gesetze,
    [13]für Wüste und Steppenland,
ᵃund all ihre Ausläufer mit [. . . . . . .]ᵃ,
den Meereskreis und die Sammlung der Flüsse
    und der Urfluten Spaltung.

[14]Die Geschöpfe der Tiere und die Vögel,
    das Bild des Menschen und die Geschle[chter (?) . . . .].
Die Verwirrung der Sprache und Teilung der Völker,
    den Wohnsitz der Sippen [15]und das Erbe der Länder.

[. . . . .
    . . . .] heiligen Festtermine,
die Wenden der Jahre und ewigen [16]Zeiten
    [. . . . .]

Dies wissen wir aus Deinem Verstehen,
    das [. . . . . [17]. . . . .
. . . .
    . . . .] auf unser Rufen.

Denn [. . . . . . [18]. . . . .
  . . . .
. . . .
    . . . . . [19]. . . . . . .

X, ? — XI, ?
. . . .]
    [1]sondern Dein ist der Kampf!
Und durch die Kraft Deiner Hand wurden ihre Leichen
    ohne daß (sie) einer begrub, | zerschmettert,

Goliathᵇ, den Gathiter,
    einen wehrhaften Recken,

ᵃ — ᵃ Glosse?
ᵇ s. 1. Sam. 17

²liefertest Du in die Hand Davids, Deines Knechtes aus,
    den (d)er vertraute Deinem großen Namen
und nicht auf Schwert und Spieß[a],
    denn Dein ist der Kampf!

Die ³Philister demütigte [er]
    viele Male durch Deinen heiligen Namen.
Und auch durch unsre Könige hast Du uns geholfen
    viele Male ⁴um Deiner Barmherzigkeit willen.
Und nicht nach unsren Werken, die wir verbrochen
    und den Taten unseres Frevels!

Dein ist der Kampf und von Dir her die Stärke
    ⁵und nicht (ist sie) unser.
Nicht unsre Kraft und unserer Hände Stärke übte Gewalt,
    sondern durch Deine Kraft und durch die Stärke Deiner großen
Sow[ie] Du es ⁶uns verkündet hast | Macht.
    von längsther folgendermaßen[b]:

»Es geht ein Stern aus Jakob auf,
    ein Szepter erhebt sich aus Israel
und zerschmettert Moabs Schläfen
    und tritt nieder alle Söhne des Seth.
⁷Er kommt von Jakob herab
    und rottet die Entronnenen aus [aus der] Stadt,
der Feind wird (dann) zum Besitz
    und Israel übt Macht aus.«

Durch Deine Gesalbten, ⁸der Bezeugungen Seher,
    hast Du uns verkündet
die Ze[iten] der Kriege Deiner Hände,
    (Dich) zu verherrlichen an unseren Feinden.
Zu fällen Belials Scharen, [c]die sieben ⁹nichtigen Völker[c],
    durch die Armen Deiner Erlösung,
[in Kra]ft und in Heil nach Wunderstärke
    und das verzagte Herz (kommt) zur »Hoffnungspforte«[d].

Du tust an ihnen wie an Pharao
    ¹⁰und wie an den Rittern seiner Streitwagen im Schilfmeer[e].

---

[a] vgl. 1. Sam. 17,45
[b] 4. Mos. 24,17b—19
[c] — [c] Glosse aus 5. Mos. 7,1?
[d] vgl. Hos. 2,17
[e] 2. Mos. 14

Aber die da zerschlagenen Geistes sind, läßt Du entbrennen
    wie eine Feuerfackel in Garben,
sie frißt den Frevel und hört nicht auf,
    bis [11]daß vertilgt ist die Schuld.

Von längsther hast Du uns mitg[eteilt den Zeit]punkt der Gewalt
Deiner Hand gegen die Kittäer folgendermaßen[a]:
»Es fällt Assur durchs Schwert — nicht eines Mannes!
    Ein Schwert — [12]nicht eines Menschen! — wird es verzehren.«
[13]Denn in die Hand der »Armen« lieferst Du aus
    [die Fein]de aller Länder
und in die Hand derer, die im Staube knien,
    zu erniedrigen die Recken der Völker;
Vergeltung heimzuzahlen [14]den Frevlern
    auf [ihr schuldiges] Haupt (?),
zu rechtfertigen Dein wahres Gericht
    an allen Menschenkindern.
Dir einen ewigen Namen zu machen
    im Volk [15][Deiner Heiligkeit (?)
. . . .
    . . . .] der Kriege,
(Dich) groß erweisest und heilig
    vor den Augen der übrigen Völker.
Damit [sie] erkennen [. . . . . . [16]. . .
. . . .
wenn] Du Gerichte [vol]lstreckst an Gog
    und seinem ganzen Haufen, der [sich z]u [ihm] versa[mm]elt.
[. . . . . . [17]. . . . .
. . . .]
Denn Du bekämpfst sie vom Himm[el her
. . . .
. . . . . . [18]. . . . .
    . . . . . . a]uf sie zur Bestürzung.

XII, 1—5
XII, [1]Denn die Menge der Heiligen ist [bei Dir] im Himmel
    und der Engel Heere in Deiner heiligen Wohnstatt,
zu [. . . . .] Dein[e . . . . .] und die Erwählten des heiligen
    [2]setztest Du Dir [. . . . . . Buch]e (?) der Namen. | Volkes,

---

[a] Jes. 31,8

Ihr ganzes Heer ist mit Dir an Deiner heiligen Stätte
und die Z[ahl der Heilig]en in der Wohnstatt Deiner
Herrlichkeit.
³Die segensrei[chen] Gnadenerweise [Deiner Gesetze (?)] und den
Bund Deines Heils
grubest Du ihnen ein mit dem Griffel des Lebens,
zu herrschen [in Deinem Volke]
in alle ewigen Zeiten,
⁴die He[erscharen] Deiner [Erwähl]ten zu mustern
nach ihren Tausendschaften und ihren Zehntausenden,
zusammen mit Deinen Heiligen [und mit] Deinen Engeln
für die Machtentfaltung der Hand ⁵im Kriege,
[niederzuzwingen] die Gegner des Landes in der Fülle Deiner Ge-
aber mit den Erwählten des Himmels [. . . . .] | richte,

XII, 7—16ᵃ
⁷Und Du, o Gott, (bist) fur[chtbar]
in der Herrlichkeit Deiner Herrschaft
und die Gemeinde Deiner Heiligen ist in unsrer Mitte
zu ewige[r] Hilfe.
Wir [bieten] Verachtung den Königen,
Spott ⁸und Hohn den Helden,
denn der Heilige, der Herr
und der König der Ehre ist mit uns.
Das Kriegsvolk der heiligen Reck[en
und] das Heer der Engel ist unter unserer Mannschaft.
⁹Der Held des Krie[ges] ist in unsrer Gemeinde
und das Heer Seiner Geister mit unseren Schritten.
[Unser]e Reiter [sind wie] Wolken und Taunebel, die Erde zu
bedecken
¹⁰und wie Frühregen, zu tränken mit (dem) Gericht all ihre
Enden (?).

Erhebe dichᵇ, Held, führ deine Gefangenen fort, Mann der Ehre!
Und raub ¹¹deine Beute, der du (da) Macht ausübst!
Setz deine Hand an den Nacken deiner Feinde,
deinen Fuß auf Hügel Erschlagener!
Zerschmett're die Völker, deine Bedränger
und dein Schwert ¹²fresse das schuldige Fleisch.

ᵃ vgl. XIX   ᵇ Israel (oder Gott?)

Erfülle dein Land mit Herrlichkeit
    und dein Erbteil mit Segen.
Vieh in Menge sei auf deinen Feldern,
    Silber[a] und Gold und Edel[13]gestein in deinen Pal[ä]sten.

Freue dich sehr, o Zion
    erscheine mit Jubel, Jerusalem
    und alle Städte Judas, jauchzet!
Halte [14]deine To[r]e beständig offen,
    daß man zu dir bringe den Reichtum der Völker.
Ihre Könige werden dir dienen,
    dir huldigen all deine Bedrücker
    und den Staub [15][deiner Füße werden sie lecken.]
Meines Volkes [Töchter], brecht in lauten Jubel aus,
    schmückt euch mit herrlichem Schmucke,
herrschet in der [Herrschaft der (?) . . . . . .
    [16] . . . .
    . . . . . .] Israel zu ewiger Herrschaft.

XII, 17 — XIII, 6

[17][. . . . . .] ihre [. . . . . .] die Kriegshelden nach Jerusalem [. .
. . . . . . [18]. . . . . . er] haben über den Himmel der Herr [. . .
. . . .

XIII, [1]. .] und seine Brüder, die [Pri]ester und die Leviten und alle
Ältesten der Schlachtordnung mit ihm. Und sie preisen an ihrem
Standort den Gott Israels und alle Werke Seiner Treue und verfluchen [2]daselbst Be[li]al und alle Geister seines Loses. Sie heben an
und sprechen:

»Gepriesen sei Israels Gott
    in all Seinen heil'gen Gedanken und Werken Seiner Treue
und gep[ri]esen seien [3]alle, die Ihm in Gerechtigkeit dienen,
    die Ihn in Treuen erkennen!«

[4]»Verf[luc]ht sei Belial in dem Gedanken der Feindschaft
    und verdammt sei er in seiner schuldvollen Herrschaft.
Verflucht seien alle Geister seines Loses in ihren frevlen Gedanken
    [5]und verdammt seien sie in all ihrem greulich unreinen Dienst!
Denn sie sind der Finsternis Los,
    Gottes Los aber (das) des [ewig]en Lichts!

---

[a] nachgetragen

XIII, 7 — XIV, 1

[7]Und D[u], Gott unsrer Väter,
  wir preisen Deinen Namen auf ewig!
Wir sind das [ewige] Volk,
  einen Bund schlossest Du mit unseren Vätern
und hast ihn aufgerichtet ihrer Nachkommenschaft
  [8]für immerwährende Zei[te]n.

Bei allen Bezeugungen Deiner Herrlichkeit
  war das Gedächtnis Deiner [Gnade (?)] in unsrer Mitte,
zur Hilfe für den Rest
  und (zur) Erhaltung Deines Bundes,
[9]zu verkü[nden] die Taten Deiner Treue
  und Deine wunderbaren, gewaltigen Gerichte.

Du [erkauf]test uns Dir zum ewigen Volk
  und ließest ins Los des Lichtes uns fallen [10]nach Deiner Treue.
Den Fürsten des Lichtes hast Du von vordem
  verordnet zu unserer Hilfe.
In [seiner Hand sind alle Söhne des Rech]ts (?)
  und alle Geister der Wahrheit in seiner Herrschaft.

Du, [11]Du machtest Belial zum Verderben,
  (zum) Engel der Feindschaft.
In der Finstern[is] seines [Planes] und in seiner Absicht,
  (sucht er) Frevel zu verursachen und Verschuldung zu stiften.
Alle Geister [12]seines Loses sind Verderberengel,
  in den Gesetzen der Finsternis wandeln sie
  und nach ihr steht ihr [Verl]angen zumal.

Aber wir im Los Deiner Wahrheit
  wollen uns freuen an Deiner mächtigen [13]Hand,
fröhlich sein in Deiner Hilfe und jauchzen
  ob [Deines] Bei[stands und in] Deinem [H]eil!
Wer ist wie Du an Kraft, o Gott Israels?
[a]Und mit [14]den »Armen« ist Deine mächtige Hand![a]
  Und welcher Engel und Fürst wie [Deiner] Er[lösung] Hilfe?

Du hast von längsther den Tag des Kampfes bestimmt,
  [. . . . . [15]. . . . .]
Zu [helf]en (?) der Wahrheit und zu vertilgen die Schuld,
  die Finsternis zu erniedrigen und zu stärken das Licht.

---

[a] — [a] Glosse

Zu [. . . . .
       16. . . . . .] zum ewigen Standort,
zum Verenden aller Finsternissöhne
       und (zur) Freude [allen Söhnen des Lichts].

              (Zl. 17 leer)
18[. . . . .
       . . . .
De[nn Du bestimmtest uns zu] . . . . . .
       . . . .
. . . . . . (?) . . . . . .
       XIV, 1Wie das Feuer Seines Grimmes wider die Götzen
                                                          Ägyptens.

XIV, 2—?
2Nachdem sie von den Erschlagenen weggegangen, um ins Lager zu
kommen, sollen sie alle den Rückkehr-Lobgesang singen. Am Morgen
reinigen sie ihre Kleider und waschen sich (rein) 3vom Blut der
Leichen der Schuld. Und sie kehren zurück an ihren Standort, dort
wo sie die Front formiert hatten, bevor die feindlichen Erschlagenen
fielen. Dort preisen sie 4alle den Gott Israels und erheben Seinen
Namen in freudiger Gemeinschaft und heben an und sprechen:

Gepriesen sei Israels Gott, der Gnade bewahrt Seinem Bund
       und Bezeugungen 5der Hilfe dem Volke Seiner Erlösung.
Er beruft die Strauchelnden zu wunderbaren [Krafttat]en,
       doch der Völker Aufgebot rafft Er dahin zur Vernichtung ohne
Um zu erheben durchs Gericht 6das zerflossene Herz | Rest.
       und zu öffnen den Mund der Verstummten,
daß sie jubeln ob der Machttat[en] Gottes,
       und um schlaffen [Hände]n den Kampf zu lehren.

Der den Knieweichen festen Stand verleiht
       7und aufrechte Haltung dem zerschlagenen Rücken.
Durch die »Demütiggesinnten« [. . . . . .] das verstockte Herz
       und durch die »Vollkommenen des Wandels« werden vertilgt
                                          alle Völker des Frevels.
8Kein Stand(halten) gibt es für all ihre Helden
       doch wir sind der R[est Seines heiligen Volkes (?)].

[Gepriesen] sei Dein Name, Gott der Gnadenerweise,
       der Du wahrtest den Bund unseren Vätern,

während [9]all unsrer Generationen hast Du wunderbar erwiesen
    Deine Verbundenheit für den Re[st Deines Erbes (?)].
Durch Belials Herrschaft und durch aller seiner Geheimnisse Feind-
    konnte man [uns] nicht abbringen [10]von Deinem Bund! | schaft
Seine [Sch]adensgeister hast Du fortgescholten von [uns (?) . . . .
    und wenn die Män]ner seiner Herrschaft [frevelten],
                bewahrtest Du die Seele, die Du erlöst.

Du richtest [11]die Fallenden durch Deine Kraft auf,
    doch die Hochgewachsenen fäll[st] Du, [sie zu erniedrigen (?)].
Keinen Retter gibt es für all ihre Helden
    und keine Zuflucht für ihre Schnellen.
Ihren Würdenträgern [12]zahlst Du's zur Verachtung heim
    und all [ihr] nichti[ges] Sein [wird gleich Nic]hts.

Aber wir, Dein heiliges Volk, loben Deinen Namen ob Deiner
                    Wahrheit Werke
    [13]und preisen wegen Deinen Machterweisen Deine Ma[jestät
zu allen] Zeiten und ewigen Fristen der Bezeugungen,
    mit Ein[tri]tt des Tages und der Nacht [14]und den Ausgängen
                von Abend und Morgen.
Denn groß ist der P[lan] Deiner [Herrlich]keit
    und Deine wunderbaren Geheimnisse in [Deinen (?)] Höhen:
Zu [erhöhen] (Menschen) für Dich aus dem Staub
    [15]und zu erniedrigen göttliche Wesen.

[16]Erhebe Dich, erhebe Dich, Gott der Götter
    und richte Dich auf in Kraf[t, König der Könige!
. . . .
      . . . .
. . . . . . [17]all]e Söhne der Finsternis
    und das Licht Deiner Größe [. . . . . .
. . . .
      . . . .
. . . . . . [18]. . . . . .] ist entfacht zum Bran[de . . . .
    . . . .

XV, 1—3

[1]Denn dies ist die Zeit der Bedrängnis für Isra[el
    und der Kund]machung des Krieges unter allen Völkern;
aber Gottes »Los« (steht) in der ew'gen Erlösung
    [2]und Vernichtung (droht) allen Völkern des Frevels.

Und alle Kampfbe[reiten] gehen hin und lagern gegenüber dem
König der Kittäer und gegenüber dem Heere ³Belials, die sich mit
ihm zusammengerottet haben für den Tag [der Rache (?)] durch das
Gottesschwert.

XV, 4 — XVI, 1

⁴Der Hauptpriester tritt hin und seine Brüder, die P[riester] und die
Leviten und alle Männer der »Schlachtordnung« mit ihm. Er liest
ihnen zu Ohren ⁵das Gebet für den Zeitpunkt des Krie[ges, wie es
aufgezeichnet ist im Bu]che der Ordnung seiner Zeit, mit allen Worten ihres Lobpreisens. Und dort formiert er ⁶die ganzen Schlachtreihen, gemäß al[len Vorschriften des Krieg]es. (Dann) geht der für
den Zeitpunkt der Rache, nach Weisung ⁷all seiner Brüder bestimmte
Priester hin und stärkt [ihre Hände zum Kamp]fe und hebt an und
spricht: »Seid stark und fest und werdet wehrhafte Leute! ⁸Fürchtet
euch nicht und seid nicht er[schrocken], euer [Herz erweiche nicht!]
Schreckt nicht zurück und ängstigt euch nicht vor ihnen! ⁹Wendet
euch nicht zurück und [weichet (flieht?) vor ihnen] nicht!

Denn sie sind die Gemeinde des Frevels
        und in Finsternis sind all ihre Werke,
¹⁰zu ihr hin ist [ihr] Verlangen
        [und in Lüge setzen sie al]l ihre Zuflucht.
Aber ihre Kraft gleicht zerwehtem Rauch
        und die ganze Schar ¹¹ihrer [M]enge [fliegender Spreu.
. . . . . . ö]de, wird nicht mehr sein
        und all das Wesen ihres Seins welkt eilends dahin
¹²[wie die Blü]te im So[mmer (?)]

[. . . . . . und] zeigt euch stark für Gottes Krieg,
        denn der Zeitpunkt des Kampfes ist dieser Tag,
¹³[. . . . .] über alles H[eer Belials (?)
        und Ger]icht über alles Fleisch.
Der Gott Israels erhebt Seine Hand in Seiner Wunder[kraf]t
¹⁴[wider] alle Geister des Fr[evels . . . . .]
Die göttlichen [H]elden rüsten sich zum Kamp[f
        und] die Formation[en der He]iligen ¹⁵mach[en sich] für den
                                                    | Tag [der Rache bereit.
. . . .]

        XVI, ¹ bis zum Aufhören der Quelle [der? . . . . .
denn (?)] Israels Gott ruft das Schwert über sämtliche Völker
        und durch die Heiligen Seines Volkes übt Er Gewalt aus.

XVI, 3—9

³Diese ganze Ordnung sollen sie ausführen [in] dieser [Zeit], an ihrem Standort gegenüber dem Lager der Kittäer. Dann blasen die Priester für sie die Trompeten ⁴des Gedenkens und man öffnet die »Tore des Kr[ieges« und die] Zwischentruppen rücken aus und stehen als Marschkolonnen zwischen den Fronten. Die Priester blasen für sie ⁵das Signal (für die) Aufstellung und die Marschkolonnen [verteilen sich] auf den Schall der Trompeten hin, bis jeder an seinem Posten steht. Und es blasen für sie ⁶die Priester ein zweites Mal Lärm [zur Annä]herung. Wenn sie auf Wurfweite an der Front des Gegners stehen, erhebt jeder seine Hand an seine Kriegswaffe. ⁷Und die sechs [Priester blasen die Tr]ompeten der Erschlagenen, einen scharfen, schmetternden Ton, für die Dauer des Kampfes. Und die Leviten ⁸und die ganze Mannschaft der Hörner blase[n Kriegslär]m, mit lautem Schall. Sobald der Schall ertönt, beginnt ihre Hand die Erschlagenen der Kittäer zu fällen und die ganze ⁹Truppe hört mit dem Kriegslärm auf, [aber die Prieste]r sollen die Erschlagenentrompeten blasen und der Kampf gegen die Kittäer dauert [währenddessen] an.

XVI, 11 — XVII, 3

¹¹Wenn sich aber [Belial] rüstet zur Hilfe für die Söhne der Finsternis und die Erschlagenen der Zwischentruppen zu fallen beginnen in den Geheimnissen Gottes — und (zwar), um die (für den) Kampf Bestimmten zu prüfen — ¹²dann stoßen die Priester [in die Appelltro]mp[e]ten, damit eine andere Schlachtreihe als Ablösung zum Kampf ausrücke und sie zwischen den Fronten Aufstellung nähmen ¹³und für die im Kamp[fe] Befindli[chen] blasen sie zur Rückkehr. Dann tritt der Hauptpriester heran und stellt sich vor die Front und stärkt ¹⁴ihr Herz durch [Gottes Kraft (?) und] ihre Hände in Seinem Krieg. ¹⁵Und er hebt an und spricht: [. . . . . und das] H[er]z Seines Volkes prüft Er im Schmelztiegel. Und nicht [. . . . .] Erschlagenen, denn von längsther habt ihr gehört ¹⁶durch die Geheimnisse Gottes [. . . . .] ¹⁷. . . . [. . . . .]
XVII, ¹Er bestimmte ihr Heil durch Brand [. . . . .] (im) Schmelztiegel erprobte. Er schärft die Waffen des Krieges und sie werden nicht stumpf bis [zur Vernichtung . . . . . .] ²des Frevels. Und ihr, gedenkt des Gericht[s an Nadab und Abi]huᵃ, den Söhnen Aarons, durch deren Gericht sich Gott heilig erwies vor den Augen [des

---

ᵃ 3. Mos. 10,1 ff.

ganzen Volkes. Aber Eleazar] ³und Ithamar nahm Er sich zum Bund
des ewigen [Priestertums].

XVII, 4—9

⁴Und ihr, nehmt euch zusammen und fürchtet sie nicht!
[Denn (?)] sie — ihr Streben ist nach Eitlem und Leerem
    und ihre Stütze [besteht] in Nichts [und wird zunichte (?).
Denn des Gottes (?)] ⁵Israels ist alles was ist und was wird
    und [. . . . . .] in allem Geschehen auf ewig.
Heute ist Seine Zeit, um niederzuzwingen und zu erniedrigen
    den Fürsten der Herrschaft ⁶des Frevels.
Und Er sendet ewige Hilfe dem Lose Seiner [Er]lösung
    durch die Kraft des mächtigen Engels,
    für Michaels Herrschaft im ewigen Licht.
⁷Um mit Freude zu erleuchten die E[rwählten (?) I]sraels,
    mit Frieden und Segen für Gottes Los,
aufzurichten unter den Göttlichen Michaels Herrschaft
    und ⁸Israels Herrschaft unter allem Fleisch.
Da freut sich das Recht [in den] (Himmels)höhen
    und alle Söhne Seiner Wahrheit jauchzen in ewiger Erkenntnis.
Und ihr, Söhne Seines Bundes, ⁹nehmt euch zusammen in der Läuterung Gottes, bis Er Seine Hand rührt [und] Seine geheimnisvollen
Läuterungen für euer Dasein vollendet.

XVII, 10—17

¹⁰Nach diesen Worten blasen für sie die Priester zur Formierung der
Frontfähnlein. Und beim Schall der Trompeten verteilen sich die
Marschkolonnen, ¹¹bis daß sich [jede]r auf [seinen] Posten gestellt
hat. Die Priester blasen auf den Trompeten ein zweites Mal Kriegslärm zur Annäherung. Wenn die ¹²Männer der [Zwischentruppen
auf Wurfweite an die Fr]ont der Kittä[er] gelangen, erhebt jeder
seine Hand an seine Kriegswaffe. Die Priester blasen die Trompeten
¹³der Erschlagenen [und die Leviten und die gan]ze Mannschaft der
Hörner blasen Kriegslärm. Die Männer der Zwischentruppen werden
handgemein mit dem Heer ¹⁴der Kittäer und beginnen [beim Erschallen des Kriegslä]rms Erschlagene zu fällen. Das ganze Volk
läßt den Schall des Kriegslärms verstumm[en], aber die Priester
¹⁵sollen [die Trompeten der Erschlagenen] blasen und der Kam[pf]
gegen die Ki[ttäer d]aue[r]t an und [. . . . . . geschla]gen vor
ihnen. ¹⁶Im dritt[en] Los [. . . . .] Erschlagene [zu fall]en
¹⁷[. . . . .

XVIII, 1—15

¹. . . . .]wenn sich erhebt die große Hand Gottes wider Belial
und wider die ganze [Rott]e (?) seiner Herrschaft bei einer ewigen
Niederlage ²[. . . . . .] und dem Kriegslärm der Heiligen bei der
Verfolgung Assurs. Es fallen die Söhne Japhets, so daß keiner (mehr)
aufsteht und die Kittäer werden zerschlagen ohne ³[Rest am Tage],
da sich die Hand Gottes Israels wider die ganze Menge Belials erhebt. Zu dieser Zeit blasen die Priester ⁴[die Trompet]en des Gedenkens und es versammeln sich alle Schlachtreihen und verteilen
sich gegen das ganze L[ager der Kitt]äer, ⁵um sie zu bannen [. . . .]
die Sonne dem Untergang zueilt. An jenem Tag tritt der Hauptpriester hin und die Priester und die [Levite]n, die ⁶mit ihm sind
und die Hä[upter . . . . .] der (Schlacht)ordnung. Und sie preisen daselbst den Gott Israels und heben an und sprechen:

»Gepriesen sei Dein Name, Gott [der Götter],
    denn ⁷Großes hast Du an [Deinem] Volke getan,
    Wunder wunderbar erwiesen.
Deinen Bund bewahrtest Du uns von uran
    und die Pforten Deiner Hilfe(n) öffnetest Du uns
    viele Male ⁸um Deines [B]undes wille[n].
[Du hobst] unser Elend auf (?) nach Deiner Güte gegen uns
    und Du, o Gott der [Ge]rechtigkeit,
    tatest es um Deines Namens willen!

¹⁰[. . . . . h]ast an uns Wunder erwiesen, Wunder [über] Wunder
und von altersher geschah nichts dergleichen. Denn Du kennst unsre
Stunde und heute erscheint ¹¹u[ns . . . . Denn] Du [zeig]-
test uns die Hand Deiner Gnadenerweise an uns in der ewigen Erlösung, zu beseitigen die Her[rs]chaft des Feindes, daß sie nicht mehr
besteht und die Hand Deiner Stä[r]ke.
¹²Durch [Deinen] K[ampf gegen al]l unsre Feinde (kam es) zur
vernichtenden Niederlage und nun ist uns der Tag zu kurz, ihre
Menge [zu] verfolgen. Denn Du ¹³[. . . . . . .] das Herz der
Helden gabst Du der Standlosigkeit preis. Dein ist die Stä[rk]e und
in Deiner Hand der Krieg und kein ¹⁴[. . . . . . .] und die Vergeltung (?) [zahlst Du heim (?)] Deinen [Feind]en und Du . . . .
. . . . [. . . . . . ¹⁵. . . . . . .

XIX, 1—8

. . . .
    XIX, ¹Spott und Hohn den Helden.

Denn heilig ist unser Herrlicher, der König der Ehre ist mit uns
    und das H[eer Seiner Geister ist mit unsren Schritten.
Unsere Reiter sind wie Wolken [2]und wie Taunebe]l,
    die Erde zu [be]decken
und wie Frühregen, zu tränken mit (dem) Gericht
    al[l ihre Enden (?).
Erhebe dich, Held, führ deine Gefangenen fort, Mann der Ehre!
    [3]Und rau]b deine Beute, der du (da) Macht ausübst!
Setz deine Hand an den Nacken deiner Feinde,
    deinen Fu[ß] a[uf Hügel Erschlagener.
Zerschmett're [4]die Völker, dei]ne [Bedränger]
    und dein Schwert fresse Fleisch.
Erfülle dein Land mit Herrlichkeit
    und dein Erbteil mit Segen.
[Vieh in] Me[nge sei auf deinen Feldern
    [5]und Gold und Edelgestein in] deinen Palästen.
Freue dich sehr, o Zion
    und jauchzet, alle Städte Ju[das!
Halte deine Tore [6]beständig offen,
    daß man zu dir bringe] den Reichtum der Völker.
Ihre Könige werden dir diene[n],
    dir huldigen [all deine Bedrücker
    und den Staub] deiner [Füße [7]werden sie lecken].
Meines Vol[kes Töchter], brecht in lauten Jubel aus,
    schmückt euch mit herrlichem Schmuck!
Herrschet (?) in der Herrschaft [8][. . . . .
   . . . .]
    und Israel zu [e]wiger Herrschaft.

XIX, 9—13

[9][. . . . . . ins Lager in] jener Nacht zur Ruhe bis zum Morgen.
Am Morgen sollen sie an den Ort der Front kommen, [10][. . . . . .
Reck]en der Kittäer, die Menge Assurs und das Heer aller Völker,
die sich mit [ihnen] zusammengerottet haben [. . . . . .] Erschlagene [11][. . . . . .] sind dort gefallen durch das Gottesschwert. Und
der Hau[pt]priester soll herantreten [und] sein [Stellver]treter
[. . . . . . . [12]. . . . . . des] Krieges und alle Häupter [der]
Schlachtreihen und [ihre] Gemuster[ten . . . . [13]. . . . . .
Fa]llen der [Er]schlagenen der Kittä[er. Und] sie loben daselbst
de[n] Gott [Israels . . . .

DER HABAKUK-KOMMENTAR

1QpHab.

Die Schrifterklärung der Qumrangemeinde ist von ihrer endzeitlichen Aus-
richtung her bestimmt. Alles wird so betrachtet, als wäre es gerade für die
gegenwärtige, d. h. die letzte Zeit bestimmt gewesen. Die Propheten wußten demnach um den vollen Gehalt und den eigentlichen Inhalt ihrer Worte
gar nicht, erst dem Lehrer der Gerechtigkeit hat Gott ihre genaue Bedeutung offenbart und in der Tradition seiner Auslegung stehen die Kommentare. Dieses hohe Selbstbewußtsein führte gelegentlich zu Freiheiten gegenüber dem überlieferten Bibeltext, der mitunter der beabsichtigten Erklärung
einfach angepaßt wurde.

Besondere Bedeutung kommt 1QpHab. (u. 4QpNah.) wegen der enthalte-
nen historischen Anspielungen zu, die zusammen mit dem archäologischen
Befund mit einiger Sicherheit eine Datierung auf das angehende 1. Jh.
v. Chr. erlauben. Vielumstritten ist dabei Person und Schicksal des »Lehrers
der Gerechtigkeit«, seine Bedeutung für seine Gemeinde und sein Verhältnis zu Jesus von Nazareth bzw. dem Christusglauben der Urgemeinde.
Dabei wurde aus den Texten (besonders Textlücken!) oft vieles herausgelesen, dessen Fragwürdigkeit auch ein Laie an Hand der Übersetzung
leicht erkennen kann. Tatsächlich kann auf eine ganze Reihe von Fragen,
v. a. bezüglich der äußeren wie inneren Entwicklung der Gemeinde, überhaupt noch keine sichere Antwort gefunden werden. Bei Hypothesen, die
vor einer genauen Erforschung der Texte und ihrer eigenen religionsgeschichtlichen Voraussetzungen Abhängigkeiten festlegen, ist daher
äußerste Vorsicht geboten.

I.

¹[Der Ausspruch, den der Prophet Habakuk geschaut hat: Wie lange
schon, Herr] rufe ich und nicht ²[hörst du! Schreie ich zu dir:
»Gewalt!« und du hilfst nicht (1,1—2). Seine Deutung geht auf die
Hoff]nung des Geschlechtes ³[. . . . . .] über sie ⁴[. . . . . .
schr]eien über ⁵[. . . . . . warum lässest du mich Unheil schauen
und bli[ckst] auf die Besch[wernis? (1,3) ⁶[. . . . .] Gottes durch
Bedrückung und Treulosigkeit ⁷[. . . . . ⁸. . . . . .
. . . . .] und Streit ⁹[. . . . .] und er ¹⁰ [. . . . . .] darum er-
schlafft das Gesetz (1,4). ¹¹[Die Deutung . . . . .] welche das
Gesetz Gottes verachteten. ¹²[Und das Recht kommt nimmermehr
auf, denn der Gottlose umrin]gt den Gerechten. ¹³[Die Deutung:
der Frevler, das ist der Frevelpriester und der Gerechte (?)], das ist
der Lehrer der Gerechtigkeit ¹⁴[. . . . . da]rum ergeht das Recht

[15] *[verdreht . . . . . die Deutung . . . . . und] nicht [. . . . .*
[16] *. . . . .* [17] *. . . . . seht hin unter die Völker und schaut,*
[18] *starret und staunt! Denn ich tue ein Werk in euren Tagen, ihr*
glaubtet es nicht, wenn] II, [1] *es erzählt würde* (1,5).

II.

[Die Deutung des Wortes geht auf die] Abtrünnigen mit dem
Manne [2] der Lüge, denn [sie hörten nicht auf die Worte] des Lehrers
der Gerechtigkeit aus dem Munde [3] Gottes. Und auf die Abtrün-
n[igen vom] neuen [Bunde], d[e]nn sie (wollten) [ni]cht [4] an den
Bund Gottes glauben [und entweihten] Seinen [hei]ligen Na[men].
[5] Und wirklich: die Deutung des Wortes [geht auf die Ab]trünnigen
am Ende [6] der Tage, sie sind die Gewalt[täter am Bun]de, welche
nicht glauben, [7] wenn sie hören, was alles kom[men wird über] das
letzte Geschlecht aus dem Munde [8] des Priesters, den Gott in [die
Gemeinde (?)] gegeben, daß er alle d[ie] [9] Worte Seiner Knechte,
der Propheten deute, [durch wel]che Gott verkündet hat [10] all das,
was über Sein Volk [und Sein Land] kommt.
Denn siehe, ich erwecke die [11] *Chaldäer, das bit[tere und behen]de
Volk* (1,6). [12] Seine Deutung geht auf die Kittäer, w[eil sie] rasch
sind und kraftvoll [13] im Kampfe, so daß sie v[iel]e zugrunde richten [und sie unterwerfen] unter die Herrschaft [14] der Kittäer. Sie
nehm[en in Besitz viele Länder (?)] und glauben nicht [15] an die Gesetze [Gottes . . . . . . [16] . . . . . *das in die Fernen der* [17] *Erde
zieht, Wohnungen einzunehmen, die nicht sein sind* (1,6) . . . . . .
die Deutung . . . . . .]

III.

[1] Ungehindert ziehen sie daher, zu zerschmettern und zu plündern
die Städte des Landes, [2] denn das ist es, wenn es heißt: *Wohnungen
einzunehmen, die nicht sein sind. Schrecklich* [3] *und furchtbar ist es;
von ihm geht seine Entscheidung und Überhebung aus* (1,7). [4] Seine
Deutung (geht) auf die Kittäer, vor denen Furcht und [Schre]ck[en]
auf allen Völkern liegt. [5] Mit Vorsatz ist all ihr Planen (darauf aus),
Böses zu tun und [mit Arg]list und Trug [6] verfahren sie mit allen
Völkern.
⟨Schneller⟩ *als Panther sind seine Rosse und angriffslustiger* [7] *als
Abendwölfe. Es stampfen und sprengen einher seine Rosse von fern,*
[8] *sie fliegen wie der Geier, der zum Fraße eilt. Als Ganzes kommt
es zu Gewalttat (her), die Richtung* [9] *ihres Antlitzes nach Osten*[a]

---

[a] oder: vorne

(1,8—9). [Seine Deutung] (geht) auf die Kittäer, welche [10]das Land
zerstampfen mit [ihren] Pferden und mit ihren Tieren. Von fernher
[11]kommen sie von den Inseln des Meeres, um aufzufressen [a]lle
Völker wie ein Geier, [12]unersättlich. Mit Grimm unt[erjochen sie
sie und mit Zorn]glut und Wut [13]reden sie mit [allen Völkern,
d]enn das ist es, wenn [14]es heißt: *Die Ri[chtung ihres Antlitzes
nach Osten und es sammelt wie San]d die Gefangenen.* [15][. . . . . .
. . . . über Könige]*

IV.

[1]*spottet es und Machthaber kosten ihm ein Lachen* (1,10). Seine
Deutung ist, daß [2]sie über die Großen spotten und die Angesehenen
verachten. Über Könige [3]und Fürsten machen sie sich lustig und
spotten des vielen Volks.
Es [4]lacht jeder Festung, schüttet Staub auf und nimmt sie ein. [5]Seine
Deutung (geht) auf die Herrscher der Kittäer, die da verachten die
[6]Festungen der Völker und höhnisch über sie lachen. [7]Mit viel Volk
umzingeln sie sie, um sie einzunehmen. Unter Furcht und Schrecken
[8]fallen sie in ihre Hand und sie reißen sie nieder wegen des Vergehens ihrer Bewohner (?).
[9]*Dann wechselt der Wind und fährt (einher?) vorüber und dieser
machte seine Kraft [10]zu seinem Gott* (1,11). [Seine] Deutung (geht)
[au]f die Herrscher der Kittäer, [11]welche auf Beschluß des »schul-
digen Hauses« dahingehen, einer [12]vor dem andern. [Ihre] Herrscher kommen nacheinander, [13]zu ruinieren das Lan[d.
Und es macht die]ser seine Kraft zu seinem Gott. [14]Seine Deutung
[. . . . .] der Völker [15][. . . —— . . . [16] . . . —— . . .
[17]. . . . . (1,12) *Bist du nicht von Urzeit her, Jahwe, mein hei-
liger Gott! Wir werden nicht sterben, Jahwe].*

V.

[1]*Zum Gericht hast du ihn bestellt, und Fels, zu seinem Züchtiger
hast du ihn eingesetzt. Dessen Augen zu rein sind, [2]als daß sie Böses
ansehen könnten und dem Argen vermagst du nicht zuzuschauen*
(1,12—13). [3]Die Deutung des Wortes (ist), daß Gott Sein Volk nicht
durch die Völker vernichten wird, [4]sondern in die Hand Seiner
Erwählten wird Gott das Gericht über alle Völker geben und durch
ihre Züchtigung [5]werden alle Frevler Seines Volkes büßen, nämlich
durch jene), die Seine Gebote gehalten haben, [6]als sie in Bedrängnis
waren; denn dies ists, wenn es heißt: *dessen Augen zu rein sind, an-*

zusehen [7]*das Böse.* Seine Deutung ist, daß sie nicht hinter ihren Augen hergehurt haben in der Zeit [8]des Frevels.

Warum seht ihr Abtrünnigen zu und schweigt du, wenn der Frevler den verschlingt, [9]*der gerechter ist als er?* Seine Deutung geht auf das »Haus Absalom« [10]und die Männer ihres Rates, welche geschwiegen haben bei der Zurechtweisung des Lehrers der Gerechtigkeit [11]und ihm gegen den Lügenmann nicht geholfen haben, der da [12]das Gesetz verachtete inmitten all ihres An[hangs].

Du machst die Menschen wie die Fische des Meeres, [13]*wie das Gewürm, das ⟨keinen⟩ Herrscher hat. Alle[s] holt er mi[t der An]gel herauf, schleppt es mit seinem Netz* [14]*und sammelt es in [seinem] Gar[n. Darum opfer]t er seinem Netz, darum freut er sich* [15]*[und frohlockt und er räuchert seinem Netz, denn durch sie] ist fett sein Teil* [16]*[und seine Speise üppig* (1,14—16) . . . .
. . . .

VI.

[1]] . . . . . . Kittäer. Und sie häufen ihren Besitz mit all ihrer Beute [2]*wie die Fische des Meeres.* Und wenn es heißt: *darum opfert er seinem Netz* [3]*und räuchert seinem Garn,* ist seine Deutung, daß sie [4]ihren Feldzeichen opfern und ihre Kriegsgeräte, sie sind [5](der Gegenstand) ihre(r) Ehrfurcht.

Denn durch sie ist fett sein Teil und seine Speise üppig: [6]Seine Deutung ist, daß sie ihr Joch verteilen und [7]ihre Fron, ihre Speise, auf alle Völker, Jahr für Jahr, [8]so daß sie viele Länder verheeren.

Darum zückt er ständig sein Schwert, [9]*um Völker zu morden ohne Erbarmen* (1,17). [10]Seine Deutung (geht) auf die Kittäer, die viele mit dem Schwert vernichten, [11]Jünglinge, Männer und Greise, Frauen und Kinder und (selbst) der Frucht [12]des Leibes erbarmen sie sich nicht.

Auf meine Warte will ich treten, [13]*auf meinen Turm mich stellen, ich will ausspähen, um zu sehen, was er mir sagen wird,* [14]*wa[s ich (er?) erwidere au]f meine Zurechtweisung hin. Und Jahwe antwortete mir* [15]*und sprach: Schreibe die Offenbarung nieder und grabe sie ein auf Tafeln, damit eilen kann, der darin* [16]*liest* (2,1—2) . . . .
. . . .

VII.

[1]Und Gott sprach zu Habakuk, er solle aufschreiben, was (da) kommt über [2]das letzte Geschlecht, doch die Vollendung der Zeit tat Er ihm nicht kund. [3]Und wenn es heißt: *Damit eilen kann, der darin liest,* [4]geht seine Deutung auf den Lehrer der Gerechtigkeit, dem

Gott kundgetan hat all die [5]Geheimnisse der Worte Seiner Knechte, der Propheten. *Denn noch ist der Schau [6]eine Frist gesetzt, doch sie drängt zum Ende und trügt nicht* (2,3). [7]Seine Deutung ist, daß die letzte Zeit sich in die Länge zieht und länger braucht als (nach) allem, [8]was die Propheten gesagt haben, denn die Geheimnisse Gottes sind wunderbar.

[9]*Wenn sie verzieht, so harre darauf! Denn sie kommt gewiß und nicht [10]bleibt sie aus.* Seine Deutung (geht) auf die Männer der Wahrheit, [11]die Täter des Gesetzes, deren Hände nicht ablassen vom Dienste [12]der Wahrheit, wenn sich über ihnen die letzte Zeit hinauszieht. Denn [13]alle Zeitabschnitte Gottes kommen nach ihrer Ordnung, so wie Er es [14]ihnen festgelegt hat in den Geheimnissen Seiner Klugheit.

Siehe, aufgeblasen, nicht rechtschaffen [15][ist seine Seele in ihm]. Seine Deutung ist, daß ein Doppeltes auf sich laden (?) [16][die Frevler und] n[icht Gefall]en haben (?) an den Satzungen [. . . . . *der Gerechte wird seines Glaubens leben]* (2,4).

VIII.

[1]Seine Deutung geht auf alle Täter des Gesetzes im Hause Juda, welche [2]Gott erretten wird aus dem Haus des Gerichts wegen ihrer Mühsal und (wegen) ihrer Treue [3]zum Lehrer der Gerechtigkeit.

Doch auch der Reichtum(!) betrügt den anmaßenden Mann, nicht [4]kommt er zur Ruhe, der seinen Schlund weit aufsperrt wie die Unterwelt und er wird wie der Tod nie satt. [5]Es versammeln sich zu ihm alle Völker und es finden sich alle Nationen ein bei ihm. [6]Werden sie nicht alle ein Spottlied über ihn anheben und Sprüche machen über ihn [7]und werden sagen: Wehe dem, der aufhäuft, was nicht sein ist! Wie lange belastet er sich [8]mit Pfand? (2,5 f.) Seine Deutung geht auf den Frevelpriester, welcher [9]bei Beginn seines Amtsantrittes unter dem rechten Namen berufen wurde. Doch als er zur Herrschaft gelangt war [10]in Israel, wurde sein Herz hochfahrend, er verließ Gott und [f]iel ab von den Gesetzen um des [11]Reichtums willen. Er raubte und sammelte das Vermögen der »Männer der Gewalttat«, die sich gegen Gott empört haben. [12]Und den Reichtum der Völker nahm er, um Sündenschuld auf sich zu häufen und Wege [13]der G[reu]el beging er in jeglicher schmutzigen Unreinheit.

Wird es nicht plötzlich sein, daß aufstehen deine [14]Quäler und deine Peiniger erwachen und du ihnen zum Ra[ub]e wirst? [15]Denn du

hast viele Völker geplündert und (nun) wird dich der Rest der Völ-
ker plündern (2,7). ¹⁶[Die Deutung des Wortes geht au]f den Priester, der sich empört hat ¹⁷[gegen . . . . .] Gesetz[e . . . .
. . . .]

IX.

¹seine Plage durch Gerichte des Frevels und Grausamkeiten böser
Leiden ²taten sie an ihm und Racheakte am Leib seines Fleisches.
Und wenn ³es heißt: *Denn viele Völker hast du geplündert, (nun)*
wird dich der ⁴Rest der Völker plündern (2,8), geht seine Deutung
auf die letzten Priester Jerusalems, ⁵welche Reichtum und Gewinn
zusammenraffen von der Beute der Völker. ⁶Doch am Ende der Tage
wird ihr Reichtum samt ihrer Beute in die Hand ⁷des Heeres der
Kittäer gegeben, denn sie sind »der Rest der Völker«.
⁸*Wegen der Blutschuld an den Menschen, der Gewalttat am*
La[n]de, an der Stadt und an all ihren Bewohnern. ⁹Seine Deutung
geht auf den [F]revelpriester, den wegen der Schuld am Lehrer ¹⁰der
Gerechtigkeit und den Männern seiner Gemeinschaft Gott in die
Han[d] seiner Feinde gegeben hat, ihn zu demütigen ¹¹durch Plagen
bis zur Vernichtung in Bitternissen der Seele, darum, [w]eil er sich
vergangen hat ¹²an Seinen Erwählten.
Wehe dem, der bösen Gewinn einheimst in sein [Ha]us, um zu bauen
¹³*in der Höhe sein Nest, um sich zu retten aus der Hand des Unheils.*
Du beschlossest Schande ¹⁴für dein Haus, vieler Völk[er] Ende (?)
und die Fäde[n] deines [Le]bens. Denn ¹⁵der St[ein aus] der Wand
schreit, der Sparren im Gebälk antwortet ihm (2,9—11). ¹⁶[Die
Deutung des Wortes] geht auf den [Prieste]r, der [. . . . .
. . . .]

X.

¹daß ihre Steine der Bedrückung verfallen und die Sparren ihres
Gebälkes dem Raub. Und wenn ²es heißt: *vieler Völker Ende und*
die Fäden deines Lebens, ³ist seine Deutung: das ist das Haus des
Gerichts, da Gott ⁴Sein Gericht unter vielen Völkern halten wird
und von dort führt Er ihn vor zum Gericht ⁵und in ihrer Mitte wird
Er ihn verurteilen und durch Schwefelfeuer ihn richten.
Weh dem, ⁶der eine Stadt durch Bluttaten baut und eine Burg auf
Unrecht gründet. Nicht wahr, ⁷dies ist vom Herrn Zebaoth: Völker
arbeiten fürs Feuer ⁸und Nationen mühen sich ab um nichts (2,12
bis 13). ⁹Die Deutung des Wortes geht auf den Lügenprediger, welcher viele verleitet hat, ¹⁰eine Stadt des Truges durch Blut zu erbauen

und eine Gemeinde durch Lüge zu errichten — [11]um ihrer (seiner?) eigenen Ehre willen; um viele im Dienste des Truges sich plagen zu lassen und sie zu belehren [12]in [trü]gerischen Werken, so daß ihre Mühsal umsonst ist, weil sie in [13]Feuergerichte kommen, die da gelästert und geschmäht haben die Erwählten Gottes.

[14]*Denn die Erde wird voll werden der Erkenntnis der Herrlichkeit Jahwes, wie Wasser [15]das Meer bedeckt* (2,14). Die Deutung des Wortes [ist, daß] [16]bei ihrer Umkehr [. . . . . Mann]

XI.

[1]der Lüge. Und darnach enthüllt sich ihnen die Erkenntnis, wie das Wasser [2]des Meeres an Fülle.

Weh dem, der seinen Nächsten trinken läßt, indem er beimischt [3]seinen Grimm, ja, (sie) trunken macht, um ihren Festen (!) zuzusehen (2,15). [4]Seine Deutung geht auf den Frevelpriester, der [5]den Lehrer der Gerechtigkeit verfolgte, um ihn zu verschlingen in der Wut [6]seines Grimmes. An der Stätte seines Exils und zur Zeit des Festtags der Ruhe, [7]des Versöhnungstages, erschien er bei ihnen, um sie zu verschlingen [8]und sie zum Straucheln zu bringen am Tage des Fastens des Sabbaths ihrer Ruhe.

Du hast dich gesättigt [9]— mehr mit Schande als mit ⟨Ehre⟩, so trinke auch du und taumle, [10]zu dir rund kommt der Becher in der Rechten Jahwes und Schmach [11]über deine Ehre (2,16). [12]Seine Deutung geht auf den Priester, dessen Schmach größer war als seine Ehre. [13]Denn er hat die Vorhaut seines Herzens nicht beschnitten und wandelte auf Wegen [14]der Völlerei, daß der Durst aufhöre. Doch der Becher des Grimmes [15][Gott]es wird ihn verschlingen, (noch) zu häufe[n au]f [ihn] seine [Scha]n[de] und Schmerzen [. . . . . *denn der Frevel am Libanon wird auf dir lasten und die Quälerei an den Tieren]*

XII.

[1]*wird* ⟨*dich*⟩ *erschrecken, wegen der Bluttaten an Menschen und der Gewalttat am Lande, an der Stadt und allen, die sie bewohnen* (2,17). [2]Die Deutung des Wortes geht auf den Frevelpriester, daß man ihm vergelten wird [3]sein Tun, das er an (den) »Armen« getan — denn der Libanon, das ist [4]die Gemeinschaft der Einung und die Tiere, sie sind die Einfältigen Judas, die Täter [5]des Gesetzes — welchen Gott zur Vernichtung verurteilen wird, [6]so wie er geplant hat, (die) »Armen« zu vernichten. Und wenn es heißt: *wegen der*

Bluttaten [7]*an der Stadt und der Gewalttat am Lande,* (so) ist seine Deutung: »die Stadt«, das ist Jerusalem, [8]in der der Frevelpriester Abscheulichkeiten begonnen und [9]das Heiligtum verunreinigt hat. Und »die Gewalttat am Lande«, das sind die Städte Judas, wo er [10]das Vermögen (der) »Armen« geraubt hat.

Was nützt das Schnitzbild, daß sein Bildner es geschnitzt hat, [11]*das Gußbild und das Lügenorakel, daß der Bildner seiner Gebilde darauf vertraut,* [12]*indem er stumme Götzen macht* (2,18). Die Deutung des Wortes geht auf alle [13]Schnitzbilder der Völker, die sie bilden, um sie zu verehren und sich niederzuwerfen vor [14]ihnen, doch die werden sie nicht retten am Tage des Gerichts.

Wehe [15]*dem, der zum [Hol]ze [spricht]:* »*Erwache!*«, [»*wach auf!*«] *zum stummen [St]ein* [16][. . . . . (2,19—20) . . . .

. . . .

XIII.

[1]*Stille vor ihm, alle Welt* (2,20)! Seine Deutung geht auf alle Völker, [2]welche den Stein und das Holz verehren. Aber am Tage [3]des Gerichts wird Gott vertilgen alle die Diener der Götzen und die Frevler von der Erde.

DAS GENESISAPOKRYPHON
(Lamechrolle)

1QGen.Ap.

Diese Rolle (Höhe 34,5 cm) mit einer midraschartigen Nacherzählung von Geschichten des ersten Mosebuches in aramäischer Sprache ist leider so stark beschädigt, daß nur die Kolumnen II und XIX—XXII veröffentlicht werden konnten. Das Werk steht innerhalb der gefundenen Schriften zwar einzigartig da, ist aber mit pseudepigraphischen Schriften, nämlich dem Buche der Jubiläen verwandt und berührt sich zum Teil stofflich mit Überlieferungen im Henochbuch. In den vorliegenden Stücken läßt sich zwar kaum eine bestimmte Tendenz feststellen, doch ist anzunehmen, daß auch diese Schrift, wie die Jubiläen, u. a. dem Nachweis des Alters des richtigen Kultkalenders und seiner Übereinstimmung mit der Schöpfungsordnung dienen sollte. Es ist auch möglich, daß dieses Werk von der Qumrangemeinde selbst nur übernommen und nicht in ihr verfaßt wurde.

II.

[1]Siehe, da dachte ich in meinem Herzen, daß die Empfängnis von den Wächter(engeln) verursacht wäre, von den Heiligen [. . . . . .] oder den Gefallen[en] (Engeln) [2]und mein Herz ward in mir verändert um dieses Kindes willen. [3]Da war ich, Lamech, beunruhigt und ging zu Bathenosch, [meinem] Weibe [und sagte: [4]»Schwöre mir] beim Allerhöchsten, beim Herrn der Größe, beim König aller W[elten . . . . . [5]. . . .] Himmelssöhnen, bis du mir alles in Wahrheit kundtust, ob [. . . . . . [6]. . . . . .] sollst du mir kundtun und nicht in Lügen [. . . . . .] [7]beim König aller Welten, bis du in Wahrheit mit mir sprichst und nicht in Lügen [. . . . . .«] [8]Da sprach zu mir Bathenosch, mein Weib, mit heftigem Nachdruck und [. . . . . .] [9]und sagte: »O mein Bruder, o mein Herr! Sei eingedenk meiner Wonne [. . . . . . [10]. . . . .] Zeit und meine Seele[a] in ihrer Scheide[b] und ich [will] in Wahrheit all[es . . . . . [11]. . . . .] und mein Herz änderte sich da in mir gar sehr. [12]Als Bathenosch, mein Weib, sah, daß sich mein Gesicht veränderte [. . . . . .], [13]da nahm sie ihren Geist zusammen, begann mit mir zu reden und sagte zu mir: »O mein Herr, o mein Bru[der . . . . .] [14]meine Wonne. Ich schwöre dir bei dem großen Heiligen, beim

---

[a] Lebensgeist   [b] der Leib

König des H[immels (?) . . . . . .], ¹⁵daß von dir dieser Same (ist), von dir diese Empfängnis (herrührt) und von dir [dieser] Fruchttrieb (stammt) [. . . . . .], ¹⁶aber nicht von irgendeinem Fremden, nicht von irgendwelchen Wächter(engeln) und nicht von irgendwelchen Söhnen des Him[mels . . . . Was] ¹⁷hat dein Antlitz so verändert und entstellt, deinen Geist derart bedrückt? [. . . . . .] ¹⁸In Wahrheit spreche ich mit dir!«

¹⁹Da eilte ich, Lamech, zu Methusalah, meinem Vater und [tat] ihm alles [kund . . . . . .] ²⁰seinen Vater und er von ihm alles gewiß erfahre, denn er ist geliebt und [bei den Engeln (?)] ²¹ward sein Los zugeteilt und ihm geben sie alles kund.

Als Methusalah hörte [. . . . . .] ²²zu Henoch seinem Vater, um von ihm alles in Wahrheit zu erfahren [. . . . . .] ²³seinen Willen. Er ging nach x x x x x x x x xᵃ und dort fand er ihn. ²⁴[Und] er sprach zu Henoch, seinem Vater: »O mein Vater, o mein Herr, dem ich [. . . . . . ²⁵. . . . . .] und ich sage dir, du sollst nicht ärgerlich sein wegen mir, da ich hierher gekommen bin zu [. . . . .] ²⁶Fürchten [. . . . .

XIX.

. . . .
⁷. . . —— . . .] und ich sagte: »Du bist es ⁸[. . . —— . . .] hatte ich bis jetzt den heiligen Berg nicht erreicht und ich zog weiter ⁹[. . . . . .] und ich ging nach Süden [. . . . . .], bis ich Hebron erreichte. Hebron wurde [in jener Zeit (?)] gebaut und ich wohnte ¹⁰[da für zwei] Jahre. Es war aber eine Hungersnot in diesem ganzen Lande und ich vernahm, daß Korn [. . . . . .] in Ägypten sei und zog ¹¹ nach [. . . . . .], nach dem Lande Ägypten [. . . —— . .] . . . . ich [erreichte] den Fluß Karmon, einen von den ¹²Armen des Flusses . . . . [. . . .] . . . . [. . . .] unser Land. Ich über[quer]te die Nebenarme dieses Flusses, der ¹³[. . . —— . . .]. Da verließen wir unser Land und kamen ins Land der Söhne des Ham, das Land Ägypten.

¹⁴Und ich, Abram, träumte einen Traum in der Nacht, da wir ins Land Ägypten kamen. Ich sah in meinen Traum und siehe, eine Zeder und eine Palme, ¹⁵[. . . . . .] und es kamen Leute und wollten die Zeder abhauen und entwurzeln und die Palme für sich alleine lassen. ¹⁶Aber die Palme schrie und sprach: »Schlagt die Zeder nicht ab, denn verflucht ist, wer [. . . . . .] fällt« und die Zeder wurde um

---

ᵃ Lesung des Ortsnamens unsicher

der Palme willen gelassen [17]und nicht [. . . — . . .]. Und ich
wachte in der Nacht aus meinem Schlafe auf und sprach zu Sara,
meinem Weibe: »Einen Traum [18]habe ich geträumt . . . . . [. . . .]
und [ich] fürchte [mich] wegen dieses Traumes.« Sie sagte zu mir:
»Erzähle mir deinen Traum, damit ich Bescheid weiß.« Und ich
begann, ihr diesen Traum zu erzählen [19][. . . — . . .] Traum
[. . . — . . .] werden sie trachten mich zu töten und dich
übrigzulassen. [An] diesem [Ta]ge, alles Gute [20][. . . — . . .]
in allen [. . . — . . .] über mich: »mein Bruder ist er« und ich
werde deinetwegen am Leben bleiben und mein Leben wird durch
dich gerettet werden. [21][. . . — . . .] . . . . . . von mir und
mich zu töten«. Und Sara weinte in dieser Nacht über meine Worte
[22][. . . — . . .] . . . . . . [. . . . . .] und Sara, um nach Zoan
wegzugehen. [23][. . . . . .] in seiner Seele, daß sie niemand sähe
[. . . . . .] und nach diesen fünf Jahren [24][. . . . . .] drei Männer
von den Großen Ägyptens [. . . . . .] daß der Pharao-Zoan über
. . . . . . [. . . . . .] und über mein Weib und sie gaben [25][. . .
— . . .] Güte und Weisheit und Wahrheit. Und ich rief vor ihnen
[. . . . . .] meine Worte [. . . . . .] . . . . [26][. . . — . . .] in
der Hungersnot, die [. . . . . .] und nicht [. . . . . .] und sie
gingen zu dem Ort, bis daß [. . . . . .] . . . . für sie [. . . . . .]
meine Worte [27][. . . — . . .] mit viel Essen und Trinken [. . .
— . . .] Wein [28][. . . — . . . (28—33 zerstört) . . . .

XX.

[1]. . . . . . [2]. . . . . .] wie [. . . — . . .] wie schön ihres Angesichts Bild und wie [3][. . . . . ., wie] fein das Haar ihres Hauptes, wie hübsch ihre Augen, wie reizend ihre Nase und all ihres Angesichts Blüte [4][. . . . . .] Wie lieblich ihre Brust und wie schön all
ihre weiße (Farbe). Wie schön ihre Arme! Und ihre Hände, wie
[5]vollkommen! [. . . . . .] das ganze Aussehen ihrer Hände. Wie
lieblich ihre Handflächen sind und wie lang und schlank alle Finger
ihrer Hände. Ihre Beine, [6]wie schön sie sind und wie vollendet ihre
Schenkel! Keine Jungfrau und Braut, die ins Brautgemach tritt, ist
schöner als sie. Viel schöner als alle [7]Frauen ist sie und ihre Schönheit
geht (weit) über die ihrer aller hinaus. Und mit all dieser Schönheit
besitzt sie noch viel Weisheit und die Zartheit ihrer Hand [8]ist (wirklich) lieblich!
Als der König die Worte des HRQNWS und die Worte seiner beiden Genossen gehört hatte, die alle drei (wie) aus einem Munde

sprachen, gewann er sie sehr lieb und sandte [9]sogleich hin, sie her-
zuführen. Als er sie sah, erstaunte er ob all ihrer Schönheit und
nahm sie sich zum Weibe und suchte mich zu töten. Sara aber sagte
[10]zum König: »er ist mein Bruder«, damit ich ihretwegen einen
Vorteil hätte und (so) ward ich, Abram, um ihretwillen (am Leben)
gelassen und wurde nicht getötet. Da weinte ich, [11]Abram, weinte
heftig, ich und Lot, meines Bruders Sohn mit mir, in jener Nacht, da
Sara mir mit Gewalt genommen wurde.

[12]In dieser Nacht betete, bat und flehte ich, sprach in Betrübnis
und meine Tränen flossen (dabei) herab:

»Gepriesen seist Du, Höchster Gott, Herr aller [13]Welten,
denn Du bist der Herr und der Herrscher über alles.
Über alle Könige der Erde bist Du der Herrscher,
um über sie alle Gericht zu halten.
Nun [14]führe ich Klage vor Dir, mein Herr,
über Pharao-Zoan, König von Ägypten,
denn mein Weib ward mit Gewalt von mir weggeführt!

Schaffe mir Recht gegen ihn
und laß mich Deine große Hand sehen
[15]an ihm und an seinem ganzen Haus,
daß er in dieser Nacht nicht die Macht habe,
mir mein Weib zu verunehren.
Und man soll Dich erkennen, mein Herr,
daß Du der Herr bist für alle Könige [16]der Erde!«

Und ich weinte und litt.

In dieser Nacht sandte ihm[a] der Höchste Gott einen Plagegeist, um
ihn und alle Männer seines Hauses zu schlagen, einen Geist [17]des
Übels und der schlug ihn und alle Männer seines Hauses. Und er
vermochte sich ihr nicht zu nähern und erkannte sie nicht, obwohl
er [18]zwei Jahre mit ihr zusammen war. Gegen Ende der zwei Jahre
wurden die Plagen und Schläge gegen ihn und alle Männer seines
Hauses heftiger und gewaltiger. Und er sandte [19]Botschaft an alle
[Weisen] Ägyptens und an alle Zauberer mit allen Ärzten Ägyptens,
ob sie ihn zu heilen vermöchten von dieser Plage und (auch) die
Männer [20]seines Hauses. Aber alle Ärzte und Zauberer und alle
Weisen brachten es nicht zustande, ihn zu heilen, denn dieser Geist
schlug (auch) sie alle [21]und sie flohen.

---

[a] dem Pharao

Da kam HRQNWS zu mir und wollte von mir, daß ich käme, für ²²den König zu beten und ihm meine Hände aufzulegen, auf daß er lebe, denn im Traum [. . . . . .] Aber Lot sprach zu ihm: »Abram, mein Oheim, kann nicht für ²³den König beten, ist doch Sara, sein Weib, bei ihm. Nun geh und sage dem König, er soll sein Weib von sich (wieder) zu ihrem Gatten schicken, dann wird er für ihn beten, damit er lebe.«

²⁴Als HRQNWS die Worte des Lot gehört hatte, ging er hin und sagte dem König: »Alle diese Plagen und Schläge, ²⁵die meinen Herrn, den König plagen und bedrängen, sind wegen Sara, Abrams Weib. Gib doch die Sara dem Abram, ihrem Gatten zurück ²⁶und diese Plage wird von dir weichen (?) und der Geist vorübergehen (?).«

Und er rief mich zu sich und sprach zu mir: »Was hast du mir angetan um der [Sar]a willen? Du sagtest ²⁷zu mir: sie ist meine Schwester, aber sie war dein Weib und ich nahm sie mir zum Weibe! Siehe, hier ist dein Weib, das bei mir (war). Geh und entferne dich ²⁸aus dem ganzen Lande Ägypten! Und nun bete für mich und für mein Haus, daß dieser böse Geist von uns weiche.«

Und ich betete für diesen [. . . . . .] ²⁹. . . . und legte meine Hände auf sein [Hau]pt und die Plage wich von ihm und der böse [Geist] entfernte sich [von ihm] und er lebte. Und der König erhob ³⁰sich und gab mir zu wissen [. . . . . .] . . . . [. . . . .] Und der König schwur mir mit einem Eid, daß [. . . —— . . . ³¹. . .] und es gab ihm der Köni[g . . . . . . ein g]roßes [. . . . . .] und viele Kleider von Byssus und Purpur [. . . —— . . .] ³²vor ihr und auch die Hagar . . . . [. . . . . .] . . . . . . und bestimmte für mich Männer, die [mich] hinausführen [sollten . . . —— . . .]. ³³Und ich, Abram, ging fort mit großem Viehbesitz und auch mit Silber und Gold und zog herauf von [Ägypte]n [und Lot], ³⁴der Sohn meines Bruders mit mir. Auch Lot hatte sich viel Besitz erworben und nahm sich ein Weib von [. . . —— . . .

XXI.

¹an] jedem Orte, da ich lagerte, bis ich Bethel erreichte, den Ort, an welchem ich einen Altar gebaut hatte. Und ich baute ihn wiederum auf ²[und] brachte auf ihm dem Höchsten Gott Brandopfer und Speiseopfer dar, rief dort den Namen des Herrn der Welten an, lobte den Namen Gottes, pries ³[G]ott und sagte dort Dank vor Gott für alle Herden und das Gut, das Er mir gegeben, (dafür), daß

Er Gutes an mir getan und mich hat zurückkehren lassen ⁴in Frieden
in dieses Land.

⁵Nach diesem Tag trennte sich Lot von mir wegen des Treibens unserer Hirten und ging fort und ließ sich im Jordantal nieder und
all seine Herden ⁶mit ihm und ich gab noch viel zu dem seinen hinzu.
Und er weidete seine Herden und kam bis Sodom und [bau]te sich
in Sodom ein Haus ⁷und wohnte darin. Ich aber wohnte auf dem
Berge von Bethel und es bekümmerte mich, daß Lot, der Sohn meines Bruder, sich von mir getrennt hatte.

⁸Da erschien mir Gott in einem Nachtgesicht und sprach zu mir:
»Steige hinauf zur Höhe von Hazor, das zur Linken ⁹von Bethel
liegt, dem Orte da du wohnest, und hebe deine Augen auf und
schaue nach Osten und nach Westen, nach Süden und nach Norden.
Sieh an dieses ganze ¹⁰Land, das ich dir und deiner Nachkommen-
schaft für alle Zeiten geben werde!«
Also stieg ich am nächsten Morgen zur Höhe von Hazor hinauf und
sah das Land von ¹¹dieser Anhöhe aus: vom Flusse Ägyptens bis
zum Libanon und Schenir und vom großen Meer bis zum Hauran,
das ganze Land von Gebal bis nach Kades und die ganze große
Wüste ¹²östlich des Hauran und Schenir bis zum Euphrat hin. Und
Er sprach zu mir: »Deiner Nachkommenschaft will ich dieses ganze
Land geben und sie sollen es für alle Zeiten besitzen. ¹³Ich will deine
Nachkommenschaft so zahlreich machen wie Staub der Erde, so daß
kein Mensch sie zu zählen vermag, ja, deine Nachkommenschaft
wird auch unzählbar sein! Steh auf, geh und zieh hin ¹⁴und schau,
wieviel seine Länge beträgt und wieviel seine Weite, denn dir und
deiner Nachkommenschaft nach dir will ich es für alle Zeiten geben.«
Da ging ich, Abram, hin, um umherzuziehen und das Land anzusehen.
Ich begann vom Flusse Gichon aus zu wandern und zog am Meer
entlang, bis ich ¹⁶zum Berg des Stieres kam. Ich wanderte an der
Küste dieses großen Salzmeeres dahin und durchzog am Fuße des
Stierberges entlang nach Osten die Breite des Landes, ¹⁷bis ich an
den Euphratstrom kam. Ich wanderte den Euphrat entlang, bis ich
im Osten das Rote Meer erreichte. Dann zog ich an der Küste des
¹⁸Roten Meeres dahin, bis ich die Zunge des Schilfmeeres erreichte,
welche vom Roten Meer ausgeht. Ich wanderte nach Süden, bis ich
den Fluß Gichon erreichte, ¹⁹kehrte heim und kam in Frieden zu
meinem Hause zurück und fand alle meine Leute wohlauf. (Dann)
ging ich hin und ließ mich bei den Eichen von Mamre nieder, das bei
Hebron liegt, ²⁰(und zwar) nordöstlich von Hebron. Dort baute ich

einen Altar und brachte auf ihm dem Höchsten Gott Brandopfer
und Speisopfer dar. Und ich aß und trank daselbst, [21]ich und alle
Leute meines Hauses und ich sandte (auch) eine Einladung an
Mamre, Arnam und Eskol, die drei amoritischen Brüder, meine
Freunde, und sie aßen mit mir zusammen [22]und tranken mit mir.
[23] [a]Vor diesen Tagen war Kedorlaomer, der König von Elam, Am-
raphel, der König von Babel, Arjoch, der König von Kaphtok und
Tideal, der König von Gojim, das [24]ist vom Zwischenstromland,
gekommen und führten Krieg mit Bero, König von Sodom, mit
Birsa, König von Gomorrha, [25]mit Sineab, König von Adma, mit
Schemiebed, König von Zeboin, und mit dem König von Bela. Alle
diese kamen im Tale von Siddim zum Kampfe zusammen. Aber es
gewannen der König von [26]Elam und die Könige, die mit ihm waren
die Oberhand über den König von Sodom und alle seine Verbündeten und er legte ihnen Tribut auf. Zwölf Jahre lang [27]lieferten sie
ihre Abgabe an den König von Elam, aber im dreizehnten Jahr
empörten sie sich wider ihn. Im vierzehnten Jahr brachte der König
von Elam alle [28]seine Verbündeten (zusammen) und sie zogen den
Weg durch die Wüste herauf und schlugen nieder und plünderten
vom Euphratstrom an. Sie schlugen die Rephaiter von Astaroth-
[29]Karnajim, die Zumzamiter von Ammon, die Emiter von Schaweh-
Kirjoth und die Horiter auf den Bergen von Gebal, bis sie El-
[30]Paran erreichten, das in der Wüste liegt. Und sie kehrten um [. . .
. . .] . . . . [. . . —— . . .] in Hazazon-Thamar. [31]Da zog
der König von Sodom aus, um ihnen zu begegnen und der König
von [Gomorrah und der Kö]nig von Adma, der König von Zeboim
und der König von Bela (ebenfalls) [. . . . . .] Schlacht [32]im Tale
vo[n Siddim] gegen Kedorla[omer, König von Elam und die
Könige], die mit ihm waren. Aber der König von Sodom wurde
geschlagen und floh und der König von Gomorrah [33]fiel in die
(Asphalt-)Gruben [. . . —— . . .] der König von Elam allen Besitz von Sodom und von [34][. . . —— . . .] und führten in die Gefangenschaft fort Lot, den Neffen

XXII.

[1]Abrams, der in Sodom mit ihnen zusammengewohnt, sowie seinen
ganzen Besitz. Einer aber von den Hirten [2]der Herde, die Abram
dem Lot gegeben hatte, welcher der Gefangenschaft entronnen war,
kam zu Abram und Abram wohnte damals [3]in Hebron. Und der tat

---

[a] vgl. 1. Mos. 14

ihm kund, daß Lot, der Sohn seines Bruders und all sein Besitz gefangen fortgeführt wurden, daß er aber nicht getötet wurde und daß
⁴die Könige auf dem Weg des großen Tales nach ihrem Lande fort-
gezogen sind, indem sie Gefangene machten, plünderten und nieder-
schlugen und ⁵nach dem Lande Damaskus zogen. Und Abram weinte
über Lot, den Sohn seines Bruders. (Dann) aber ermannte sich
Abram, erhob sich ⁶und erwählte 318 kampferlesene Männer von
seinen Knechten aus und Arnam, ⁷Eskol und Mamre zogen mit ihm.
Er verfolgte sie bis er Dan erreichte und fand sie ⁸lagernd im Tale
von Dan. In der Nacht überfiel er sie von (allen) vier Windrich-
tungen, tötete (viele) ⁹unter ihnen in der Nacht und zerschlug sie.
Er verfolgte sie und sie alle flohen vor ihm, ¹⁰bis sie Helbon erreichten, das zur Linken von Damaskus liegt und er errettete von
ihnen alle, die gefangen worden, ¹¹alles, was sie geplündert hatten,
all ihr Gut, auch Lot, den Sohn seines Bruders rettete er und seine
ganze Habe und alle ¹²Gefangenen, die sie fortgeführt hatten,
brachte er zurück. Als der König von Sodom hörte, daß Abram alle
Gefangenen ¹³und die ganze Beute zurückbringt, da zog er ihm entgegen und kam nach Salem, das ist Jerusalem. Abram aber lagerte
im Tale ¹⁴von Schaweh, das ist das Königstal, die Talebene von Beth-
Karma. Da brachte Melchisedek, der König von Salem, ¹⁵Speise und
Trank für Abram und alle Männer, die mit ihm waren, heraus. Er
war Priester des Höchsten Gottes und segnete ¹⁶Abram und sprach:

»Gepriesen sei Abram dem Höchsten Gott,
    dem Herren von Himmel und Erde
und gepriesen sei der Höchste Gott,
    ¹⁷der deine Feinde in deine Hand überliefert!«

Und er[a] gab ihm den Zehnten von allen Besitztümern des Königs
von Elam und seiner Verbündeten.
¹⁸Darnach nahte der König von Sodom und sprach zu Abram:
»Abram, mein Herr! ¹⁹Gib mir die Leute, die mir gehören, die als
Gefangene bei dir sind, welche du errettet hast vor dem König von
Elam, ihr ganzer ²⁰Besitz aber soll dir bleiben.«
Darauf sprach Abram zum König von Sodom: »Ich erhebe ²¹meine
Hand an diesem Tag (zum Schwur) zu dem Höchsten Gott, dem
Herrn des Himmels und der Erde, daß ich von der Nadel bis zum
Sandalenriemen ²²nichts nehmen werde von all dem, was dir gehört,
auf daß du nicht sagest: von meinem Besitz stammt aller Reichtum

---

a Abram

²³Abrams; ausgenommen, was die jungen Männer, die mit mir sind,
schon verzehrt haben und abgesehen vom Anteil der drei Männer,
die ²⁴mit mir gezogen sind. Diese sollen (selber) über ihren Anteil
verfügen, (ihn) dir zu geben.« So brachte Abram allen Besitz und
alle ²⁵Gefangenen zurück und gab sie dem König von Sodom und
alle Gefangenen, die mit ihm aus diesem Lande waren, ließ er frei
und schickte sie alle fort.

²⁷Nach diesen Begebenheiten erschien Gott dem Abram in einem
Gesicht und sprach zu ihm: »Siehe, zehn Jahre sind nun ²⁸vollendet
seit dem Tage, da du von Haran ausgezogen, zwei hast du hier
verbracht[a], sieben in Ägypten und eines, ²⁹seitdem du aus Ägypten
zurückgekehrt bist. Nun prüfe und zähle alles, was dir gehört und
sieh, welch ein Vielfaches von ³⁰all dem, was mit dir fort ist am Tag
deines Auszugs aus Haran! Nun fürchte dich nicht, ich bin bei dir
und werde dir ³¹Stütze und Stärke sein. Ich bin ein Schild über dir
und will dich schützen (?) gegen den, der stärker ist als du. Dein
Reichtum und dein Besitz ³²wird überaus zunehmen.«

Und Abram sprach: »Herr Gott! Ich habe viel Reichtum und Güter,
aber was soll mir ³³dies alles? Nackt werd ich (einmal) sterben und
ohne Söhne dahingehen und einer meiner hausgeborenen Sklaven
wird mich beerben, ³⁴ Eliezer, der Sohn [. . . —— . . .] wird mich
beerben.«

Aber Er sprach zu ihm: »Mitnichten wird dich dieser beerben, vielmehr
der, welcher hervorgehen wird [. . . . .
. . . .

---

[a] oder: gearbeitet (?)

1Q 14

Ein Michakommentar

Fragment 1—5

¹J]ahwe[a] [der Herr wir]d gegen euch sein ²als Zeuge, der Herr von seinem heiligen Tempel aus, denn siehe, Ja[hwe[a] bricht auf von] seiner Stätte ³[und steigt herab auf die Hö]hen der Erd[e. Es zerschmelzen die Berg]e unte[r ihm und die Täler] sie [spalten] sich, ⁴wie Wa[chs vo]r dem Feu[er, wie] Wasser, ausgeschüttet am Abhang. Um der Missetat Jako[bs willen (geschieht) all ⁵]die[s und wegen der Sün]de des Hauses Israel. (Micha 1,2—5)

Frg. 6—7

². . . . . . — . . . am] Ende der [Tage . . . — . . . .

³. . . — . . .] die Einfältig[en . . . . — . . .] . . . . . Seine Herrlichkeit [. . .

⁴. . . . d]ie dadurch [. . . — . . .] die überschritten [. . . — . . .

Frg. 8—10

¹[. . . — . . .] durch die Missetat ²[Jakobs (geschieht) all dies und wegen der Sünde des Hauses Israel. Was ist die Missetat Ja]kobs? Ist es nicht ³[Samarien? Und was sind die Höhen Judas, sind sie nicht Jer]usa[lem? So mache ich Samarien ⁴zum Steinhaufen im Felde, zum Pflanzland für Reben (Micha 1,5—6)]. Seine Deutung bezieht sich auf den Lügenprediger, ⁵[da er die] Einfältigen [verführt (?)]. Und was sind die Höhen Judas? [Sind sie nicht Jerusalem? Seine Deutung geht a]uf den Lehrer der Gerechtigkeit, da er ⁷[. . . . . .] und al[le]n, die willig sind, hinzugefügt zu werden zu den Erwählten ⁸[. . . . . . .] in der Gemeinschaft der Einung, die errettet werden vor dem Tag ⁹[des Gerichts . . . — . . . — . . . — ¹⁰. . . —. Und wenn es heißt: So mache ich Samarien zum] Steinhaufen [im] Felde, ¹¹[zum Pflanzland für Reben, stürze seine Steine zu Tal und lege seine Grundfesten bloß. Al]le [seine Bil]der (Mi. 1,6—7a) [. . . — . . . — . . . .

---

[a] in althebräischer Schrift

Frg. 11

[1] . . . . . die Priester (?) Jeru]salems, die da verführ[en . . .

[2] . . — — . . .] seine Feinde. *Barfuß und bl[oß* . . . — — . . .

[3]*Denn er reicht bis nach Juda, er schlägt an] das Tor meines Volkes, bis [Jerusalem* (Mi. 1,8—9) . . . — — . . .

[4] . . — — . . . wird] richten [seine] Feinde [. . . — — . . .

[5] . . — — . . .] ihm untreu zu werden [. . . — — . . .

Frg. 12

[2] . . — — . . .] Seine Herrlichkeit von Seir [. . . — — . . .

[3] . . — — . . . de]nn Gott[a] zieht aus von [. . . — — . . .

Frg. 13—16 (nur geringe Reste)

Frg. 17—19

[2] . . . . *du wirst säen, aber nicht] ernten, d[u wirst Oliven keltern,* [3]*aber mit Öl dich nicht salben, und Most, aber den [Wein ni]cht trinken. [Du hast dich an die Satzungen Omris gehalten* [4]*und an alle Taten des Hauses Ahabs, ihr gin]get nach ihren Ratschlägen, auf [daß ich dich zur Wüste mache* [5]*und ihre Bewohner zu etwas, worüber man zischt* (Mi. 6,14—16). Seine Deutung] bezieht sich auf das letzte Geschlecht [. . . — — . . . — — . . . — — . . . — —
. . .

---

[a] in althebräischer Schrift

1Q 22

Worte des Mose

I.

[1][Und es rief Got]t dem Mose [im vierzigsten] Jahre seit dem Aus-
zu[g der I]sra[eliten aus dem Lande Ä]gypten, im [el]ften Mo-
[nat], [2]am ersten Tage des [Mon]ats, folgendermaßen zu: »[Ver-
sammle d]ie ganze Gem[ein]de und steige au[f den Berg Nebo] und
stell dich [dor]t hin, du [3]und Elea[zar, der Soh]n Aar[ons.] Er-
klä[re den Häuptern der Va]terhäuser, den Leviten und allen den
[Priestern] und befiehl [de]n Söhnen [4]Israe[ls die Wo]rte des Gesetzes, die ich [dir] befohlen habe am Berge Sinai, daß du sie ihnen
zu Ohren befehlest. [5]Richte alles woh[l aus], was ich von ihnen
[. . . . . .] und r[ufst wider] sie [zu Zeugen] den Himmel und
[die Erde, den]n sie [werden] nicht [lie]ben, [6]was ich [ihnen] befohlen, s[ie] und [ihre] Söhne, alle Tage, da sie im [Fruch]tland
[leben werden, denn] [7]ich kündige an, daß sie [mich] verlassen und
die [Scheusale der He]id[en er]wählen [werden und] ihre [Gr]euel
und [Gö]tzen. Sie [werden] den [8]Gö[tz]en dienen und (die) werden
zu Fal[le und] Fangholz. Sie werden [. . . . . .] über[treten] und
den Sabbath des Bundes [und die Festzeiten], die [9]ich dir heute
befehle, [daß sie] sie tun, [so daß ich] sie [schl]agen werde mit
einem gewaltigen [Schlag] inmitten [des] Landes, wohin sie hin-
überziehen [10]über [den Jo]rdan, [um] es [in Besitz zu] nehmen. Es
wird geschehen, daß alle Flüch[e] ü[ber] sie kommen werden und sie
erreichen werden bis zu ihrem Untergang und bis [11]zu ihrer Ver-
[tilgung] und sie werden erkennen, [daß] Zuverlässiges an ihnen
voll[bracht] wurde.
Und es rief Mose den Eleazar, den Sohn [12][Aarons] und den Josu[a,
den Sohn Nuns und sprach zu] ihnen: »Saget [alle Worte des Gesetzes bis sie] zu Ende sind auf.« [Schweige,

II.

I]srael und höre! Diesen Tag sollst du Gott, deinem [Gott] [zum
Vol]ke [werden]. Du sollst [meine Gesetze] und meine Bezeugungen [und meine Geb]ote be[wahren], die [2][ich] dir [he]ute befehle,

auf daß du [sie erfülle]st. [So] wie du den [Jordan] überschreitest,
damit ich dir die großen [und gut]en [Städ]te [gebe] ³und die
Häuser, voll alle[n Gutes, die Weinberge und Ölbäume], die [du]
ni[cht gepflanzt und die ausgehau[enen Zis]ternen, die du ni[cht
⁴aus]gehauen; und (wenn) du ißt und satt wirst, [(dann) hüte dich!]
Warum soll dein [He]rz hochmütig werden und solltest du ver-
g[essen, w]as ich dir heute [befohlen] habe? [⁵Denn] das ist [dein]
Leben und [deines] Lebens Länge!

Und Mose [rief] und [sprach zu den Isr]aeliten: »Das sind (nun)
vierzig ⁶[Jahre seit] dem Tag unseres Au[szuges] aus dem Lande
[Ägypten und] heute hat [Go]tt, unser Gott, [di]ese [Wo]rte aus
Seinem Munde hervorgehen lassen, ⁷[alle] Seine [Satz]ungen ᵃ[und]
alle Seine Sat[zungenᵃ. Wi]e sollte [ich allein] eure Bürde und
[eure] Last [und euren Streit] tragen? Es soll, ⁸[wenn] ich damit
[fertig] bin, den Bund (zu schließen) und den We[g] zu befehle[n,
de]n ihr gehen sollt, geschehen, [daß ihr euch Weise bestellt, die es
be]sorgen, ⁹[euch und] euren [Söhnen] alle diese Worte des Ge-
se[tzes] zu erklären. Nehmet euch für euer Leben ja [se]hr in [acht,
daß ihr sie erfüll]t. [Warum soll] der Zorn [eures Gottes] wider
euch entflammen und entbrennen, ¹⁰daß Er den Himmel oben davor
zurückhält, au[f e]uch regnen zu lassen und das [Wasser] unt[erhalb
der Erde, um] euch ¹¹ihren [Ertr]ag [zu] geben?

Und Mose [fuhr fort] zu den Söhn[en Israe]ls [zu re]den: »Dies
sind die Geb[ote, die euer Gott befohlen] hat, sie zu erfüllen [. . .
. . . ▬▬ . . . ▬ . . . ▬ . . . .

III.

¹[Nach einem Zeitraum von sieben Ja]hren sollst du den Sabbath
[des Landes halten und (der Ertrag) des] Lan[des soll dir] zur
Speise dienen, di[r und dem Vieh und dem Getier] des Fel[des ²diene
es zur Spei]se. [Und das üb]rige sei für [die Armen von] deinen
[Brüdern], die im [Lande sind. Keiner soll sein Feld] besä[en und
seinen Weinberg] beschneiden. ³[Keiner soll das Wildgewachsene
seiner Ernte schneiden] und sich [etwas] einsammeln. Du sollst al[l
diese Worte des] Bundes [beachten, ⁴um sie zu erfüllen]. Und es soll
sein, wenn [du wirklich hörst], um [diese Gebote] zu erfüllen, daß
du [in] dies[em Jahr] die Darlehen erlas[sest. ⁵Jeder Schuldherr,
soll das, was er] jemandem [geliehen hat] und [was ihm gehört bei
seinem Bruder], seinem Nächsten erl[assen], denn ⁶[ein Erlaß ist

---

ᵃ — ᵃ Doppelschreibung

ausgerufen] für Gott, euren [Gott]. Den Fremd[ling mag er drängen, aber seinen Bruder] soll er nicht [drängen], denn in [diesem]
Jahr [7][wird euch G]ott [segnen, indem Er euch eure] Sünden [er-
läßt . . . — . . . — . . . — . . . [8-9](nur geringe Reste)
. . . . . ha]ben umhergeirrt [10][in der Wüste] eure [Vä]ter bis zum
[zeh]nten Tag des Monats [. . . — . . . — . . . am ze]hnten
[Tag] des Monats [11][soll jede Arbeit] untersagt sein. Am zeh[nten]
Tag [des] Monats wird erlassen [. . . — . . . ——] des Monats
[12][. . . . . und es] nehmen [die Priester die beiden Böcke . . .

IV.

[1]in der Gemeinde der Göttlichen [und im Kreise der Hei]ligen und
in [. . . . . . .] . . . . . [für die Söhne Isra]els und für das La[nd.
[2]Und er soll] von [seinem Blut nehmen und] auf die Erde gießen
[. . . — . . . — . . . [3] . . . . . und es wird] für sie
entsühnt dadurch [. . . . . Und es sprach] Mose [folgender-
maßen]: »Tut [. . . — . . . [4] . . . — ewig]e Gesetze für
[eure] Geschlechter [. . . — . . . ——] und am Tage [. . .
— . . . — . . . [5] . . . . . .] nehme der [Priester . . . —
. . . ——] die Söhne Isra[els . . . . . . [6] . . . . . und al]les, was
[. . . — . . .] die [. . . . . . [7] . . . . . .] für das Jahr [. . .
— . . . .] die Seele, die [. . . . . . [8] . . . . . .] im Buche [. . .
— . . . .] ich, der Priester [. . . . . ([9-11]nur mehr geringe Reste)
. . . .

1Q 27

Aus dem »Buch der Geheimnisse«

I.

[1][. . . —— . . .] alle [. . . —— . . .

[2]. . . —— . . . Wahr]heit . . . . Geheimnisse der Sünde

[3][. . . —— . . .] . . . . und kennen nicht das kommende Geheimnis und sehen die früheren Ereignisse[a] nicht ein. Sie [4]erkannten nicht, was über sie kommen wird und (können) ihr Leben nicht erretten aus dem kommenden Geheimnis.

[5]Und dies sei euch zum Zeichen, daß es geschehen wird, wenn die Geburtswege des Unrechts verschlossen werden, daß der Frevel vor dem Recht weichen wird, so wie die Finsternis vor [6]dem Lichte weicht. Und wie eine Wolke vergeht und nicht mehr ist, so wird der Frevel für immer enden und die Gerechtigkeit wird offenbar wie die Sonne als Ordnungs(prinzip) [7]der Welt. Alle, die da die wunderbaren Geheimnisse aufhalten, werden nicht mehr sein, Erkenntnis wird die Welt erfüllen und auf immer wird dort keine Torheit (mehr) sein. [8]Verläßlich trifft das Wort ein und wahrhaftig ist der Ausspruch und daraus sei euch bekannt, daß es nicht rückgängig wird. Hassen nicht [9]alle Völker das Unrecht? Und (doch) geht es durch sie alle um! Ergeht nicht aus aller Völker Mund die Kunde der Wahrheit? [10]Gibt es aber eine Lippe oder Zunge, die daran festhielte? Welches Volk möchte, daß ein stärkeres sie bedrücke? Wer [11]möchte, daß durch Freveltat sein Besitz geraubt werde? (Aber) welches Volk ist's, das nicht [seinen] Nachbarn bedrückt? Wo ist ein Volk, das nicht [12]Besitz raubt [. . . —— . . . —— . . .

II.

[1][. . . —— . . .] [2][. . . —— . . .] Trug sinnen sie . . . . [. . . —— . . .] [3]. . . [. . .] . . . . . was ist denn der Vorteil für [. . . —— . . .] [4]sondern der gut handelt und derjenige, der böse handelt, wenn . . . . . . [. . . —— . . .] [5]wird ihm nichts gelingen. Desgleichen das ganze Gut seines Vermögens, wenn . . . . . . [. . . —— . . .] [6]ohne Geld und verkauft ohne Kaufpreis, denn [. . .

---

[a] die Frühgeschichte

—— . . .] [7]was [. . . . . .] . . . . ., wenn nicht alle [. . . ——
. . .] [8]Wert und ke[in Kauf]preis kommt gleich dem [. . . ——
. . .][a] [10]für alle Völker und ein Panier [. . . —— . . .] [11]*Gott*[b]
kennt alle [. . . —— . . . —— . . .]

---

[a] Zeile 9 unbeschrieben
[b] in althebräischer Schrift

1QSa (1Q 28a)
(Ein Entwurf für das Israel der Endzeit)

I. **Dies** ist die Ordnung für die ganze Gemeinde Israels am Ende der Tage, wenn sie sich sammeln [zur Einung (?), um zu wan]deln ²nach der Entscheidung der Söhne Zadoks, der Priester und der Männer ihres Bundes, die abgewich[en sind vom Wandel auf] dem Wege ³des Volkes. Sie sind die Männer Seines Rates, die Seinen Bund inmitten des Frevels wahrten, um [für das Lan]d [zu entsüh]nen.

⁴Wenn ⟨sie⟩ kommen, sollen sie alle, die kommen, versammeln, vom Kind bis zu den Frauen und [ihnen] zu O[hren ⁵al]le die Gesetze des Bundes vorlesen und sie unterweisen in all ihren Satzungen, damit sie sich in [ihre]n Ir[rtümern] nicht vergehen.

Dies ist die Ordnung für alle Abteilungen der Gemeinde, für jeden Vollbürger in Israel. Von [seiner] Jug[end an ⁶soll man] ihn im Buche HGY [un]terrichten und ihn seinem Alter entsprechend in den Bundesgesetzen unterweisen und ⁸ihn [in Zu]cht [nehmen (?)] in ihren Satzungen zehn Jahre lang, [nachdem er] ins Knabenalter (?)ᵃ [ge]kommen. Als Zwanzigjährige[r tritt er ⁹zu] den Gemusterten über, um in das Los inmitten seiner Familie zu kommen für die Einung in der heiligen Gemein[de]. Er [nähere sich] aber nicht ¹⁰einem Weibe, um mit ihr Umgang zu pflegen, es sei denn, daß er volle zwanzig Jahre ist, da er um [Gut] ¹¹und Böse weiß. Dann wird ⟨er⟩ᵇ auch angenommen, so daß er (?)ᶜ (wegen) Gesetzesbestimmungen (?) Zeugnis ablegen kann und er bei der Verkündung der Rechtssprüche anwesend sein darf. Und wenn sich ihm erfüllt . . . . . .ᵈ Als Fünfundzwanzigjähriger kommt er (dazu), in die »Grundlagen«ᵉ ¹³der heiligen Gemeinde einzutreten, um den Dienst der Gemeinde zu versehen. Mit dreißig Jahren rückt er auf zur Teilnahme am Prozeß- ¹⁴und Rechtswesen und zur Einnahme einer Stelle unter den Häuptern der Tausendschaften Israels, bei den

---

ᵃ unsicheres Wort
ᵇ Text: sie
ᶜ oder: so daß man (gegen) ihn (wegen) . . . ?
ᵈ Lücke im Text oder Fehlansatz des Schreibers
ᵉ die Gruppen der Vollbürger (?)

Kommandanten der Hundertschaften, den Kommandanten der Fünfzigergruppen, [15][den Kommandanten] der Zehnergruppen, den Richtern und Amtleuten nach ihren Stämmen in all ihren Sippen, [(und zwar) nach der Weis]ung der Söhne [16][Aar]ons, der Priester und aller Familienhäupter der Gemeinde, (von denen) die Entscheidung (das Los) ausgeht über das Einneh[men von Posten] in den (verschiedenen) Dienstarten [17][und für das Au]s- und Eingehen vor der Gemeinde[a]. Je nach seinem Verstande zusammen mit der Vollkommenheit seines Wandels gürte er sich für [seinen] Post[en, um auszu]üben [18]den Dienst seiner Aufgabe inmitten seiner Brüder, [je nachdem, ob] mehr oder weniger [im Verhältnis zu]einander, so sollen sie gegenseitig geehrt werden. [19]Und wenn einer in die Jahre kommt, so gebe man ihm seiner Fähigkeit entsprechend seine Aufgabe innerhalb des [Dien]stes der Gemeinde.

Aber kein Törichter [20]soll in das Los kommen, um sich über die Gemeinde Israels zu stellen, sei es in Bezug auf das Proz[eß- und Re]chtswesen, oder um die Last[b] der Gemeinde auf sich zu nehmen [21]oder eine Stelle im Krieg zur Unterwerfung der Völker einzunehmen. Lediglich in die Abteilungsordnung trage er seine Familie ein [22]und im Pflichtdienst soll er seiner Arbeit entsprechend seinen Dienst ausüben.

Die Leviten sollen ein jeder auf seinem Posten stehen, [23]um nach der Weisung der Aaroniden die ganze Gemeinde ein- und auszuführen, jeden in seiner Rangordnung, unter der Leitung der Häupter der [24][Va]terhäuser der Gemeinde, nach Kommandanten und Richtern und Amtleuten entsprechend der Zahl aller ihrer Abteilungen, nach der Weisung der Söhne Zadoks, der Priester [25][und aller Hä]upter der Vaterhäuser der Gemeinde.

Wenn ein Aufgebot ergeht für die ganze Versammlung zu Rechtsprechung oder zum Gemeinschaftsrat oder zur Mobilmachung, dann sollen sie sich drei Tage heiligen, damit jeder, der da kommt, [27]bere[it sei da]für.

Das sind die Männer, die zum Gemeinschaftsrat einberufen werden. Von zwan[zig Jahren . . . . *(Lücke?)* . . . .] Alle [28]W[eisen] der Gemeinde und die Verständigen und Kundigen, die Vollkommenen des Wandels und die Offiziere mit [den Anführern der Stä]mme und all ihre Richter und Amtleute, die Tausendschaftskommandanten und die Kommandanten der [Hundertschaften] (II) [1], der Fünf-

---

a atl. Bezeichnung für die Funktion des Anführers
b vgl. 4. Mos. 11,17

zigergruppen und Zehnergruppen und die Leviten, (jeder) i[n der
Abte]ilung seines Dienstes. Dies sind ²die Männer des Namens, die
zur Versammlung Berufenen, die sich zusammenfinden zum Gemeinschaftsrat in Israel ³vor den Söhnen Zadoks, den Priestern.
Jedermann, der mit einer von all den Unreinheiten ⁴des Menschen
geschlagen ist, darf nicht in die Versammlung Gottes (?)ᵃ kommen
und keiner, der damit geschlagen ist, soll ⁵eine Stellung inmitten der
Gemeinde einnehmen. Jeder, der an seinem Fleische geschlagen, ein
an Füßen ⁶oder Händen Gelähmter oder Hinkender, Blinder, Tau-
ber, Stummer oder einer mit einem sichtbaren Makel an seinem
Fleische Geschlagener ⁷oder ein alter hinfälliger Mann darf sich
nicht (in einer Stellung) in der Gemeinde halten, ⁸es dürfen diese
(vielmehr) nicht ko[mmen], um sich mitten [in] die Gemeinde der
Männer des Namens zu stellen, denn die heiligen Engel ⁹sind [in]
ihrer [Gemei]nde. Und wenn [einer von d]iesen dem heiligen Rat
etwas zu sagen hat, ¹⁰so [sollen sie es] von ihm erfragen, aber es
darf dieser Mann nicht mitten [in die Gemeinde] kommen, denn
geschlagen ¹¹ [ist] er.
[Dies ist die Sitzo]rdnung der Männer des Namens, der zur Versammlung Berufenen, für den Gemeinschaftsrat, wenn geboren wird
(zeugt?) [. . . (Textlücke?) . . .] der Messias, mit ihnen komm[en
der Priester, das] Haupt der ganzen Gemeinde Israels und alle
¹³Fa[milienhäupter der Söhne] Aarons, der Priester, [die] zur Versammlung [Berufenen], die Männer des Namens und sitzen ¹⁴vo[r
ihm ein jeder] nach seiner Würde. Danach si[tzt der Mess]ias von
Israel und vor ihm sitzen die Häupter ¹⁵der Ta[usendschaften
Israels, je]der nach seiner Würde, entsprechend [seinem] Po[sten]
in ihren Lagern und je nach ihren Lagerstationen und alle ¹⁶Häupter
der Va[terhäuser der Gemei]nde mit den Wei[sen der heiligen
Gemeinde (?)] sitzen vor ihnen, jeder nach ¹⁷seiner Würde.
Und [wenn sie] sich [zum] gemeinschaftlichen [Ti]sch zusammenfinden, [oder um den We]in [zu trinken] und der Tisch ¹⁸der Einung
bereitet und [der We]in zum Trinken [eingeschenkt] ist, soll niemand seine Hand nach dem ersten Teil ¹⁹des Brotes und [des Weines]
vor dem Priester ausstrecken, denn [er se]gnet den ersten Teil des
Brotes ²⁰und des Weines [und er streckt] seine Hand zuerst nach dem
Brote aus. Dan[ach str]eckt der Messias von Israel seine Hände
²¹nach dem Brot aus [und danach seg]net die ganze Gemeinde der

---

ᵃ oder: in *diese* Versammlung?

Einung, je[der nach] seiner Würde. Nach dieser Bestimmung sollen
sie verfahren ²²bei jeder Zur[üstung, wenn] sie sich zu (mindestens)
zehn Männ[ern zu]sammenfinden.

1QSb (1Q 28b)
(Segensformeln)

I.

¹Die Worte des Sege[ns] für den Verständigen, um die [Gottes]-
fürchtig[en] zu segnen, [die] Seinen Willen [tun], Seine Gebote
halten ²und an Seinem heiligen Bu[nd]e festhalten und [auf allen
Wegen] Seiner [Wahr]heit vollkommen wandeln. Er erwählt sie für
den Bund ³der Ewigkeit, d[er] dauernd Bestand [haben wird]:
Es segne dich der H[err von Seiner heiligen Wohnstatt aus (?) und
die] Quelle der Ew[ig]keit, ⁴die u[ntrügli]che, öffne Er dir vom
Himmel her [. . . — . . .] ⁵in deine(r) Hand [. . . . . . und
beg]nade dich mit allen [himmlischen] Segnun[gen und belehre
di]ch in dem Wissen der Heilig[en . . . . . . ⁶. . . . . . Que]lle
der Ewigkeit, die nicht [das lebendige Wasser den] Dürstenden
[vorenthält]. Und Du [wirst . . . . ⁷. . . — . . . ret]te Er
dich aus allen [. . . . . .] ihren Haß ohne R[est . . . . . . ⁸. . .
. . . (I, 8 — II, 21 nur geringe Reste) . . . .

II.

²². . . . .] sei dir der Herr darin gnädig [. . . — . . .
²³. . . . .] . . . ergötze Er dich und schenke di[r . . . — . . .]
²⁴Er begnade dich mit heiligem Geist und Hul[d . . . — . . .]
²⁵den Bund der Ewigkeit schenke Er dir und . . . [. . . — . . .]
²⁶und Er sei dir gnädig im gerechten Gericht [. . . — . . .]
²⁷und Er sei dir gnädig in all deinen Taten [. . . . . .] und in allen
[. . . — . . . ²⁸. in] ewiger Wahrheit [. . . — . . .] über
alle [Deine?] Nach[kommen . . . .]

III.

¹Der Herr erhebe Sein Angesicht auf dich und den ange[nehmen]
Duft [deiner Schlachtopfer möge Er riechen (?). A]l[le], die an
[Dein]em Pries[tertum] teilhaben, ²erwähle Er und Er suche heim
all deine Heiligen, zum Zeit[punkt . . . — . . .] deine ganze
Nachkommenschaft.
[Er erhe]be ³Sein Antlitz auf deine ganze Gemeinde, Er hebe auf
dein Haupt [. . . — . . .] ⁴in [dauernder] Herrlichkei[t und

h]eilige deine Nachkommenschaft in ewiger Herrlichkeit, Er er-
h[ebe Sein Antlitz auf . . . — . . .] [5] . . . . [. . . . .]. E[wi]-
gen [Frie]den gebe Er dir und die Herrschaft [. . . — . . .
[6] — . . .] aus dem Fleische und mit den he[iligen] Engeln [. . .
— . . .] [7] Er kämpfe [vor (?)] deinen Tausendschaften [. . . . .]
Geschlecht des Freve[ls . . . — . . . — . . .]
(Zl. 8—17 zerstört)
[18] . . . — . . . um] dir [zu unter]werfen vi[el]e Na[tione]n.
Nicht [19] [. . . — . . .] aller Reichtum der Welt, um dich [. . . .
. . .] aus der Quelle [20] [. . . — . . .] ihn suchen, denn Gott hat
festgelegt alle Fundamente [21] [. . . — . . .], gründete Er deinen
Frieden für immer und ewig.
[22] Die Worte des Segens für den Ve[rständigen, um] die Söhne
Zadoks, die Priester [zu segnen], welche [23] Gott erwählt hat, um
Seinen Bund für [ewig] zu festigen [und] alle Seine Satzungen inmitten Seines Volkes [zu pr]üfen und sie zu belehren, [24] so wie Er es
befohlen, (daß sie) [Seinen Bund] in Wahrheit aufrichten und in Gerechtigkeit alle Seine Gesetze beachten und so wandeln, wie [25] Er es
erwählt:
Es segne dich der Herr von Seiner [hei]ligen [Wohnstatt] aus
          und setze dich voller Pracht in die Mitte [26] der Heiligen.
Den Bund des [ewigen] Priestertums [ern]euere Er dir
          und gebe dir deinen Platz [an der] heiligen [Stätte].
[27] Er ri[chte] durch deine Taten [al]le die Edlen
          und mit dem Erguß deiner Lippen alle [Fürsten] [28] der Völker.
Er gebe dir zum Erbe die ersten (unter) [allen Kostbar]keiten
          und segne durch dich das Vorhaben alles Fleisches.

                                   IV.

[1] und an den Schri[tten deiner Füß]e habe Er Gefallen [. . . —
. . .] Menschen und Heilig [. . . — . . .] [2] werde er [mit ihm]
gezählt und Er nehme Anteil an ihm und die Kro[ne . . . . . .
Me]nschen und durch die Vergnügung[en . . . . . . ew]ige [3] Seg-
nungen als Krone deines Hauptes, heil[ige . . . — . . . —
. . . — . . . — . . . (Zeile 4—19) . . . — . . . [20] . . .
. . .] ihm zu prüfen [. . . — . . . [21] . . . — . . . u]m ihn auf
[ihren] Angesichtern [. . . — . . . [22] . . . — . . .] dich und
spreche dich gerecht von allen [. . . . . . denn] Er hat dich erwählt
[. . . . . .] [23] an der Spitze der Heiligen zu stehen und dein Volk
zu se[gnen . . . — . . .] . . . . . durch deine Hand [24] die

Männer des Rates Gottes, aber nicht durch die Hand eines Fürsten
. . . . . . [. . . —— . . .] untereinander.

Du bist [25]wie ein Angesichtsengel an der heiligen Wohnstatt, zur
Ehre des Gottes der Heerschar[en . . . . . .] ringsum als Diener
im Palaste [26]des Königtums und das Los werfend mit den An-
gesichtsengeln. Ein Gemeinschaftsrat [mit den Heiligen] für ewige
Zeit und für alle Perioden der Ewigkeit, denn [27][Wahrheit sind
all (?)] Seine Gerichte. Er mache dich zum Heiligtum in Seinem
Volke und zur Leuchte [. . . . . .] für den Erdkreis durch Erkenntnis und zu erleuchten das Angesicht vieler [28][. . . . . .] als Krone
fürs Allerheiligste. Denn [du h]eilig[st] Ihn und ehrst Seinen
Namen und Seine Heiligen [. . . . . .

V.

. . . . (1—17 nur geringe Reste) . . . —— . . . —— . . .
[18]zu] ew[iger] Zeit [und] zu immerwährenden Zeiten. Deine Herrlichkeit [. . . . . .] nicht [. . . —— . . . [19]Go]tt die Furcht vor
dir [auf] alle, die von dir Kunde vernehmen und deine Pracht [. . .
—— . . .] [20]Für den Verständigen, um den Fürsten der Gemeinde
zu segnen, der [. . . —— . . . . . . [21]. . . . Seine [Stärk]e
und den Bund der [Ei]nung erneuere Er ihm,
    um die Herrschaft Seines Volkes aufzurichten auf ew[ig,
um die Armen in Gerechtigkeit zu richten (?)
    [22]und] in Billig[keit] zurechtzuweisen [die De]mütigen des
                                 Landes.
Vor ihm vollkommen zu wandeln auf allen Wegen [. . . —— . . .]
    [23]und [Seinen heiligen] Bund aufzurichten in der Bedrängnis
               für die, die [Ihn] suchen.
[Es] er[hebe di]ch der Herr zu ewiger Höhe
    und wie einen star[ken] Turm auf hochragender Mauer,
[24]auf daß du [die Völker] mit der Kraft deines [Mu]ndes sch[lägst]
    und mit deinem Szepter die Erde verwüstest,
mit dem Geist deiner Lippen [25]die Frevl[er] tötest,
    [mit] dem Geist des Rat[es] und der ewigen Kraft,
    dem Geist der Erkenntnis und Gottesfurcht.
Es sei [26]die Gerechtigkeit der Gurt [deiner Lenden
    und Treu]e der Gürtel deiner Hüften.
Er mache deine Hörner eisern
    und deine Hufe ehern,

[27]du sollst stoßen wie ein Jung[stier . . . . . .
      und die Völ]ker [zertreten] wie Straßenkot,
denn Gott hat dich zur Zuchtrute der Herrscher bestellt,
      [28]vo[r dir . . . .
      und alle Na]tionen werden dir dienen.
Er wird dich durch Seinen heiligen Namen stärken
      [29]und du wirst wie ein L[öwe . . . . . .] Raub und keiner
                                                    zurückbringt.
Deine [Schn]ellen sollen sich ausbreiten auf [. . . . . .

ANHANG[a]

4QpNah. (2,12–14)
(Ein Kommentar zum Buche Nahum)

[1]. . . . . .] Wohnstatt für die Frevler der Völker.
Wohin sich der Löwe zurückzog, die Löwin, der Jungleu, [2]*[wo
keiner sie aufschreckt.* Seine Deutung geht auf Deme]trius, den
König von Jawan[b], der auf Beschluß derer, »die nach glatten (Leh-
ren) suchen« nach Jerusalem zu kommen trachtete. [3][. . . . . . .]
. . . . . die Könige von Jawan von Antiochus bis zum Auftreten
der Herrscher der Kittäer und danach wird zerstampft [4][. . . . . .]
*Der Löwe, der raubte, daß seine Jungen genug hatten, der für seine
Löwinnen Beute würgte* [5][. . . . . . Seine Deutung] geht auf den
»Löwen des Zornes«, der durch seine Großen und die Männer seines
Anhanges schlägt [6][. . . . . .]
*[Der mit Raub anfüllt] seine Höhle(?) und seine Lagerstätte(n)
mit gerissener Beute.* Seine Deutung geht auf den »Löwen des Zorns«
[7][. . . . . . .] Tod(?) durch (unter denen?) diejenigen, »die nach
glatten (Lehren) suchen«, welcher Menschen lebend aufhängt (oder:
die er als lebendige Menschen aufgehängt hat) [8][. . . . . was man
nicht getan hat(?)] in Israel vorher. Denn über den lebendig ans
Holz Gehängten [he]ißt es: *Siehe, ich will an dich,* [9]*[spricht der
Herr der Heerscharen; ich lasse in Rauch aufgehen dei]n [Lager]
und das Schwert soll deine Jungleuen fressen und [ich will a]us-
tilgen [aus dem Lande den R]aub* [10][. . . . . .] und dein Lager,
das sind die Scharen seines Heeres [. . . . . .] und seine Jungleuen,
sie [11][. . . . .] und sein Raub, das ist der Reichtum, den gesam-
[melt haben die Priest]er von Jerusalem, der (die) [12][. . . . . . .
E]phraim, Israel wird gegeben [. . . . .

4QpPs. 37
(Kommentar zu Ps. 37)
I. (Ps. 37,8—11)

[1]Werden zugrundegehen durchs Schwert, durch Hunger und durch
Pest.

---

[a] wichtige Texte aus der Höhle 4
[b] Könige Griechenlands: für die hellenistischen Herrscher Syriens.

Stehe ab vom Zorn und laß den Grimm, [2]*erhitze dich nicht, du
tätest nur übel. Denn die Bösewichte werden ausgerottet* (37,8).
Seine Deutung geht auf jene, die umkehren [3]zum Gesetz, die sich
nicht weigern, von ihrer Bosheit umzukehren; denn alle, die wider-
streben, [4]von ihrer Sünde umzukehren, werden ausgerottet.
Die aber des Herrn harren, sie gewinnen das Land (37,9). Seine
Deutung: [5]Sie sind die Gemeinde Seiner Auserwählten, der Täter
Seines Willens.
Ein Weilchen noch und der Gottlose ist nicht mehr. [6]*Ich (!) will
genau hinsehen auf seine Stätte, aber er ist nicht mehr* (37,10).
Seine Deutung geht auf den ganzen Frevel am Ende der [7]vierzig
Jahre, da sie vollendet sind und im Lande kein Mann des Frevels
mehr zu finden ist.
[8]*Aber die Demütigen werden das Land gewinnen und ihre Lust
haben an einer Fülle von Heil* (37,11). Seine Deutung bezieht sich
auf [9][alle die] »Armen«, welche die (bestimmte) Zeit der Buße angenommen haben und aus allen Fallen [10][. . . . .] gerettet werden
[. . . . .] des Landes [. . . . .] alle Buße [. . . . .

Ia (Ps. 37,14—15)

[1]. . . . *Es zückten die Frevler das Schwert und spannten ihren
Bogen, den Elenden und Armen zu fällen* [2]*und hinzuschlachten die
redlich wandeln. Ihr Schwert dringt in ihr eigenes Herz und ihre
Bogen werden zerbrochen!* [3]Seine Deutung bezieht sich auf die Frev-
ler von Ephraim und Manasse, die Hand anlegen wollen [4]an den
Priester und an die Männer seines Anhanges zu der Zeit der Läute-
rung, die über sie kommt. Aber Gott wird sie erlö[se]n [5]aus ihrer
Hand und darnach werden sie in die Hand der Gewalthaber der
Völker gegeben werden zum Gericht.

II. (Ps. 37,19—26)

[1]die Büßer der Wüste, die tausend Generationen leben werden in
[. . . —— . . .] Menschen und ihrer Nachkommenschaft in Ewigkeit.
In den Tagen des Hungers werden [sie satt. Denn die Frevler]
[3]*werden umkommen* (37,19). Seine Deutung ist, daß Er sie am Leben erhalten wird während des Hungers und zur Zeit [. . . . .]
[4]werden zugrundegehen durch Hunger und Pest alle, die nicht aus-
gezo[gen sind von . . . . .] [4a]*und die Freunde (!) Jahwes sind
wie kostbare Lämmer* (37,20). Die Deutung [. . . . .] [5]Gemeinde

Seiner Erwählten, die Anführer und Befehlshaber sein werden
[. . . . .] ⁶Kleinvieh mitten ihrer Herden.
⁷*Sie schwinden dahin, wie Rauch schwinden sie hin* (37,20). Seine
Deutung bezieht sich auf die Befehlshaber des [Frev]els, die Sein
heiliges Volk bedrückt haben, ⁸die vergehen werden wie der Rauch
eines Schei[tes] im Wind.
Der Gottlose borgt und bezahlt es nicht, ⁹*der Gerechte ist gnädig
und gibt. Denn [seine] Gesegnet[en werden] das Land gewinnen
und [seine] Verfluchten [werden ver]ti[lgt]* (37,21 f.). ¹⁰Seine Deutung geht auf die Gemeinde der »Armen« [. . . . .] Erbe aller
[. . . . .] ¹¹werden in Besitz nehmen den Berg der Höhe Isr[aels
. . . . .] Seiner Heiligkeit sich ergötzen [. . . . .] ¹²werden
ausgerottet. Sie sind die Gewalttäter [. . . . .] Frevler Israels,
die ausgerottet und vertilgt werden ¹³für ewig.
¹⁴*[Von Jahwe werden die Schritte des Mannes geleitet und] sein
[ganzer W]eg gefällt ihm, wenn er f[ällt,* ¹⁵*stürzt er doch nicht
hin, denn Jahwe stützt seine Hand* (37,23)]. Seine Deutung geht
auf den Priester, den Lehrer der [Gerechtigkeit . . . . . . ¹⁶. . . . .]
ihn bestellt hat, Ihm zu erbauen eine Gemeinde [der . . . . . .
¹⁷. . . . . *ich bin jung gewe]sen und bin alt geworden, aber nie
[sah ich den Gerechten* ¹⁸*verlassen und seine Nachkommen nach
Brot gehen. Allzeit] ist er mildtätig und leiht und [seine] Nach-
kom[men werden zum Segen . . . . . ¹⁹. . . . .]* Gott [. . . . .

IIb (Ps. 37,32—33)

¹*Der Gottlose späht nach dem Gerechten aus und sucht [ihn zu töten.
Jahwe aber läßt ihn nicht in seiner Gewalt und läßt ihn nicht] verurteilen, wenn man ihn richtet.* ²Seine Deutung geht auf den Frevel-
[prieste]r, der [zum Lehrer der Gerechtigkeit (??) gesan]dt hat, ihn
zu töten [. . . . .] und das Gesetz, ³welches er ihm gesandt hat.
Aber Gott hat ihn nicht be[lassen in seiner Gewalt] und [ihn] nicht
[verurteilen lassen, als] er gerichtet wurde. Ih[m] aber [wird Gott]
vergelten sein [T]un, indem Er ihn ⁴in die Hand der Gewalthaber
der Völker gibt, damit sie an ihm [. . . . .

4Q patr.
(Patriarchensegen)

¹. . . . . .ᵃ . . soll nicht] weichen ein Machthaber aus dem Stamme
Juda. ²Wenn Israel die Herrschaft hat, [wird nicht] ausgerottet sein

---

ᵃ vgl. Gen. 49,10

einer, der darin thront von David(s Haus), denn der »Herrscher-
stab« ist der Bund der Königsherrschaft. ³D[ie Taus]endschaften
Israels, sie sind die »Füße«. Bis daß der Gesalbte der Gerechtigkeit
kommt, der Sproß ⁴Davids, denn ihm und seinem Samen ward der
Bund der Königsherrschaft über sein Volk gegeben für ewige Geschlechter, die (der) ⁵bewahrt [. . . —— . . .] Gesetz mit den
Männern der Einung, denn ⁶[. . . —— . . .] dies ist die Versammlung der Männer ⁷[. . . —— . . .] gegeben.

4Q test.
(Testimonia)

¹Und es sprach . . . .ᵃ zu Mose folgendermaßen: »Du hast gehört die
Worte ²dieses Volkes, die sie zu dir sprachen, sie haben alles gut
gesagt, was sie gesprochen! ³O, daß ihr Herz nur so wäre, daß sie
mich fürchten und ⁴alle meine Gebote allezeit halten wollten, damit es ihnen wohl erginge und ihren Kindern ewiglich (5. Mos.
5,28 f.).«
⁵»Einen Propheten will ich ihnen aus der Mitte ihrer Brüder erstehen
lassen, dir gleich, und ich werde meine Worte in seinen ⁶Mund legen
und er wird ihnen alles sagen, was ich ihm befehlen werde. Wenn
aber einer ⁷nicht hören wird auf meine Worte, die der Prophet in
meinem Namen sagen wird, von dem werde ich selbst ⁸Rechenschaft
fordern (5. Mos. 18,18 f.).«
⁹Und er hob an seinen Spruch und sprach:

»So spricht Bileam, der Sohn Beors,
    so spricht der Mann, ¹⁰dessen Auge vollkommen,
so spricht einer, der göttliche Reden vernimmt
    und das Wissen des Höchsten erkennt,
der ¹¹Gesichte des Schaddajᵇ schaut,
    hinsinkend und enthüllten Auges.
Ich schaue ihn, aber nicht jetzt,
    ich ¹²gewahre ihn, doch nicht nahe:
Es geht ein Stern aus Jakob auf,
    ein Szepter erhebt sich aus Israel
und zerschmettert ¹³die Schläfen Moabs
    und tritt nieder alle Söhne Seths (4. Mos. 24,15—17).«

ᵃ vier Punkte statt des Gottesnamens »Jahwe«. Vgl. 5. Mos. 5,28 f.
ᵇ Gottesname (z. B. Allmächtiger)

[14]Und über Levi sprach er:
»Gib dem Levi Deine Thummim
       und Deine Urim dem Mann Deiner Huld,
den [15]Du versucht hast zu Massa,
       mit dem Du gestritten an den Wassern von Meriba.
Der zu seinem Vater sprach [16]und zu seiner Mutter:
       »Ich kenne dich nicht«
und (der) seine Brüder nicht ansah
       und seine Söhne[a] nicht [17]kannte.
Denn er hielt Dein Wort
       und bewahrte Deinen Bund.
Sie[b] erhellen Jakob Deine Rechte
       [18]und Israel Dein Gesetz,
sie bringen Dir Räucherwerk vor die Nase
       und Ganzopfer auf Deinen Altar.
[19]Segne, ...[c], sein Vermögen
       und daß Dir das Werk seiner Hände gefallen!
Zerschlage die Hüften seiner Gegner
       und seiner Hasser, [20]daß sie nicht (mehr) aufstehn.«[d]

[21]Zu der Zeit[e], da Josua aufhörte, mit seinen Lobgesängen zu loben
und zu preisen, [22]sprach er:
»Verflucht sei der Mann, der diese Stadt aufbaut!
Mit seinem Erstgeborenen [23]soll er sie gründen
       und mit seinem Jüngsten ihre Tore setzen!«
Siehe, ein Verfluchter, einer vom Belial,
[24]der auftritt, um seinem Volk ein Fan[gne]tz zu werden
       und ein Schrecken für all seine Nachbarn.
Er tritt auf [25][. . . . . .] . . . . [. . . . .],
       so daß beide zu Werkzeugen der Gewalttat werden.
Sie bauen abermals die [Stadt (?)
. . . .
sie set]zen ihr Mauer und Türme,
       um dem Frevel eine Zuflucht zu schaffen.
[27][. . . . .] in Israel
       und Gräßliches in Ephraim und in Juda,

---

[a] oder: Seinen Sohn (?)
[b] MT: lehren; nun Mehrzahl (die Priester!)
[c] vgl. Anm. zu Zl. 1
[d] 5. Mos. 33,8—11
[e] vgl. Jos. 6,26

[28][. . . . . üb]en sie Entweihung am[a] Lande
und große Schmach unter den Söhnen [. . . . .
[29]. . . . . Blu]t wie Wasser
am Wall der Tochter Zion
und in der Gemarkung [30]Jerusalems.

4Q flor.
(Sammlung eschatologischer Midrašim)

I, [1]. . . .] . . . . . [. . . . *und daß] Ruchlose es [nicht mehr
bedrücken] wie vordem, seit der Zeit, da* [2][*ich Richter bestellt habe]
über mein Volk Israel* (2. Sam. 7,10 f.). Dies ist das Haus, welches
[Er] di[r machen wird am E]nde der Tage, so wie es geschrieben
steht im Buche [[3]*des Mose (?): Das Heiligtum, Jahwe], welches
deine Hände [gegrün]det. Jahwe sei König immer und ewig* (2. Mos.
15,17). Das ist das Haus, in welches nicht eintreten darf [4][einer mit
einem] dauernden [Makel an seinem Leibe (?)] und ein Ammoniter,
ein Moabiter, ein Ausländer[b] und ein Fremdling auf ewig, denn
Seine Heiligen werden werden dort [5]se[in . . . .] für immer. Ständig wird Er über ihm erscheinen und die Fremden werden es nicht
wieder zerstören, so wie sie vordem [6]Israels Heiligtum in ihrer Sünde
zerstörten. Und Er sagte, daß man Ihm ein Heiligtum unter Menschen bauen solle, in dem sie als Räucheropfer darbringen sollten
[7]vor Ihm Taten des Gesetzes. Und wenn Er zu David gesagt hat:
Ich habe dir [Ruhe verschafft] vor all deinen Feinden (2. Sam.
7,11), so heißt das, daß Er ihnen Ruhe verschaffen wird vor al[len]
[8]Söhnen Belials, die sie zu Fall bringen wollen, so daß sie [durch
ihre Sünden (?)] vernichtet werden, so wie sie irrten in Belials Ränken, um dad[urch] straucheln zu lassen [9][. . . . .] und gegen sie
unheilvolle Ränke zu sinnen, damit sie für Belial gefangen werden
durch ihre Verirrungen.
[10]*Denn Jahwe [verkünd]et dir, daß er dir ein Haus bauen wird
und ich werde deinen Nachwuchs aufrichten nach dir und den Thron
Seines Königtums festsetzen* [11][*für im]mer. Ich [werde] ihm Vater
sein und er wird mir Sohn sein* (2. Sam. 7,11—14). Dies ist der Sproß
Davids, der mit dem Gesetzeslehrer auftreten wird, welcher [12][. . . . .]
in Zi[on am E]nde der Tage, wie es geschrieben steht: *Und ich richte
auf die zerfallene Hütte Davids* (Am. 9,11). Das ist die Hütte
[13]Davids, die zerfall[en ist und n]achher wird sie stehen, um Israel
zu retten.

---

[a] oder: im   [b] Vgl. 5. Mos. 23,1—3

¹⁴Eine Au[sl]egung von: *Wohl dem Manne, der nicht wandelt im Rate der Gottlosen* (Ps. 1,1). Die Deutung des Wort[es ist, daß] sie abwichen vom Wege [des Volkes], ¹⁵wie es geschrieben steht im Buche des Propheten Jesaja für das Ende der Tage: *Wie mit starker [Hand entfernte (?) er mich vom Wandel auf dem Weg]* ¹⁶*dieses Volkes* (vgl. Jes. 8,11). Sie sind es, über die im Buche Ezechiel des Propheten geschrieben steht, daß *sie sich ni[cht mehr verunreinigen sollen* ¹⁷*durch] ihre [G]ötzen* (Ez. 37,23?). Dies sind die Söhne Zadoks und die [Mä]nner [ihre]s (Seines?) Ra[tes] . . . . . [. . . . . am] Ende [der Tage, wenn sie sich sammeln zur] Einung.

¹⁸*[Warum tob]en die Völker und sin[nen] die Nationen [vergebliche Dinge? Es st]ellen [sich] hin [die Könige der Erde und die F]ürsten ratschlagen miteinander wider Jahwe und wider* ¹⁹*[seine(n?) Gesalbten* (Ps. 2,1). Die De]utung des Wortes bezieht sich [auf die Söhne Zadoks, die Pries]ter und sie [sind] die Erwählten Israels am Ende der Tage.

II.

¹Dies ist die Zeit der Läuterung, die da ko[mmt . . . . . — — . . . . .] ²Belial und übrig bleibt [. . . . . — — . . . . .] ³Mose, das [. . . . . — — . . . . .] ⁴und die Gerechten [. . . . — — . . . .]

4Qp Jes.ᵃ
(zu Jes. 10,28—11,14)

I, ¹. . .] . . aus der Wüste der Völ[ker . . . . . .
². . . . .] . . der Gemeinde. Danach wird er [. . . . . .
³. . . . . er k]am gegen Ajath, zieht durch [. . . . . .
⁴. . . .] den Engpaß, Geba ist ihr (!) Nachtquartier, . . [. . .
⁵. . .] deine Stimme, Tochter Gallim! Horch auf [. . .
⁶. . .] Madmena, Gebims Bewohner flüchten. Noch [. . .
⁷. . .] seine Hand gegen den Berg der Tochter Zion, den Hügel von Jerusalem (10,28—32).
⁸. . .] Spruch auf das Ende der Tage, daß kommen [. . .
⁹. . .] . . . wenn er aus der Ebene von Akko heraufzieht, um zu kämpfen gegen [. . . . . .
¹⁰. .] . . . und keiner ist ihm gleich. In all [. . . . . .
¹¹. . . . .] zur [Gr]enze von Jerusalem [. . . . . .
II, ¹. .] in allen [. . .
². . K]ittäer, die [. . .
³. .] alle Völker und . . . [. . .

⁴*Die Hoch]gewachsenen werden gefällt und die [Hohen werden niedrig.*

⁵. . .] . . *abgehauen wird das Dickicht [des Waldes mit eiserner Axt* (10,33—34).

⁶. . .] *zum Krieg der Kittä[er* . . .

⁷. . .] *die Kittäer, die ausgeliefert werden* [. . .

III, ²*[Und abgehauen wird das Dickicht des Waldes] mit eiserner Axt und der Libanon mit [seinen] Herrlichen* (10,34).

³. . . .] *Israel und die Demütigen* [. . .

⁴. . . *Herr]lichen und werden von Schrecken erfüllt sein und zerfließen wird das H[erz der* . . .

⁵. . .] *sie sind die Recken der Kit[täer* . . .

⁶. . .] *des Waldes mit eiserner Axt* (10,34) [. . .

⁷. . .] *und der Libanon mit [seinen] Herr[lichen* (10,34) . . .

⁸. . .] *durch seine Großen* [. . .

⁹. . . *Je]rusalem, wenn er flieht vor* [. . .

¹⁰*ein Reis wird hervorgehen aus dem Stumpf] Isais und ein Sproß aus [seinen] Wurz[eln wird Frucht tragen.] Auf ihm wird [ru]hen* ¹¹*[der Geist Jahwes, der Geist der Weish]eit und der Einsicht, der Geist des Rat[es und der Stärke], der Geist der Erkennt[nis* ¹²*und der Furcht Jahwes. Er wird sein Wohlgefallen haben an der Furcht] Jahwes, [er wird nicht] nach dem, was [seine Augen] sehen* ¹³*[richten noch nach dem, was seine Ohren hören, entsch]eiden. Er wird [mit Gerechtigkeit die Armen] richten* [. . . (11,1—4a).

IV, ¹[. . . .] *Davids, der auftreten wird am En[de der Tage* . . .

². . .] . . . *Gott wird ihn stützen mit* [. . . . . .

³. . . *Th]ron der Herrlichkeit, ein h[eiliges] Diadem und buntgewirk[te] Kleider* [. . .

⁴. . .] *in seiner Hand. Über alle V[ölk]er wird er herrschen und Magog* [. . . .

⁵. . . all]e *Völker wird sein Schwert richten. Und wenn es heißt: Nicht* [. . . . .

⁶. . . . . .] *und nicht nach dem, was seine Ohren hören, entscheiden* (11,3), (so) ist seine Deutung, daß [. . . . . .

⁷. . . .] wie sie ihn lehren, so wird er richten und nach ihrer Weisung

⁸. . .] geht einer der namentlich verzeichneten Priester heraus und in seiner Hand sind die Kleid[er . . . . . .

4QpJes.^b
(zu Jes. 5)

I,1 . . . *entfern]en seinen Zaun, daß er zu Zertretenem wird und*
ich [. . . . (5,5) . . . . 2. . . .] Die Deutung des Wortes ist, daß
er sie verlassen [. . . 3. . . .]. Und wenn es heißt: *es sollen auf-*
gehen Dornen [und Disteln . . . (5,6)
II,1 Die Deutung des Wortes betrifft das Ende der Tage, die ⟨Ver-
wüstung⟩ des Landes vor dem Schwert und dem Hunger und es
wird sich ereignen 2 zur Zeit der Heimsuchung des Landes. *Wehe*
denen, die schon frühmorgens dem Rauschtrank nachjagen, die bis
tief in die Nacht hinein der Wein erhitzt. 3 *Da ist Laute und Harfe,*
Handpauke und Flöte, der Wein ihrer Gelage, aber auf das Werk
Jahwes 4 *achten sie nicht, das Tun seiner Hand sehen sie nicht. Dar-*
um wandert mein Volk unversehens in die Verbannung, seine Wür-
denträger (?) sterben hin vor Hunger 5 *und seine Menge brennt vor*
Durst. Darum öffnet die Unterwelt weit ihren Schlund und sperrt
ihr Maul maßlos auf, 6 *ihre Pracht fährt hinab, ihre Menge und*
ihr Getümmel (und) wer darin frohlockt (5,11—14). Diese sind die
Spötter, 7 *die in Jerusalem sind, sie sind es, die das Gesetz Jahwes*
verachteten und das Wort des Heiligen 8 *Israels verworfen haben.*
Darum entbrannte der Zorn Jahwes wider sein Volk, er streckte
seine Hand gegen es aus und schlug es und es erbebten die 9 *Berge*
und ihre Leichen lagen mitten auf den Straßen herum wie Kot. Bei
all dem hat sich nicht gewandt 10 *[sein Zorn und noch ist seine Hand*
ausgestreckt (5,24—25)]. Das ist die Gemeinde der Spötter, die in
Jerusalem ist.

4QpJes.^c
(zu Jes. 30,15—18)

3 *So spricht [Jah]we, der Heilige [I]sraels: in Umkehr und Ru[he*
werdet ihr gerettet, 4 *in Stille]halten und Vertrauen besteht eure*
Stärke, aber ihr habt nicht gewollt und sa[get: 5 *Nein! Auf Rossen*
wollen wir rasen! Darum sollt ihr davonrasen. Auf Rennern wollen
wir reiten! Darum werden 6 *eure Verfolger rasch sein. Ein Tausend*
wird vor dem Dräuen eines einzelnen, vor dem Dräuen 7 *von*
fünfen werdet ihr fliehen, bis ihr übrigbleibt wie ein Heerzeichen
am Bergesgipfel 8 *und wie ein Panier auf dem Hügel. Deshalb harrt*
der Herr, euch gnädig zu sein, darum erhebt er sich, 9 *sich euer zu*
erbarmen, denn ein Gott des Rechtes ist der Herr, wohl allen, die
seiner harren! (30,15—18). 10 Die Deutung des Wortes bezieht sich

auf das Ende der Tage, auf die Gemeinde derer, die nach »glatten (Lehren)« trachten, ¹¹die in Jerusalem sind . . . [. . .
¹². . . Gesetz und nicht . . . [. . .
. . . . . . (nur mehr geringe Reste) . . . . . .

4QpJes.ᵈ
(zu Jes. 54,11—12)

¹. . .] ganz Israel . . . *und lege deine Fundamente mit Saphi[ren!* Seine Deutung ist,
²da]ß sie die Gemeinschaft der Einung gegründet haben [. . . . die] Priester und das Vo[lk],
³die Gemeinde Seiner Erwählten, wie einen Saphir unter den Steinen. *[Ich will von Rubinen]* ⁴*alle deine Zinnen machen.* Seine Deutung geht auf die zwölf [. . .
⁵Leuchten nach der Vorschrift der Urim und Tummimᵃ gemäß
⁶die Vermißten unter ihnen, wie die Sonne in ihrem vollen Licht und wie (?) [. . . . . . *und deine Tore auf Karfunkeln]*
⁷Seine Deutung geht auf die Stammeshäupter Israels am [Ende der Tage (?) . . . . . .
⁸sein Los . . . . . . [. . . . . .

4QpHos.ᵃ

Ein kleines Stück über Hos. 5,14. Die Erklärung erwähnt den »Löwen des Zorn«, s. 1QpNah. 5, und den »letzten Priester, der seine Hand erhebt, um Ephraim zu schlagen«.

4QpHos.ᵇ
I. (Hos. 2,8)

⁸in Blindheit und Verwirrung [. . .
⁹und Zeit ihrer Untreue nicht [. . .
¹⁰sie sind das Geschlecht der Heimsuchung [. . .
¹¹Ende [. . .
¹²in den Zeiten des Zorns, denn [. . .

II.
(Hos. 2,10)
³daß [. . . .] satt wurden und Gott vergaßen [. . .
⁴Seine Gebote warfen sie hinter sich, die Er ihnen gesandt hat [. . .
⁵Seine Knechte, die Propheten, aber auf ihre Verführer hörten sie und

---

ᵃ vgl. 2. Mos. 28,17—21

sie ehrten sie und fürchteten sich vor ihnen wie vor Göttern in ihrer Blindheit.

(8—11: Hos. 2,11 f.)

¹²Seine Deutung ist, daß Er sie schlug mit Hunger und mit Blöße, so daß sie der Schan[de] anheimfielen [. . .

¹³und Schmach vor den Augen der Völker, auf welche sie sich gestützt hatten. Aber diese

¹⁴werden ihnen nicht helfen aus ihren Nöten!

(14/15: Hos. 2,13)

¹⁵Seine Deutung ist, daß [. . .

¹⁶[. . . . . .] . . . . führten an den Festen der Heiden und [. . .

¹⁷. . . .] wird ihnen zu Trauer verkehrt.

Hos. 2,14: . . . . . .

LITERATURVERZEICHNIS

Textausgaben

Nahman Avigad – Yigael Yadin, A Genesis Apocryphon. Jerusalem 1956

Millar Burrows, The Dead Sea Scrolls of St. Mark's Monastery. Vol. I. The Isaiah Manuscript and the Habakkuk Commentary. New Haven 1950. – Vol. II (Fasc. 2), Manual of Discipline. New Haven 1951

E. L. Sukenik, The Dead Sea Scrolls of the Hebrew University. Jerusalem 1955

Discoveries in the Judaean Desert:
  Bd. 1. *D. Barthélemy – J. T. Milik*, Qumran Cave I. Oxford 1955
  Bd. 2. *P. Benoit – J. T. Milik – R. de Vaux*, Les grottes de Muraba'at. Oxford 1961
  Bd. 3. *M. Baillet – J. T. Milik – R. de Vaux*, Les ›petites grottes‹ de Qumran. Oxford 1962
  Bd. 4. *J. A. Sanders*, The Psalms Scroll of Qumran Cave 11. Oxford 1965
  Bd. 5. *John M. Allegro*, Qumran Cave 4. Oxford 1968

Hinweise für weiterführende Literatur

Adam, Alfred, Antike Berichte über die Essener. Berlin ²1972

Allegro, John M., Die Botschaft vom Toten Meer. Das Geheimnis der Schriftrollen. Frankfurt/Main 1957

Bardtke, Hans, Die Handschriftenfunde am Toten Meer, 2 Bde. Berlin 1952, 1958

– Die Handschriftenfunde in der Wüste Juda. Berlin 1962

Bauer, Johannes B., Die Zeit Jesu. Herrscher, Sekten und Parteien. Stuttgart 1969

Baumbach, Günther, Qumran und das Johannes-Evangelium. Berlin 1958

– Jesus von Nazareth im Lichte der jüdischen Gruppenbildung. Berlin 1971

Becker, Jürgen, Untersuchungen zur Entstehungsgeschichte der Testamente der zwölf Patriarchen. Leiden 1970

Betz, Otto, Offenbarung und Schriftforschung in der Qumransekte. Tübingen 1960

Black, Matthew, The Scrolls and Christian Origins. London 1961

Braun, Herbert, Spätjüdisch-häretischer und frühchristlicher Radikalismus, 2 Bde. Tübingen 1957

– Qumran und das Neue Testament, 2 Bde. Tübingen 1966

Buitkamp, Jan, Die Auferstehungsvorstellungen in den Qumran-Texten. Groningen 1964

Burrows, Millar, Die Schriftrollen vom Toten Meer. München 1957
– Mehr Klarheit über die Schriftrollen. München 1958

Cross, Frank Moore, Die antike Bibliothek von Qumran. Neukirchen 1967

Dupont-Sommer, André, Die essenischen Schriften vom Toten Meer. Tübingen 1960

Elliger, Walter, Studien zum Habakuk-Kommentar vom Toten Meer. Tübingen 1953

Fitzmyer, Joseph A., The Genesis Apocryphon of Qumran Cave I. Roma 1966

Haag, Herbert, Die Handschriftenfunde in der Wüste Juda. Stuttgart 1965

Hengel, Martin, Judentum und Hellenismus. Tübingen 1969

Holm-Nielsen, Svend, Hodayot, Psalms from Qumran. Aarhus 1960

Howlett, Duncan, The Essenes and Christianity. New York 1957

Huppenbauer, Hans Walter, Der Mensch zwischen zwei Welten. Der Dualismus der Texte von Qumran und der Damaskusfragmente. Zürich 1959

Jeremias, Gert, Der Lehrer der Gerechtigkeit. Göttingen 1963

Kosmala, Hans, Hebräer – Essener – Christen. Leiden 1959

Kuhn, Heinz Wolfgang, Enderwartung und gegenwärtiges Heil. Göttingen 1966

Kuhn, Karl Georg, Konkordanz zu den Qumrantexten. Göttingen 1960

Lohse, Eduard, Die Texte aus Qumran, hebräisch und deutsch. München 1964

Maier, Johann, Geschichte der jüdischen Religion. Berlin 1972

Mansoor, Menahem, The Thanksgiving Hymns. Leiden 1961
– The Dead Sea Scrolls. Leiden 1964

Mayer, Rudolf – Reuss, Joseph, Die Qumranfunde und die Bibel. Regensburg 1959

Milik, J. T., Ten Years of Discovery in the Wilderness of Judaea. London 1959

Murphy, Jerome – O'Connor (ed.), Paul and Qumran. London 1968

van der Ploeg, J., Funde in der Wüste Juda. Köln 1959
– Le rouleau de la guerre. Leiden 1959

Rabin, Chaim, The Zadokite Documents. Oxford 1954
– Qumran Studies. Oxford 1957

Rost, Leonhard, Einleitung in die alttestamentlichen Apokryphen und Pseudepigraphen einschließlich der großen Qumranhandschriften. Heidelberg 1971

Rowley, H. H., The Zadokite Fragments and the Dead Sea Scrolls. Oxford 1956

Rowley, H. H., Apokalyptik. Ihre Form und Bedeutung zur biblischen Zeit. Einsiedeln 1965

Sanders, J. A., The Dead Sea Psalms Scroll. Ithaka (NY) 1967

Schalit, Abraham, König Herodes. Der Mann und sein Werk. Berlin 1969

Schmidt, Johann Michael, Die jüdische Apokalyptik. Die Geschichte ihrer Erforschung von den Anfängen bis zu den Textfunden von Qumran. Neukirchen 1969

Schubert, Kurt, Die jüdischen Religionsparteien in neutestamentlicher Zeit. Stuttgart 1970
– Die Kultur der Juden, Teil I. Israel im Altertum. Frankfurt/Main 1970

Simon, Marcel, Die jüdischen Sekten zur Zeit Christi. Einsiedeln 1964

Stendahl, Krister (ed.), The Scrolls and the New Testament. New York 1957

Strobel, A., Untersuchungen zum eschatologischen Verzögerungsproblem. Leipzig 1961

Sutcliffe, Edmund, The Monks of Qumran. London 1960

Testuz, Michel, Les idées religieuses du livre des Jubilés. Genève 1960

de Vaux, Roland, L'archéologie et les manuscrits de la Mer Morte. London 1961

Vermès, Geza, Discovery in the Judaean Desert. New York 1956

Wagner, Siegfried (Hrsg.), Bibel und Qumran (Festschrift für Hans Bardtke). Berlin 1968

Weise, Manfred, Kultzeiten und kultischer Bundesschluß in der ›Ordensregel‹ vom Toten Meer. Leiden 1961

Wernberg-Möller, P., The Manual of Discipline, Leiden 1957

van der Woude, A. S., Die messianischen Vorstellungen der Gemeinde von Qumran. Assan 1957

Yadin, Yigael, The Message of the Scrolls. London 1957
– Tefillin from Qumran. Jerusalem 1969

Die Tempelrolle vom Toten Meer

Übersetzt und erläutert von Johann Maier

*1978. 128 Seiten und 5 Grundrisse der Tempelhofanlage
(UTB 829) DM 15,80*

Gegen Ende 1977 veröffentlichte Y. Yadin die längste unter den bisher bekannten Schriftrollen von Qumran, von ihm als „Tempelrolle" bezeichnet. Sie war seit 1960 bekannt, als sie ein Antiquitätenhändler in Bethlehem durch Vermittler im Ausland anbieten ließ. Die Verhandlungen zogen sich jedoch bis 1967 hin, und nachdem die israelischen Truppen im Sechstagekrieg 1967 Bethlehem besetzt hatten, spürte Y. Yadin mit militärischer Unterstützung die Rolle im Haus des Antiquitätenhändlers auf und beschlagnahmte sie — auf Grund jordanischen Rechts. Yadin teilte nun mit, daß dem Händler schließlich eine Entschädigung von 105 000,— Dollar gezahlt wurde, wodurch offenbar die Rolle auch formalrechtlich in israelischen Besitz gelangte. Seit 1967 wartete die Fachwelt gespannt auf die Publikation dieses Textes.

Der Text der „Tempelrolle", der längsten bisher entdeckten Schriftrolle aus der essenischen Qumran-Gemeinde, ist in Form direkter Gottesrede an Mose am Sinai abgefaßt. Er enthält neben mehr oder minder variierten biblischen Texten eine Fülle völlig neuer Informationen: (1) Über die Tempelanlage, die nach der Landnahme — also anstatt des salomonischen Tempels — hätte gebaut werden sollen, eine Art Ideal-Tempel für die Bedürfnisse eines extrem priesterlich geleiteten Zwölfstämme-Volkes. (2) Über die Festopfer und über den Kultkalender der Gemeinde. (3) Über rituelle Reinheitsvorschriften. (4) Über die Deutung bzw. Umdeutung zahlreicher Vorschriften aus dem Deuteronomium, u. a. über die Todesstrafe der Kreuzigung („ans Holz hängen") für Verrat am Volk. — Ein Textdokument für Dozenten und Studenten der Theologie, Judaistik und Archäologie von besonderem Wert.

Ernst Reinhardt Verlag München Basel